新时代统一战线概论

杨卫敏 著

浙江工商大学出版社 | 杭州
ZHEJIANG GONGSHANG UNIVERSITY PRESS

图书在版编目(CIP)数据

新时代统一战线概论 / 杨卫敏著. —杭州:浙江工商大学出版社,2020.6(2022.7重印)

ISBN 978-7-5178-3814-2

Ⅰ.①新… Ⅱ.①杨… Ⅲ.①统一战线工作—概况—中国 Ⅳ.①D613

中国版本图书馆 CIP 数据核字(2020)第067171号

新时代统一战线概论

杨卫敏 著

责任编辑	任晓燕
封面设计	林朦朦
责任印制	包建辉
出版发行	浙江工商大学出版社
	(杭州市教工路198号 邮政编码310012)
	(E-mail:zjgsupress@163.com)
	(网址:http://www.zjgsupress.com)
	电话:0571-88904980,89995993(传真)
排　　版	杭州朝曦图文设计有限公司
印　　刷	杭州高腾印务有限公司
开　　本	710mm×1000mm　1/16
印　　张	26.25
字　　数	353千
版 印 次	2020年6月第1版　2022年7月第5次印刷
书　　号	ISBN 978-7-5178-3814-2
定　　价	88.00元

目 录
CONTENTS

第一章　总论·新时代统一战线：
理论体系与逻辑思维

习近平总书记在党的十九大报告中指出："十八大以来的五年，是党和国家发展进程中极不平凡的五年。""五年来，我们党以巨大的政治勇气和强烈的责任担当，提出一系列新理念新思想新战略，出台一系列重大方针政策，推出一系列重大举措，推进一系列重大工作，解决了许多长期想解决而没有解决的难题，办成了许多过去想办而没有办成的大事，推动党和国家事业发生历史性变革。"在中华人民共和国成立特别是改革开放以来取得的重大成就的基础上，"经过长期努力，中国特色社会主义进入了新时代，这是我国发展新的历史方位"。党的十八大以来的五年实践证明，中国特色社会主义进入新时代的历史起点是党的十八大。

党的十八大以来，以习近平同志为核心的党中央高度重视统战工作，密集召开会议，连续出台文件，把统一战线作为治国理政的重要方面来看待，对巩固和发展新形势下统一战线进行了全面谋划部署。习近平在中央统战工作会议、中央民族工作会议、全国宗教工作会议等场合先后发表了一系列有关统一战线的重要讲话，内容涉及统一战线的各个领域。中央先后出台了《关于加强和改进新形势下民族工作的意见》《中国共产党统一战线工作条例（试行）》《关于加强政党协商的实施意见》《关于加强和改进新形势下宗教工作的意见》等文件。有关统一战线的会议、文件、讲话的规格之高、数量之多、"含金量"之大，在党的历史上是不多见的。习近平总书记关于统一战线的一系列重要讲话，不仅为其系列重要讲话增添了统战篇，还极大地丰富和发展了党的统一战线理论，鲜明地体现了党中央对统一战线一贯的高度重视，为做好新形势下统战工作提供了根本遵循，成为习近平新时代中国特色社会主义思想的重要有机组成部分。新时代统一战线的不断发展和成熟，具有深刻的形成背景、鲜明的时代特征、深远的战略定位、坚实的理论基础、科学的框架布局、丰富的体系内蕴和严密的逻辑思维。

第一节　历史方位:全面建成小康社会和基本实现现代化中的统一战线

立足决胜全面建成小康社会阶段,着眼基本实现现代化,我们党不仅开辟了统一战线理论新境界,还开启了统一战线发展新阶段,开创了统一战线工作新局面。

一、立足全面建成小康社会新阶段,着眼基本实现现代化,重申统一战线重要法宝地位

统一战线历来是党的总路线和总政策的重要组成部分,是党的政治优势和优良传统。对统一战线法宝地位和作用的认识,党的几代领导人一以贯之。自毛泽东1939年提出统一战线是党的重要法宝的著名论断后,邓小平、江泽民、胡锦涛也都多次强调。在2015年中央统战工作会议上的讲话中,习近平开篇就引用了毛泽东关于统一战线重要性的经典论述,同时引用了邓小平、江泽民、胡锦涛,以及周恩来、刘少奇有关统一战线重要地位和作用的论述。习近平着眼党的"两个一百年"奋斗目标,立足全面建成小康社会新阶段,对统一战线在全面建成小康社会、实现中华民族伟大复兴的中国梦进程中的地位和作用做出了新的阐释。关于当前统一战线的地位和作用,《中国共产党统一战线工作条例(试行)》明确指出:统一战线"是夺取革命、建设、改革事业胜利的重要法宝,是增强党的阶级基础、扩大党的群众基础、巩固党的执政地位的重要法宝,是全面建成小康社会、加快推进社会主义现代化、实现中华民族伟大复兴中国梦的重要法宝"。这既清晰地凸显了统一战线的历史发展脉络,又充分彰显了统一战线的时代特色。以习近平同志为核心的党中央以历史发展和战略前瞻的眼光,向全党全社会明确提出统一战线在过去、现在、将来都是重要法宝的论断。

二、立足全面建成小康社会新目标,着眼基本实现现代化,开启统一战线发展崭新阶段

党的十六大到党的十八大是党和国家发展历史上的一个十分重要的转段期,

集中表现为由全面建设小康社会阶段进入全面建成小康社会新阶段。在2006年第二十次全国统战工作会议上，胡锦涛提出统一战线的"三个重要法宝""四个必然要求""三项重要任务"等重要论述，明确了当时统一战线的重要地位和作用，提出了全面建设小康社会、科学发展、执政兴国等目标要求，彰显了鲜明的时代特征。党的十八大提出了全面建成小康社会的目标，对统一战线提出了更高的要求。党的十八大后，习近平多次提出，全面建成小康社会，一个民族都不能落下。这是全面建成小康社会目标对统一战线提出的新任务和新要求。党的十八届五中全会进一步指出，我们进入了全面建成小康社会的决胜阶段，我们党正在进行具有许多新的历史特点的伟大斗争，形势环境变化之快、改革发展稳定任务之重、矛盾风险挑战之多、对党治国理政考验之大都是前所未有的。党的十九大提出，从现在到2020年，是全面建成小康社会的决胜期。要按照党的十六大、十七大、十八大提出的全面建成小康社会的各项要求，紧扣我国社会主要矛盾变化，统筹推进经济建设、政治建设、文化建设、社会建设、生态文明建设，坚定实施科教兴国战略、人才强国战略、创新驱动发展战略、乡村振兴战略、区域协调发展战略、可持续发展战略、军民融合发展战略，突出抓重点、补短板、强弱项，特别是要坚决打好防范化解重大风险、精准脱贫、污染防治的攻坚战，使全面建成小康社会得到人民认可、经得起历史检验。从十九大到二十大，是"两个一百年"奋斗目标的历史交汇期。我们既要全面建成小康社会、实现第一个百年奋斗目标，又要乘势而上开启全面建设社会主义现代化国家新征程，向第二个百年奋斗目标进军。党对统一战线的需要和要求已经全面升级。进入新时代，统一战线发展已经进入了一个崭新阶段，已经从"全面建设小康社会阶段的统一战线"发展为"全面建成小康社会阶段的统一战线"。

三、立足全面建成小康社会新特征，着眼基本实现现代化，赋予统战工作新的行动指南

统一战线政治性强、人情味浓、艺术性高，掌握原则、方法尤为重要。全面建成小康社会要求把党内外、海内外的力量和智慧都凝聚起来。在全面建成小康社会阶段，我国呈现出阶层分化、利益调整、思想多元、矛盾凸显、诉求增强等显著特征，对统战工作提出了更高的要求。习近平总书记关于加强和改进统一战线工作的重要思想对做好新形势下统战工作提出了五个方面的原则、方法：一是坚持党对统一战线的领导；二是坚持正确处理一致性和多样性关系；三是尊重、维护、照顾同盟者

利益;四是搞好与党外人士的联谊交友;五是构建党委统一领导的大统战工作格局。这为广大统战干部在工作中增强政治意识、大局意识、核心意识、看齐意识指明了方向,有利于把中央关于统一战线的各项决策部署落到实处。

第二节　理论基础:新时代中国特色社会主义理论体系中的统一战线理论

党的十八大以来,习近平发表系列重要讲话,极大地丰富和发展了中国特色社会主义理论体系,形成了习近平新时代中国特色社会主义思想。习近平关于统一战线的系列论述是习近平新时代中国特色社会主义思想的重要组成部分。

一、坚持以中国特色社会主义理论为指导,为巩固和壮大统一战线提供理论依据

习近平多次强调用中国特色社会主义理论来武装头脑、指导实践和推动工作。习近平指出,要防止出现颠覆性错误,就要深入认识共产党执政规律、社会主义建设规律、人类社会发展规律,而要认识规律,就要牢牢掌握和运用辩证唯物主义和历史唯物主义,牢牢掌握和运用中国特色社会主义理论体系。①改革开放特别是新世纪以来,统一战线理论每一次大的创新和发展都离不开中国特色社会主义理论的指导。2000年12月,第十九次全国统战工作会议提出了非公有制经济人士是中国特色社会主义事业建设者的观点;2006年7月,第二十次全国统战工作会议提出了统一战线五大关系理论和新的社会阶层人士是统战工作新的着力点的观点。在2015年中央统战工作会议上,习近平强调要坚持正确处理一致性与多样性关系的重大方针。该论断既体现时代特征,又把握核心理念,是中国特色社会主义统一战线理论的重大发展和最新成果。一致性是中国特色社会主义道路、理论体系和制度、文化的一致性,多样性是当今我国社会所有制、阶层利益、价值取向的多样性。正确处理一致性与多样性关系,就是要在坚持党的领导和中国特色社会主义政治底线的前提下,最大限度地包容多样性,谋求最大公约数,画出最大同心圆。《中国共产党统一战线工作条例(试行)》将同心圆的最外层从原来的"拥护祖国统一的爱

---

① 习近平. 在全国党校工作会议上的讲话[J]. 求是,2016(9):8.

国者"扩大为"拥护祖国统一和致力于中华民族伟大复兴的爱国者"，有利于巩固和壮大最广泛的统一战线，实现更高程度、更广范围的大团结、大联合。

二、加强统一战线话语体系建设，为中国特色社会主义理论赢得舆论主动权

党的十八大以来，习近平高度重视理论建设。习近平在哲学社会科学工作座谈会上强调，我国哲学社会科学的一项重要任务就是继续推进马克思主义中国化、时代化、大众化，继续发展21世纪马克思主义、当代中国马克思主义。①他提出，面对世界范围内各种思想文化交流、交融、交锋的新形势，如何加快建设社会主义文化强国、增强文化软实力、提高我国在国际上的话语权，是我国哲学社会科学工作需要直面的重大课题之一。要在指导思想、学科体系、学术体系、话语体系等方面充分体现中国特色、中国风格、中国气派。习近平在全国党校工作会议上指出：落后就要挨打，贫穷就要挨饿，失语就要挨骂。形象地讲，长期以来，我们党带领人民就是要不断解决"挨打""挨饿""挨骂"这三大问题。经过几代人不懈奋斗，前两个问题基本得到解决，但"挨骂"问题还没有得到根本解决。争取国际话语权是我们必须解决好的一个重大问题。②建设中国特色社会主义要增强道路自信、理论自信、制度自信和文化自信，要掌握中国特色社会主义在国际舆论上的话语权和主动权。长期以来，西方攻击我国社会主义制度、实施"西化""分化"的突破口往往选择政党制度、民主人权问题、民族宗教问题，以及西藏、新疆和港澳台等与统一战线相关的领域。在这些事关全局的统一战线敏感问题上做出科学的、让人信服的理论阐释，能够更加及时地发出中国声音，更加鲜明地展现中国思想，更加响亮地提出中国主张，在重大政治原则和大是大非问题上净化"噪音""杂音"，弘扬主旋律，传播正能量。党的十八大以来，以习近平同志为核心的党中央对中国特色社会主义统一战线理论有着一系列创新发展。对统一战线理论政策的一系列精辟论述开辟了中国特色社会主义统一战线理论的新境界。其中在以下三个方面的阐述对构建统一战线话语体系和赢得中国特色社会主义理论主动权具有积极的意义。

1. 对中国特色社会主义政治发展道路的"习式"解读在中外产生了强烈共鸣。

---

① 习近平. 在哲学社会科学工作座谈会上的讲话[N]. 人民日报，2016-05-19(2).
② 习近平. 在全国党校工作会议上的讲话[J]. 求是，2016(9)：10.

习近平在庆祝中国共产党成立95周年大会上指出："中国共产党人和中国人民完全有信心为人类对更好社会制度的探索提供中国方案。"关于中国特色社会主义政治发展道路，习近平有着独到的见解。早在浙江工作期间，他就运用"驴马理论"说明这个问题："民主选举"仅仅是一个"马蹄"，推进民主政治建设光是换个"马蹄"，倒还不如不换。①2013年，他以国家主席身份出访俄罗斯时说："我们主张，各国和各国人民应该共同享受尊严。要坚持国家不分大小、强弱、贫富一律平等，尊重各国人民自主选择发展道路的权利，反对干涉别国内政，维护国际公平正义。'鞋子合不合脚，自己穿了才知道'。一个国家的发展道路合不合适，只有这个国家的人民才最有发言权。"②习近平关于中国特色社会主义政治发展道路的"鞋子论"得到了海外媒体的积极评价。在2014年访问比利时和欧盟总部时，习近平还向国际社会宣告："中国人苦苦寻找适合中国国情的道路。君主立宪制、复辟帝制、议会制、多党制、总统制都想过了、试过了，结果都行不通。最后，中国选择了社会主义道路。"③习近平指出："国家的根本制度和根本任务，国家的领导核心和指导思想，工人阶级领导的、以工农联盟为基础的人民民主专政的国体，人民代表大会制度的政体，中国共产党领导的多党合作和政治协商制度、民族区域自治制度，以及基层群众自治制度，爱国统一战线，社会主义法制原则，民主集中制原则，尊重和保障人权原则，等等，这些制度和原则，我们必须长期坚持、全面贯彻、不断发展。"④

2. 对中国特色社会主义政党制度的新论述有利于增强政治底气。中国共产党领导的多党合作和政治协商制度作为我国一项基本政治制度，是中国共产党、中国人民和各民主党派、无党派人士的伟大创造，是从中国土壤中生长出来的新型政党制度。习近平关于中国新型政党制度的论述破解了多党合作领域的重大理论问题，廓清了各种模糊认识。习近平曾在中央统战工作会议上指出，谈到政党制度，有人把西方多党制、两党制奉为圭臬，言必称希腊，总觉得"自家的肉不香，人家的菜有味"，一些党政领导和理论工作者谈到这个问题时也往往顾左右而言他。这种

---

① 习近平谈民主：光换上选举的"马蹄"还不如不换[EB/OL]. (2014-09-10) [2017-12-10].http://opinion. haiwainet.cn/n/2014/0910/c456318-21060882.html.

② 习近平. 顺应时代前进潮流促进世界和平发展——在莫斯科国际关系学院的演讲[N]. 人民日报,2013-03-24(2).

③ 习近平. 在布鲁日欧洲学院的演讲[N]. 人民日报,2014-04-02(2).

④ 《习近平总书记系列重要讲话读本》五、充分发挥我国社会主义政治制度优越性——关于发展社会主义民主政治和依法治国[N]. 人民日报,2014-07-08(9).

制度和理论上的不自信，归根结底是理论不够成熟造成的，关键是要把政党制度的效能充分发挥出来，落脚点在发挥民主党派和无党派人士的作用上。2013年2月6日，习近平总书记在中共中央召开的党外人士迎春座谈会上提出各民主党派是与中国共产党通力合作的中国特色社会主义参政党。强调中国共产党同民主党派、无党派人士团结合作的共同思想政治基础就是中国特色社会主义，肯定和支持他们做中国特色社会主义的亲历者、实践者、维护者和捍卫者。习近平特别强调要加强政党协商，赋予民主党派参加共产党领导的政治协商的新职能；同时指出搞好政党协商需要共产党与民主党派共同努力，并制订下发了政党协商的实施办法和政党协商年度计划，且亲自参与协商每年不少于4次。习近平还提出支持民主党派和党外人士在意识形态领域，特别是互联网上发挥正能量，支持民主党派在新的社会阶层人士中开展工作，发挥民主党派在港澳台、海外统战工作中的积极作用。

3. 对社会主义协商民主的新论断有利于建构中国特色社会主义民主理论话语体系。习近平在庆祝人民政协成立65周年大会上的讲话中指出：协商民主是中国社会主义民主政治中独特的、独有的、独到的民主形式，具有深厚的文化基础、理论基础、实践基础、制度基础。在中国社会主义制度下，有事好商量，众人的事情由众人商量，找到全社会意愿和要求的最大公约数，是人民民主的真谛。人民是否享有民主权利，要看人民是否在选举时有投票的权利，也要看人民在日常政治生活中是否有持续参与的权利；要看人民有没有进行民主选举的权利，也要看人民有没有进行民主决策、民主管理、民主监督的权利。[①]中共中央印发的《关于加强社会主义协商民主建设的意见》明确了社会主义协商民主的本质属性和基本内涵，阐述了加强社会主义协商民主建设的重要意义、指导思想、基本原则和渠道程序，对新形势下开展政党协商、人大协商、政府协商、政协协商、人民团体协商、基层协商、社会组织协商等做出了全面部署，是指导社会主义协商民主建设的纲领性文件。习近平在浙江工作期间，温岭民主恳谈会成长为典型的基层协商民主实践范本，不仅被国内外专家学者称为"21世纪中国农村基层民主政治建设的一道新曙光"，还吸引了外国外交官去实地考察，获得了"最有话语权的村民""泥土上长出来的民主"等美誉，在实际上赢得了基层协商和社会协商的中国话语权。党的十九大报告指出，协商民主是实现党的领导的重要方式，是我国社会主义民主政治的特有形式和独特优势。

---

① 习近平. 在庆祝中国人民政治协商会议成立65周年大会上的讲话[N]. 人民日报，2014-09-22(2).

其中还把"推动协商民主广泛、多层、制度化发展"写入了新修订的党章。

三、与时俱进发展统一战线理论，为丰富中国特色社会主义理论体系做出贡献

1. 系统阐述了中国特色社会主义基本经济制度，并首次赋予中国特色社会主义新型政商关系"亲""清"的内涵。习近平2016年3月4日在全国政协民建、工商联界委员联组会上发表重要讲话，主要精神可以用"12345"来概括，即：坚持"一个基本经济制度"、重申"两个毫不动摇"、提出"三个没有变"、肯定非公有制经济"四个重要作用"、突出非公有制经济"五个重要地位"。这可以说是给民营企业送了三个"红包"：信心、政策、希望。这为新常态下非公有制经济的发展指明了方向，吹响了奋进的号角。非公有制经济健康发展和非公有制经济人士健康成长，既是重大经济问题，也是重大政治问题。而政商关系是古今中外都不能回避的一个敏感话题，早在福建和浙江工作期间，习近平对此就有论及。如：在浙江工作期间习近平指出，浙江民营经济比较发达，各级领导干部一方面要支持民营企业发展，要亲商、富商、安商，另一方面，同企业家打交道一定要掌握分寸，公私分明，君子之交淡如水。党的十八大后，习近平在多个场合强调，党政领导干部和非公经济人士之间的关系，不能搞成封建官僚和"红顶商人"之间的那种关系，也不能搞成西方国家大财团和政界之间的那种关系，更不能搞成吃吃喝喝、酒肉朋友的那种关系。这次讲话则对新型政商关系予以更精准的定位——"亲"和"清"，并对党政领导干部和民营企业家分别提出了要求，从而明确了中国特色社会主义政商关系的内涵，对促进"两个健康"有着重大意义。

2. 完善中国特色社会主义民族理论。关于坚持中国特色解决民族问题的正确道路，党中央提出"八个坚持"：坚持中国共产党的领导，坚持中国特色社会主义道路，坚持维护祖国统一，坚持各民族一律平等，坚持和完善民族区域自治制度，坚持各民族共同团结奋斗、共同繁荣发展，坚持打牢中华民族共同体的思想基础，坚持依法治国。强调加强各民族交往交流交融，促进各民族和睦相处、和衷共济、和谐发展，巩固和发展平等团结互助的社会主义民族关系，共同实现中华民族伟大复兴。同时，关于积极培育中华民族共同体意识，在"四个认同"的基础上增加了"对中国共产党的认同"，即"五个认同"——增进各族群众对伟大祖国、中华民族、中华文化、中国共产党、中国特色社会主义的认同。

　　3. 提出中国特色社会主义宗教理论。2016年全国宗教工作会议提出，做好新形势下宗教工作，就要坚持用马克思主义立场、观点、方法认识和对待宗教，遵循宗教和宗教工作规律，深入研究和妥善处理宗教领域各种问题，结合我国宗教发展变化和宗教工作实际，不断丰富和发展中国特色社会主义宗教理论，用以更好指导我国宗教工作实践。①特别强调宗教中国化和宗教工作法治化。提出要用社会主义核心价值观来引领和教育宗教界人士和信教群众，弘扬中华民族优良传统，用团结进步、和平宽容等观念引导广大信教群众，支持各宗教在保持基本信仰、核心教义、礼仪制度的同时，深入挖掘教义教规中有利于社会和谐、时代进步、健康文明的内容，对教规教义做出符合当代中国发展进步要求、符合中华优秀传统文化的阐释。②习近平在全国宗教工作会议上的重要讲话，从党和国家事业发展全局的战略高度，科学分析了宗教工作面临的形势和任务，明确提出了中国特色社会主义宗教理论，深刻阐述了宗教工作的一系列重大理论和实践问题，标志着我们党对宗教问题和宗教工作的认识达到了新的高度，是指导我们做好新形势下宗教工作的纲领性文献。

　　4. 提出"分类施策"——做党外知识分子工作的方法论。在2015年中央统战工作会议上，习近平指出，党外知识分子工作是统一战线的基础性、战略性工作。现在，党外知识分子队伍构成更加多样，需要针对不同特点分类施策。首先，强调尊重和包容是做好党外知识分子工作的重要条件。习近平指出，和他们打交道，应当多尊重和包容，多看他们的主要方面，多看他们对国家和社会的贡献，做到容人之异、容人之短、容人之失。③要坚持百花齐放、百家争鸣的方针，发扬学术民主、艺术民主，营造积极健康、宽松和谐的氛围，提倡不同观点和学派充分讨论，提倡体裁、题材、形式、手段充分发展，推动观念、内容、风格、流派切磋互鉴。④其次，强调遵循知识分子工作特点和规律，减少对知识分子创造性劳动的干扰，让他们把更多的精力集中于本职工作。再次，强调善于运用沟通、协商、谈心等方式做好知识分子思想工作，多了解他们工作学习生活中的困难，多同他们探讨一些问题，多鼓励他们取得成绩和进步。然后，强调正确对待知识分子的意见和建议。知识分子有

① 习近平在全国宗教工作会议上强调发展中国特色社会主义宗教理论　全面提高新形势下宗教工作水平[N]. 人民日报, 2016-04-24(1).
② 习近平在全国宗教工作会议上强调发展中国特色社会主义宗教理论　全面提高新形势下宗教工作水平[N]. 人民日报, 2016-04-24(1).
③ 同言. 习大大的统战"新语"[Z]. 统战新语, 2015-05-21.
④ 习近平. 在文艺工作座谈会上的讲话[N]. 人民日报, 2015-10-15(2).

思想、有主见、有责任,愿意对一些问题发表自己的见解。各级党委和政府、各级领导干部要就工作和决策中的有关问题主动征求他们的意见和建议,欢迎他们提出批评。对来自知识分子的意见和批评,只要出发点是好的,就要热忱欢迎,对的就要积极采纳。即使一些意见和批评有偏差,甚至不正确,也要多一些包容、多一些宽容,坚持不抓辫子、不扣帽子、不打棍子。人不是神仙,提意见、提批评不能要求百分之百正确。如果有的人提出的意见和批评不妥当或者是错误的,要开展充分的说理工作,引导他们端正认识、转变观点,而不要一下子就把人看死了,更不要回避他们、排斥他们。各级领导干部要善于同知识分子打交道,做知识分子的挚友、净友。①

第三节 战略定位:治国理政方略中的统一战线

古语曰:"不谋万世者不足谋一时,不谋全局者不足谋一域。"以习近平同志为核心的党中央关于新时代统一战线思想的一个鲜明特征,就是将统战工作纳入党治国理政的全局中审时度势、谋篇布局。早在浙江工作期间,习近平就提出:"要从冷热两条线做好统战工作。'冷'就是要冷静思考,深入开展调研,研究深层次矛盾和问题;'热'就是要抓住热点、难点、重点问题开拓进取,狠抓落实,做好工作。"②党的十八大后,习近平从党和国家工作的全局高度出发,对统一战线工作进行了总体谋划和顶层设计,充分展现了治国理政的雄才大略。

一、明确新形势下统一战线在党和国家工作大局中的地位

习近平多次强调,人心向背、力量对比是决定党和人民事业成败的关键,是最大的政治。他进一步指出,统战工作的本质要求是大团结大联合,解决的就是人心和力量问题。这是我们党治国理政必须花大心思下大气力解决好的重大战略问题。这一重大论断从根本上回答了统一战线为什么在历史上是我们党克敌制胜的重要法宝,现在仍然是我们党治国理政的重要法宝,以及将来是实现中华民族伟大复兴中国梦的重要法宝的问题。《中国共产党统一战线工作条例(试行)》明确当前

① 习近平. 在知识分子、劳动模范、青年代表座谈会上的讲话[N]. 人民日报,2016-04-30(2).
② 浙江省委统战部. 浙江省委书记习近平强调要从"冷热"两条线做好统战工作[J]. 中国统一战线,2005(5):8.

统一战线的性质是"包括全体社会主义劳动者、社会主义事业建设者、拥护社会主义爱国者、拥护祖国统一和致力于中华民族伟大复兴爱国者的联盟"。在论及统一战线各领域工作时，习近平也多从全局工作入手进行分析。例如，他从政权巩固的高度强调知识分子工作的战略性、基础性地位，指出"实践一再表明，一个政权的巩固，很大程度上要靠团结知识分子；一个政权的丢失，也往往同失去知识分子的支持密切相关"①。

二、将统战工作纳入"四个全面"战略布局中谋划

统一战线历来是为党的总路线总目标服务的。"四个全面"战略布局集目标、动力、保证、保障于一体，是统一战线凝心聚力、团结奋斗的行动指南。"四个全面"战略布局的提出，为中央统战工作会议的召开、《中国共产党统一战线工作条例（试行）》的出台明确了指导思想，奠定了理论基础，提供了政策依据。统一战线围绕中心、服务大局的目标更明确，内涵更丰富，路径更清晰，要求更具体。习近平总书记在2015年2月11日党外人士迎春座谈会上指出，统一战线有自己的优势，应该也完全能够为落实"四个全面"的战略布局做出贡献。习近平在中央统战工作会议上强调，要把推进"四个全面"战略布局作为当前统一战线的主要任务。《中国共产党统一战线工作条例（试行）》把服务"四个全面"的战略布局作为统战工作的指导思想和主要任务。统一战线作为党执政兴国的重要法宝，对于实现执政目标、创新执政理念、改进执政方式和加强执政党自身建设都具有重要的促进作用。

三、强调交党外朋友不能急功近利，必须绵绵用力、久久为功

习近平在中央统战工作会议上强调，我们搞统一战线，从来不是为了好看、为了好听，而是因为有用、有大用、有不可或缺的作用。统一战线工作做得好不好，要看交到的朋友多不多、合格不合格、够不够铁。多不多是数量问题，合不合格、够不够铁是质量问题。特别是要交一些能说心里话的挚友诤友，想交到这样的朋友，不能做快餐，而是要做佛跳墙这样的功夫菜。②2014年9月，习近平在中央民族工作会议上指出："做好民族工作，最关键的是搞好民族团结，最管用的是争取人心。"在

---

① 同言. 习大大的统战"新语"[Z]. 统战新语，2015-05-21.
② 同言. 习大大的统战"新语"[Z]. 统战新语，2015-05-21.

2016年4月全国宗教工作会议上,习近平又强调要同宗教界结成统一战线,指出"要坚持政治上团结合作、信仰上相互尊重,多接触、多谈心、多帮助,以理服人,以情感人,通过解决实际困难吸引人、团结人"。这些论述提出了交党外朋友的方法论:不能急功近利,必须着眼长远,绵绵用力、久久为功,春风化雨、润物无声。

四、强调民族工作、宗教工作都是全局性工作

在2014年中央民族工作会议上,习近平就民族工作的重要性提出"三个关系":处理好民族问题、做好民族工作,是关系祖国统一和边疆巩固的大事,是关系民族团结和社会稳定的大事,是关系国家长治久安和中华民族繁荣昌盛的大事。在2016年全国宗教工作会议上,习近平用"四个关系"描述宗教工作的特殊重要性:宗教问题始终是我们党治国理政必须处理好的重大问题,宗教工作在党和国家工作全局中具有特殊重要性,关系中国特色社会主义事业发展,关系党同人民群众的血肉联系,关系社会和谐、民族团结,关系国家安全和祖国统一。习近平提出了"导"的核心理念,强调做好党的宗教工作,把党的宗教工作基本方针坚持好,关键是要在"导"上想得深、看得透、把得准,做到"导"之有方、"导"之有力、"导"之有效,牢牢掌握宗教工作主动权。习近平还强调,新形势下,宗教工作范围广、任务重,既要全面推进,也要重点突破。要结合各宗教情况,抓住主要矛盾,解决突出问题,以做好重点工作推进全局工作。①

五、强调从战略高度加强党外代表人士队伍建设

习近平指出:"民主党派、无党派、民族、宗教、新的社会阶层、港澳台海外等各方面统一战线成员达数亿之多。可以肯定地说,只要把这么多人团结起来,我们就能为实现'两个一百年'奋斗目标、实现中华民族伟大复兴的中国梦增添强大力量。"②统一战线线长面广、包罗万象,但统战工作不能一竿子到底、包打天下,而是要把重点放在做党外代表人士工作上,处理好"一根头发与一把头发的关系",通过代表人士影响和带领所联系的群众。做统战工作必须抓住"关键少数"——党外代表人士。党外干部也是党的干部,党外人才也是国家的人才,必须及早发现和培

---

① 习近平:全面提高新形势下宗教工作水平[EB/OL]. (2016-04-24)[2017-05-06]. http://cpc.people.com.cn/n1/2016/0424/c64094-28299870.html.

② 同言. 习大大的统战"新语"[Z]. 统战新语,2015-05-21.

养。习近平强调:党外代表人士工作的重点是科学使用、发挥作用,关键是加强培养、提高素质。要有意识地把一部分优秀人才留在党外,同时,要开阔选人视野,如把新的社会阶层人士、归国留学人员纳入视野,有针对性地物色培养一批优秀党外代表人士。[1]习近平特别强调对党外代表人士要储才用才。他指出:人才成长既靠个人努力,更靠组织培养。要选拔和推荐更多优秀党外人士担任各级国家机关领导职务,但领导能力是要经过不同层级、不同岗位、不同职务历练而成的。这是干部成长的规律,党内党外概莫能外。对重点人选,要安排到必要岗位进行锻炼培养。要拿出一些岗位甚至是重要岗位培养党外干部,让他们先从基层岗位干起,再从中选拔一批优秀人员逐步到地厅级,在这些人中再选省级民主党派主委就容易了。这个递进的过程必不可少,要防止拔苗助长、半路掐尖。特别优秀的也可以放到正职岗位、重要岗位上去历练,帮助他们砥砺品格、增长才干。[2]

第四节 逻辑思维:全面深化改革中的统一战线

全面深化改革是中国特色社会主义制度的自我完善,符合国家和最广大人民群众的根本利益和长远利益。习近平多次指出,要最广泛凝聚改革共识,汇聚改革正能量。这要求我们必须做好解疑释惑、理顺情绪、化解矛盾的工作,为改革减少阻力、增加助力、形成合力,为改革凝聚共识、凝聚智慧、凝聚力量,形成各方面理解改革、支持改革、参与改革的良好局面。

一、找到最大公约数:大统战理念的集中体现

习近平在中央统战工作会议上指出,要正确处理一致性与多样性的关系,通过耐心细致的工作找到最大公约数,画出最大同心圆。最大公约数首先是针对全面深化改革提出的。早在2012年底,习近平就指出:"把最大公约数找出来,在改革开放上形成聚焦,做事就能事半而功倍。"[3]实现中华民族伟大复兴的中国梦是全体中华儿女的共同愿望,要在改革开放这一实现路径中不断凝聚共识、形成合力,寻求最大公约数。谋求最大公约数的过程,就是统一思想、达成共识,进而形成合力、

---

① 同言. 习大大的统战"新语"[Z]. 统战新语,2015-05-21.
② 同言. 习大大的统战"新语"[Z]. 统战新语,2015-05-21.
③ 慎海雄. 寻求推进改革开放的最大公约数[N]. 新华每日电讯,2013-01-11(1).

形成聚焦的过程。共识与合力成正比。共识越多,合力越大,公约数就越大。没有广泛共识,改革难以推进,推进了也难以取得全面成功。改革决策的酝酿、出台与实施尤其需要统筹各方利益诉求,汇聚各家真知灼见,找到最大公约数。最大公约数是习近平大统战理念的集中体现和灵活运用,是当前处理复杂局势、化解矛盾、破解问题的重大方法论,是我们渡过改革难关、啃硬骨头的一把金钥匙。

二、画出网上网下同心圆:统一战线第三个范围的提出

习近平在中央统战工作会议上指出,只要我们把政治底线这个圆心固守住,包容多样性的半径越大,画出的同心圆就越大。这形象地阐明了统一战线求同存异的核心理念和大团结大联合的本质要求。为了实现全面深化改革的目标,习近平指出,网上网下要形成同心圆。什么是同心圆? 就是在党的领导下,动员全国各族人民,调动各方面积极性,共同为实现中华民族伟大复兴的中国梦而奋斗。①在这里,习近平实际上把统一战线从传统的大陆范围内、港澳台和海外范围进一步延伸到第三个范围——网络统一战线。全面深化改革引发利益深刻调整,释疑解惑和思想引领十分重要。网络更是已经成为舆论斗争的主战场,开展网络统战工作正当其时。在2013年全国宣传思想工作会议上,习近平指出,网络上大致有红色、黑色、灰色"三个地带"。红色地带是我们的主阵地,一定要守住;黑色地带主要是负面的东西,要敢于亮剑,大大压缩其地盘;灰色地带要大张旗鼓争取,使其转化为红色地带。该判断充分地体现了统一战线的理念和方法。在2015年中央统战工作会议上,习近平提出要开展对网络新媒体从业人员和意见领袖的统战工作,第一次提出了网络统战工作的对象。在2016年全国宗教工作会议上,他指出要高度重视互联网宗教问题,在互联网上大力宣传党的宗教理论和方针政策,传播正面声音。这进一步拓展了网络统战工作的渠道。

三、增加民营企业和少数民族的获得感:赋予"照顾同盟者利益"新内涵

按照"创新、协调、绿色、开放、共享"发展理念,树立问题导向,积极查补短板,是新常态下寻求改革红利的重大举措,也是全面深化改革的重大战略部署。在这

---

① 习近平. 在网络安全和信息化工作座谈会上的讲话[N]. 人民日报,2016-04-26(2).

一过程中，让统一战线成员增强获得感，既集中体现了照顾同盟者利益的原则和理念，也使这一优良传统和政策优势有了新内涵。这主要体现在对民营企业家的引导扶持和对少数民族的精准扶贫两个方面。要进一步引导非公有制经济人士认识和适应新常态，增强发展信心，加快创新驱动，抓住发展机遇，加快转变发展方式，从高速发展转向高质量发展。习近平在2018年11月召开的民营企业座谈会上，提出鼓励支持非公有制经济发展的"六大举措"：一是减轻企业税费负担；二是解决民营企业融资难融资贵问题；三是营造公平竞争环境；四是完善政策执行方式；五是构建亲清新型政商关系；六是保护企业家人身和财产安全。习近平强调，一方面要完善政策，增强政策含金量和可操作性；另一方面要加大政策落地力度，确保各项政策百分之百落到实处，让民营企业真正从政策中增强获得感。①党的十八大以来，习近平多次强调"精准扶贫"。在2014年中央民族工作会议上，习近平指出，要在少数民族地区开展"精准扶贫"工作，在进一步加大帮扶力度的同时，变"大水漫灌"为"喷灌""滴灌"。同时，注重保护环境，实现绿色发展、生态发展，普及"绿水青山就是金山银山"的发展理念，在发展少数民族文化产业，开发民族特色村寨旅游、休闲民宿等方向上下功夫。

四、推进国家治理体系和治理能力现代化：基层统战工作的创新和提升

推进国家治理体系和治理能力现代化是基层统一战线创新探索的新方向。全面深化改革的目标是实现国家治理体系和治理能力现代化，促进我国社会主义制度不断完善。习近平指出：完善和发展中国特色社会主义制度，推进国家治理体系和治理能力现代化，需要改进社会治理方式，鼓励和支持社会各方面参与，调节利益关系，协调社会关系，最大限度地增加和谐因素，激发社会活力。②作为中央深改小组组长的习近平，多次指出政社分离、行业协会商会与行政机关脱钩是深化改革的一项任务；要推动工商联所属商会改革，使其切实担负起指导、引导、服务职责；统战工作要向商会组织有效覆盖。这就为商会承接政府部分职能转移指明了方

---

① 习近平．毫不动摇坚持我国基本经济制度　推动各种所有制经济健康发展[N]．人民日报，2016-03-09(2)．
② 中共中央关于全面深化改革若干重大问题的决定(二〇一三年十一月十二日中国共产党第十八届中央委员会第三次全体会议通过)[N]．人民日报，2013-11-16(1)．

向。实际上,早在习近平在浙江工作期间,在他的倡导和鼓励下,浙江一些地方就在探索人民调解制度进商会、工商联商会参与劳动工资多方协商等等,并取得了初步成效,不少成功案例得到上级部门的肯定和新闻媒体的关注。习近平指出,"协商民主是我国社会主义民主政治的特有形式和独特优势,是党的群众路线在政治领域的重要体现";"发挥统一战线在协商民主中的重要作用"。①统一战线在政党协商、立法协商、决策协商、政协协商、人民团体协商、基层民主协商、社会组织协商等社会主义协商民主渠道中都具有资源、网络、制度和功能等优势,都能发挥重要作用,都将对推进国家治理体系和治理能力现代化起到积极作用。习近平在地方任职时就对基层民主协商有过超前和独到的见解。面对基层群众诉求日益增强的趋势,时任浙江省委书记的习近平指出:"基层矛盾要用基层民主的办法来解决。"②他还指出:推进基层民主建设是实现政治稳定、社会和谐的重要保证,基层民主越健全,社会就越和谐。要不断创新领导方式和工作方式,综合采用政治、经济、行政、法律和民主协商等多种手段,提高将矛盾化解在基层、消灭在萌芽状态、控制在局部的能力。③此后,浙江统一战线充分发挥自身优势,在积极参与基层协商民主方面开展了积极探索,为丰富和发展社会主义协商民主理论和统一战线理论做出了贡献。

第五节　鲜明特点:全面依法治国中的统一战线

党的十九大重申,全面推进依法治国的总目标是建设中国特色社会主义法治体系、建设社会主义法治国家。全面依法治国要求统一战线牢牢把握社会主义法治国家建设的正确方向,牢固树立法治思维,积极服务法治国家建设。与以往各个时期党的统一战线理论相比,新时代统一战线重要思想的一个鲜明特点就是把法治思维与统战理念相结合、相融合:要求树立法治思维,做好统战工作,以做好统战工作推动法治国家建设;主动以统一战线优势服务法治国家建设,以法治精神谋求统一战线事业的创新发展。

① 中共中央关于全面深化改革若干重大问题的决定(二〇一三年十一月十二日中国共产党第十八届中央委员会第三次全体会议通过)[N].人民日报,2013-11-16(1).
② 哲欣.基层矛盾要用基层民主的办法来解决[N].浙江日报,2006-10-11(1).
③ 哲欣.基层矛盾要用基层民主的办法来解决[N].浙江日报,2006-10-11(1).

一、统一战线法规体系建设取得重大进展

统一战线领域政策法律体系的完善发展，是整个法制体系建设的有机组成部分。党的十八大以来，以《中国共产党统一战线工作条例（试行）》为标志，统一战线法规体系建设取得重大进展。党的十八届四中全会指出："加强党内法规制度建设，完善党内法规制定体制机制，形成配套完备的党内法规制度体系，运用党内法规把党要管党、从严治党落到实处，促进党员、干部带头遵守国家法律法规。"加强统一战线方面的党内法规建设，对于克服统战工作的随意性，把统战工作摆上党委工作议事日程，提升统战工作实效具有重大意义。《中国共产党统一战线工作条例（试行）》为统一战线事业发展提供了政治保障、组织保障和法治保障，具有里程碑的意义。它是统一战线工作制度化、规范化、科学化的重要标志：丰富了统一战线基础理论，完善了民主党派和无党派人士工作的理论政策，明确了统一战线各领域工作的基本要求和方针政策，明确了党外代表人士队伍建设的政策举措，深化了党对统战工作领导的职责要求，规范了统战部门履行职责、发挥作用的要求。与以往的党内文件不同，《中国共产党统一战线工作条例（试行）》作为党内法规，必须体现有法可依、有法必依、违法必究的原则。2015年10月颁布、2018年8月修订的《中国共产党纪律处分条例》第一百三十三条明确规定："在党的纪律检查、组织、宣传、统一战线工作以及机关工作等其他工作中，不履行或者不正确履行职责，造成损失或者不良影响的，应当视具体情节给予警告直至开除党籍处分。"

二、强调提高民族宗教工作法治化水平

习近平指出，希望统一战线"善于运用法治思维和法治方式想问题、作判断、出措施，努力以法治凝聚改革共识、规范发展行为、促进矛盾化解、保障社会和谐"[①]。其中，民族宗教工作法治化是习近平一贯倡导的。针对近几年来境内外"三种势力"的严重威胁，习近平指出："坚持依法治疆、团结稳疆、长期建疆。"[②]"要坚决依法

[①] 征求对《中共中央关于全面推进依法治国若干重大问题的决定》的意见　中共中央召开党外人士座谈会[N]. 人民日报，2014-10-25（1）.

[②] 习近平主持政治局会议　研究进一步推进新疆社会稳定和长治久安工作[EB/OL].（2014-05-26）[2019-12-13]. http://cpc.people.com.cn/n/2014/0526/c64094-25067153.html.

惩处和打击暴力恐怖活动,筑牢民族团结、社会稳定、国家统一的铜墙铁壁。"①在宗教工作中要坚持保护合法、制止非法、遏制极端、抵御渗透、打击犯罪的原则。习近平在2016年全国宗教工作会议上指出,坚持政府依法对涉及国家利益和社会公共利益的宗教事务进行管理。习近平强调,要提高宗教工作法治化水平,用法律规范政府管理宗教事务的行为,用法律调节涉及宗教的各种社会关系。各级党政机关和领导干部要善于运用法治思维和法治方式处理和解决宗教领域矛盾和问题。要保护广大信教群众合法权益,深入开展法治宣传教育,教育引导广大信教群众正确认识和处理国法和教规的关系,提高法治观念。

三、鼓励支持统一战线成员为全面依法治国做贡献

习近平指出:"统一战线人才集聚、智力密集、联系广泛,成员中有很多法律方面高层次的专家学者,有的直接从事立法、执法、司法和法律监督工作。"②要进一步支持民主党派人士、无党派人士履行好职责,积极参与国家法律法规的制定、实施和法治监督。要充分发挥民主党派、无党派人士在立法协商中的作用。要支持各民主党派开展法律援助、法律咨询、专业诉讼等社会服务活动。要支持各民主党派探索民主监督的途径,完善特约监督员制度,积极发挥各类特约人员作用,积极参与司法监督。习近平指出,统一战线成员要"深化对全面推进依法治国重要性和必要性的认识,带头遵守宪法和法律,带动广大成员成为法治的忠实崇尚者、自觉遵守者、坚定捍卫者"③。共产党要依法执政,民主党派同样要依法参政。要引导党外人士增强依法按章循制履职的法治意识,做到议政建言、民主监督、政治协商于法有据,做依法治国的积极推动者。

四、照顾同盟者利益与依法维护合法权益相统一

照顾同盟者利益是党的统一战线的一项光荣传统和政策优势,在依法治国的大背景下必须重新审视、具体问题具体分析。习近平指出,要尊重、维护、照顾同盟

---

① 习近平:筑牢民族团结社会稳定国家统一的铜墙铁壁[EB/OL].(2014-03-05)[2018-05-07].http://politics.people.com.cn/n/2014/0305/c70731-24528969.html.

② 征求对《中共中央关于全面推进依法治国若干重大问题的决定》的意见 中共中央召开党外人士座谈会[N].人民日报,2014-10-25(1).

③ 征求对《中共中央关于全面推进依法治国若干重大问题的决定》的意见 中共中央召开党外人士座谈会[N].人民日报,2014-10-25(1).

者的权益。①在法治国家建设过程中，对于同盟者的具体利益应分类施策，该尊重的要尊重、该维护的要维护、该照顾的要照顾，但前提必须是合法，促进社会公平正义。习近平对广大非公有制经济人士指出：企业经营遇到困难和问题时，要通过正常渠道反映和解决，如果遇到政府工作人员故意刁难和不作为，可以向有关部门举报，运用法律武器维护自身合法权益。②照顾同盟者利益包括照顾同盟者的政治利益，在对党外人士的安排和待遇的有关规定上，统战工作条例既大刀阔斧，又字斟句酌。一方面，有关政治安排、实职安排的力度之大是前所未有的，并明确给予担任人大、政协领导职务的党外人士与党内干部同等的政治和生活待遇，解决了多年悬而未决的老大难问题，可以说是充分体现了照顾同盟者利益，超出预期，让党外人士欢欣鼓舞、倍感温暖；另一方面，加上了"符合条件""除特殊情况外"等前提，体现了实事求是、与现行法律法规相衔接、依法依规办事的原则。

第六节　最大政治：全面从严治党中的统一战线

统一战线、武装斗争、党的建设被合称为中国共产党夺取革命胜利的"三大法宝"。新形势下，统一战线是我们党执政兴国的重要法宝，群众路线是我们党的生命线和根本工作路线。党的十八大以来，以习近平同志为核心的党中央着手全面从严治党的第一件事就是开展党的群众路线教育实践活动。统一战线是党特殊的群众工作，做好统战工作有利于深入贯彻党的群众路线、推进全面从严治党新的伟大工程。习近平在中央统战工作会议上的讲话通篇贯穿了群众路线思想。在实际工作中学习把握习近平的统一战线群众观，正确处理统战工作与群众工作的关系，对于全面推进党的建设新的伟大工程具有重大现实意义。

一、扩大党的群众基础、巩固党的执政地位离不开统一战线

党的十八大后，习近平在多个场合强调，我们党面临的最大危险是脱离群众的危险，面临的最大考验是长期执政的考验。在中央统战工作会议上，习近平指出："人心向背、力量对比是决定党和人民事业成败的关键，是最大的政治。统战工作的

---

① 习近平. 深刻认识做好新形势下统战工作的重大意义[G]//中共中央文献研究室. 习近平关于社会主义政治建设论述摘编. 北京：中央文献出版社，2016：561.
② 习近平. 毫不动摇坚持我国基本经济制度　推动各种所有制经济健康发展[N]. 人民日报，2016-03-09(2).

本质要求是大团结大联合,解决的就是人心和力量问题。这是我们党治国理政必须花大心思、下大气力解决好的重大战略问题。"①在谈及构建积极健康的宗教关系时,他指出:必须牢牢把握坚持党的领导、巩固党的执政地位、强化党的执政基础这个根本,必须坚持政教分离,坚持宗教不得干预行政、司法、教育等国家职能实施。②

二、民族宗教工作本质上是群众工作,要把少数民族和信教群众团结在党的周围

习近平强调维护民族团结、反对民族分裂,必须依靠包括少数民族群众在内的各族人民;宗教工作本质上就是群众工作;敌对势力越是想借民族、宗教问题做文章,我们就越要让各族群众像石榴籽一样紧紧抱在一起,把信教群众紧紧团结在党的周围。习近平指出,宗教团体是党和政府团结、联系宗教界人士和广大信教群众的桥梁和纽带,要为他们开展工作提供必要的支持和帮助,尊重和发挥他们在宗教内部事务中的作用,努力建设政治上可信、作风上民主、工作上高效的高素质领导班子。要坚持政治上靠得住、宗教上有造诣、品德上能服众、关键时起作用的标准,支持宗教界搞好人才队伍建设。③

三、既要同宗教界结成统一战线,又强调共产党员不能信教

在爱国主义、社会主义旗帜下,同宗教界结成统一战线,是我们党处理宗教问题的鲜明特色和政治优势。要坚持政治上团结合作、信仰上相互尊重,多接触、多谈心、多帮助,以理服人、以情感人,通过解决实际困难吸引人、团结人。共产党员要做坚定的马克思主义无神论者,严守党章规定,坚定理想信念,牢记党的宗旨,绝不能在宗教中寻找自己的价值和信念。要加强对青少年的科学世界观宣传教育,引导他们相信科学、学习科学、传播科学,树立正确的世界观、人生观、价值观。④

① 人心向背、力量对比是最大的政治[EB/OL]. (2015-06-07)[2020-05-23]. www.xinhuanet.com/politics/2015-06/07/c_127887693.htm.
② 习近平在全国宗教工作会议上强调发展中国特色社会主义宗教理论　全面提高新形势下宗教工作水平[N]. 人民日报,2016-04-24(1).
③ 习近平在全国宗教工作会议上强调发展中国特色社会主义宗教理论　全面提高新形势下宗教工作水平[N]. 人民日报,2016-04-24(1).
④ 习近平在全国宗教工作会议上强调发展中国特色社会主义宗教理论　全面提高新形势下宗教工作水平[N]. 人民日报,2016-04-24(1).

四、全面从严治党要进一步发挥统一战线的政治优势

全面从严治党是实现中华民族伟大复兴的根本保证。统一战线在促进全面从严治党方面具有独特的优势。要充分彰显中国特色政党制度的特点和优点,要着眼更好地彰显我国新型政党制度的效能,进一步加强多党合作的制度化、规范化、程序化建设,推进社会主义协商民主,支持民主党派、无党派人士加强自身建设,切实履行好参政议政、民主监督和参加共产党领导的政治协商的职责。习近平指出,政治协商主要是中国共产党同民主党派协商。协商就要诚心诚意、认认真真、满腔热情听取意见和建议,有事要商量、多商量,不能想起了、有空了、拖不过去了才协商。要完善政党协商的内容和形式,建立健全知情和反馈机制,增加讨论交流的平台和机会。协商前,党委和政府有关部门要向民主党派和无党派人士通报有关情况,让他们知情,知情才能真协商。协商中不要各说各话、流于形式,要有互动、有商量,使协商对凝聚共识、优化决策起到作用。①习近平指出,各民主党派作为中国特色社会主义参政党,要积极履行职责,做到知无不言、言无不尽;各级党委政府要虚心听取意见,听得进不同意见,容得下尖锐批评。②从而努力推进党和政府科学决策、民主决策、依法决策,着力促进党的先进性建设和防腐拒变能力建设。在胡锦涛提出的推动执政党建设和参政党建设相互促进,构建和谐政党关系的基础上,习近平进一步提出要发展充满活力的新型政党关系。

第七节 统筹兼顾:国际国内两个大局中的统一战线

当今世界,经济全球化和信息化愈演愈烈,国际上的事往往会对国内直接造成影响,而国内发生的事也会在国际上产生影响。与此相适应,统一战线的国际性日渐增强,主要表现在:统一战线工作中非中国公民的成员不断增多;统一战线工作中涉及国际社会的内容不断增加;统一战线工作受国际环境的影响更加直接;统一战线工作可利用的国际资源更加广泛。与此同时,西方敌对势力往往把政党制度、民族、宗教、西藏、新疆和港澳台等问题作为对我国进行"西化""分化"的突破口。这些

---

① 同言. 习大大的统战"新语"[Z]. 统战新语,2015-05-21.
② 张烁. 习近平同党外人士共迎新春[N]. 人民日报,2013-02-08(1).

问题都与统一战线紧密相关。统一战线始终处于反渗透、反分裂、反颠覆斗争的前沿,在抵御西方敌对势力利用民族、宗教问题进行渗透破坏,遏制国际敌对势力利用台湾、西藏、新疆等问题进行分裂活动,反对利用香港问题进行区域性"颜色革命",挫败国际敌对势力利用民主、人权问题进行攻击等方面,都担负着重大政治责任。因此,必须从国际国内两个大局,统筹兼顾诸如侨务工作与外交工作,抵御利用宗教进行的渗透与开展正常宗教交流、涉外宗教管理,回国服务与为国服务等关系。对此,以习近平同志为核心的党中央审时度势、高屋建瓴,提出了一系列战略设想。

一、破解"修昔底德陷阱"①,发挥统一战线在对外合作共赢中的作用

长期以来,和平共处五项原则是我国处理国与国之间关系的基本准则。习近平重申:"和平共处五项原则精辟体现了新型国际关系的本质特征,是一个相互联系、相辅相成、不可分割的统一体,适用于各种社会制度、发展水平、体量规模国家之间的关系。"②随着中国崛起,"中国威胁论"甚嚣尘上。习近平提出要破解"修昔底德陷阱",西方大国应抛弃二元对立观,避免在世界制造冲突、隔阂与对抗,导致两败俱伤,而要走和平共荣的道路,始终不渝奉行互利共赢的开放战略。2012年以来,习近平在外交政策上提出了一系列新理念和新战略——命运共同体、新型安全观、新型大国关系、"亲诚惠容"的周边外交理念、"丝绸之路经济带"、"21世纪海上丝绸之路经济带"等,赢得了广泛的国际共鸣。习近平提出的邀请大国与中国共同和平发展、以合作共赢为目的、以共同利益和兼顾他国利益为动力、以共同安全为核心等思想,是寻求国际关系最大公约数的集中体现,是中国构建新型大国关系的战略构想。习近平在庆祝建党95周年大会上强调:中国要参与全球治理,建立人类命运共同体,不允许某一个国家从自己的利益出发来操纵整个世界。习近平强调,推进"一带一路"建设,要处理好我国利益和沿线国家利益的关系,政府、市场、社会的关系,经贸合作和人文交流的关系,对外开放和维护国家安全的关系,务实推进和舆论引导的关系,国家总体目标和地方具体目标的关系。③这为国内民营

---

① 所谓"修昔底德陷阱",是指一个新崛起的大国必然要挑战现存大国,而现存大国也必然会回应这种威胁,这样战争就变得不可避免。此说法源自古希腊著名历史学家修昔底德的观点。

② 习近平. 弘扬和平共处五项原则　建设合作共赢美好世界——在和平共处五项原则发表60周年纪念大会上的讲话[N]. 人民日报,2014-06-29(2).

③ 习近平在中共中央政治局第三十一次集体学习时强调　借鉴历史经验创新合作理念　让"一带一路"建设推动各国共同发展[N]. 人民日报,2016-05-01(1).

企业走出去和海外华侨华人助力中外经济合作共赢明确了发展方向，提供了广阔的政策空间。

二、从国际国内两条线做好西藏、新疆工作，维护国家安全、祖国统一、民族团结和社会稳定

习近平指出，全党要牢记我国是统一的多民族国家这一基本国情，坚持把维护民族团结和国家统一作为各民族最高利益，把各族人民智慧和力量最大限度凝聚起来，同心同德为实现"两个一百年"奋斗目标、实现中华民族伟大复兴的中国梦而奋斗。①习近平强调，治国必先治边，治边必先稳藏。②强调必须把中央关心、全国支援同西藏各族干部群众艰苦奋斗紧密结合起来，在统筹国际国内两个大局中做好西藏工作；必须牢牢把握西藏社会的主要矛盾和特殊矛盾，把改善民生、凝聚人心作为经济社会发展的出发点和落脚点，坚持对达赖集团斗争的方针政策不动摇。③习近平指出，做好新疆工作是全党全国的大事，必须从战略全局高度，谋长远之策，行固本之举，建久安之势，成长治之业；坚持依法治疆、团结稳疆、长期建疆，努力建设团结和谐、繁荣富裕、文明进步、安居乐业的社会主义新疆。④习近平指出，新疆的问题最长远的还是民族团结问题。民族分裂势力越是企图破坏民族团结，我们越要加强民族团结，筑牢各族人民共同维护祖国统一、维护民族团结、维护社会稳定的钢铁长城。要坚定不移坚持党的民族政策，坚持民族区域自治制度。民族团结是各族人民的生命线。要高举各民族大团结的旗帜，在各民族中牢固树立国家意识、公民意识、中华民族共同体意识，最大限度团结依靠各族群众，使每个民族、每个公民都为实现中华民族伟大复兴的中国梦贡献力量，共享祖国繁荣发展的成果。各民族要相互了解、相互尊重、相互包容、相互欣赏、相互学习、相互帮助，像石榴籽那样紧紧抱在一起。要加强民族交往交流交融，部署和开展多种形式的共建工作，推进"双语"教育，推动建立各民族相互嵌入式的社会结构和社区环境，

---

① 中央民族工作会议暨国务院第六次全国民族团结进步表彰大会在北京举行[N].人民日报,2014-09-30(1).

② 习近平在中央第六次西藏工作座谈会上强调　依法治藏富民兴藏长期建藏　加快西藏全面建成小康社会步伐[N].人民日报,2015-08-26(1).

③ 习近平在中央第六次西藏工作座谈会上强调依法治藏富民兴藏长期建藏加快西藏全面建成小康社会步伐[N].人民日报,2015-08-26(1).

④ 习近平在第二次中央新疆工作座谈会上强调　坚持依法治疆团结稳疆长期建疆　团结各族人民建设社会主义新疆[N].人民日报,2014-05-30(1).

有序扩大新疆少数民族群众到内地接受教育、就业、居住的规模,促进各族群众在共同生产生活和工作学习中加深了解、增进感情。①我国宗教工作总体形势是好的,宗教界人士和信教群众在经济社会发展中发挥了积极作用。当前,境内外敌对势力利用宗教对我国进行的渗透破坏活动,呈组织化、系统化、精细化趋势。习近平指出,要构建积极健康的宗教关系。在我国,宗教关系包括党和政府与宗教、社会与宗教、国内不同宗教、我国宗教与外国宗教、信教群众与不信教群众的关系。促进宗教关系和谐,这些关系都要处理好。②我们既鼓励支持正常的宗教交往,又坚决抵制国际敌对势力利用宗教进行渗透的图谋。面对日益猖獗的境内外"三种势力"严重威胁我国国家安全、民族团结、社会稳定和人民生命财产安全,习近平提出要并行推进国际国内两条战线,强化国际反恐合作。习近平在上海合作组织成员国元首理事会第十五次会议上倡导,维护地区安全稳定是本组织所有成员国的共同关切。防止地区局势生乱、防范恐怖主义和宗教极端思想肆意蔓延、防止别有用心势力破坏地区和平稳定是本组织职责所在。统一战线海外联谊工作增添了新的任务,在继续鼓励海外侨胞开展反"台独"斗争的同时,要引导和支持他们开展反"疆独"、反"藏独"、反"港独"的斗争。

三、强调"命运共同体"和争取人心,以中国梦引领海内外中华儿女团结奋斗

台湾问题和香港问题都是中国内政问题,但同样都有着不可轻视的国际因素。海外侨胞是联系住在国和中国的桥梁纽带。港澳台、海外统战工作必须统筹兼顾境内境外因素。习近平强调以中国梦引领海内外中华儿女团结奋斗,指出:中国梦意味着中国人民和中华民族的价值体认和价值追求,意味着全面建成小康社会、实现中华民族伟大复兴,意味着每一个人都能在为中国梦的奋斗中实现自己的梦想,意味着中华民族团结奋斗的最大公约数。③特别是习近平有关两岸"命运共同体"的论述,在海峡两岸引发强烈反响和共鸣。习近平强调,要持续推进两岸各领域交

---

① 习近平在第二次中央新疆工作座谈会上强调　坚持依法治疆团结稳疆长期建疆　团结各族人民建设社会主义新疆[N]. 人民日报,2014-05-30(1).

② 习近平在全国宗教工作会议上强调发展中国特色社会主义宗教理论　全面提高新形势下宗教工作水平[N]. 人民日报,2016-04-24(1).

③ 习近平谈"中国梦"论述摘编[EB/OL]. (2014-11-15)[2018-05-07]. http://news.xinhuanet.com/politics/2014-11/15/c_127214244.htm.

流合作，深化两岸经济社会融合发展，增进同胞亲情和福祉，拉近同胞心灵距离，增强对命运共同体的认知。①习近平还强调，在港澳工作、对台工作、侨务工作中，要发挥统一战线争取人心的作用。港澳地区要保证以爱国者为主体。台湾地区要不断推动形成有利统一的民众心理、民意基础、民心走向。习近平着眼长远，提出"赢得青年才能赢得未来"，强调要特别重视做港澳台青年的工作；强调争取人心是全方位的，既要巩固爱国力量，争取中间力量，还要分化敌对力量。②

四、整合国内国外两种资源为两个大局服务

随着港澳台与内地（大陆）经济的进一步融合和经济全球化进程的加快，境内外资源呈现出"你中有我、我中有你"和双向融入的发展趋势。早在浙江工作期间，习近平就提出"跳出浙江发展浙江"的战略，鼓励浙商到省外和海外寻求发展机遇和新路。2011年10月，时任中共中央政治局常委、国家副主席的习近平给首届世界浙商大会发来贺信，希望浙商群体"继续用好国内国外两个市场、两种资源，把奋力向外拓展同积极向内拓展结合起来"③。针对国际国内人才流动的新动向，习近平强调要按照支持留学、鼓励回国、来去自由、发挥作用的方针，把做好留学人员工作作为实施科教兴国战略和人才强国战略的重要任务，使留学人员回到祖国有用武之地，留在国外有报国之门。④同时指出，新形势下，留学工作要适应国家发展大势及党和国家工作大局，统筹谋划出国留学和来华留学，综合运用国际国内两种资源，培养造就更多优秀人才，努力开创留学工作新局面，为实现"两个一百年"奋斗目标、实现中华民族伟大复兴的中国梦不断做出新的更大的贡献。⑤在2016年"七一"讲话中，习近平指出，要广开进贤之路，把党内和党外、国内和国外等各方面优秀人才吸引过来、凝聚起来。

---

① 习近平参加上海代表团审议[EB/OL].（2016-03-05）[2017-12-07]. http://news.xinhuanet.com/politics/2016lh/2016-03/05/c_1118243972.htm.

② 同言. 习大大的统战"新语"[Z]. 统战新语，2015-05-21.

③ 江南. 首届世界浙商大会在杭州开幕　习近平致信祝贺[N]. 人民日报，2011-10-26(4).

④ 习近平. 在欧美同学会成立100周年庆祝大会上的讲话[N]. 人民日报，2013-10-22(2).

⑤ 全国留学工作会议召开　习近平作出重要指示　李克强作出批示[EB/OL].（2014-12-13）[2017-12-07]. http://www.gov.cn/xinwen/2014-12/13/content_2790506.htm.

第八节　根本问题:新时代统一战线领导权的实现形式

在2015年5月召开的中央统战工作会议上,习近平强调,做好新形势下统战工作最根本的是要坚持党的领导。领导权问题历来是统一战线的根本问题,在党的历史上曾有过许多经验和教训。习近平之所以强调这一问题,是因为当前实现党对统一战线的领导权面临新的挑战。一是在长期执政的情况下,党的先进性面临考验,政府的公信力受到挑战。民主革命时期,党依靠正确的主张得到了同盟者的认同;中华人民共和国成立后特别是改革开放新时期,党如何通过执政之外的渠道实现对同盟者的影响和引领,值得探索。二是经济社会转型期,我国社会呈现出显著的多样性、差异性和复杂性,加上境外敌对势力渗透,统一战线成为思想交锋最为激烈的领域,党对统一战线的政治引领受到挑战。三是统一战线的拓展需要加强党的领导。当前,统一战线不仅沟通党内外,而且联系体制内外、海内外。如何在体制外的各种经济、社会组织中开展党建和统战工作,如何在网上网下、地上地下、境内境外争取中间势力,掌握话语权和主动权,都是统一战线面临的新课题。四是党员领导干部还不同程度地存在不重视统一战线、不会做统战工作的问题,需要加强和改进党对统一战线的领导。当今中国,共产党的领导和执政是有机统一的。统一战线无论作为领导方式还是作为执政资源,都是党对统一战线领导权的集中体现。坚持领导和执政有机统一的理念,要求我们党在统一战线工作中既要坚持正确的政治方向,又要深入研究统一战线的规律并严格按规律办事,努力提升统战工作的科学化水平,切实加强和改进党对统一战线的领导。

一、把加强党对统战工作的组织领导与强化统战部门的政治意识有机结合起来

一方面,要加强党对统一战线工作的组织领导。习近平强调,统战工作是各级党委必须做好的分内事、必须种好的责任田;党委(党组)主要负责人是统一战线工作第一责任人。[①]《中国共产党统一战线工作条例(试行)》明确提出中央和各级党

[①] 同言. 习大大的统战"新语"[Z]. 统战新语,2015-05-21.

委开展统一战线工作的主要职责,就成立中央统一战线工作领导小组做出规定,明确了省市县三级党委统战部部长由同级党委常委担任或兼任。另一方面,习近平指出统战部门是政治部门,必须强化政治意识。习近平强调"越是做党外工作,越是要心中有党"①,要求从事民族宗教工作的同志党的意识要特别强。统战部作为党委主管统战工作的职能部门,是党委统战工作的参谋机构、组织协调机构、具体执行机构、督促检查机构,担负着了解情况、掌握政策、协调关系、安排人事、增进共识、加强团结等重要职能。在实际工作中,统战部要多给党委出主意,加强同其他部门和方面的联系沟通,更好地发挥参谋、组织、协调、督促的作用。在开展宗教工作中,统战部门要担负起牵头协调责任,宗教工作部门要担负起依法管理责任,各有关部门及工会、共青团、妇联、科协等人民团体要齐抓共管,共同做好宗教工作。②他还要求统战干部政治坚定、业务精通、作风过硬,成为党外人士之友;统战部门成为党外人士之家。③

二、把党对统一战线的政治领导与帮助统一战线组织加强自身建设有机结合起来

习近平指出,党对统一战线的领导主要是政治领导而不是包办代替民主党派组织内部事务,是党委领导而不是部门领导,是集体领导而不是个人领导。④他强调,统战工作是党的特殊的群众工作,要有特殊的方式方法。他批评了党内存在的四种不会领导、不会做统战工作的现象:官腔十足、人情味少;放任自流,不加引导;荒腔走板,动作变形;对不上话,做不进工作。⑤他强调必须掌握规律、坚持原则、讲究方法,只有这样,才能真正实现和体现党的领导。帮助与支持民主党派和其他统一战线组织加强自身建设,是实现和体现党对统一战线政治领导的重要途径。习近平强调,要支持民主党派加强思想、组织、制度特别是领导班子建设。他还特别提出在继续支持民主党派领导班子切实增强政治把握、参政议政、组织领导和合作

---

① 同言. 习大大的统战"新语"[Z]. 统战新语,2015-05-21.

② 习近平在全国宗教工作会议上强调发展中国特色社会主义宗教理论　全面提高新形势下宗教工作水平[N]. 人民日报,2016-04-24(1).

③ 同言. 习大大的统战"新语"[Z]. 统战新语,2015-05-21.

④ 同言. 习大大的统战"新语"[Z]. 统战新语,2015-05-21.

⑤ 同言. 习大大的统战"新语"[Z]. 统战新语,2015-05-21.

共事四种能力的同时,增加解决自身问题的能力。①要通过帮助民主党派和其他统一战线组织加强自身建设,促进新老交替、政治交接,增强接受共产党领导的坚定性和自觉性。

三、以社会主义核心价值观为引领,在全面建成小康社会和实现中华民族伟大复兴中国梦的共同事业和共同目标中,不断巩固和壮大统一战线

习近平指出,当前我国社会呈现出所有制的多样性、阶层利益的多样性和思想观念的多样性。②这是当前统一战线存在和发展的现实基础,也是统战工作必须掌握规律、坚持原则、讲究方法和坚持党的领导所必须面对的客观现实。在这一社会转型期要交能说心里话的党外挚友诤友、实现党的政治领导,除了要"做功夫菜"外,还必须发挥核心价值观的引领作用。社会主义核心价值观始终弘扬主旋律、传递正能量,是包括统一战线各界人士在内的全体人民群众的共同理想。当前,以社会主义核心价值观引领广大人民群众和统一战线各界人士,已经成为党的群众工作和统战工作的共同有效抓手。习近平指出:"要深化中国特色社会主义理想信念教育实践活动,大力弘扬和践行社会主义核心价值观,继续用好光彩事业等载体,引导非公有制经济人士特别是年轻一代致富思源、富而思进,做到爱国、敬业、创新、守法、诚信、贡献。"③要引导他们"做爱国敬业、守法经营、创业创新、回报社会的典范,在推动实现中华民族伟大复兴中国梦的实践中谱写人生事业的华彩篇章"④。要坚持党外人士自觉、自主、自为,让社会主义核心价值观在统一战线各界人士中内化于心、外化于行,从而在尊重差异中达成共识,在包容多样中实现和谐,在分辨多元中确立主导。习近平在庆祝建党95周年大会上第一次将"文化自信"与"道路自信、理论自信、制度自信"并列。习近平特别强调中华优秀传统文化的引领作用,中华优秀传统文化是中华民族的精神命脉,是涵养社会主义核心价值观的重要源泉,也是我们在世界文化激荡中站稳脚跟的坚实根基。要结合新的时代条件传承

---

① 同言. 习大大的统战"新语"[Z]. 统战新语,2015-05-21.
② 同言. 习大大的统战"新语"[Z]. 统战新语,2015-05-21.
③ 同言. 习大大的统战"新语"[Z]. 统战新语,2015-05-21.
④ 习近平. 毫不动摇坚持我国基本经济制度　推动各种所有制经济健康发展[N]. 人民日报,2016-03-09(2).

和弘扬中华优秀传统文化，传承和弘扬中华美学精神。①习近平还指出："从历史的角度看，包括儒家思想在内的中国传统思想文化中的优秀成分，对中华文明形成并延续发展几千年而从未中断，对形成和维护中国团结统一的政治局面，对形成和巩固中国多民族和合一体的大家庭，对形成和丰富中华民族精神，对激励中华儿女维护民族独立、反抗外来侵略，对推动中国社会发展进步、促进中国社会利益和社会关系平衡，都发挥了十分重要的作用。"②

随着治国理政的不断深入，习近平总书记统一战线重要思想将不断丰富和发展，呈现出大战略、大思维、大胸襟、大气魄、大智慧、大手笔等鲜明特征。习近平总书记统一战线重要思想厚积薄发、博大精深，需要各界以全局的高度、动态的思维、发展的眼光进行全面、深入、系统的研究，使其既从鲜活生动的实践中不断被提炼出来，又用以指导不断发展的统一战线工作实践，进一步巩固和壮大最广泛的爱国统一战线。

① 习近平．在文艺工作座谈会上的讲话[N]．人民日报，2015-10-15(2)．

② 习近平．在纪念孔子诞辰2565周年国际学术研讨会暨国际儒学联合会第五届会员大会开幕会上的讲话[N]．人民日报，2014-09-25(2)．

第二章　新型政党制度和民主党派工作

第一节　中国新型政党制度的优势及对世界的贡献

习近平总书记在庆祝中国共产党成立95周年大会上指出："中国共产党人和中国人民完全有信心为人类对更好社会制度的探索提供中国方案。"中国方案的本质是制度方案。制度方案涉及经济、政治、文化、社会和生态文明五个方面。2018年3月4日，习近平总书记在参加全国政协十三届一次会议民盟、致公党、无党派人士、侨联界委员联组会时指出：中国共产党领导的多党合作和政治协商制度作为我国的一项基本政治制度，是中国共产党、中国人民和各民主党派、无党派人士的伟大政治创造，是从中国土壤中生长出来的新型政党制度。笔者认为，中国对全世界最有影响的制度方案是中国新型政党制度。首先，政党政治是近代以来的世界潮流，政党制度是多年来国内外敌对势力在政治上攻击抹黑中国的首选项。其次，中国共产党领导的多党合作和政治协商制度是世界上独一无二的政党制度，是对人类政治文明的重大贡献，它既最具中国特色，也最能体现中国特色社会主义的内涵。再次，我国政党制度既根植中国传统文化又吸纳世界文明成果，是中国共产党人、各民主党派和中国人民长期探索实践的智慧结晶，最能反映和体现中国方案、中国模式、中国话语和中国智慧。因此，基于中国特色政党制度的立场，我们对"为人类对更好社会制度的探索提供中国方案"的内涵、意义、框架、渠道、方式等的认识都会更加清晰起来。

一、从中国方案提出的背景、意义看中国新型政党制度所蕴含的智慧和力量

作为反抗中世纪封建专制的革命成果,西方的两党制和多党制曾被奉为民主的圭臬。"一人一票"更成为一些人心目中神圣庄严的人权和民主,垄断了政党制度和政治制度的话语权,以至谈到政党制度时,言必称希腊,总觉得"自己的肉不香,别人的菜有味"。当前,提出政党制度的中国方案具有深刻的时代背景。

一是危机和困局让西式民主从神坛跌落:两党制和多党制不是"万能之药"。2008 年国际金融风暴以来,一些西方学者和有识之士逐步认识到,西方的多党民主、议会民主不但不是万能之药,而且无法为解决这场持续多年的经济政治危机提供有效的方案。美国皮尤研究中心 2015 年 1 月 2 日的调查表明:71% 的美国人不满意美国现在的发展方向。德国《商报》刊发的《美国的权力游戏进入死胡同》一文认为:美国党派权力之争可能使金融市场改革以失败告终。英国伦敦政治经济学院教授、《当中国统治世界》一书作者马丁·雅克认为:面对危机,西方国家几乎没有任何新思路,西方克服这场危机要花很长时间,需要在政治和思想上进行重大转变。

二是苏共垮台、苏联解体后 20 多年来的演变表明:采用适合本国国情的政党制度具有极端的重要性。20 世纪 80 年代末 90 年代初,戈尔巴乔夫领导的苏联从一党制转向多党制,政治制度上的大起大落最终导致了苏联党和国家的剧变,教训发人深省。苏联解体后,叶利钦领导的俄罗斯在经济上采用休克疗法,使俄罗斯经济整整倒退十年;在政治上因照搬西方多党制而陷入寡头政治;在国际上丧失了大国地位。在 2016 年苏共垮台 25 周年之际,戈尔巴乔夫表示:"25 年后的今天,我为苏联不复存在而感到惋惜。"列瓦达中心的一项民调显示:41% 的受访俄罗斯人认为,1991 年"8·19 事件"之后,俄罗斯迈向了"错误方向"。[①]

三是第三世界国家从照搬西方多党制带来的噩梦中觉醒:中国式良政比形式上的民主要重要得多。第二次世界大战后,西方多党制和议会制在世界范围内风靡一时。但半个多世纪以来,很多推行这种政党制度的第三世界国家陷入政治混

---

① 苏联"8·19 事件"25 周年戈尔巴乔夫惋惜苏联不复存在[EB/OL]. (2016-08-18)[2016-10-16]. http://world.huanqiu.com/article/9CaKrnJX7AZ.

乱、社会动荡甚至战火连绵的局面。正如法国媒体在评论2009年马达加斯加大选引发的动荡时说的:"不成熟的民主体制让混乱变得更难控制。"相比之下,中国特色社会主义取得了巨大的成功。2013年4月6日,比尔·盖茨在博鳌亚洲论坛上盛赞中国民生的进步。他说:"短短30年,中国在民生领域、减少贫困方面取得了巨大成功,6亿人口摆脱了贫困,这是人类历史上'最伟大的'成就。"时至今日,许多发展中国家也开始反思自己的发展道路,学习和借鉴中国的成功经验,重新审视自身的政党制度和民主道路。

印度学者莫汉·古鲁斯瓦米在《追赶中国龙》一书中说:民主在印度更多地起着拖累发展的副作用,在政党制度和政治制度上印度应多学习中国的经验。2014年5月,阿富汗总统卡尔扎伊在访华期间接受记者采访时说:"如果阿富汗有机会重新选择的话,一定会走中国式的发展道路。因为它行动高效,决策果断,以结果为导向,是一个很好的模式,为所有人带来积极的结果。"孟加拉国《每日星报》2016年10月16日刊文发问:"中国的成功表现在哪里? 原因是什么? 中国人口、民族众多。这与孟加拉国情况相似。对中国政府和民众而言,国家利益高于一切"。"中国创立了自己的发展模式,特点之一是'发展管理'"。"中国对重大决策拥有制度化的磋商"。①

在非洲,《埃及新闻报》提出:应向中国学如何"捕鱼"。②尼日利亚媒体《这一天》说:大约50年前,中国和非洲处于差不多的发展阶段,而今天的情况却完全不同,这应该使我们受到激励,殖民主义不能再成为我们做不好的借口了。"中国人成功地从贫困中发展起来,达到一定程度的繁荣。中国是如何做到的,我们能从中学到什么,以改变非洲?"③"非洲风向标"民调对非洲35个国家的调查表明:当问及"在经济和政治影响力方面,你认为中国对你的国家是否产生了积极影响"时,63%的受访者表示"中国发挥了积极的影响力"。④

在拉丁美洲,《牙买加新闻集锦周刊》2011年8月21日的文章更是直截了当地指出:中国的政治制度是其发展的基础。这种制度与西方自由民主制度不同,但却把庞大复杂的国家推进盛世。中国独特的政治制度的核心是在共产党领导下的多

---

① 孟媒:我们能向中国学习什么[N]. 环球时报,2016-10-17(6).

② 西方应向中国学捕鱼[N]. 环球时报,2012-09-03(6).

③ 非媒:学中国经验,别再找其他借口[N]. 环球时报,2016-08-13(6).

④ 环球一周民意调查话题榜[N]. 环球时报,2016-10-28(4).

党合作制度,包括9个政党。中国的多党合作制绝不同于其他国家的多党竞争体系,它诞生于中国革命,被认为最适应中国环境。在我们牙买加人还在坚持西方自由民主的传统时,中国的治理模式给出很大启发,让我们考虑那些带来稳定、纪律、秩序、效率和无障碍发展的理念。①

四是中国发展奇迹不仅让国人自信也让世界进行制度反思:"北京共识"和"中国模式"应运而生。当"历史终结论"和"华盛顿共识"甚嚣尘上并占据国际主流意识的时候,世界上许多人开始把目光投向了中国。西方对中国的政党制度和政治制度存在深刻怀疑,不少人预测在"和平演变"的强大攻势下中国这座"东方柏林墙"也会很快倒塌。然而,20多年来,中国不但没有垮掉,还在固有的政党制度和政治制度下走出了中国特色社会主义发展道路,创造出前所未有的发展奇迹,引起了世界政要和各国学者的重新审视和评判取舍。

特别是中国成功应对国际金融危机,不仅使"中国奇迹"受到广泛好评,而且使"中国模式"受到前所未有的关注。2011年5月,美国"全球语言监测机构"评出21世纪全球十大新闻,"中国崛起"高居榜首。许多外国政治家、学者认为"这凸显了中国的制度优势"。2004年5月7日,乔舒亚·库珀·雷默的《论中国实力的新物理学》一文,指出中国已经摸索出适合中国国情的发展模式,并称之为"北京共识"。在2009年4月召开的二十国集团领导人峰会上,英国首相布朗在记者招待会上公开声称:"华盛顿共识"的时代已经结束。

西方国家有识之士对"中国模式"的认识更多地体现在对中国政党制度和政治制度的看法上。罗伯特·劳伦斯·库恩在《中国30年——人类社会的一次伟大变迁》中对"中国模式"做出了解释。他认为:"现在以及不远的将来,中国共产党一党执政仍是最佳的选择。不切实际的民主制,会将资源转变为政治上的无休止的争论,从而牺牲中长期的经济与社会收益。不切实际的民主制,不太可能建立起一个强大的经济体,于是也就不可能为最大多数的人带来最大的收益。"《当中国统治世界》的作者、英国学者马丁·雅克认为:"中国模式的一个重要特点是大政府的理念和对西方式民主理念的回避。"最值得关注的是,曾经在1989年写下《历史的终结》的福山,在2009年和2011年先后写下《日本要直面中国世纪》《美式民主教不了中

① 外媒:政治制度是中国繁荣发展基础[EB/OL]. (2011-08-24)[2016-10-13]. http://oversea.huanqiu.com/economy/2011-08/1940493.html.

国》等文,完全颠覆了他自己20多年前的观点。他肯定了"中国模式"的优越性,指出中国发展模式的价值内核源于延续几千年的政治传统。福山将其概括为"负责任的权威体制":一是强大的中央集权国家;二是高度的行政管理体制;三是政治对人民负责,体现"民本主义"。①

在上述背景下,习近平总书记以世界眼光和战略思维提出"为人类对更好社会制度的探索提供中国方案"。这不仅是中国特色社会主义制度自信、理论自信、道路自信和文化自信的集中体现,而且对于参与全球治理、提供中国智慧、建立人类命运共同体都具有重大现实意义和深远历史意义。

首先,体现了中国共产党和中国人民对为世界做出贡献的不懈追求和责任担当。为人类制度设计提供中国方案,意味着中国要站在国际经济政治舞台中央。这是中国人民长久以来的梦想与追求。1956年11月,毛泽东在《纪念孙中山先生》一文中提出:"再过四五十年,就是2001年,也就是进入21世纪的时候,中国的面目更要大变。中国将变为一个强大的社会主义工业国……中国应当对于人类有较大的贡献。"2007年10月,胡锦涛在党的十七大报告中做出了公开的庄严承诺:到2020年,中国将"成为对外更加开放、更加具有亲和力、为人类文明做出更大贡献的国家"。2014年3月28日,习近平在德国科尔伯基金会的演讲中指出:"中国要从世界和平与发展的大义出发,贡献完善全球治理的中国方案,为人类社会应对21世纪的各种挑战做出自己的贡献。"提出制度设计的中国方案,体现了中国的全球责任,也标志着中国对人类发展做出重大贡献的时代已经来临。

其次,意味着从"中国特色"到"中国模式"的转段升级。21世纪初以来,随着中国奇迹持续发酵,"中国模式"引起了世界范围的广泛热议。2013年初,美国中央情报局提出,中国对世界特别是对美国最有威胁的是中国模式和中国价值观。新加坡著名学者郑永年认为:"中国模式问题在西方已经讨论多年。尽管中国政府本身一直很低调,但海外对中国模式的讨论仍然有增无减。基本上,中国模式对于西方发达国家和其他发展中国家具有不同的意义……前些年所谓要以'北京共识'取代'华盛顿共识'的讨论就起源于西方,而非中国。"②尽管"北京共识""中国模式"在西方和第三世界国家引起了热议,但是中国官方从未提过"北京共识""中国模

① 中央公论杂志专访福山:日本要直面中国世纪[EB/OL]. (2009-08-20)[2016-10-10]. http://www.china.com.cn/international/txt/2009-08/20/content_18368184.htm.
② 郑永年. 国际发展格局中的中国模式[J]. 中国社会科学,2009(5):21.

式"，而是提"中国特色"。中国提出"为人类对更好社会制度的探索提供中国方案"，充分彰显对中国特色社会主义道路、理论、制度和文化的自信。中国方案也可以说是一种中国模式。这种模式与西方的"华盛顿共识""新自由主义"完全不同。它秉持"己所不欲、勿施于人"的理念，不提倡发展中国家照搬中国的发展道路，而是认为世界上没有一成不变的发展模式可遵循，符合一国国情的发展道路就是最好的道路。

再次，打破了西方对社会发展制度的话语垄断权。长期以来，西方国家掌控着对社会制度(特别是政党制度和政治制度)和价值观的话语垄断权。近几年来，国内外一些别有用心的人经常鼓吹所谓普世价值与宪政。"为人类对更好社会制度的探索提供中国方案"的提出，表明中国有能力、有信心、有智慧对社会发展制度发出中国声音、体现中国价值。西方发展模式和政治制度、政党制度不应再是普世价值，而应降为区域理论和区域模式。①现在，世界对新的制度方案充满期待。提出中国方案，既体现了自信，也体现了担当，是中国和中国特色社会主义赢得全球影响力和话语权的重要途径，能从根本上解决中国"挨骂"问题。

最后，开创了不同文明对话的新模式。冷战后，国际思想界在世界发展方向问题上是迷茫的，对文明共生的出路存在困惑：道不同，不相为谋；道不同，互相讨伐；道不同，互相为学为鉴。中国给出了文明共生的答案。习近平主张破解"修昔底德陷阱"和文明冲突论，主张寻求国际关系合作共赢的最大公约数。中国方案以文明对话开启新型国际关系的系统思考，是对中外优秀思想文化和智慧的融会贯通，对不同社会制度和发展道路的国家处理相互关系、推动建立以合作共赢为核心的新型国际关系具有重要的启示，它既具有鲜明的中国特色与中国智慧，又蕴含着全人类的共同价值。最大的自信是文化自信，但文化自信既不是夜郎自大，也不是孤芳自赏。保持自身文化的独立性，并不排斥不同文化之间的相互理解、相互借鉴、相互交流。只有将自尊和尊重他人之长结合起来，才能进入"各美其美、美人之美、美美与共、天下大同"的境界。同样，衡量一个国家政党制度优劣的标准并不在于采取哪种形式，关键在于是否适合本国国情，是否有利于经济发展、政治稳定、社会进步、人民幸福。近些年来，关于政党制度问题，中西方从过去的互相攻击开始转变为这样一种观点："现实点吧，西方人，让我们互相尊重对方的政党制度和政治制

---

① 苏长和. 民主政治研究的误区及转向[N]. 光明日报，2013-05-28(11).

度,让我们做朋友。"

二、中国新型政党制度的理论依据和实践印证

对于中国新型政党制度的理论依据和实践发展,笔者拟从五个维度和五个范畴来论证。它们存在如下对应关系:文化性维度——求同与存异,历史性维度——领导与参与,内生性维度——合作与协商,合法性维度——执政与参政,实践性维度——共存与监督。

1. 文化性:中国新型政党制度萌发和扎根于中国传统文化土壤,制度扎根于文化。中国新型政党制度是世界文明成果与中国优秀传统文化相结合的产物。中国传统和合文化是中国新型政党制度的文化之根。和合文化主张"万物并育而不相害,道并行而不相悖",以求达到人和、国和、人与自然相和谐的境界。和合文化的实质是尊重多样性的统一,在和合交融中寻找统一的结合点,寻求用和合的方式解决矛盾和冲突,实行并育并行、共同发展,实现一致性与多样性的统一。中国特色政治发展道路契合了中国传统政治文化。中国政治文化的权威主义传统决定了中国必须依赖于某种核心实现社会整合。这种力量既要是精神层面的,也要具有制度的合法性。这就为我们确立中国共产党在国家政治生活中的领导地位奠定了社会心理基础。中国古代"天下为公"的民本思想,衍生出了不同于西方个人主义和自由主义、强调群体利益的集体主义民主,为我国确立人民当家做主的人民民主制度奠定了思想认识基础。中国传统的儒法相融的政治理念形成了依法治国和以德治国相结合的社会治理模式,为我国建立社会主义民主与法治奠定了政治文化基础。再如,世界其他国家都没有"参政党"的概念,但中国早在唐宋时就有了"参知政事"这一官职,简称"参政"(相当于副宰相)。中国特色政党制度蕴含着丰富的传统文化元素,充盈着中国人的政治智慧。

2. 历史性:共产党领导的多党合作是解决近代中国根本问题的必然选择。从近现代中外历史发展之路考察,我们不难发现这样一条规律:一个国家选择什么样的政治发展道路、实行什么样的政党制度,是由这个国家的国情和性质决定的,与其所处的时代和国际格局、特定的社会历史条件、政治经济状况和民族文化传统密不可分。西方的多党制、议会制在中国缺乏萌生的土壤和广泛的民意基础。中国是传统的农业大国,旧中国90%以上的人口是农民,长期以来小农经济意识是中国老百姓的主流意识,大多数普通百姓只关心有没有饭吃,有的只是明君意识、清官

意识和侠客意识。多党制和议会制在多数人心目中似空中楼阁、飞来之峰，甚至被认为是无源之水、无本之木。中国共产党抓住了土地问题和农民问题这一中国的根本问题，代表了中国最广大人民的利益，取得了新民主主义革命的胜利。从辛亥革命到新中国成立，中国的两次多党制尝试（民国初期的多党议会制和抗战胜利后的中间路线）均以失败告终，这都与忽视土地问题和农民问题这一根本问题、得不到广大人民群众的广泛支持和参与有关。1948 年 4 月 30 日，中共发布"五一口号"，各民主党派纷纷响应，并陆续北上共同参与建国大业。我们以前没有引起关注的是，这时离大决战开始尚有半年时间，国共两党实力相差仍然悬殊，各民主党派却毅然决然接受共产党的政治主张并跟共产党走。这是因为他们认识到共产党代表中国光明的方向。根据西方现代政治学和管理学的一条重要原理——领导者的唯一定义是拥有追随者。这实际上意味着各民主党派接受共产党的政治领导，标志着共产党领导的多党合作格局初步形成。

3. 内生性：中国新型政党制度是立足于中国国情、符合全体人民根本利益的新型政党制度。到目前为止，所有复制西方民主制度的第三世界国家基本上是没有成功的。除了传统文化习惯、公民法治意识和受教育程度的差异以及制度本身存在的缺陷外，另一个重要原因就是缺乏财富基础。经济基础决定上层建筑。在一个利益多元化的社会中，如果经济落后，贫富差距和利益冲突都很大，票选就会失效，利益分配就势必通过暴力等非正常手段来解决。这里的核心问题不是西方的"一人一票"好不好的问题，而是第三世界很多国家超越历史阶段盲目照搬西方多党制，这往往造成水土不服、南橘北枳。其实，西方没有一个国家是在完成现代化之前搞"一人一票"的。20 世纪初，英国城市人口已超过总人口的 90%，但仍没有实施"一人一票"，直到第一次世界大战结束后才放开。美国一直到 20 世纪 60 年代中期才全面实施"一人一票"。瑞士到 1971 年才实施"一人一票"。现代化完成后的西方发达国家为什么敢放开实施"一人一票"呢？主要原因有：一是经济与政治已经基本脱离，即使大选出现变数，无论谁上台，都不会引起大的经济和社会波动；二是这些国家多是财力雄厚的经济强国，国家有资本承受政治内耗，不大会影响普通百姓的日常生活；三是整个社会呈现出"两头小中间大"的橄榄形结构，中产阶级已经成为社会主体，社会相对和谐稳定；四是法律上、制度上、机制上形成了一整套成熟的私有财产保护体系；五是轮流执政的各政党大多由精英阶层组成，拥有掌控国家主要资源和权力的能力。邓小平指出："中国正处在特别需要集中注意力发展经济的进程中。如果追求形式上的民主，结果是既实现不了民主，经济也得不到发展，只会出现国家混乱、人心涣散的局面。"①我国的根本政治制度和政党制度创造出了人类社会全新的民主政治模式。中国真正实现了倾听民声、广集民智，做到了政治稳定、决策有效，确保了经济繁荣、社会发展，展现出了中国特色社会主义民主政治的强大生命力。

4. 合法性：中国新型政党制度是由法律确定的国家政治框架中的一项基本政治制度。共产党执政的合法性是西方一些人长期以来对我国进行质疑和攻击的一个焦点问题。所谓合法性，就是得到大多数国民的认同。这在西方多党制下主要表现为选举和票决。关于共产党执政的合法性问题，邓小平早就说过：评价我们工作的标准是群众满意不满意、高兴不高兴、拥护不拥护。2010年6月，美国皮尤研究中心公布的中国社会民意调查报告显示：中国民众对自己国家发展方向的满意程度高达87%，高居世界各主要国家之首。5年半后，这一满意度又上升了2个百分点。法国益普索调查公司2016年1月27日公布的全球国家发展方向调查表明：中国发展方向最受民众认可，89%的中国受访者认为中国发展方向正确。②同年10月14日，法国益普索民调显示，这一满意度提升到90%。③关于民主党派参政的合法性问题，早在1949年协商建国过程中，具有临时宪法性质的《中国人民政治协商会议共同纲领》就明确了这一点。1993年，根据民建中央的建议，全国人大八届一次会议通过决议，将"中国共产党领导的多党合作和政治协商制度将长期存在和发展"写进了《宪法》。这标志着中国特色社会主义政党制度已经上升为国家意志，成为我国的一项基本政治制度。由此，作为根本政治制度的人民代表大会制度与作为基本政治制度的中国共产党领导的多党合作和政治协商制度、民族区域自治制度，以及基层群众自治制度共同构成了我国政治制度的基本框架。

5. 实践性：中国共产党领导的多党合作和政治协商制度经过长期实践而不断发展和完善。新中国成立伊始，毛泽东就如何建设社会主义国家赴苏联"取经"。在政党制度上，毛泽东决定不学苏联一党制，指出"党外无党，帝王思想"，归国后力阻民主党派解散，提出"共产党万岁，民主党派也要万岁"，共产党和民主党派要"长期共存，互相监督"。邓小平指出共产党领导的多党合作制度是我国政治制度的一

---

① 邓小平文选：第3卷[M]. 北京：人民出版社，1993：284-285.
② 环球一周民意调查话题榜[N]. 环球时报，2016-02-05(5).
③ 环球一周民意调查话题榜[N]. 环球时报，2016-10-21(4).

大特点和优点,并将共产党与民主党派关系的八字方针发展为十六字方针:"长期共存,互相监督,肝胆相照,荣辱与共。"《中共中央关于坚持和完善中国共产党领导的多党合作和政治协商制度的意见》(中发〔1989〕14号)就是在邓小平提议下颁发的。江泽民提出了我国政党制度的基本框架:共产党领导,多党派合作;共产党执政,多党派参政。以胡锦涛同志为总书记的党中央先后在2005年和2006年颁布了《中共中央关于进一步加强中国共产党领导的多党合作和政治协商制度建设的意见》(中发〔2005〕5号)和《中共中央关于加强人民政协工作的意见》(中发〔2006〕5号),翻开了共产党领导的多党合作和政治协商制度建设新的篇章。习近平首次提出各民主党派是与中国共产党通力合作的中国特色社会主义参政党,特别强调要加强政党制度的效能建设,着力点在发挥民主党派和无党派人士的作用,赋予民主党派参加共产党领导的政治协商的新职能。综观中国共产党成立98年来特别是多党合作制度确立60多年来的发展历程,中国共产党以巨大的理论勇气和政治智慧,坚持不懈地推进多党合作的理论创新、制度完善和实践发展。随着经济社会的发展和社会结构的变化,中国共产党对政党制度及时进行适应性调整,使它不断适应我国的基本国情和生产力发展的要求,愈加显示出强大的生命力。

综上所述,中国新型政党制度是历史形成、法律确定、实践发展的,是中国共产党和各民主党派共同智慧和共同努力的结晶,有着丰富而深刻的文化内涵,具有内在合理性和历史必然性,是对人类政治文明的重大贡献。

中国特色政党制度把中国共产党领导和多党派合作有机结合起来,实现了广泛参与和集中领导的统一、社会进步和国家稳定的统一、充满活力和富有效率的统一。这种优势和作用已在中西方政党制度的运行效果对比中得到了印证。

1. 有利于科学执政、民主执政、依法执政。票决民主的基本原则是少数服从多数,但票决决策绝不等同于科学决策,在科学和真理面前不能简单靠少数服从多数,必须经过深入调研、科学论证、集思广益。俗话说:多个头脑比一个头脑好。这里讲的是头脑,而不是手。我国的政党制度规定了民主党派有三大职责:参政议政、民主监督、参加中国共产党领导的政治协商。鼓励民主党派参政议政、提出真知灼见,有利于调动全社会的积极性、主动性和创造性,避免中国共产党决策和工作的失误,实现科学执政。中国共产党积极开展与民主党派的民主协商,坚持协商于决策之前和决策实施之中,有利于实现民主执政。中国特色政党制度还强调互相监督,特别是共产党要自觉接受民主党派的民主监督,各民主党派要勇于监督、善于监督。这有利于执政党将自己的活动自觉纳入《宪法》和法律规定的范围,进一步促进依法执政。

2. 有利于促进政治稳定和社会和谐。西方选举民主的办法是投票表决,一旦决定了就一刀切。这在正处于利益格局多元多样转型时期的发展中国家,尤其容易引起各方利益冲突和社会不稳定。西方各政党在权力争夺中往往不择手段、相互倾轧,将不同社会群体的利益分歧公开化、对立化,甚至导致社会四分五裂、动荡不安。2000 年,墨西哥首次实现了执政党的轮替,举国上下欢庆终于实现了"民主"。但十几年来,墨西哥社会治安状况急剧恶化,毒品犯罪愈演愈烈。南斯拉夫原先是一个较为稳定的社会主义国家,引入多党制之后,国家"一分为七",陷入旷日持久的内战,使总人口的 1% 死亡、10% 沦为难民,经济倒退了 20 年。与之形成鲜明对比的是,我国的政党制度以合作代替对立、以协商代替争斗,特别是因为有中国共产党这个核心,有效避免了政党相互倾轧造成的政局不稳和政权频繁更迭,最大限度地减少了社会内耗,维护了安定团结的社会政治局面。

3. 有利于发挥社会主义制度集中力量办大事的政治优势。中国特色政党制度以中国共产党为领导核心,鼓励各民主党派和无党派人士围绕共同的理想和目标参政议政、团结奋斗。这有利于集中力量办大事、提高效率办成事,有利于保持和发挥社会主义制度的特点和优势。西方的政党政治是"否决政治",容易导致相互拆台、相互揭短、议而不决、决而不行和国家机器低效运转、"治理瘫痪"的问题。奥巴马一上台就提出要建设美国高铁,但是由于航空、公路等利益集团绑架政府,两党为了选区利益,经常达不成共识,导致 8 年过去了,美国的高铁项目还是空中楼阁。与之形成鲜明对比的是,我国通过集中全国的设备、资金和人才,短短数年时间便建成了纵横东西南北的高铁网,截至 2016 年,运营里程突破 2 万公里,占世界高铁总里程的 60%。这种高效组织、高效运转的体制优势源于我国的政党制度能够确保国家具有很强的组织能力、决策能力、执行能力,能够坚持一张蓝图绘到底,一以贯之地把各项重大决策部署落实到底,能够充分调动各种要素与资源,集中方方面面的智慧和力量,推动经济社会持续健康发展。

4. 有利于实现人民民主。在人权、民主问题上,西方国家往往采取双重标准。2011 年,"占领华尔街运动"的参与者被美国主流媒体称为"暴徒"。据《每日邮报》披露的数据,英国人口数量不到世界人口数量的 1%,但监控摄像头数量却占到世界总数的 20%,达到了 420 万个,平均每个摄像头监控 14 个人,每人每天至少要走过300个监控摄像头的监控范围。[①]2016年,西方国家发生了3起政治事件,吸引了不少眼球。一起是美国的"民主之春"抗议示威活动。各地抗议者赶往国会山,抗议金钱操纵美国选举以及政府的不当行为,要求改善民主,结束金钱政治,保证公正选举。华盛顿警方抓捕了1420名示威者。另一起是法国的"黑夜站立"社会运动。该运动因抗议法国政府劳动法修改草案而起,后来人们关注的议题逐步扩展至选举制度、金融资本主义等多个领域,整个运动蔓延到法国70多个城市。还有一起是美国民主党"邮件门"事件。这起事件撕开了美国民主的面具,揭开了"纸牌屋"的秘密。最近,美国的"特朗普现象"和英国的"脱欧公投"暴露出西方多党制正遭遇信任危机。美国几乎所有共和党国会议员都反对特朗普,但特朗普却赢得了提名并最后赢得大选。一些西方国家选民参与投票的比例从20世纪50年代的80%下降到21世纪初的60%。2012年法国大选,第一轮投票下来,萨科齐和奥朗德的得票率分别为27%和28%。在第二轮投票中,法国选民只好在他们都不大喜欢的两个候选人中勉强选择。奥朗德执政以来,民调一路下跌,只得宣布不谋求连任选举。英国超过2/3的议员选择留在欧盟。而在英国脱欧留欧的"全民公决"中,只有70%的选民参加投票,其中52%的选民支持退欧。事实上约占英国全体选民35%的民众就决定了英国这一重大事项,导致了英国社会内部的巨大争议。西方多党制不能真正实现人民民主,也不能代表人类政治发展方向。与此形成鲜明对比的是,我国的政党制度广泛开展政治协商,坚持有事多商量、众人的事情由众人商量,协商于决策之前和决策实施之中,既尊重多数人的共同意愿,又照顾少数人的合理诉求,能够有效反映人民群众各方面利益、愿望和诉求,能够找到全社会意愿和要求的最大公约数。

总之,中国特色政党制度充分反映了人民当家做主的社会主义民主本质,彰显了中国特色社会主义民主政治的特点和优势,是中国共产党和中国人民政治智慧的结晶,具有鲜明的中国特色、中国气派、中国风格,具有巨大的优越性和强大的生命力。

三、中国新型政党制度的独创性及对世界的贡献和启示

从政治发展道路和政党制度来看,当今西方发达国家的政党制度暴露了很多

---

① 关力. 被监视的人生[J]. 视野,2011(21):4.

问题。台湾地区学者朱云汉和美籍日裔学者福山总结出了西方民主的五种弊病：资本游说合法化、民粹政治泛滥化、政党分赃公开化、否决政治常态化及政治治理司法化。中国学者张维为指出了西方民主面临的三重危机：选举的"游戏化"、民主制度的"资本化"、民主的"短视化"。我国政党制度在政党关系上坚持共产党领导、多党派合作；在政权运作方式上坚持共产党执政、多党派参政；在协调利益关系上坚持维护国家和人民的根本利益、照顾同盟者的具体利益；在民主形式上坚持充分协商、广泛参与。所有这些都是世界上独一无二的，是中国的首创。中国共产党的领导和充分发扬社会主义民主，是中国多党合作制度的本质要求。

中西方政党制度在政党关系、政党制度的基本格局、政党制度在政治生活中的作用等方面都存在本质的不同。一是在政党关系上有合作共赢与零和博弈之分。我国政党之间肝胆相照、通力合作的关系在西方是不可能存在的，这是我国政党制度的一大特点和优点。西方以争夺执政权力为目标的政党之间往往是互为利用、利益分赃、尔虞我诈的关系。二是在执政方式上有执政参政、合作共事与轮流执政、在朝在野之分。这就是"一届接着一届干"与"一届反着一届干"的区别，也是我国的规划一张蓝图绘到底而西方国家很多规划悬而不决、难以实现的深层原因。三是在利益诉求上有广泛社会基础与少数利益集团之分。中国共产党和各民主党派都有着广泛的社会基础，共产党代表最广大人民群众的根本利益，民主党派兼具进步性与广泛性。执政为民，参政为公，共产党和各民主党派都没有一党私利。西方国家普遍存在的"政治献金"从本质上使得政党政治和议会政治成为少数人的利益游戏。哈佛大学的专项研究表明，美国91%的选举是由获得竞选资金最多的候选人当选的。四是在公共权力监督上有互相监督与恶斗扯皮之分。中国政党制度框架决定了执政党与参政党长期共存、互相监督，而且主要是民主党派对共产党进行民主监督。西方政党政治在运行中往往伴随着政党、政客恶斗。2010年，比利时的政党之间相互攻讦、倾轧，创下了大选后541天没有政府的当代政治奇观。2016年，美国民主党总统候选人希拉里及共和党总统候选人特朗普在电视辩论中，互相揭短甚至相互攻击、揭露隐私。

长期以来，我们谈到政党制度，往往多讲中国为什么不能照搬西方的多党制、议会制，而没有或较少讲中国特色政党制度对世界的贡献和启示。弄清楚这个问题，对于我们更加理直气壮地宣传中国社会主义多党合作制度的优越性，更加自觉地接受中国共产党的领导，更加坚定走中国特色社会主义政治发展道路的信念，具有重要的现实意义和深远的历史意义。在今天,要大力弄清说透中国为什么能够,以及怎样在政党制度方面为人类对更好社会制度的探索提供中国方案。习近平指出:中国新型政党制度,新就新在它是马克思主义政党理论同中国实际相结合的产物,能够真实、广泛、持久代表和实现最广大人民根本利益、全国各族各界根本利益,有效避免了旧式政党制度代表少数人、少数利益集团的弊端;新在它把各个政党和无党派人士紧密团结起来、为着共同目标而奋斗,有效避免了一党缺乏监督或者多党轮流坐庄、恶性竞争的弊端;新在它通过制度化、程序化、规范化的安排集中各种意见和建议,推动决策科学化民主化,有效避免了旧式政党制度囿于党派利益、阶级利益、区域和集团利益决策施政导致社会撕裂的弊端。实践证明,中国特色政党制度既坚持中国共产党的领导又体现广泛民主,既保持一致性又体现多样性,既规范有序又充满活力,在我国政治和社会生活中发挥了不可替代的作用,在全世界显示出独特的政治优势和强大生命力。从20多年来国际舆论的变化发展来看,中国特色政党制度对世界的影响和贡献日益扩大,对破解政党政治的世界性难题具有启示作用。

(一)如何避免大民主损害国家长远利益

西方多党制、议会制奉行"一人一票"制度,表面上让每个有选举权的公民都有参与国家政治的权利和机会。但是,西方政党制度给国家长远利益带来的危害已为事实所证明。西方国家的民众往往从自身眼前利益出发看问题,较少考虑合理性、科学性。长远利益既是最广大人民的根本利益,也是国家利益。对于国家长远利益,必须进行民主集中,加强顶层设计。20世纪六七十年代,美国芝加哥大学经济学派提出的"公地悲剧"(Tragedy of the Commons)和法国学者提出的"邻避效应"(Not In My Back Yard),都是研究如何解决这方面问题的。然而,西方政党政治下的多党民主无法从根本上破解这一个问题。

近几十年来,西方政党出现了去政治化、去组织化的现象,政党媒体化、寡头化的趋势日益明显,对国家不负责任的政客化现象愈演愈烈。欧洲国家某政要在评价危机应对政策时指出,欧美政治被选举政治劫持,"连任比责任更重要"。2010年,冰岛举行全民公决,决定废除所有外债,整个国家和民族都成了"老赖"。2011年,有"民主摇篮"之称的希腊因债务危机,欲效仿冰岛上演"公投闹剧"(后被欧盟制止)。英国《金融时报》2011年11月7日评论:古希腊发明了民主,但现代希腊却有可能给民主带来恶名。2016年6月举行的逆全球化的英国"脱欧"公投,是典型的冲动型大民主决策和政府不负责任的表现。欧洲的"民疯"(Democrazy)和美洲的"民粹"(Populism)已成为多党制和票决民主政治中,影响国家科学决策和国家根本利益的新症结。

中国政党制度和政治制度能妥善和有效地处理这些问题。党的领导、人民当家做主和依法治国的有机统一,一党领导、多党合作和一党执政、多党参政的政党制度框架,能够在中国特色社会主义共同目标下把中国共产党领导和多党派合作有机结合起来,实现广泛参与和集中领导的统一、社会进步和国家稳定的统一、充满活力和富有效率的统一。

首先,中国共产党一党领导至关重要。党的领导既是政治领导——体现为路线、方针、政策的宣传引导,也是组织领导——体现为党管干部。这两条能确保中国的大局不会乱。

其次,拓宽和畅通民意表达渠道,扩大公民有序政治参与。发展社会主义民主是我国社会主义现代化建设的题中应有之义,但我国的社会主义民主不能是无序的大民主。早在10多年前,习近平就指出:民主选举不是民主政治建设的全部,一选了之肯定会出乱子,"民主选举、民主决策、民主管理、民主监督"都要配套完善起来,同时基层党组织要发挥领导核心和战斗堡垒作用。①党的十八大后,习近平说,要防止出现"把我们党和人民群众隔开"的无形之墙。让权力与权利平等对话、政府与公众良性互动,才能打掉这堵无形之墙。近几年来,我国多个地方在应对PX项目和垃圾焚烧场等邻避事件中,创造了对话与协商方式:通过有效沟通达成共识,以协商方式解决问题,以实现社会利益最大化。在这个过程中,我国的政党制度和参政党发挥着重要的社会功能和作用。多党合作和政治协商可以拓宽利益表达渠道,增强决策理性,整合社会力量,实现价值引导,促进政党关系和谐。我国的民主党派既不是在野党也不是反对党,而是与执政党通力合作的中国特色社会主义参政党,可以发挥位置超脱、人才众多的优势,参与国家治理和社会治理,特别是在引导和平衡国际国内舆论中还能够发挥独特作用。

再次,有利于培育负责任的政府和政治家。在这一过程中,政府决策者在责任与连任之间如何抉择,是中西方政党制度的重大区别。当代西方多党制国家少政

---

① 学习小组. 习近平谈"驴马理论"的启示[EB/OL]. (2014-04-19)[2018-05-08]. http://opinion. haiwainet. cn/n/2014/0419/c353596-20549598. html.

治家、多政客的主要原因在于重视连任、忽视责任。政治家(Statesman)的本义就是"国家的人",其核心价值是维护国家利益;政客(Politician)看重连任、轻视责任,往往把自身利益放在国家利益之上。曾任清华大学校长的著名教育家罗家伦说过:"什么是政治家? 身系安危,本着正大的主张和政策而行,不计个人成败利钝的是政治家。反过来,在政治上没有一定的主张,专计个人成败利钝的是政客。政治家要具备四要素:一是有所为;二是有所不为;三是要为国家解大难、决大疑;四是坚定沉着,不但不受自己感情所支配,并且不以群众的心理为转移。"在中国特色政党制度框架下,民主党派与共产党之间长期共存、互相监督、肝胆相照、荣辱与共,目标一致、关系和谐,领导与合作、执政与参政的关系法定。这就可以保证各政党都以国家民族利益为重,共同推进中国特色社会主义事业。

(二)如何避免和纠正决策失误问题

西方的政党制度注重决策程序和细节,常在无关宏旨的问题上争论不休,关键问题往往在最后期限以妥协的方式或全民公投的方式解决。相比之下,中国特色社会主义民主注重决策的科学性、高效性。中国政治制度和政党制度下的决策因为经过了政党协商、政协协商、人大的立法协商和政府的行政协商,更加负责、科学、民主、依法,失误相对较少。而且即使发生失误,中国的政党制度和政治制度更容易纠错,政党间倾向于补台。在西方国家,各政党在决策出台之前往往争论不休,政策出台后一旦出现失误则相互攻讦、拆台。中国特色社会主义政党制度和政治制度具有强大的自我纠错、自我变革、自我修复、自我完善功能。

首先,中国新型政党制度具有很强的学习吸收和自我完善、自我改变能力。邓小平曾说:"我们的制度将一天天完善起来,它将吸收我们可以从世界各国吸收的进步因素,成为世界上最好的制度。"①改革开放历史就是中国特色社会主义制度自我变革的历史。全面深化改革是中国特色社会主义制度的全面自我完善和发展。尽管我国现行体制机制还存有这样那样的问题和弊端,但是中国特色社会主义制度能够通过改革进行自我变革、自我纠正、自我修复、自我完善。中国新型政党制度和政治制度能够为这种自我变革、自我纠正、自我修复、自我完善提供制度保证。1956年,毛泽东在《论十大关系》中指出:"究竟是一个党好,还是几个党好? 现在看来,恐怕是几个党好。不但过去如此,而且将来也可以如此,就是长期共存,互相

---

① 邓小平文选:第2卷[M]. 北京:人民出版社,1994:337.

监督。"他还说:"共产党可以监督民主党派,民主党派也可以监督共产党。为什么要让民主党派监督共产党呢?这是因为一个党同一个人一样,耳边很需要听到不同的声音。"耳边常有不同的声音,才能使执政的共产党时刻提醒自己少犯错误、纠正错误。2015年,习近平在中央统战工作会议上引用刘少奇讲过的一句话:搞统战工作就是找麻烦,但又省麻烦,找来的是小麻烦,省去的是大麻烦。他进一步指出:世界上哪有不麻烦的政治,更何况我们是14亿人口的大国,不怕麻烦才有良政。当今世界,随着利益格局越来越多样,思想价值取向越来越多元,各国政坛乱象不断,唯独中国保持了团结、民主、稳定、和谐而又少走弯路、科学高效的政治格局,很重要的方面就是我们拥有不断发展完善的一党领导、多党派合作和一党执政、多党派参政的政党制度框架。

其次,中国新型政党制度能够保证我国的改革举措通过试点得以推广,从而减少失误、纠正偏差。邓小平曾说过,改革就是摸着石头过河,对了就大胆去做,错了就退回来。在我国,自然科学领域的研究探索一般用实验的方法,社会科学领域的研究探索一般用试点的方法。但在西方国家,社会科学的研究探索也往往用试验的办法——政治试验。比如,美国斯坦福大学教授詹姆斯·费什金已在20多个国家或地区开展了"协商民意测验";澳大利亚国立大学社会科学院教授约翰·S.德雷泽克也在美国和澳大利亚做了不同形式的公民主导的协商民主实验。这些学者都是借用自然科学的方法来研究社会问题。其实,按照运动层次理论划分,社会活动要比自然界的变化复杂得多,用自然科学实验的办法来研究探索人类的社会活动,从某种意义上讲是用低级版的工具和办法去解读高级版的密码,是难以获得真相、难以探求到规律的。对人类社会活动的认知,只有通过试点——以点带面式的实践探索,才能取得"真经"。当然,西方学者的"政治试验"本是无奈之举。西方的政治制度和体制不允许也不可能让其有试点的地方和时间,即使试验成功了,如果不合地方和政客之意,也不一定能得到推广。任何一项试点及其成功后的推广必须具备五个条件:一是宪法和法律许可,二是顶层设计不明确、不完善或尚在试行阶段,三是群众有广泛意愿和热情,四是要有各级政府的主导和支持,五是要有集中力量办大事的举国体制。这几条特别是最后一条往往是西方国家所不具备的,而这恰恰是我国制度的优势。试点具有中国特色,是中国特色社会主义制度的一个显著特点和优点。这是我国社会主义制度能够通过不断推进的深化改革实现自我完善的一个独特优势和重要保证。在中国特色社会主义政党制度和政治制度框架下，通过有组织的试点，形成可借鉴、可复制、可推广的典型，以点带面，变盆景为风景，有利于实现社会主义制度的自我完善。

再次，中国新型政党制度能够保证干部和人才既能脱颖而出又具备治国理政的真才实学。西方多党制下产生的总统、州长、议员，更多的是靠自我奋斗、自我宣传、辩论口才和承诺取胜的，往往缺乏处理复杂问题的经历和能力。比如，奥巴马在当选美国总统之前，仅在伊利诺伊州当过参议员。在我国，党管干部是确保党的领导的重要组织保证，也是西方多党制所不具备的优势。中共强调人才成长既靠个人努力，更靠组织培养，已经形成了一整套科学的干部和人才建设制度。同时，中共重视对民主党派和党外干部的发现、培养、使用和管理，提出要选拔和推荐更多优秀党外人士担任各级国家机关领导职务。党的十八大后，习近平强调领导能力是要经过不同层级、不同岗位、不同职务历练而成的，这是干部成长的规律，党内党外概莫能外。中共的干部路线特别强调基层经历，主张干部要"墩墩苗"。特别是针对党外人才基层经历、从政经历方面的短板，中共提出"使用是最好的培养"，要提供更多的领导岗位安排党外人士，帮助他们砥砺品格、增长才干。经过实践锻炼选拔出来的干部，无论是中共干部还是党外干部，都具有较强的处理实际问题的能力，能够从组织上保证尽量减少或避免失误。

(三)如何治理腐败和行使监督问题

从表面上看，西方国家的多党制对官员的监督是非常严格的，而苏联等实行一党制的国家腐败问题十分严重。这似乎可以得出一个结论：多党轮流执政可以有效限制甚至避免腐败。然而，"透明国际"2012年公布的数据表明，世界上最腐败的10个国家与地区中，9个是实行多党制的发展中国家。由此可见，政府清廉程度与国家整体民主法治发展水平有关，而与采取何种政党制度没有直接关系。新加坡国立大学东亚研究所原所长黄朝翰指出："民主改革不能解决腐败问题，但先经济后政治是各国的普遍道路。"这里牵涉中外政治学上两个学术名词——行政性腐败(Administrative Corruption)与政治性腐败(Political Corruption)。行政性腐败主要是官员个人的腐败，与国家政治制度无直接关联，如我国少数官员的以权谋私行为。政治性腐败主要发生于政、商两界之间，其手段大多是通过政策、法律制定，以特许经营及利润垄断等形式进行"权钱交易"。其因与公众距离较远，不易引起社会关注，是更加隐蔽的腐败。政治性腐败往往涉及巨大的利益，一旦任其发展并暴露，会形成巨大的社会危机。比如，"旋转门"是现代西方政治体制下的一种特有现象。它特指西方国家中的个人特别是精英在公共部门和私人部门之间双向转换角色、穿梭交叉为利益集团牟利的机制。当前,这种现象在美国最为突出,而且有愈演愈烈的态势。

越是实行多党政治的发展中国家,由于民主制度不成熟,越是容易发生政治性腐败。印度尼西亚实行多党制后,政党之间不仅没有形成相互监督、遏制腐败的机制,反倒结成了腐败的分赃同盟。印度尼西亚一家重要智库的专家说道:"过去(指苏哈托统治时期)的贪污是在桌子底下,而现在(即实现民主化的时期)的贪污是把桌子一起'吃'掉了。"号称"世界上最大的民主国家"的印度,议员受贿情况非常严重。印度2004年全国大选花费超过10亿美元,到2009年又翻了一倍。据印度《社会观察》的统计,2007年,印度538个议员中有125个受到刑事犯罪指控。该报认为这个情况是印度政治体制中难以治愈的"癌症"。2010年底,印度爆出电信腐败案,电信部在2G通信推广中因贪污舞弊给电信业带来390亿美元的损失。这一案件不仅重创了执政的印度国大党,也重创了印度的多党民主。

行政性腐败主要是官员个人的腐败,可以通过完善体制机制和加强监督来防治。而政治性腐败涉及政党制度和政党利益,其治理必须从国家政治层面加以革新,难度较大。中国新型政党制度具有稳定的监督机制和强大的监督功能。一方面,执政党的党内监督十分健全且强有力。特别是党的十八大后的"八项规定"、巡视全覆盖、纪检组全覆盖,使党内监督不留空白、没有例外,具有世界上其他政党所不能比拟的威力和效果。这不仅是由共产党的执政地位决定的,更是由共产党的领导地位决定的。《中国共产党纪律处分条例》《中国共产党问责条例》《中国共产党党内监督条例(试行)》等党内法规相继出台,进一步确保了执政党从严依法依规治党。另一方面,执政的共产党自觉接受民主党派和社会各界的民主监督。中国共产党十八届六中全会公报指出:要支持民主党派履行监督职能,重视民主党派和无党派人士提出的意见、批评、建议,并在北京、山西、浙江开展监督全覆盖试点——设立监察委员会。党的十九大后,这项工作全面推开,相配套的人大立法监督、政府行政监督、媒体舆论监督等共同构成了具有中国特色的完备而有效的监督体系。更为关键的是,中国政党之间的非竞争性和领导合作性决定了执政党和参政党都是为国为民,无论是执政还是参政都不带党派私利,不可能存在政治性腐败。党的十八大后,习近平多次强调,我们是人民当家做主的社会主义国家,绝不能按照财富多少来分配政治资源,绝不把人大、政协搞成"富人俱乐部"。党中央先后严肃查处了衡阳贿选案、南充贿选案、辽宁贿选案,并大力提倡构建"亲""清"政商关系,打造政治生态的绿水青山。这为发展中国家如何治理腐败和完善监督机制提供了中国方案。

(四)发展中国家和地区如何构建现代政党制度

到目前为止,照搬复制西方民主制度的第三世界国家基本上没有成功的。除了传统文化习惯、公民法治意识、受教育程度的差异及制度本身存在的缺陷以外,另外一个重要原因就是缺乏财富基础。从国外情况来看,一般认为:人均GDP在1000至3000美元时,是政治参与要求迅速提高时期;人均GDP在3000美元是一道坎,会出现"拉美现象",即经济失调、心态失衡、社会失序;到6000美元时会出现一个强大的市民社会和政治多元化的发展趋势,国外一些国家和地区在这个时期转向多党制。中国2010年时人均GDP为4400美元,跻身中等收入国家行列,但没有发生所谓"中等收入陷阱"。中国2015年时人均GDP达7990美元,更没有转向多党制。这一切都是因为有中国特色政党制度,不需要改弦更张走不符合我国国情的西方式多党政治道路。前世界银行驻中国首席代表皮特·鲍泰利曾这样说道:"目前中国不需要多党制,实行多党制将给中国带来不可承受的风险。多党制并非民主的精髓,民主的要义是能够对人民负责。在一党制的体制下,中国可以做很多事情,经济和社会发展还存在巨大潜力。"中国开了"一党民主制"(一党领导、多党合作;一党执政、多党参政)的先河,为发展中国家构建现代政党制度提供了中国方案。

(五)中国式协商民主对世界民主发展的影响和启示

20世纪80年代,西方学界提出协商民主理论,主要是为了破解选举(票决)民主的困境,弥补选举(票决)民主的缺陷。西方的协商民主理念至今尚停留在理论探讨和政治试验阶段。曾经,国内有的学者热衷于研究西方协商民主以及非执政党参与政策过程对中国多党合作制度的启示,而往往忽视了中国式协商民主对世界各国的影响。习近平强调,协商民主是中国社会主义民主政治中独特的、独有的、独到的民主形式,具有深厚的文化基础、理论基础、实践基础、制度基础。中国的协商政治制度和实践发端于中华人民共和国成立过程中,远远早于西方协商民主理论的提出。相对于西方协商民主的后发性、被动性、弥补性,这是一种先发的、内生性、根植式的民主形式,是中共、各民主党派和中国人民在长期的革命、建设和改革实践中共同智慧的结晶,已深深融入执政和参政理念,是对人类民主政治和政治文明的重大贡献。

越南和老挝借鉴了我国选举民主与协商民主相结合的模式。越共在坚决地划出政治底线(不搞多党制、不搞三权分立)的同时,在国会和越南祖国阵线(类似于中国的政协,老挝称建国战线——引者按)这两个政治平台中,给予党外政治组织、基层民主政权、民间组织及媒体较宽松的空间,在不断拿捏和调整的过程中培育了一种可控的民主,一定程度上疏解了社会矛盾,巩固了越共执政的合法地位。[①]

政党联盟是世界政党政治的普遍现象。由于利益格局多元、阶层分化加剧,在当今世界上不少国家,不同政党和政治势力往往只有以政党联盟的形式实现力量联合,才能获得优势地位和更多的民众基础。政党间的统一战线在亚洲、非洲甚至欧洲等地区广泛存在,不少国家的执政党曾以政党联盟的形式执政。2010年,有鉴于比利时大选后无政府的现象,英国两党合作,联合执政。德国采取的是大联合政府。2013年7月21日,日本执政联盟在参议院选举中获胜,终结了"扭曲国会"的局面。阿根廷胜利阵线成立于2003年,由20多个政党、社会团体和社会组织组成。阿根廷正义党虽然一党独大,拥有70%的选民支持,但仍不忘以政党联盟的形式联合较小的政治力量,以巩固执政地位。然而,有力的领导核心是政党联盟存在和发挥最大效能的关键因素。坚持政治协商是政党联盟有效运行的重要基础,照顾政党联盟中的各方利益是团结合作的必要条件。这种以短期的共同利益为基础结成的政党联盟,稳固只是暂时的。一旦利益格局有变,政党联盟随时可能解体。比如在英国2015年大选中,卡梅伦领导的保守党一举赢得超过半数选票可以独立组阁后,就放弃了与其合作了5年的自民党。

正如中国不能照搬西方的多党制、议会制一样,西方想仿效中国的协商民主也绝非易事,究其原因就是缺乏共同的利益基础、传统权威文化和领导核心。美国两党围绕医改法案的"驴象之争"就是典型例子。奥巴马上任后竭力推行医改,但遭到大医疗保险商、大制药商及其代言者共和党的坚决反对。2010年2月25日,奥巴马邀请了21位民主党议员、17位共和党议员就医改方案进行辩论协商,没有取得任何效果。随后,民主党利用在参众两院占多数的优势,强行通过方案。奥巴马于2010年3月正式签署该法案。然而,2010年11月国会中期选举后,共和党赢得众议院超过半数的席位。2011年1月19日,众议院投票通过废除医改法案的议

案。2012年6月28日,美国最高法院9名大法官以五比四的票数认定:奥巴马推动并实现立法的"医改法案"并不违宪。然而,美国两党之间的财经"驴象之争"愈演愈烈,医改方案每次都成为导火索,要实施却遥遥无期。

中国新型政党制度创造的协商民主为世界展示了一种新的民主形式。它不是用纷争、内乱、竞争来强制推行少数服从多数,而是用与选举民主相辅相成的互相协商、互相帮助、互相补台、共同协作的协商民主来实现人类的民主进步。这就大大提升了中国共产党所创立的新型政党制度、中国政党理论在世界上的话语权。一些西方思想家和政治家已经开始注意到中国式协商民主具有强大的生命力。他们认为,中国式协商民主不仅在中国的实践是卓有成效的,而且在其他国家乃至西方实行多党制和议会制的国家也是适用的。2005年9月15日,中国国家主席胡锦涛出席联合国成立60周年首脑会议圆桌会议,发表题为"坚持民主协商　推动改革进程"的重要讲话。2010年,联合国有关组织发起了协商民主论坛。同年,美国未来学家奈斯比特在《中国大趋势》一书中指出:选举民主与协商民主相结合的中国式民主,是政府倡导的从上而下的纵向民主与民众广泛参与的横向民主的有机结合,是中国30年来走出贫穷落后的重要制度保证。中国式协商民主的影响正逐步走向世界。

四、中国新型政党制度要通过赢得国际话语权提供中国方案

只有赢得话语权,才能得到广泛认可,才能从根本上解决"挨骂"的问题,才能有国际影响力,才能为人类对社会制度的探索提供中国方案。作为世界性敏感话题的政党制度尤为如此。

(一)认清我国政党制度建设和传播面临的挑战

要取得话语权,首先必须知己知彼,了解党内外、体制内外和海内外怎样看待我国政党制度,把困难和问题想得充分些。一是西方敌对势力的"西化""分化"对我国政党制度建设提出的新挑战。种种情况表明,政党制度仍将是今后很长一段时期内西方敌对势力对我国进行"西化""分化"的首选突破口。二是国内经济发展和社会转型对政党制度建设提出的新课题。当前,我国正处于经济社会转型期,呈现出阶层分化、利益调整、思想多元、矛盾凸显、诉求增加等特点。政府公信力、政治信任等开始成为热议话题。在当代中国,政治信任的最核心问题是对中国特色政治制度和政党制度的价值认同。三是发展社会主义民主对政党制度建设提出新

的任务。民主是现代化的题中应有之义,如何发挥多党合作架构在扩大和畅通诉求渠道方面的优势作用,促进我国选举民主、协商民主、监督民主、自治民主四轮驱动,是中国特色社会主义民主建设的题中应有之义。四是提高党的领导水平和执政水平对政党制度建设提出的新要求。党的十八大以来提出的一系列全面从严治党要求,迫切要求进一步完善多党合作制度,加强同民主党派的协商,自觉接受民主党派的民主监督,提高决策的科学化和民主化水平,增强防腐拒变的能力。

(二)努力发挥和展现我国政党制度的效能和优势

中国共产党领导的多党合作和政治协商制度既是中国政党制度和政治制度的特点,也是优点。但是长期以来,我国政党制度的优势还没有向国内国际社会充分展现出来。习近平强调要从战略高度更好地体现这项制度的效能,着力点在发挥好民主党派和无党派人士的积极作用上。执政党和参政党要共同破解薄弱环节:对于共产党而言,要增强执行和完善的意识;对于民主党派而言,要提升履职能力水平。一是落实协商于决策之前和决策执行之中。从实践看,党委出题—党派调研—多党协商—政府采纳—部门落实这一协商调研制度令其他国家十分欣赏。但现在较为普遍的问题是,政治协商两种形式中的政党协商不如政协协商开展得好,每年就重大问题的协商计划性不够,协商随意性、信息不对称、时间提前量不够等问题不同程度地存在着,极大地影响了参政党参与协商的成效。二是在各民主党派与政府部门对口联系方面,往往民主党派比较主动,政府部门相对被动,存在"一头热、一头冷"的现象。三是一些地方虽然按规定邀请民主党派负责人或无党派人士代表参加外事接待活动,但很多情况下他们是以人大、政协领导身份出现的,并没有同时体现民主党派负责人或无党派人士代表的身份。四是民主监督的作用发挥不够,存在弱、软、散、小的现象。特别是要着力破解民主党派民主监督中的"事后容易事前难""建议容易批评难""反映容易反馈难""聘任容易落实难""规定容易规范难"等问题。五是民主党派加强自身建设任务艰巨,成员老化、组织趋同、后备干部不充裕、知识结构单一、基层经验欠缺等,不同程度地制约着参政党履职作用的发挥。只有按照中央和各级党委的有关规定和要求,逐一破解这些问题,才能把民主党派的作用充分发挥出来,才能向社会各界与国际社会充分彰显和展现我国政党制度的效能和优势。

(三)着力构建中国特色政党制度的话语体系

习近平在哲学社会科学工作座谈会上指出:"在解读中国实践、构建中国理论上,我们应该最有发言权,但实际上我国哲学社会科学在国际上的声音还比较小,还处于有理说不出、说了传不开的境地。"在政党制度研究领域,要着力构建中国特色政党制度的话语体系。

首先,要有自己的标准和价值立场。中国特色政党制度是世界教科书上所没有的,必须以我为主,要有自己的标准和价值立场,不能用别人的政党标准看我国的政党。只有这样,才有可能在政党理论研究方面形成自己的一套话语体系。

其次,要展现中国特色政党制度的政治智慧和文化底蕴。在国际层面构建中国多党合作话语体系,就是既要有国际发言权,向国际社会贡献中国民主话语,同时也要有说服力和影响力,彰显中国多党合作更加丰富的世界价值,用中国智慧影响世界。

再次,要提出我国政党制度自己的概念和话语。习近平指出:"要善于提炼标识性概念,打造易于为国际社会所理解和接受的新概念、新范畴、新表述,引导国际学术界展开研究和讨论。这项工作要从学科建设做起,每个学科都要构建成体系的学科理论和概念。"中国特色政党制度在对外表达和阐释宣传中,要抓住"参政党"这个全世界独一无二的概念,体现中国特色和中国优势。

最后,对我国政党制度中一些敏感问题做好释疑解惑工作。习近平一针见血地指出,谈到政党制度时,有人把西方多党制、两党制奉为圭臬,言必称希腊,总觉得"自己的肉不香,别人的菜有味",一些党政领导和理论工作者谈到这个问题时也往往顾左右而言他。这种制度和理论上的不自信,归根结底是理论不够成熟造成的。我们决不能"以其昏昏使人昭昭",必须破解多党合作领域重大理论问题,廓清各种模糊认识,增强理论自信和政治底气。对国内外提出的有关我国政党制度的疑难问题,甚至质疑,既不回避、不虚与委蛇,也不能全部、简单归结为"中国特色"。要敢于发声、善于应对,敢于正面回答,把道理讲明白,做出令人信服的解释,从根本上解决"挨骂"问题。

(四)切实强化中国特色政党制度的传播效果

鉴于政党制度宣传的特殊性,其传播要采取递进式路径:讲故事—讲事实—讲道理—讲学理。逐步拓展传播的广度和深度。

1. 讲好政党制度的中国话语。这不仅仅是学术问题,也是为老百姓解惑和向海外讲好中国故事。首先要让人听得懂,追求复杂问题简单化而不是简单问题复杂化。例如:习近平出访俄罗斯讲到我国政党制度时说,鞋合不合脚只有自己的脚知道,别人的感觉没有意义;民建中央原主席成思危将我国多党合作制度比作同律不同音的大合唱;民进中央原副主席邓伟志将我国多党合作制度比作太阳系。这样的解读就十分形象生动、精准到位而又接地气,也易为民众和世界所理解和接受。实际上,民间在这方面不乏智慧。网民这样评论中国多党合作和政治协商制度:"家有百口,主事一人,这是中国家庭的治家思想;谋之于众,断之在独,这是中国古代的治国方略;一党执政,多党参政,这是中国当今的治政理念。"这些都值得好好总结、学习、借鉴和推广。

2. 用事实和数据说话。用事实和数据说话,变抽象为具体、形象、生动,这在全世界都是通用的。这不仅能增进自信,也能促进他信。在G20杭州峰会上,习近平精辟地阐述了"中国方案",为世界经济和全球治理开出了"中国药方"。在中国特色政治制度和政党制度上,我们有许多事实可以向社会和世界展示。多党合作和民主党派履行职责(包括参政议政、民主监督和参加共产党领导的政治协商)留下许多佳话和典型例子,都是我们讲好中国政党制度故事的重要素材,要深度挖掘、打造精品、广泛传播。比如,温岭民主恳谈会成长为典型的基层协商民主实践形式,不仅被国内外专家学者称为"21世纪中国农村基层民主政治建设的一道新曙光",还吸引了外国外交官去实地考察。这就在事实上赢得了基层协商和社会协商的中国话语权。

3. 请第三者或当事人现身说法。从传播主体看,目前中国多党合作制度的话语施行者比较单一,主要是政府。其实,对于多党合作实施得如何、这项制度好不好,如果由各级党委和政府自我评判,效果往往不好。换句话说,多党合作效果好不好,主要不取决于处于领导和执政地位的共产党怎么说,而更多取决于处于参政地位的民主党派怎么说。同样道理,这项制度能否为世界提供中国方案,不能由我们自说自话,而应由第三方——发展中国家结合本国国情进行可行性研究后形成支持结论。因此,由民主党派成员、第三国现身说法更有说服力。比如,美国中文电视、美国中文网记者曾就民主党派与中共之间彼此信任的问题,在全国政协十二届一次会议举行的记者会上向九三学社中央常务副主席邵鸿提问。邵鸿以多党合作和自己亲身经历做的回答,让美国记者无话可说。与此同时,除了奈斯比特、马丁·雅克、库珀·雷默、劳伦斯·库恩、福山等西方研究中国问题的专家外,我们还要吸引更多的西方和第三世界国家的学者关注和研究中国问题,特别是中国政党制度和政治制度,进行客观科学公正的评判和解读。

4. 搭建我国政党制度与世界各国政党制度对话交流的渠道和平台。近几年,每年到我国考察政党建设的外国代表团多达60个,亚洲政党会议也多次在中国举行。2016年10月,中共中央对外联络部举办了"2016年中国共产党与世界对话会"。2017年世界政党大会在中国召开,300多个政党参加会议。建议中央有关方面开展此类活动时应把我国政党制度作为重要内容,邀请民主党派参加,并借助这些渠道和平台就政党制度积极开展与国际社会的对话交流。

5. 创建"记者+学者"的传播模式,借助现代传媒扩大影响。要通过学者与记者有机结合,把学术语言通俗化、通俗语言学理化。特别是通过邀请境外记者,以及利用网络新媒体等进行更加广泛立体的传播,以加快速度、扩大范围,增强辐射力、影响力和有效性。在此过程中,要寻求世界各国对政党制度的兴奋点、共鸣点和最大公约数。

五、结语

当前,中国新型政党制度的发展完善和作用发挥方兴未艾,对世界的影响和贡献正在不断显现和提升。朝着为人类制度探索提供中国方案的目标,中国新型政党制度将在实践上更加丰富、理论上更加成熟、制度上更加完善,也将解读得更加生动、传播得更加鲜活、影响得更加深远,逐步构建出科学和权威的中国政党理论话语体系。事实上,统一战线核心理念和五大关系都可以提供中国方案。统一战线的核心理念是求同存异、寻求最大公约数,强调正确处理一致性与多样性的关系。这蕴含着深厚的东方传统文化智慧,也是在当前利益格局多样、阶层分化加剧、文化价值多元的国际大趋势中化解矛盾和处理复杂问题的一把金钥匙,能够为世界各国政府和政党处理内政外交问题提供重大方法论。民族关系涉及中国独创的民族区域自治制度。宗教关系涉及宗教中国化和宗教工作法治化,强调引导宗教与社会主义社会相适应的原则和方针。阶层关系涉及我国以公有制为主体、多种所有制共同发展的基本经济制度,以及作为中国特色社会主义事业建设者的广大非公有制经济人士和其他新的社会阶层人士。海内外同胞关系涉及"一国两制、和平统一"解决港澳台问题的中国模式。这些无不蕴含着中国文化、中国智慧以及在中国特色社会主义实践探索中形成的中国方案和中国话语,同样有待于进一步深入研究、总结、提炼和传播。

第二节　参政党协商能力建设

习近平总书记在中央统战工作会议上指出,搞好政党协商,需要共产党和民主党派共同努力。对共产党来说,关键是增强协商的意识;对民主党派来说,关键是提升协商的能力和水平。长期以来,对参政党履职能力的研究大都集中在参政议政和民主监督两个方面,而对协商能力较少提及。笔者认为,当前研究如何提升参政党协商能力和水平恰逢其时,对于发展社会主义协商民主,坚持和完善中国共产党领导的多党合作和政治协商制度,加强参政党自身建设都有着重要的现实意义。

一、参政党在协商民主中的角色定位

政党作为汇集不同政治意见、表达不同利益诉求的重要形式和工具,是现代民主的重要载体,其在民主建设中的作用是一般社团和公民不能同日而语的。民主党派作为中国特色社会主义参政党,人才荟萃,代表性强,联系广泛,地位超脱,职责法定,在我国社会主义协商民主建设中有着独特的优势和地位。

1. 参政党是我国社会主义协商民主的最重要的主体之一。《中共中央关于加强社会主义协商民主建设的意见》列举了我国协商民主的重要渠道,并指出,政党协商、政府协商、政协协商是要重点加强的,人大协商、基层协商、人民团体协商是要积极开展的,社会组织协商是要逐步探索的。其中政党协商和政协协商即通常意义上所说的政治协商,是中国特色协商民主中最为成熟、最为规范的两种形式,民主党派理所当然成为中国特色协商民主的最重要主体之一。中央统战工作会议和《中国共产党统一战线工作条例(试行)》对参政党提出了新的职责要求,即在参政议政、民主监督外增加了参加共产党领导的政治协商。参加共产党领导的政治协商包括政党协商和政协协商两种渠道。虽然政党协商也有无党派人士和工商联参加,但毫无疑问,主要是共产党与民主党派进行的协商;在人民政协,共产党与民主党派和各界人士的协商中,每个党派都有一个界别,党派界别在人民政协占了四分之一,且地位居前、十分突出,发挥着重要作用。此外,参政党还参与政府决策协商。民主党派成员还参与其他渠道的协商(如图2-1所示)。以基层协商民主为例,浙江省不少地方的民主党派成员积极参与基层民主协商,如在我国民主恳谈发源地温岭市,民主党派成员组成民主恳谈顾问团并发挥着积极作用。

```
                ┌──── 与执政党协商
                │
                ├──── 会同各界与执政党在人民政协协商
                │
                ├──── 参与政府行政协商
                │
   参政党 ──────┤──── 成员参与人大立法协商
                │
                ├──── 成员参与人民团体协商
                │
                ├──── 成员参与基层民主协商
                │
                └──── 成员参与社会组织协商
```

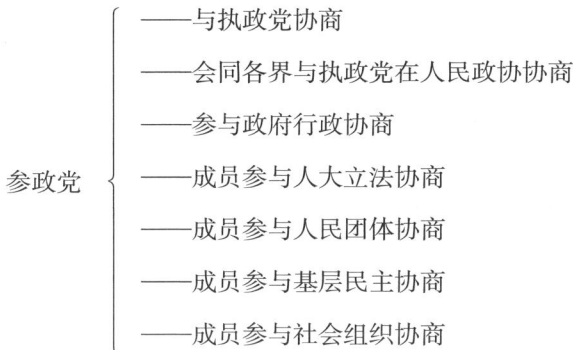

图2-1　参政党协商渠道

2. 参政党是我国社会主义协商民主的重要渠道。党的十八大报告规范了协商民主渠道、内容、原则和路径,提出要"通过国家政权机关、政协组织、党派团体等渠道,就经济社会发展重大问题和涉及群众切身利益的实际问题广泛协商、广纳群言、广集民智,增进共识、增强合力"。如何理解参政党作为我国社会主义协商民主的一种渠道呢?共产党领导的多党合作和政治协商制度是我国的一项政党制度和基本政治制度,在这一制度框架下,民主党派作为参政党的地位与中国共产党作为执政党的地位一样,都是历史形成的、法律确定的、实践发展的。参政党的社会功能体现在:拓宽利益表达、推进决策理性、整合社会力量、实现价值引导、促进政党和谐。参政议政、民主监督、参加共产党领导的政治协商,参政党的三大职能都是跟协商民主有关(参政议政离不开建言献策和民主协商,民主监督主要也是在民主协商中提出批评性的意见建议)的。参政党通过参与共产党领导的政治协商,把政治体系的价值理念、政策主张传输到社会机体中,把人民群众的利益诉求传递给政治系统。

3. 参政党是我国社会主义协商民主的积极建设者。参政党不仅是社会主义协商民主的直接参与者,更是社会主义协商民主的推动者和完善者。早在民主革命后期和协商建国过程中,各民主党派就积极响应中国共产党的号召,积极投身政党协商和人民政协协商。今天,这两种协商已成为我国协商民主中发育最早、发展最成熟而且最为完善和最有特色的两种渠道,成为中国独特的、独有的、独到的民主形式。这是中国政党制度和政治制度的特点和优势,是中共、各民主党派和中国人民在长期的革命、建设和改革实践中共同智慧的结晶,已深深融入执政党执政理念,也融入参政党参政理念。深深融入执政和参政理念,是对人类民主追求和政治文明的重大贡献。今天,搞好政党协商和人民政协协商,需要共产党和民主党派共同努力,参政党不仅是中国特色政治制度和政党制度的维护者、捍卫者,也是我国协商民主建设的积极参与者。

二、当前参政党参与协商存在的主要问题及面临的挑战

长期以来,在多党合作和人民政协领域流传一句话,叫"协商有余,监督不足"。这句话似是而非,一方面,作为薄弱环节,"监督不足"是事实,但"协商有余"值得商榷,关键在于是真协商还是假协商,以及协商效果如何;另一方面,从广义上讲,参政议政和民主监督也属于协商(前文已论及)。要提升政治协商的能力和水平,需要执政党和参政党共同努力。对于执政党来说,关键在于增强协商的意识。正如习近平总书记所指出的:"政治协商,主要是中国共产党同民主党派协商。协商就要诚心诚意、认认真真、满腔热情听取意见和建议,有事要商量、多商量,不能想起了、有空了、拖不过去了才协商。完善政党协商的内容和形式,建立健全知情和反馈机制,增加讨论交流的平台和机会。"协商前,党委和政府有关部门要向民主党派和无党派人士通报有关情况,让他们知情,知情才能真协商。协商中不要各说各话、流于形式,要有互动、有商量,使协商对凝聚共识、优化决策起到作用。对参政党来说,关键在于协商的能力和水平。

当前,民主党派在参与协商方面虽然取得了一定的成效,但还存在一些短板。一是从整体上看,能够站在经济社会发展大局的高度,帮助党委政府谋大事、想要事、解难事,但具有真知灼见的高质量高水平的建议还不是很多。二是调查研究还存在一些问题。主要体现在,一些调查研究的选题缺乏高度,调查缺乏力度,分析问题缺乏精度,对策建议缺乏深度,调研的价值大打折扣。三是在党委和政府征求意见时,往往准备不足、匆忙上阵、言不及义、敷衍了事,提不出有价值的东西。当然,这里也有党委政府提出协商的时间提前量问题,这次《中国共产党统一战线工作条例(试行)》《中共中央关于加强社会主义协商民主建设的意见》《中共中央关于加强政党协商的实施意见》都明确了协商提前量,下一步关键就看参政党自身能否下真功夫、有真本事,在协商时提出真知灼见。

这一短板之所以存在,有着主客观方面的原因。当前民主党派和各界人士参政议政的社会政治环境更加宽松和谐,但压力也更加大。一是来自执政党与参政

党(党内与党外)的人才资源的优势转换。中华人民共和国成立初期,民主党派只有1万多人,但那时共产党干部多是"泥腿子进城"的军事干部,懂经济懂法律且有从政经历的人才大都在党外人士中,党外人士在协商建国、参政议政中发挥着重大作用,毛主席甚至说"我们的政府可以叫作商量政府","统战工作是最大的工作"。改革开放初期,民主党派成员有6万人,虽然人数也不多,但国门初开,信息不畅,改革之初,百废待举,人才奇缺,民主党派人士海外联系广泛,且大多是中高级知识分子,为"四化"献计出力成效卓著。但今天,有从政经历的大多在执政党内,浙江省有关部门的调查表明,机关干部中中共党员比例高达93%。二是时代(社会转型期)对参政议政工作提出的更高要求。参政党与执政党以及党派与政府及其部门的信息不对称,加上"互联网+"时代的到来,民主党派协商建言难显软实力优势,甚至出现政策倒灌。三是来自广大民主党派的成员自身参政议政热情和期望高涨,而民主党派的队伍构成与承担的历史使命显现出一定的局限性。当前民主党派成员大多是某个方面的专家、学者,虽然参与协商建言的热情很高,但一方面本职工作忙,另一方面专于技术或学术研究,在对社会宏观问题的战略研究和系统性思辨能力方面并不具有特别优势。

　　从外部环境条件看也存在一些制约因素。一是政治协商、参政议政的社会认可度不高,往往被当作"政治花瓶"。浙江省在督查多党合作和政治协商制度落实情况时,一些地方的民主党派负责人反映,一些政府部门对民主党派到访礼节性、选择性对待,一旦忙起来就不耐烦,甚至说"烦死了,被你们搞死了""当真了""太认真了"。二是参政议政的信息渠道不畅,影响了民主党派知情出力。中国古代就主张官员知情出力,"知府""知县"讲的大概就是这个意思。参知政事,简称参政,唐宋时的官职,相当于副宰相,王安石就任过此官职。参政党贵在参知政事,知情才能出力,协商议政贵在参与先知。这方面,需要执政党和政府以及各方面进一步创造条件。三是参政议政的条件保障有待进一步加强。当然,随着中央和地方党委一系列党内法规和文件的贯彻落实,客观方面的条例会逐步得到改善。总的来说主客观条件对民主党派协商议政既提供了机遇也提出了挑战,政党协商和政治协商越来越受到党委政府重视,参政党参与协商的制度越来越健全、程序越来越规范,但要求越来越高、任务越来越重。

三、参政党提升协商能力的途径

习近平总书记指出,民主党派和无党派人士参与协商,参政要参到点子上,议政要议到关键处。汪洋和俞正声都曾指出,参政党要明确协商的特点不在于说了算,而在于说得对。这实际上为参政党提升协商能力和水平明确了原则和方向。在实践中关键是要把握以下几点:

一是切实提高政治认知能力。坚定不移地坚持中国共产党领导,走中国特色政治发展道路,坚持中国特色政党制度,始终做政治上的明白人。必须明确,各民主党派既不是在野党更不是反对党,作为中国特色社会主义参政党,我们所提的意见建议(包括善意的批评意见)都是为促进党和政府民主决策、科学决策、依法决策,是"对手戏"而不是"对台戏",是"补台"而不是"拆台"。

二是切实提高宏观把握能力。参政党参与政治协商,不能自拉自唱、自说自话,必须始终围绕中共中央和省委的大政方针,以及涉及人民群众利益的相关问题进行协商。要围绕中心、紧扣脉搏、同轴运转、同向对表、服务大局。要有政治敏锐性、前瞻性和超前性,不被各种纷繁、复杂、多变的表象所迷惑,做到删繁就简、抓住主要矛盾,使我们的协商意见既符合党委政府的要求,又切中现实问题和主题。而要做到这一点,必须加强学习,不仅要早学、多学、深学,还要广学、常学、活学,不断拓宽知识面,更新知识储备。要做到学与思结合,学以致用,通过学习善于紧扣时代脉搏,当前尤其要紧扣"四个全面"战略布局、经济新常态和"十三五"规划做足做好协商议政的大文章。

三是要精心策划选题(切入口)。民盟中央前主席费孝通有一个比喻,民主党派的调研是找"兔子",政府职能部门的调研是打"兔子"。也就是说,民主党派的调研是找出存在的具体问题,即找"兔子",只有找准了"兔子",交给政府职能部门,他们才能打准"兔子"。马寅初的"新人口论"、梁思成的"保护好北京城"、费孝通的"小城镇,大问题"、黄炎培的"民主周期论"等建言,都把握了时代的脉搏,选准了方向,不仅影响了当时,对现在依然有指导意义。党派调研的选题定位基础应该是"党委正在想的,政府正在干的,群众正在关心的"问题,选题重点必须带有全面性、战略性、前瞻性;选题方向必须围绕党委政府的中心工作,服从服务于建设中国特色社会主义的大局,能够推进科学发展、改善民生;选题目标是建睿智之言、献务实之策。要立足自身,量力而行,锲而不舍。

　　四是切实提高调查研究能力。调研协商座谈会是被写入《中共中央关于加强社会主义协商民主建设的意见》中的新的政党协商形式。多年来,浙江省各级党委建立健全了"党委出题、党派调研、政府采纳、部门落实"的党派调研制度,事实证明这是开展政党协商卓有成效的做法。事实上,不光是调研协商会,其他各种协商形式都要求参政党"知情出力"。习近平指出,没有调查研究,不仅没有发言权,而且没有决策权。对于参政党来说,从某种意义上说,没有调查研究也就没有参政权、议政权和协商权。调查显示,在调查对象中,接触过人大代表的比例仅为4%,接触过政协委员的仅为2%[中国《政治参与蓝皮书:中国政治参与报告(2011)》],估计接触过民主党派成员的人会更少。新加坡前总理李光耀说过,"如果你对政治感兴趣,没有任何书可以读。你必须从实际经验中学习"。参政党要在深入一线中切实提升自己的调查研究能力,真正做到"三入"。一是身入。光靠网络调查和资料调研是不行的,许多第一手的资料是在深入一线中掌握的,要做到调研兼听则明。二是深入。当前我国正处于经济社会转型期,在各个阶层不同程度地存在社会不信任与思想隐蔽的问题。我们的调研座谈不能走马看花、蜻蜓点水,而要大力提倡蹲点调研,开展思想交锋,进行观点碰撞,冒出创新火花。三是心入。行成于思毁于随。在调研中要边调研、边思考、边调整、边完善,进而由此及彼,由表及里,不到黄河心不死。只有做到以上"三入",才有可能获得自己想要的"真金白银"。总之,要按照习近平在《之江新语》首篇中所提的要求开展调查研究:调研工作务求深、实、细、准、效。

　　五是切实提高建言协商的能力。建言协商既要超脱又要切实。所谓超脱,就是地位超脱、利益超脱,让党和政府之外的第三方提出意见、建议,做到"献策不决策,议政不行政,立论不立法"。这既是参政党的特点,又是参政党的优势,因为执政党和政府部门不能自己提出建言交给自己落实。所谓切实,就是所提意见建议要符合实际情况,具有可操作性。参政党要在懂参政、会协商、善议政上下真功夫、深功夫,建言建在需要时、议政议到点子上、监督监在关键处。要始终坚持理性建言,善于学习、勤于思考、深入实际、实事求是,做到言之有据、言之有理、言之有度、言之有物,力求客观公正,拒绝浮躁和脱离国情的极端主张及"雷人雷语"。总之,参政党努力开展建言协商要把握好五个"度":服务大局要选好角度(切入点),建言献策要讲求深度,反映社情民意要立足广度,信息工作要注意亮度,批评、意见要掌握适度。

六是切实提高整合团队作用的能力。从大道理上讲,政治协商(包括政党协商和人民政协协商)本身就是参政党和统战团体各界人士整体能力的体现。从小道理上讲,前面也讲过,当前参政议政面临问题和挑战,要求越来越高,空间越来越小,难度越来越大,必须调整努力方向,实现转型升级:要善于拾遗补阙,要强化界别特色,要发挥整体功能。目前,民主党派内部力量整合不够,还有不小空间可以拓展。近5年的调研统计表明,浙江省90%以上的政协团体提案是由民主党派组织提出的,其中被采纳或部分采纳的达85%以上,许多重要意见建议进入了党委、政府的决策;委员提案中,党外人士所提占70%,其中65%被采纳或部分采纳。由此可见,民主党派团体提案优势较为明显,这是由参政党整体的资源优势、网络优势和功能优势决定的。主要体现在:一是组织调研,可以利用组织网络;二是集体研讨,可以集思广益,博采众长,对各种意见和建议的吸收,使提案成为集体智慧的结晶,更具科学性、针对性和可行性;三是整体行为,可以使政党合作和政协界别的政治优势得到凸显,党派和团体的整体提案和建议更能引起党政领导重视,产生较大权威性和影响力;四是党派、团体还可以组织和邀请各方面专家、新闻媒体和政府有关方面,对某一重点、难点问题连续关注,跟踪调研,或进行视察、质询、论证和监督。这些都是个体成员不具备或难以做到的。那么,怎样才能发挥整体作用呢?一要加强领导。有条件的可以成立由骨干成员组成的专委会,把党派的力量组织起来调研。二要进行超前调研和跟踪调研。找准本党派(团体)的资源优势和参政议政有效空间之间的结合点和切入点,明确本党派(团体)参政议政的主攻方向,努力创出特色和品牌项目。三要整合资源,发挥优势互补。整合党派内部的资源;聘请党派以外的专家学者担任顾问;利用好社会资源,包括对口联系部门及高校、院所、社团、中介组织。四要建立和健全工作机制。要完善参政党的协商能力建设机制,要善于发挥党派团体的整体优势。农工党浙江省委会实施的"小范围调研、大规模论证"议政协商方式,取得了较好的成效。

作为执政党,中共各级党组织要为参政党开展政治协商积极创造条件。要健全知情明政机制,有关部门定期提供相关材料,组织专题报告会,协助民主党派优化考察调研选题。加强政府有关部门、司法机关与民主党派的联系,视情况邀请民主党派列席有关会议、参加专项调研和检查督导工作。完善协商反馈机制,中共中央将协商意见交付有关部门办理,有关部门及时反馈落实情况。要在推动执政党建设与参政党建设相互促进中提升参政党协商能力,在进一步提升多党合作成效中检验参政党协商的能力和水平。

第三节　参政党党建理论建设

中央统战工作会议的召开和《中国共产党统一战线工作条例（试行）》的颁布，开启了统一战线发展新阶段，也开辟了统一战线理论新境界。当前，统一战线理论正面临前所未有的大好发展机遇。民主党派自身建设是统一战线的一个基础理论和实践问题，而研究如何加强参政党自身建设的理论——参政党党建理论则是新形势下必须全面构建的理论体系。

一、学科建设：参政党党建理论呼之欲出

参政党党建是指作为中国特色社会主义参政党的各民主党派为适应形势发展而进行的与时俱进、全方位的自身建设。参政党党建包括思想建设、组织建设、制度建设、作风建设、能力建设等方方面面，是一个系统工程。研究如何加强这一系统工程建设的理论就是参政党党建理论。当前，开展参政党党建理论研究和推动参政党党建学科建设，不仅十分重要和紧迫，而且恰逢其时。

（一）参政党党建理论建设日臻成熟

长期以来，中国共产党高度重视自身党建理论建设，形成了一整套理论体系并日臻成熟。理论成熟是政治成熟和组织成熟的重要基础。参政党要与执政党实现多党合作、开展政治协商，必须从根本上解决自身党建理论建设滞后的问题。2018年12月以来，党中央先后印发了《民主党派代表人士队伍建设规划（2018—2027）》《中共中央关于加强中国特色社会主义参政党建设的意见》，中央统战部以统发通知形式印发了《各民主党派中央关于新时代组织发展工作座谈会纪要》，使得参政党党建理论日臻成熟。

（二）"中国特色社会主义参政党"的提出和确立，使参政党党建理论建设成为统一战线的重大课题

2013年2月6日，习近平在同党外人士共迎新春时明确提出，各民主党派是同中国共产党通力合作的中国特色社会主义参政党。这是首次将中国特色社会主义与参政党结合在一起，深刻地揭示了两者的内在关系，是多党合作理论的重大创新和重大发展。2015年5月18日，习近平在中央统战工作会议上的重要讲话，以及

《中国共产党统一战线工作条例(试行)》都明确指出各民主党派是中国特色社会主义参政党。这使得参政党党建理论建设被提上统一战线理论研究的重要议事日程。2018年3月4日,习近平总书记在全国政协十三届一次会议的民盟、致公党、无党派人士、侨联界委员联组会上指出:各民主党派要做中国共产党的好参谋、好帮手、好同事,增强责任和担当,共同把中国的事情办好。

(三)推进参政党党建理论建设,是加强参政党自身建设的题中应有之义

长期以来认为,民主党派自身建设一般包括思想建设、组织建设、制度建设、作风建设、能力(班子)建设,往往没把理论建设涵括在内。理论是先导,无论是思想建设、组织建设、制度建设、作风建设还是能力建设,都离不开理论的先行和指导。因此,参政党党建理论建设不仅是参政党自身建设的题中应有之义,而且是首要的重大课题。

那么,参政党党建理论建设的目标要求和总体框架是什么呢? 由于参政党党建跟中国共产党党建有着很多共性,都涉及思想建设、组织建设、作风建设、制度建设和领导班子能力建设,参政党党建理论应该从改革开放以来,特别是近10年来执政党党建理论体系中汲取营养。党的十六大以来,中共中央提出要以改革创新精神全面推进党的建设新的伟大工程的总体布局。中国共产党根据时代要求,提出了以执政能力建设和先进性建设为主线的提高党的建设科学化水平的一系列新思想、新命题、新论断,进一步回答了"建设什么样的党、怎样建设党"的问题,进一步揭示了党执掌国家政权的规律和党自身建设的规律,为马克思主义党建理论增添了新内容。党的十八大以来,以习近平同志为核心的党中央做出"全面从严治党"的一系列战略部署。一是内容无死角,涵盖党的思想建设、组织建设、作风建设、反腐倡廉建设和制度建设各个领域。二是主体全覆盖,从严管党治党不仅是党中央的责任,也是党的各级组织必须贯彻的要求。落实管党治党主体责任还意味着一把手不能仅"独善其身",还要把班子成员管好。三是劲头不松懈,要把从严治党常态化、制度化。

鉴于此,参政党党建理论是新形势下必须全面构建的理论体系。参政党党建理论的目标要求是回答参政党"是什么""为什么""做什么""怎么做""谁来做"等5个问题(见表2-1)。当然,参政党党建理论也有自身的特殊性,特别是在性质、地位、社会基础、人才资源、职责任务、功能作用等方面存在显著个性特征。笔者认为,参政党党建作为一个新概念和核心研究对象,其理论体系的总体框架应当包括定义(内涵和外延)、使命职责(政治责任),以及思想建设、组织建设、制度建设、作风建设、能力建设等重大理论和政策问题。

表2-1　参政党党建理论体系总体框架

是什么	研究和回答参政党的内涵和外延,包括性质、地位和社会基础
为什么	研究和回答如何推进参政党的思想理论建设,涉及政治责任、思想教育、参政党党史等方面
做什么	研究和回答什么是参政党的职责任务和功能作用
怎么做	研究和回答参政党如何完善制度、改进作风,不断提升履职能力和水平
谁来做	研究和回答参政党如何加强组织建设特别是领导班子和骨干队伍建设,以及如何建设一支党建理论研究队伍

二、理论之基:中国特色社会主义参政党的科学内涵

中华人民共和国成立以来,我们对民主党派性质和地位的认识经历了一个不断探索发展的过程。改革开放前,关于民主党派性质和地位的认识经历了从"为社会主义服务的政治团体"到"资产阶级性的政党",再到"资产阶级政党",然后到"为社会主义服务的政治力量"的变化。改革开放后,关于民主党派性质和地位的认识则经历了从"为社会主义服务的政治力量"到"致力于社会主义事业的参政党",再到"致力于中国特色社会主义事业的参政党"的变化。把各民主党派确立为中国特色社会主义参政党,深刻揭示了各民主党派与中国特色社会主义的本质联系,明确肯定了各民主党派的中国特色社会主义性质,标志着执政党和参政党对各民主党派发展规律的共同认识达到新水平、进入新境界,在多党合作和统一战线的发展史上具有重大的里程碑意义。中国特色社会主义参政党理论是参政党党建理论之基。把握这一问题,要深刻理解中国特色社会主义参政党的科学内涵。

(一)政治方向:始终坚持中国特色社会主义道路、理论和制度

中国特色社会主义集中体现了全国各族人民的根本利益和共同意志,既是全国各族人民的共同理想,又是中国共产党同各民主党派与无党派人士团结合作的共同思想政治基础和共同奋斗目标。历史和现实都告诉我们,只有社会主义才能救中国,只有中国特色社会主义才能发展中国。离开中国的国情和正确的道路,走

其他什么道路,改弦易辙,只会把思想搞乱、人心搞散、国家搞垮,注定都是没有希望、没有前途的。各民主党派在长期实践中都深刻认识到,中国特色社会主义道路是中国共产党带领包括各民主党派在内的中国人民自己走出来的,只有这条道路才是国家和民族唯一正确的出路,才是民主党派健康发展的唯一正道。各民主党派都在章程中明确规定,要坚持中国特色社会主义道路,坚持中国特色社会主义理论体系,坚持中国特色社会主义制度。这是中国特色社会主义参政党的根本所在。民主党派、无党派人士必须坚信自己的选择,拒绝一切浮躁和脱离国情的极端主张,拒绝一切照搬西方政治制度模式的错误主张,切实肩负起维护中国特色社会主义的重要使命,使中国特色社会主义政治发展道路在实现中国梦的伟大征程中越走越稳健、越走越宽广、越走越有活力。

(二)政党关系:始终与中国共产党风雨同舟、密切合作

我国多党合作制度与西方国家多党制的一个明显区别在于,各政党之间不是互相竞争、倾轧,而是团结、协作。各民主党派既不是在野党也不是反对党,而是与中国共产党有着共同的基础、共同的目标、共同的事业并通力合作的亲密友党。各民主党派自觉接受中国共产党的领导,围绕重大决策部署出主意、想办法,本着实事求是的态度提意见、开展批评,互相学习、互相支持、互相促进。这是中国特色社会主义参政党的特色所在。政党之间肝胆相照、通力合作的关系,在西方是不可能存在的,这是我国政党制度区别于西方的一大特点和优点。

(三)目标追求:始终致力于中国特色社会主义事业

参政党是中国特有的,各民主党派的参政地位、参政党性质与中国共产党的执政地位、执政党性质一样都是历史形成、法律确定(1993年,八届全国人大一次会议根据民建中央的提议将我国政党制度写入《宪法》序言)、实践确立的。参与中国特色社会主义建设是参政党的立党之本和价值目标所在。参政既体现了民主党派的性质,又反映了民主党派的职能和价值定位。在政治生活中,各民主党派无论是参政议政还是民主监督,无论是管理事务还是建言献策,归根结底都是着眼于坚持和发展中国特色社会主义。实践证明,各民主党派是坚持和发展中国特色社会主义的一支重要力量。中国特色社会主义事业离不开中国共产党的执政,也离不开各民主党派的参政。民主党派的参政议政包括参加国家政权、参与国家大政方针和领导人选的协商、参与国家事务管理。民主党派参加、参与的范围、内容和作用是全方位、多层次、立体化的,涵盖了国家经济、政治、文化、社会和生态文明建设等各个方面。民主党派还对执政党和国家机关工作人员进行民主监督。各民主党派都公开声明高举中国特色社会主义伟大旗帜,为全面建成小康社会、建设富强民主文明和谐美丽的社会主义现代化国家、实现中华民族伟大复兴的中国梦而共同奋斗。实践证明,民主党派、无党派人士的作用和贡献都是巨大的。

(四)基本属性:始终体现了进步性与广泛性的统一

进步性与广泛性相统一是民主党派的基本属性。进步性是与民主党派积极参加中国共产党领导的建立新中国、建设新中国、发展新中国的历史伟业紧密联系在一起的。广泛性是与各民主党派的社会基础和自身特点紧密联系在一起的,集中体现为各民主党派是各自所联系的一部分社会主义劳动者、社会主义事业建设者、拥护社会主义的爱国者的政治联盟。进步性与广泛性相统一是中国特色社会主义参政党的优势所在。改革开放以来,各民主党派成员和无党派人士的成分都发生了巨大的变化。当前,各民主党派成员、无党派人士大多是在中华人民共和国成立以后出生的中、高级知识分子和部分非公有制经济人士及自由择业知识分子。其来源涵盖社会的各个阶层、各个群体、各个层面,其广泛性显而易见。与此同时,他们中的许多人本身就是中国特色社会主义事业的劳动者和建设者,除了在本专业各有建树之外,他们还思想活跃、政治敏锐、社会责任心强、参政议政水平高。因此,民主党派的进步性既体现在整体上,又体现在个体上,特点十分显著。可以说,随着中国特色社会主义事业的不断推进和发展,民主党派进步性和广泛性相统一的属性将变得更加鲜明。

"中国特色社会主义参政党"这一提法是对各民主党派同中国共产党团结合作历程的科学总结,是对民主党派性质和政治地位的科学论断,是对各民主党派在中国特色社会主义伟大事业进程中发挥职能作用的科学把握,具有很强的时代性、创新性、指导性。参政党党建理论要以此为定位和坐标。

三、核心理论:中国特色社会主义参政党的政治责任

2013年8月,习近平从坚持和发展中国特色社会主义的战略高度,充分肯定党外人士提出的要做坚持和发展中国特色社会主义的亲历者、实践者、维护者、捍卫者的思想认识,强调要进一步增强党外人士对中国特色社会主义的道路自信、理论自信和制度自信。各民主党派作为中国特色社会主义参政党,在坚持和发展中国特色社会主义、实现中华民族伟大复兴的中国梦、完成时代赋予的历史使命中有优

势、有担当。做坚持和发展中国特色社会主义的亲历者、实践者、维护者、捍卫者，是这种担当的集中体现，是中国特色社会主义参政党的政治责任所在。参政党党建理论要深入阐释中国特色社会主义参政党的上述政治责任。

（一）作为亲历者，参政党要进一步继承和发扬与中国共产党同心同德、肝胆相照的优良传统

作为亲历者，各民主党派、工商联、无党派人士与中国共产党一道接力探索中国特色社会主义道路，深知其来之不易，也深知这是唯一正确的选择。在坚持这条道路的新征程中，无论遇到什么挑战和考验，同心奋斗的优良传统不能丢，同舟共济的宝贵品质不能变，要始终不渝推动中国特色社会主义事业薪火相传、接续发展。从历史来看，自觉接受中国共产党的领导，与中国共产党同心同德、肝胆相照，是各民主党派一以贯之并不断发展的优良传统。从1948年响应中共"五一口号"、在中国共产党的领导下协商建立新中国，到20世纪50年代的"听""跟""走"（听毛主席话，跟共产党走，走社会主义道路），再到改革开放初期的"坚定不移跟党走、尽心竭力为四化"，及至新世纪新阶段的"思想上同心同德、目标上同心同向、行动上同心同行"，无不表明各民主党派始终接受中国共产党的领导，始终与中国共产党一道建设社会主义、共同探索中国特色社会主义。目前，全国民主党派成员已逾100万人。他们中以出生在中华人民共和国成立后、成长在改革开放时期的新一代成员居多。民主党派新一代成员思想活跃、视野开阔、思维敏捷、文化层次高，但往往缺少民主党派老一辈成员与中国共产党风雨同舟、患难与共的经历和情感，亟须补上这一先天不足。民主党派新一代成员要特别注重学习老一辈民主党派领导人历经磨难仍痴心不改的高风亮节，正确认识当前改革发展过程中出现的挫折和矛盾，无论在顺境还是在逆境中，都始终坚持拥护中国共产党的领导，始终与中国共产党风雨同舟、亲密合作。

（二）作为实践者，参政党要围绕"四个全面"战略布局发挥优势、履职尽责

作为实践者，各民主党派、工商联、无党派人士一直以坚持和发展中国特色社会主义为己任，以主人翁的姿态建诤言、献良策、出实力，成为一道独特的风景线。习近平在2015年2月11日同党外人士迎春座谈会上指出，统一战线有自己的优势，应该也完全能够为落实"四个全面"战略布局做出贡献。以全面推进依法治国为例，各民主党派要充分发挥自身的人才优势、政治优势和职能优势，带头遵守宪法和法律，成为法治的忠实崇尚者、自觉遵守者、坚定维护者。一是围绕法治建设涉及的重大问题,结合各自优势开展专题调研,提出真知灼见。二是要充分发挥在立法协商中的作用。三是支持民主党派、工商联和无党派人士在健全《宪法》、实施和监督制度中发挥积极作用。

(三)作为维护者,参政党要在推进协商民主、坚持和完善我国政党制度和基本政治制度中进一步发挥积极作用

中国共产党领导的多党合作和政治协商制度是我国一项基本政治制度,为中国特色社会主义事业提供了重要制度保障。坚持和完善这项制度是坚持和发展中国特色社会主义的重要方面。习近平在中央统战工作会议上指出,充分体现这项制度的效能,关键在于发挥民主党派和无党派人士的作用。各民主党派和无党派人士要与中国共产党一道,在坚持中维护,在维护中创新,在创新中发展,在发展中完善,不断向国内外充分展示多党合作的成就和形象,充分彰显多党合作的制度优势。作为维护者,各民主党派要进一步发挥人才荟萃、联系广泛的优势,为坚持中国特色社会主义政治发展道路提供更多的力量支持;要进一步提高参政议政、民主监督的履职水平,不断提升多党合作制度效能;要着眼国家治理体系和治理能力现代化的新要求,积极参与社会主义协商民主建设,为坚持中国特色社会主义政治发展道路丰富治理方式,推动中国特色社会主义制度更加成熟定型。下一步,要着重推进政党协商的制度化、规范化和程序化,各民主党派、无党派人士和中共各级党委要共同努力。一方面,各级党委政府要进一步把协商纳入决策程序,切实落实协商于决策之前和决策执行之中,不断提升协商的有效性。要进一步明确协商内容,健全协商形式,规范协商程序,切实提高协商实效,避免"想协商就协商、有时间就协商、没时间不协商"的失效现象。要按照中央的要求,建立党外人士意见反映直通车制度,同时建立及时反馈落实情况制度。另一方面,各民主党派要充分履行好参政党职责,积极参加政党协商和政协协商。民主党派、工商联和知联会要在组织内部逐步建立健全参与协商的各种制度机制,切实提升参与协商工作的科学化水平。

(四)作为捍卫者,参政党要在大是大非面前立场坚定、旗帜鲜明、敢于亮剑

当前,我国面临对外维护国家主权、安全、发展利益,对内维护政治安全、社会稳定的双重压力,各种可以预见和难以预见的风险因素明显增多。中国特色社会主义制度是国家安全和社会稳定的重要制度保证。捍卫这一制度从根本上说就是保证国家安全、维护社会稳定。作为捍卫者,各民主党派、工商联、无党派人士要进一步增强坚持和发展中国特色社会主义的政治责任,始终高举中国特色社会主义旗帜,在坚持什么、反对什么上立场坚定、旗帜鲜明、行动坚决。国内外形势越是错综复杂,各民主党派、工商联、无党派人士越需要增强政治定力,越要主动引导各自所联系的群众,自觉抵御西方敌对势力渗透,自觉维护改革发展稳定大局,以实际行动捍卫中国特色社会主义道路、理论体系和制度体系。

四、独特渠道:执政党建设与参政党建设相互促进

执政党建设与参政党建设相互促进,是全面从严治党的需要,是促进民主决策、科学决策的需要,是建设充满活力的政党关系的需要,也是民主党派加强自身建设的需要。以往对执政党接受民主监督、加强先进性和防腐拒变能力建设方面强调得较多。但是,对参政党如何向执政党学习和加强自身建设讲得不够多。无论对执政党还是对参政党而言,打铁都需自身硬。各民主党派要切实担当起中国特色社会主义参政党的职责使命,需要借鉴中国共产党的有益经验,把自身建设作为一项重大工程,持之以恒地推进,进一步增强自身建设的内生动力。参政党党建理论要深入阐释这一独特渠道。

(一)向执政党学习如何加强和改进政治引导

思想政治和宣传发动工作是中国共产党的基本功和特长。参政党要努力学习和掌握这一基本功,力争使自己在思想建设方面上新台阶。一是政治引导要明确目标。要不断增强道理自信、理论自信、制度自信,不断增强坚持中国共产党领导的自觉性和坚定性,不断增强履职能力和组织凝聚力。二是政治引导要增强针对性。要有的放矢、"因人施教",让民主党派年轻成员认识到我国政党制度的特点和优点。要有针对性地加强对高校、社科院和律师界中党外知识分子的政治引导,进一步净化讲坛、论坛和网络,引导他们做"战略知识分子",不做所谓"公共知识分子"。三是政治引导要讲求方式方法。要对症下药、释惑解疑,把理说透、把话讲到、把疑解开,做到以理服人、以情感人,引领而不替代、交心而不灌输。要鼓励民主党派成员自己提出问题、自己分析问题、自己解决问题,达到自觉、自主、自为。四是政治引导要保持宽松向上的环境。要正确处理一致性与多样性的关系,在固守政治底线的前提下容人之短、容人之异、容人之失,通过耐心细致的工作找到最大公约数、画出最大同心圆。要在尊重差异中增进共识,在包容多样中促进和谐,在体现多元中确立主导。

(二)向执政党学习如何开展调查研究

调查研究是中国共产党改进作风和提升能力建设的重要途径。习近平指出，调查研究是从实际出发的中心一环，没有调查就没有发言权，没有调查也没有决策权。注重调查研究历来是统一战线的光荣传统。对民主党派成员和无党派人士来说，调查研究是他们履行职能的基础性工作和提高参政议政水平的重要途径；没有调查就没有参政权，没有协商权，没有建言献策权。搞好调研，选题是关键。民主党派的性质决定了其调研工作既不同于政府职能部门，也不同于科研机构。民主党派调研的主要目的是找出存在的具体问题，交给政府职能部门，并提供决策参考。与科研机构相比，民主党派的调研不是纯学术研究，必须体现政治性，体现党派参政议政的性质。民主党派调研的选题定位基础应该是"党委正在想的、政府正在干的、群众正在关心的"问题，选题重点必须带有全面性、战略性、前瞻性；选题方向必须围绕党委政府的中心工作，服从服务于建设中国特色社会主义的大局，有利于科学发展、改善民生；选题目标是建睿智之言、献务实之策。选题确立之后，也要把握好角度、切入点、着力点，挖掘要透要深。在调研过程中，必须做到身入、深入、心入，绝对不能自说自话、闭门造车、蜻蜓点水。正如习近平在《之江新语》开篇《调研工作务求"深、实、细、准、效"》中指出的：调研要保持求真务实的作风，深入群众，听实话、摸实情，深入分析问题，掌握全面情况，把握规律性的东西，解决问题的办法要切实可行，出实招、见实效。各民主党派、工商联和无党派人士要认真学习领会习近平搞调查研究的务实作风和科学方法，发挥各自独特优势，善于挖掘潜力、借脑借力，与时俱进地运用科学方法，使调研方法更加科学、程序更加规范、思想更加解放、成果更有实效。要充分发挥民主党派成员中的人大代表、政协委员、领军人物、代表性人才等的带头作用，提高调研的科学性、权威性。要通过深入职能部门、深入基层、深入群众、深入现场等途径，获取第一手材料，向党和政府反映实情。要充分发挥民主党派精通业务、知识面广、地位超脱等的优势，通过调研和沟通，及时化解群众的误解和疑惑。

(三)向执政党学习如何加强干部队伍建设

毛泽东指出，路线方针确定后，干部是决定因素。中共历来重视干部队伍建设，并把它视为事业成功的组织保证。着眼2017年民主党派中央和省级组织换届与新一轮政治交接，进一步加强党外代表人士队伍建设是各民主党派、工商联以及其他统战性组织和中共党委统战部门、组织部门共同的政治责任和组织任务。要加强理论培训和实践锻炼,进一步提高政治把握能力、参政议政能力、组织协调能力、合作共事能力和解决自身问题的能力,不断适应中国特色社会主义事业的现实需要。习近平在中央统战工作会议上特别强调,领导能力是要经过不同层级、不同岗位、不同职务历练而成的,这是干部成长的规律,党内党外概莫能外。《政治参与蓝皮书:中国政治参与报告(2011)》公布的数据表明,基层群众接触过人大代表的比例不到4%,接触过政协委员的比例不到2%。据此推测,基层群众接触过民主党派成员的比例更低。各民主党派要向中共学习在实践中发现干部、培养干部、选拔干部,注重从基层培养、选拔干部,按照"干什么学什么""缺什么补什么"的原则锻炼培养干部(比如,浙江省杭州市下城区的民主党派组织和街道工委的合作共建机制及党外后备干部导师制度,宁波市北仑区民主党派基层组织与中共支部共建,都是从实践层面上探索参政党建设与执政党建设特别是干部培养互相促进的成功案例)。

(四)向执政党学习如何把学习实践活动引向深入并建立长效机制

党的十八大以来,以习近平同志为核心的党中央全面推出从严治党组合拳,环环相扣,不断深化。从群众路线学习实践活动到"三严三实"教育,再到廉洁自律准则和纪律处分条例的出台,实现了教育活动的常态化和制度化。近几年来,从社会主义核心价值观教育到"同心"思想教育,再到"坚持和发展中国特色社会主义教育"活动,一脉相承、主题明确、不断深化。在下一阶段活动中,各民主党派要适应形势任务变化,着眼增进政治共识,更加注重开拓创新,更加注重扩大影响,更加注重提高实效,把学习实践活动不断引向深入。这既是一项思想建设,同时又是一项制度建设,活动的成果要落实到制度。其关键是进一步健全思想建设工作长效机制,真正做到内化于心、外化于行、固化于制。

五、延伸研究:当前参政党党建理论研究需要关注的重要问题

参政党党建理论建设既是一个不可回避的老问题,又是一个与时俱进的新课题框架。新老问题集聚,有的需要继续加强,有的需要释惑解疑,有的需要转型升级,有的亟待破解和探索。当前,参政党党建理论研究要关注四大类十个问题。

(一)老问题:长期以来存在的薄弱环节和瓶颈问题

1. 如何破解基层多党合作和政治协商制度不规范问题。长期以来,由于基层党派组织不健全,多党合作和政治协商在基层开展起来较难。随着经济社会发展,

东部沿海一些地区的基层民主党派组织得到较快发展,多党合作和政治协商也创造了一些新的形式。特别是浙江省基层专题协商的形式非常丰富。比如,杭州市萧山区的专题协商会,台州市黄岩区的专题协商会和区级民主党派组织、统战团体顾问团(划设责任区)与仙居县的乡镇重大决策党外人士咨询顾问制度、临海市的乡村同心会客室等都在一定程度上破解了基层多党合作、政治协商和民主监督的瓶颈问题。这些基层多党合作和政治协商的创新实践需要得到充分的理论总结和提炼。基层多党合作中存在政党协商与其他几种渠道协商的边界不太清晰的问题。破解该问题的思路在于,无论是参政党组织还是民主党派成员个人都应积极投身于鲜活生动的基层协商和社会协商实践,在推进国家治理体系和治理能力现代化中发挥积极作用,使自己"接地气"、知民情,从中接受锻炼、培养才干。随着经济社会转型的不断加深和协商民主建设的推进,在当前和今后一个时期,基层多党合作和政治协商问题需要深入研究。

2. 如何破解民主监督难题。长期以来,相对较有成效的参政议政而言,民主监督是多党合作中的一个薄弱环节和老大难问题。对于执政党而言,要有博大的胸怀,要畅通知情和沟通渠道,形成民主监督反馈和评估机制,着力破解"事后容易事前难""建议容易批评难""反映容易反馈难""聘任容易落实难""规定容易规范难"等问题。参政党不仅要敢于监督,还要善于监督。一是要发挥地位超脱、利益超脱的优势,围绕中心工作开展监督。二是要发挥政党监督的优势,发挥团队效应,积极通过政党协商和建议批评的形式开展监督。三是举荐好各类特约人员,努力将党外人士的民主监督纳入监督体系。四是深入调研、知情出力,提升监督的针对性和有效性。五是积极探索民主监督的形式,先易后难,讲求可行性。

(二)困惑的问题:尚未完全破解或尚未得到广泛理解的深层次理论问题

1. 中国共产党的执政地位和民主党派的参政地位合法性问题。习近平在中央统战工作会议上批评,有的人把西方两党制、多党制奉为圭臬,言必称希腊,总觉得"自己的肉不香,别人的菜有味"。国内一些理论工作者甚至一些党政领导有时也缺乏理论底气和政治自信,谈及这一问题时往往顾左右而言他,或者对解释不了的问题全用"中国特色"四字来应付。这从某种程度上反映了参政党党建理论的不成熟。共产党领导、多党派合作,共产党执政、多党派参政,这是中国共产党领导的多党合作和政治协商制度的显著特征,也是中国特色社会主义制度的一大特点和优点。习近平要求全党从战略高度来认识这个问题,更好地体现这项制度的效能,更好地发挥民主党派和无党派人士的积极作用。我们要充分认识到,民主党派的参政地位与共产党的执政地位一样都是历史形成、法律确定、实践确立的。这方面不仅需要大力宣传,还需要深层次的理论研究和探讨,以增强自信心、说服力和可信度。

2. 如何看待目前党外人士在政府机关和司法部门担任职务不如中华人民共和国成立初期多、层次不如中华人民共和国成立初期高的问题,以及长期以来,党外干部是"花瓶"还是真的有职有权的问题,这是困扰党外人士甚至是统战干部的两个敏感话题。对于第一个问题,解答众说纷纭,一度全部归因于"反右"和"文革"的破坏,这种解释随着时间推移越发显得苍白。近几年来,对这一问题的认识有所深化。党内党外很多人都认识到,这种情况主要是由当时政府(统一战线性质的联合政府)的性质和党内党外从政人才的错位决定的。对于第二个问题,往往是请党外干部现身说法,说明党外干部在其职、谋其事、负其责,其分工范围内的行政管理的指挥权、处理问题的决定权、人事任免的建议权得到了充分尊重。但无论是哪个问题,目前鲜见系统、全面、深层次的研究成果。

3. 如何看待民主党派的组织发展问题。这里既有理论问题,也有政策问题。在理论层面,要研究清楚多党合作双方组织发展中的所谓"不对称"问题。截至2018年,全国有共产党员近9000万人,而8个民主党派的成员加起来也只有100多万人,这从表面上来看难免让人产生"不对称"的疑问。这实际上涉及执政党和参政党发展的现实依据和社会基础问题,需要从中国共产党与民主党派的性质、组织形式、发挥作用的方式、各类安排的比例、发展速度的变化等方面进行全面、系统的比较分析和研究,才能得出让人信服的结论。在政策层面,既要通盘考虑历史延续性、时代前瞻性和现实可行性,又要根据各党派的特点因地制宜、量体裁衣,在深入调研的基础上实事求是地研究并提出新的对策,进而在总结经验的基础上形成民主党派组织发展的新纪要。

(三)需要转型升级的问题:虽然过去已积累成功经验,但面对新挑战需要重新谋划、转变思路的问题

1. 民主党派如何在港澳台海外统战工作中发挥积极作用。这个问题从某种程度上说既是老问题又是新问题。改革开放40多年来,民主党派利用各自联系广泛特别是与港澳台海外有着渊源关系的独特优势,在促进内地与港澳台海外的经济文化交流合作,以及港澳回归和祖国统一方面做出了积极贡献。时至今日,民主党派成员仍可继续在这方面发挥个体优势,但更重要的是要发挥组织优势。特别是当今港台的政党非常活跃,民主党派应在港台政治走向和与内地关系发展中发挥积极作用。民主党派能不能及怎样与港澳台政党开展交流并参与政党外交,是一个值得研究和探讨的新课题。

2. 发挥民主党派在意识形态中的作用。社会服务虽然不是民主党派的职责,但一直是民主党派的一项重要的工作内容。过去几十年里,民主党派的社会服务集中在经济、科教、文化、卫生等方面。民主党派在服务经济社会发展中具有独特优势,在意识形态领域也可以发挥重要作用。有关部门和单位特别是主流媒体、重点网站,要多为民主党派创造发声的平台,更好地弘扬主旋律、传播正能量。当今我国正处于经济社会转型期,政府公信力面临着挑战。民主党派地位超脱、利益超脱,可以以党和政府之外的第三方发声。同时,民主党派成员中有一大批专家学者和文化界名人,有些本来就是网络界名人,有较大的社会影响力。各民主党派都要研究如何发挥自身联系广泛、地位超脱、功能独特的优势,在引导和平衡国际国内舆论中起到独特作用,积极协助党和政府搞好舆情引导,努力促进社会和谐稳定。

(四)新问题:中央最新会议和文件要求必须研究和破解的问题

1. 参政党如何提升协商能力和水平。《中国共产党统一战线工作条例(试行)》和《中共中央关于加强社会主义协商民主建设的意见》都对参政党提出了新的职责要求,即在参政议政、民主监督外增加了"参加中国共产党领导的政治协商"的内容。参加中国共产党领导的政治协商包括政党协商和政协协商两种渠道。搞好政党协商需要中国共产党和民主党派共同努力,对于共产党来说,关键在于增强协商的意识;对于民主党派来说,关键在于提升协商的能力和水平。民主党派参与协商,关键在于"说得对"而不在于"说了算"。各民主党派要研究如何提升自身参与协商的能力和水平。

2. 参政党如何提升解决自身问题的能力。中央统战工作会议把民主党派领导班子能力从原有的"四项能力"增加为"五项能力":政治把握能力、参政议政能力、组织领导能力、合作共事能力、解决自身问题的能力。新增的"解决自身问题的能力"应包括查找、分析和解决自身在思想建设、组织建设、制度建设和作风建设方面存在的问题的能力。当前,应重点研究民主党派组织发展趋同性问题和党外干部如何增强防腐拒变能力问题。

3. 民主党派如何参与新的社会阶层人士工作。这是由《中国共产党统一战线工作条例(试行)》提出的,关键在于如何理解"参与"一词。是民主党派协助党和政府做好新的社会阶层人士工作,还是民主党派组织可以从新的社会阶层人士中吸纳发展成员,值得研究。对于这些具体问题,要在理论上加以澄清、在政策上加以界定、在实践中加以引导。

当然,以上四大类十个问题概括得不尽全面,有待参政党党建理论的深入阐发。作为一个新的学科,参政党党建理论建设需要加强领导和投入。中共各级党组织和统战部门要给予指导支持。要将参政党党建理论研究作为政党理论和统一战线理论研究的重要内容,并纳入社会科学研究和学科建设体系。各民主党派要将参政党党建理论纳入本党派学习培训的重要内容,要充分发挥人才荟萃优势,及早建立一支参政党党建理论研究队伍;要完善社会化的研究机制,为参政党党建理论建设提供队伍保障。

第三章　党外知识分子和新阶层人士工作

党的十九大指出,人才是实现民族振兴、赢得国际竞争主动的战略资源。要坚持党管人才原则,聚天下英才而用之,加快建设人才强国。实行更加积极、更加开放、更加有效的人才政策,以识才的慧眼、爱才的诚意、用才的胆识、容才的雅量、聚才的良方,把党内和党外、国内和国外各方面优秀人才集聚到党和人民的伟大奋斗中来,鼓励引导人才向边远贫困地区、边疆民族地区、革命老区和基层一线流动,努力形成人人渴望成才、人人努力成才、人人皆可成才、人人尽展其才的良好局面,让各类人才的创造活力竞相迸发、聪明才智充分涌流。报告还专门提出,要加强党外知识分子工作,做好新的社会阶层人士工作,发挥他们在中国特色社会主义事业中的重要作用。对此我们既要系统把握,又要分类细化深化理解。

第一节　关于知识分子问题的战略思维

党的十八大以来,以习近平同志为核心的党中央从全局角度和战略高度重视知识分子和知识分子工作,召开相关会议,出台相关文件,进行总体谋划和部署。特别是习近平总书记在全国组织工作会议、中央统战工作会议、庆祝中国共产党成立95周年大会、2017年全国两会,以及科技创新、两院院士、留学人员、哲学社会科学、文学艺术、宣传思想、新闻舆论、网络信息、高校思想工作等相关会议和场合上,对知识分子工作做出了一系列重要讲话和指示,高度评价了知识分子在科教兴国、民族复兴中的重要战略地位和作用,充分肯定了我国广大知识分子的优良品德和重大贡献,并寄予殷切希望,系统阐述了党的知识分子政策和工作方针,对做好新形势下知识分子工作提出了明确的要求。习近平关于知识分子问题的系列论述,是"四个全面"战略思想的重要组成部分,为我们做好当前和今后一个时期的知识分子工作、人才工作、组织工作、统战工作、宣传思想工作等明确了理论政策依据,指明了工作方向,提供了重大方法论,彰显出深谋远虑的战略思维。

一、全球视野与中国方案的辩证统一

在经济全球化和信息化愈演愈烈、科技革命方兴未艾的时代,知识分子和知识分子工作只有放到中国实际、国际人才战略中去认识、考量和定位,才能得出正确的结论和科学的方法。党的十八大以来,习近平关于知识分子和人才工作重要战略地位和作用的认知,源于对历史与现实、国际与国内、时代与未来、全球化与中国梦之间的相互作用的深入研究、反复权衡、总体把握、妥善处理,既顺应国际潮流又彰显中国特色,既契合中国传统用人思想又符合知识分子和人才工作规律,既体现党关于知识分子的一贯政策又反映了知识分子群体的新特点、新变化。

(一)全球化与中国气派:聚天下英才而用之

当今世界,人才成为经济社会发展的第一资源,综合国力的竞争归根到底是人才的竞争。早在1998年担任福建省委副书记时,习近平就指出:"可以预见,随着知识经济时代的来临,知识的创新将成为未来社会文化的基础和核心,创新人才将成为经济发展的第一要素,将成为决定国家竞争力的关键所在。"①党的十八大后,习近平一再强调,人才是第一资源。他指出:"人才越来越成为推动经济社会发展的战略性资源","源源不断的人才资源是我国在激烈的国际竞争中的重要潜在力量和后发优势"。②然而,正如习近平指出的:"我国是科技人才资源最多的国家之一,但也是人才流失比较严重的国家,其中不乏顶尖人才。"③"我们在科技队伍上也面对着严峻挑战,就是创新型科技人才结构性不足矛盾突出,世界级科技大师缺乏,领军人才、尖子人才不足,工程技术人才培养同生产和创新实践脱节。"④

20世纪八九十年代以来形成的出国潮一度造成我国人才大量流失。党的十七大后,习近平担任十七届中央政治局常委,分管人才工作,他从2008年开始启动

---

① 习近平出席党外知识分子座谈会并讲话[N]. 福建日报,1998-09-10(1).
② 习近平. 做党和人民满意的好老师——与北京师范大学师生代表座谈时的讲话[N]. 人民日报,2014-09-10(2).
③ 习近平. 在网络安全和信息化工作座谈会上的讲话[N]. 人民日报,2016-04-26(2).
④ 习近平. 在中国科学院第十七次院士大会、中国工程院第十二次院士大会上的讲话[N]. 人民日报,2014-06-10(2).

"千人计划"。党的十八大后,习近平多次指出:"人才是衡量一个国家综合国力的重要指标。没有一支宏大的高素质人才队伍,全面建成小康社会的奋斗目标和中华民族伟大复兴的中国梦就难以顺利实现。""我们比历史上任何时期都更接近实现中华民族伟大复兴的宏伟目标,我们也比历史上任何时期都更加渴求人才。""国家的强盛,归根到底必须依靠人才。""发展的中国需要更多海外人才,开放的中国欢迎来自世界各地的英才。""要把我们的事业发展好,就要聚天下英才而用之。要干一番大事业,就要有这种眼界、这种魄力、这种气度。"这些论述指出了人才竞争是综合国力竞争的核心,强调人才是党执政兴国的决定性资源。这就要求广开进贤之路、广纳天下英才,高度重视聚集创新人才,积极参与国际人才竞争,充分开发利用国内国际人才资源,敞开大门招揽四方之才。

习近平基于全球视野和战略思维,指出:"一个国家对外开放,必须首先推进人的对外开放,特别是人才的对外开放。""不管是哪个国家、哪个地区的,只要是优秀人才,都可以为我所用。"他在同外国专家座谈时强调,要实行更加开放的人才政策,不唯地域引进人才,不求所有开发人才,不拘一格用好人才,在大力培养国内创新人才的同时,更加积极主动地引进国外人才,特别是高层次人才,热忱欢迎外国专家和优秀人才以各种方式参与中国现代化建设。习近平说:"有了源源不断的人才优势,中华民族伟大复兴指日可待。"

2015年9月22日,习近平在访美时宣布,支持未来3年中美互派5万名留学生。习近平还力主将回国服务与为国服务结合起来,指出要"千方百计创造条件,使留学人员回到祖国有用武之地,留在国外有报国之门";"新形势下,留学工作要适应国家发展大势和党和国家工作大局,统筹谋划出国留学和来华留学,综合运用国际国内两种资源,培养造就更多优秀人才,努力开创留学工作新局面,为实现'两个一百年'奋斗目标、实现中华民族伟大复兴的中国梦不断做出新的更大的贡献"。① 在中国梦的召唤下,中国迎来了历史上规模最大的海归潮。2017年全国两会期间,教育部部长陈宝生在回答中外记者提问时说道:"改革开放以来,截至2016年,我国大约派出去458万留学生,选择回来的有322万,派出的留学生有八成以上回国效力。"

---

① 习近平对全国留学工作会议作出重要指示强调　适应国家发展大势和党和国家工作大局　培养更多优秀人才开创留学工作新局面　李克强作出批示[N]. 人民日报,2014-12-14(1).

与此同时,习近平提出引进更多的外国人才。2014年5月22日,习近平在上海召开的外国专家座谈会上指出:"当今世界,经济全球化、信息社会化所带来的商品流、信息流、技术流、人才流、文化流,如长江之水,挡也挡不住。一个国家对外开放,必须首先推进人的对外开放,特别是人才的对外开放。"习近平指出,要实施更加积极的创新人才引进政策,集聚一批站在行业科技前沿、具有国际视野和能力的领军人才。①目前,"中国绿卡"门槛在逐步降低,吸引海外人才的力度不断加大,已引进诺贝尔奖获得者3位,发达国家两院院士46位,世界名校教授1400多位,到中国工作的全球"高精尖"人才数量开始迅速增长。

在积极参与国际高端人才竞争中要坚持以我为主,既力争引领世界科教潮流,又不盲目跟风攀比,要始终坚持文化自信,坚守自己的底蕴和积累。2017年3月5日,习近平在参加上海代表团审议时指出:"大学更重要的是底蕴,不要太过在意那些国内外的大学排行榜,不能用干巴巴的指标评定人民心目中的好大学";"办大学,最重要的是人们心中的声誉,是自己的底蕴,是自己的积累。这是需要长期积淀之后在人们心中形成的"。

(二)传统文化、用人智慧与中国特色人才观:在全社会大兴识才、爱才、敬才、用才之风

习近平指出,中华民族历来具有尚贤爱才的优良传统。习近平在谈论人才和知识分子时,经常广征博引中国传统名言名句:"得人者兴,失人者崩""致天下之治者在人才""天地间,人为贵""尚贤者,政之本也""为政之要,唯在得人""功以才成,业由才广""筑好黄金台,引得凤凰来""我劝天公重抖擞,不拘一格降人才"等等。他要求大力弘扬尚贤爱才的文化传统,培育见贤思齐的社会风气。习近平指出,高度重视做好知识分子工作,是中国共产党的优良传统和政治优势。早在20世纪80年代初,邓小平就深刻地指出:"我们进行社会主义现代化建设,是要在经济上赶上发达的资本主义国家,在政治上创造比资本主义国家的民主更高更切实的民主,并且造就比这些国家更多更优秀的人才。"习近平还指出:"当代中国的伟大社会变革,不是简单延续我国历史文化的母版,不是简单套用马克思主义经典作家设想的模板,不是其他国家社会主义实践的再版,也不是国外现代化发展的翻版,不可能

---

① 习近平到上海代表团参加审议[EB/OL]. (2015-03-05)[2017-03-10]. http://news.xinhuanet.com/politics/ 2015-03/05/c_1114537732.htm.

找到现成的教科书。"①

为此,习近平提出,要树立强烈的人才意识,寻觅人才求贤若渴,发现人才如获至宝,举荐人才不拘一格,使用人才各尽其能;要在全社会大兴识才、爱才、敬才、用才之风,为实现"两个一百年"奋斗目标、实现中华民族伟大复兴的中国梦提供有力人才支撑。②关于识才,习近平提出要不拘一格,慧眼识才。"采玉者破石拔玉,选士者弃恶取善。"关于爱才,习近平提出要海纳百川,求贤若渴。"士有一言中于道,不远千里而求之。"关于敬才,习近平强调"尊重劳动、尊重知识、尊重人才、尊重创造"是党和国家的一项长期方针。关于用才,习近平提出人尽其才,才尽其用。"骏马能历险,犁田不如牛;坚车能载重,渡河不如舟。"

(三)创新驱动倒逼从人才大国迈向人才强国:高端引领、整体推进的人才工作方针

我国经济发展进入新常态后,为适应经济新常态、引领经济新常态,推动供给侧改革,促进经济转型升级,对创新性高端人才的需求更加紧迫和突出,倒逼我国开启从人才大国迈向人才强国的新征程。

党的十八届五中全会提出了"创新、协调、绿色、开放、共享"的五大发展理念。习近平指出,"创新"作为五大发展理念之首,是引领发展的第一动力,创新驱动实质上是人才驱动。实现创新发展,实现中华民族的伟大复兴,就要造就规模宏大的高素质的创新型人才队伍。③截至2010年,我国人才资源总量为1.2亿人,科技人才资源总量达6950多万人,研发人员总量接近325万人,位居世界第一。但是,在我国未来发展中,高端创新人才匮乏将成为最大的"短板",成为推进产业结构优化升级、转变经济发展方式的重要瓶颈。④习近平指出,适应和引领我国经济发展新常态,关键是要依靠科技创新转换发展动力。"如果我们不识变、不应变、不求变,就可能陷入战略被动,错失发展机遇,甚至错过整整一个时代",必须围绕国家重大战

---

① 习近平. 在哲学社会科学工作座谈会上的讲话[N]. 人民日报,2016-05-19(2).

② 习近平在全国组织工作会议上的讲话[EB/OL]. (2014-09-28)[2020-03-10]. http://zzb.whu.edu.cn/llxx/sjjs/2014-09-28/2203.html.

③ 习近平. 让工程科技造福人类、创造未来——在2014年国际工程科技大会上的主旨演讲[N]. 人民日报,2014-06-04(2).

④ 中央人才工作协调小组办公室的负责人曾表示:"我国流失的顶尖人才数量居世界首位,其中科学和工程领域滞留率平均达到87%。"有专家认为,大规模归国潮中,精英人才其实只占小部分,如果就以精英人才归国进行分析,这部分出国留学的归国比例并没有大幅度提高。(参见:《熊丙奇:如何看待"归国潮"与"出国留学热"并存?》,环球网,2018年5月7日,http://opinion.huanqiu.com/opinion_china/2017-03/10306399.html)

略需求,着力攻破关键核心技术,抢占事关长远和全局的科技战略制高点,让科技创新这个牵动我国发展全局的牛鼻子释放强大牵引动力。要坚持自主创新、重点跨越、支撑发展、引领未来的方针,以全球视野谋划和推动创新,改善人才发展环境,努力实现优势领域、关键技术的重大突破,尽快形成一批带动产业发展的核心技术。①2014年8月18日,他在中央财经领导小组第七次会议上指出:"要用好科学家、科技人员、企业家,激发他们的创新激情。要学会招商引资、招人聚才并举,择天下英才而用之,广泛吸引各类创新人才特别是最缺的人才。"2015年5月,习近平在浙江考察期间,专程来到杭州海康威视数字技术股份有限公司,查看产品展示和研发中心,对其拥有业内领先的自主核心技术表示肯定。他对簇拥在身边的年轻科研人员表示,人才是最为宝贵的资源,要立体化地培育人才,特别是对高端的尖子人才更要爱护。只要用好人才,充分发挥创新优势,我们国家的发展事业就大有希望,中华民族伟大复兴就指日可待。

习近平指出,创新的事业呼唤创新的人才,我国要在科技创新方面走在世界前列,必须在创新实践中发现人才、在创新活动中培育人才、在创新事业中凝聚人才,必须大力培养造就规模宏大、结构合理、素质优良的创新型科技人才。要把人才资源开发放在科技创新最优先的位置,改革人才培养、引进、使用等机制,努力造就一批世界水平的科学家、科技领军人才、工程师和高水平创新团队,注重培养一线创新人才和青年科技人才。②与此同时,习近平强调,"要更大规模、更有成效地培养我国改革开放和社会主义现代化建设急需的各级各类人才""要以培养造就高层次创新型人才为重点,加大企业经营管理人才队伍建设力度,统筹抓好高技能人才、科技教育人才、社会工作人才、农村实用人才、宣传文化人才等各类人才队伍建设,为建设创新型国家提供智力支持和人才保障"。习近平关于"高端引领、整体推进"的工作方针,对于解决我国高层次创新人才匮乏、区域分布和产业结构不尽合理等问题,促进人才资源和经济社会发展相协调,促进从人才大国向人才强国迈进,都具有重大的指导意义。

总之,习近平关于知识分子和人才问题的战略谋划,既具有全球眼光又彰显中

---

① 习近平:以全球视野谋划和推动创新[EB/OL]. (2013-03-05)[2017-03-10]. http://money.163.com/13/0305/19/8P7OP25K00253B0H.html#from=relevant.

② 习近平. 在中国科学院第十七次院士大会、中国工程院第十二次院士大会上的讲话[N]. 人民日报,2014-06-10(2).

国风格。2016年7月1日,习近平在庆祝中国共产党成立95周年大会上指出:"党和人民事业要不断发展,就要把各方面人才更好地使用起来,聚天下英才而用之。我们要以识才的慧眼、爱才的诚意、用才的胆识、容才的雅量、聚才的良方,广开进贤之路,把党内和党外、国内和国外等各方面优秀人才吸引过来、凝聚起来,努力形成人人渴望成才、人人努力成才、人人皆可成才、人人尽展其才的良好局面。"中国特色知识分子政策和人才方略,能够彰显中国智慧,提供中国方案。

二、人尽其才与培育引领的辩证统一

聚天下英才而用之,关键在于用得好、留得住,真正把各方面的知识分子凝聚起来,把他们的作用发挥出来。对此,习近平提出了"尽最大力气"的要求:一要加大改革落实工作力度,二要着力破除体制机制障碍,三要树立强烈的人才意识。[①]在人才问题上,习近平的一贯主张是:既要为广大知识分子竭力创造能够充分发挥聪明才智的条件环境,又要积极引导他们在报效国家民族大业中实现人生价值。

(一)营造良好的体制机制、政策环境和社会氛围,充分激发和释放知识分子的才华和能量

早在2011年,作为分管知识分子和人才工作的中共中央政治局常委,习近平就指出,要结合深化科技体制改革,完善科技人才培养举荐、选拔任用、激励保障机制,使那些品德高尚、能力突出,在科技创新中有突出贡献的优秀人才脱颖而出,使科技界和全社会各方面优秀创新人才大量涌现。[②]

党的十八大后,习近平在多个场合反复强调:各级党委和政府要切实尊重知识、尊重人才,充分信任知识分子,加快形成有利于知识分子干事创业的体制机制,放手让广大知识分子把才华和能量充分释放出来。他指出,"要着力破除束缚人才发展的思想观念,推进体制机制改革和政策创新";"用好用活人才,建立更为灵活的人才管理机制,打通人才流动、使用、发挥作用的体制机制障碍";"继续完善凝聚人才、发挥人才作用的体制机制,进一步调动优秀人才创新创业的积极性";"要深化科技、教育、文化体制改革,深化人才发展体制改革,加快形成有利于知识分子干

① 习近平在辽宁考察时强调　深入实施创新驱动发展战略　为振兴老工业基地增添原动力[N]. 人民日报,2013-09-02(1).
② 习近平. 科技工作者要为加快建设创新型国家多做贡献——在中国科协第八次全国代表大会上的祝词[N]. 人民日报,2011-05-28(2).

事创业的体制机制,放手让广大知识分子把才华和能量充分释放出来";"要开创人人皆可成才、人人尽展其才的生动局面"。

习近平强调,"要让领衔科技专家有职有权,有更大的技术路线决策权、更大的经费支配权、更大的资源调动权,防止瞎指挥、乱指挥";"要加强知识产权保护,积极实行以增加知识价值为导向的分配政策,包括提高科研人员成果转化收益分享比例,探索对创新人才实行股权、期权、分红等激励措施,让他们各得其所"。

习近平特别强调网信事业发展要有有力人才支撑,要建立适应网信特点的人才评价机制,以实际能力为衡量标准,不唯学历,不唯论文,不唯资历,突出专业性、创新性、实用性;建立灵活的人才激励机制,让做出贡献的人才有成就感、获得感;探索网信领域科研成果、知识产权归属、利益分配机制,在人才入股、技术入股以及税收方面制定专门政策。这实际上为知识分子充分释放才华和能量,让一切创造社会财富的源泉充分涌流提出了制度化的解决方案。

习近平还特别强调:"要最大限度调动科技人才创新积极性,尊重科技人才创新自主权,大力营造勇于创新、鼓励成功、宽容失败的社会氛围。"[1]他强调,要充分发挥知识分子的作用,突出高端引领、以用为本,深入实施"千人计划""万人计划""长江学者奖励计划"等重大人才工程,激发知识分子进行技术创新和知识创新的积极性创造性,充分发挥知识分子服务经济社会发展尤其是在实施创新驱动发展战略、加快转变经济发展方式中的重要作用。习近平指出:"环境好,则人才聚、事业兴;环境不好,则人才散、事业衰。要健全工作机制,增强服务意识,加强教育引导,搭建创新平台,善于发现人才、团结人才、使用人才,为留学人员回国工作、为国服务创造良好环境,促使优秀人才脱颖而出。"[2]

(二)大力培育科技创新人才,特别是青年人才和特殊人才

习近平指出,弘扬创新精神,培育符合创新发展要求的人才队伍。他指出:"为了加快形成一支规模宏大、富有创新精神、敢于承担风险的创新型人才队伍,要重点在用好、吸引、培养上下功夫。要用好科学家、科技人员、企业家,激发他们的创新激情。要学会招商引资、招人聚才并举,择天下英才而用之,广泛吸引各类创新

---

① 孙秀艳. 习近平在中国科学院考察时强调　深化科技体制改革增强科技创新活力　真正把创新驱动发展战略落到实处[N]. 人民日报,2013-07-18(1).
② 习近平. 在欧美同学会成立100周年庆祝大会上的讲话[N]. 人民日报,2013-10-22(2).

人才特别是最缺的人才。"①他强调,要极大调动和充分尊重广大科技人员的创造精神,激励他们争当创新的推动者和实践者,使谋划创新、推动创新、落实创新成为自觉行动。②

习近平在多个场合讲到了我国科技队伍建设的国情,指出:我国科技队伍规模是世界上最大的,这是产生世界级科技大师、领军人才、尖子人才的重要基础;但是,我们在科技队伍上也面对着严峻挑战,就是创新型科技人才结构性不足矛盾突出,世界级科技大师缺乏,领军人才、尖子人才不足,工程技术人才培养同生产和创新实践脱节。③我们要把人才资源开发放在科技创新最优先的位置,改革人才培养、引进、使用等机制,努力造就一批世界水平的科学家、科技领军人才、工程师和高水平创新团队,注重培养一线创新人才和青年科技人才。④

习近平指出,科技人才培育和成长有其规律。要大兴识才爱才敬才用才之风,为科技人才发展提供良好环境,在创新实践中发现人才、在创新活动中培育人才、在创新事业中凝聚人才,聚天下英才而用之,让更多千里马竞相奔腾。要改革人才培养、引进、使用等机制,努力造就一大批能够把握世界科技大势、研判科技发展方向的战略科技人才,培养一大批善于凝聚力量、统筹协调的科技领军人才,培养一大批勇于创新、善于创新的企业家和高技能人才。⑤

习近平特别强调培育青年科技人才,指出要不拘一格、慧眼识才,放手使用优秀青年人才。习近平在会见嫦娥三号任务参研参试人员代表时指出:"我们要着力完善人才发展机制,最大限度支持和鼓励科技人员创新创造。要不拘一格、慧眼识才,放手使用优秀青年人才,为他们奋勇创新、脱颖而出提供舞台。"⑥习近平指出

---

① 习近平主持召开中央财经领导小组第七次会议强调　加快实施创新驱动发展战略　加快推动经济发展方式转变　李克强刘云山张高丽出席[N]. 人民日报,2014-08-19(1).

② 习近平. 为建设世界科技强国而奋斗——在全国科技创新大会、两院院士大会、中国科协第九次全国代表大会上的讲话[N]. 人民日报,2016-06-01(1).

③ 习近平. 为建设世界科技强国而奋斗——在全国科技创新大会、两院院士大会、中国科协第九次全国代表大会上的讲话[N]. 人民日报,2016-06-01(1).

④ 习近平. 为建设世界科技强国而奋斗——在全国科技创新大会、两院院士大会、中国科协第九次全国代表大会上的讲话[N]. 人民日报,2016-06-01(1).

⑤ 习近平. 为建设世界科技强国而奋斗——在全国科技创新大会、两院院士大会、中国科协第九次全国代表大会上的讲话[N]. 人民日报,2016-06-01(1).

⑥ 习近平在会见嫦娥三号任务参研参试人员代表时强调　坚持走中国特色自主创新道路　不断在攻坚克难中追求卓越　代表党中央、国务院、中央军委向工程参研参试人员表示祝贺和慰问　李克强张德江俞正声刘云山王岐山张高丽参加会见[N]. 人民日报,2014-01-07(1).

"科技创新,贵在接力"。他引用唐诗名句"桐花万里丹山路,雏凤清于老凤声",希望广大院士发挥好科技领军作用,团结带领全国科技界特别是广大青年科技人才为建设世界科技强国建功立业。①

习近平特别重视网络新技术等特殊人才队伍的建设。他指出,建设网络强国,要把人才资源汇聚起来,建设一支政治强、业务精、作风好的强大队伍。他用"千军易得,一将难求",强调培养造就世界水平的科学家、网络科技领军人才、卓越工程师、高水平创新团队的重要性和紧迫性。②他特别指出,互联网主要是年轻人的事业,要不拘一格降人才。要解放思想,慧眼识才,爱才惜才。对待特殊人才要有特殊政策,不要求全责备,不要论资排辈,不要都用一把尺子衡量。只有这样,才能实现天下人才济济一堂的繁荣景象。

(三)以"中国梦"引领和激发海内外知识分子,为实现民族复兴大业贡献聪明才智

知识和科技是无国界的,但科学家和知识分子是有祖国的。习近平指出:这是一个需要思想而且一定能够产生思想的时代,我们不能辜负了这个时代。③早在2004年1月6日,习近平在出席浙江省专家迎春座谈会时,就勉励全省广大知识分子树立远大志向,在促进国家富强、民族振兴的过程中实现人生价值。

党的十八大后,习近平提出了实现中华民族伟大复兴的中国梦,并指出中国梦是海内外中华儿女团结奋斗的最大公约数。习近平指出,中国的知识分子应该有"当仁不让"的气魄,一种"舍我其谁"的气概,立时代之潮头、通古今之变化、发思想之先声,为实现中华民族伟大复兴的中国梦,贡献自己的聪明才智。④在2013年全国政协十二届一次会议科协、科技界委员联组会上,他鼓励各界知识分子和人才"把自己的智慧和力量奉献给实现'中国梦'的伟大奋斗"。2013年五四青年节前夕,习近平给北京大学考古文博学院2009级本科团支部全体同学回信,引用欧阳修名句"得其大者可以兼其小",勉励青年学生在立志为实现中国梦奉献智慧和力量中彰显人生价值。2013年10月,习近平在欧美同学会成立100周年庆祝大会上

---

① 习近平. 为建设世界科技强国而奋斗——在全国科技创新大会、两院院士大会、中国科协第九次全国代表大会上的讲话[N]. 人民日报,2016-06-01(1).
② 习近平主持召开中央网络安全和信息化领导小组第一次会议强调　总体布局统筹各方创新发展　努力把我国建设成为网络强国　李克强刘云山出席[N]. 人民日报,2014-02-28(1).
③ 习近平. 在哲学社会科学工作座谈会上的讲话[N]. 人民日报,2016-05-19(2).
④ 习近平. 在哲学社会科学工作座谈会上的讲话[N]. 人民日报,2016-05-19(2).

指出："在亿万中国人民前行的伟大征程上,广大留学人员创新正当其时、圆梦适得其势。广大留学人员要把爱国之情、强国之志、报国之行统一起来,把自己的梦想融入人民实现中国梦的壮阔奋斗之中,把自己的名字写在中华民族伟大复兴的光辉史册之上。"2017年5月,习近平对英年早逝的著名地球物理学家、吉林大学教授黄大年事迹做出批示,号召广大知识分子"学习他心有大我、至诚报国的爱国情怀,学习他教书育人、敢为人先的敬业精神,学习他淡泊名利、甘于奉献的高尚情操,把爱国之情、报国之志融入祖国改革发展的伟大事业之中、融入人民创造历史的伟大奋斗之中,从自己做起,从本职岗位做起,为实现'两个一百年'奋斗目标、实现中华民族伟大复兴的中国梦贡献智慧和力量"。

为实现中国梦做贡献,不能仅停在口号上,必须有担当精神,落实到具体行动。近年来,习近平在不同场合多次对各界知识分子提出了明确的要求。习近平指出,有多大担当才能干多大事业,尽多大责任才能有多大成就。习近平希望我国广大知识分子积极投身创新发展实践,想国家之所想、急国家之所急,紧紧围绕经济竞争力的核心关键、社会发展的瓶颈制约、国家安全的重大挑战,不断增加知识积累,不断强化创新意识,不断提升创新能力,不断攀登创新高峰。[①]他要求"我国科技界要坚定创新自信,坚定敢为天下先的志向,在独创独有上下功夫,勇于挑战最前沿的科学问题,提出更多原创理论,做出更多原创发现,力争在重要科技领域实现跨越发展,跟上甚至引领世界科技发展新方向,掌握新一轮全球科技竞争的战略主动"。在谈到互联网核心技术时,他强调"核心技术要取得突破,就要有决心、恒心、重心",并希望网信领域广大企业家、专家学者、科技人员要树立这个雄心壮志,要争这口气,努力尽快在核心技术上取得新的重大突破。他希望广大哲学社会科学工作者"做真善美的追求者和传播者,以深厚的学识修养赢得尊重,以高尚的人格魅力引领风气,在为祖国、为人民立德立言中成就自我、实现价值"。

三、整体把握与分类施策的辩证统一

党的十八大以来,习近平多次就知识分子工作发表重要讲话。特别是在知识分子、劳动模范、青年代表座谈会和全国政协十二届五次会议民进、农工党、九三学

---

① 习近平在看望参加政协会议的民进农工党九三学社委员时强调　我国广大知识分子要主动担当积极作为　为国家富强民族振兴人民幸福多做贡献[N]. 人民日报,2017-03-05(1).

社联组会上,习近平用了很大篇幅来谈知识分子问题,充分肯定了知识分子为国家和人民所做的历史贡献,精辟论述了尊重知识、尊重知识分子的重大意义,阐明了党的知识分子方针政策,对广大知识分子如何更好地报效祖国、服务人民提出了殷切希望和明确要求,在全党和全社会乃至海外引发了热烈的反响。值得注意的是,习近平这两次讲话是面向整个知识分子群体的。习近平指出:"知识分子,顾名思义,就是文化水平较高、知识比较丰富的人,其中不少是学有所长、术有专攻、在某个领域某个方面的行家专家。知识分子对知识对技术掌握得比较多,对自然、对社会了解得比较深,在推动经济社会发展、推动社会文明进步中能够发挥十分重要的作用。在我们党领导革命、建设、改革90多年的历程中,广大知识分子为党和人民建立了彪炳史册的功勋。"这表明,党的知识分子方针政策是总体性的,无论政治面貌、职业身份、体制内外、海外阅历有何差别,一视同仁。

习近平先后在不同场合重申和发展了党的知识分子政策。一是尊重劳动、尊重知识、尊重人才、尊重创造。到中央工作后,习近平就强调要坚决贯彻尊重劳动、尊重知识、尊重人才、尊重创造的重大方针,深入实施科教兴国、人才强国战略,以高层次人才、高技能人才为重点,统筹推进各类人才队伍建设。①党的十八大后,习近平强调这十六字是党和国家的一项长期方针。②二是政治上信任、工作上放手、生活上关心。强调要做到政治上充分信任、思想上主动引导、工作上创造条件、生活上关心照顾。③要尊重文艺工作者的创作个性和创造性劳动,政治上充分信任,创作上热情支持,营造有利于文艺创作的良好环境。要诚心诚意同文艺工作者交朋友,关心他们的工作和生活,倾听他们的心声和心愿。三是以政策留人、以感情留人、以事业留人。强调要解决好知识分子的现实问题。④

党的十八大以来,以习近平同志为核心的党中央关于知识分子的方针政策集中体现在以下四个关键词上:

尊重。充分认识知识分子在党和国家事业发展中的特殊重要作用。在2017年"3·4"重要讲话中,习近平高度肯定知识分子是社会的精英、国家的栋梁、人民的

---

① 习近平. 科技工作者要为加快建设创新型国家多做贡献——在中国科协第八次全国代表大会上的祝词[N]. 人民日报,2011-05-28(2).

② 习近平在中共中央政治局第九次集体学习时强调 敏锐把握世界科技创新发展趋势 切实把创新驱动发展战略实施好[N]. 人民日报,2013-10-02(1).

③ 习近平. 在中国文联十大、中国作协九大开幕式上的讲话[N]. 人民日报,2016-12-01(2).

④ 习近平. 在文艺工作座谈会上的讲话[N]. 人民日报,2015-10-15(2).

骄傲,是国家的宝贵财富。这既体现了中国共产党一以贯之地重视知识分子的鲜明态度,也具有很强的现实针对性。

凝聚。引导知识分子自觉践行社会主义核心价值观,不断凝聚政治共识。知识分子思想活跃、思维敏捷,社会地位重要,对社会思想观念和价值取向具有重要影响。早在2011年,习近平就寄语广大科技工作者,要践行社会主义核心价值体系,坚定中国特色社会主义共同理想,自觉用社会主义荣辱观引领社会风尚。①党的十八大后,习近平强调:"勇立潮头、引领创新,是广大知识分子应有的品格";"天下为公、担当道义,是广大知识分子应有的情怀"。他要求:"当老师,就要心无旁骛,甘守三尺讲台,'春蚕到死丝方尽,蜡炬成灰泪始干'。做研究,就要甘于寂寞,或是皓首穷经,或是扎根实验室,'板凳要坐十年冷,文章不写一句空'。搞创作,就要坚持以人民为中心的创作思想,深入实践、深入群众、深入生活,努力创作出人民群众喜爱的精品力作。一个知识分子,不论在哪个行业、从事什么职业,也不论学历、职称、地位有多高,唯有秉持求真务实精神,才能探究更多未知,才能获得更多真理,也才能为社会做出更大贡献。"②习近平对李保国先进事迹做出重要批示,称赞他是"新时期共产党人的楷模,知识分子的优秀代表,太行山上的新愚公"。在2017年"3·4"讲话中,习近平把自觉践行社会主义核心价值观作为对广大知识分子的第一位要求。

作用。引导和支持知识分子在创新创业中发挥优势作用。习近平指出,信任是做好知识分子工作的前提,必须坚持政治上充分信任,工作上大力支持,敢于把知识分子放在重要岗位上,真正使他们有用武之地。要做好服务知识分子的工作,为知识分子工作学习创造更好条件,让他们把更多精力集中于本职工作。为知识分子营造良好的学习工作和生活环境,使他们成长有机会、干事有舞台、发展有空间,是党和政府的重要职责。③针对国际国内人才流动的新动向,习近平强调要按照支持留学、鼓励回国、来去自由、发挥作用的方针,把做好留学人员工作作为实施科教兴国战略和人才强国战略的重要任务,使留学人员回到祖国有用武之地,留在国

---

① 习近平. 科技工作者要为加快建设创新型国家多做贡献——在中国科协第八次全国代表大会上的祝词[N]. 人民日报,2011-05-28(2).

② 习近平. 在知识分子、劳动模范、青年代表座谈会上的讲话[N]. 人民日报,2016-04-30(2).

③ 习近平十八大以来关于"宣传思想工作"精彩论述摘编[EB/OL]. (2014-08-19)[2017-03-10]. http://news.xinhuanet.com/politics/2014-08/19/c_127214470.htm.

外有报国之门。①

　　包容。对知识分子的缺点要多包涵宽容,多看他们的主要方面。知识分子大多具有独立奋斗的经历,有较强的独立人格、自主性格。习近平指出,要加强同他们的联系,多关心、多交流、多鼓励,善交朋友、广交朋友、深交朋友,多听他们的意见,真听他们的意见。②和他们打交道,应当多尊重和包容,多看他们的主要方面,多看他们对国家和社会的贡献,做到容人之异、容人之短、容人之失。③在2017年"3·4"讲话中,习近平重申,对来自知识分子的意见和批评,只要出发点是好的,就要热忱欢迎,对的就积极采纳。即使个别意见有偏差甚至是错误的,也要多一些包涵、多一些宽容。

　　党早就从理论和政策上明确:知识分子是工人阶级的一部分。党对知识分子的信任正是建立在这一政治基础之上,并随着时代的发展而不断增添崭新的内容。因此,我国的知识分子政策是整体性的,没有专门的党外知识分子政策。但是,党外知识分子作为知识分子中的特殊群体,是统战工作对象,对他们开展引领和团结,要用特殊的工作方法。国家统计局抽样调查结果显示,截至2015年底,我国具有大专以上学历的知识分子有1.7亿人,其中党外知识分子超过1.3亿人,约占75%。在中央统战工作会议上,习近平指出,党外知识分子工作是一项基础性、战略性的工作。党外知识分子工作具有战略性,是因为党外知识分子中专家、大家、名家多,事关我国经济社会发展的大局。党外知识分子工作具有基础性,是因为党外知识分子是民主党派和无党派人士的重要来源,事关统一战线的巩固发展。

　　值得关注的是,改革开放后特别是新世纪以来,知识分子统战工作从传统的"党外"扩展到"三外"——党外、体制外(新的社会阶层人士)、海外(留学人员)。作为统战工作对象的知识分子主要包括国家机关和国有企事业单位的党外知识分子,新经济组织和新社会组织中的党外知识分子(包括新媒体从业人员),以及出国和归国留学人员。党外知识分子群体基数大,来源构成不同,思想状况不同,利益诉求也不尽相同。对此,习近平在中央统战工作会议上指出:"现在,党外知识分子

① 习近平. 在欧美同学会成立100周年庆祝大会上的讲话[N]. 人民日报,2013-10-22(2).
② 习近平在全国高校思想政治工作会议上强调　把思想政治工作贯穿教育教学全过程　开创我国高等教育事业发展新局面　刘云山讲话　王岐山张高丽出席[N]. 人民日报,2016-12-09(1).
③ 习近平在中央统战工作会议上强调 巩固发展最广泛的爱国统一战线 为实现中国梦提供广泛力量支持[N]. 人民日报,2015-5-21(1).

队伍构成更加多样,需要针对不同特点分类施策。""分类施策"为开展新形势下的党外知识分子工作提供了重大方法论。作为体制外自由择业知识分子的新的阶层人士群体具有显著多样性、层次性、差异性、复杂性。鉴于此,这里重点以对新的社会阶层人士的"分类施策"为例,分析习近平的知识分子工作方法论。

根据《中国共产党统一战线工作条例(试行)》,新的社会阶层人士包括四类:私营企业和外资企业管理技术人员、中介组织和社会组织从业人员、新媒体从业人员、自由职业人员,通称为自由择业人员。这些体制外的自由择业知识分子,是改革开放特别是新世纪以来伴随经济社会转型不断涌现的,而在市场经济较早发展的浙江、福建等地首先出现。1999年,时任福建省委副书记的习近平就与中央统战部调研组谈过抓好党外知识分子中自由职业者特别是律师、会计师、审计师的工作。他讲道:"自由职业者是改革开放和发展社会主义市场经济条件下知识分子分化和分流的产物。他们文化层次高、专业色彩浓,适应市场能力强,具有一定的社会影响,并随着市场经济的发展和知识经济的形成不断扩大。……当前,要从抓好'三师'做起。先要结合调研把他们的基本情况搞清楚,根据这部分人的特点和统战部门的优势,提出工作建议,研究制定有关政策,使这项工作纳入党外知识分子工作轨道。这项工作做好了必将给统战工作带来新的生机和活力。"

2006年7月,全国第二十次统战工作会议提出:新的社会阶层人士统战工作是新世纪新阶段统战工作新的着力点。2006年12月25日,时任浙江省委书记的习近平在全省统战工作会议上强调:"广泛团结新的社会阶层人士,最大限度地把他们团结在党的周围,充分发挥他们的作用,是新世纪新阶段我省统一战线的重要任务。我们要坚持'充分尊重、广泛联系、加强团结、热情帮助、积极引导'的20字工作方针,密切与新的社会阶层人士的联系,了解和掌握新的社会阶层的发展变化,畅通反映意见建议的渠道,维护他们的合法权益,鼓励和帮助他们发展事业,表彰和宣传他们中的先进典型";"不断拓宽做好新的社会阶层人士统战工作的渠道,积极发挥工会、共青团、妇联等人民团体,以及知识分子联谊会、留学人员联谊会等各类统战性社团在联系、团结新的社会阶层人士中的作用";"要在试点的基础上,建立和完善新的社会阶层代表人士的综合评价体系,把新的社会阶层代表人士的培养选拔工作纳入党外代表人士队伍建设的总体规划,按照有较高素质、有较大社会贡献、有较强参政议政能力、在所联系阶层中有较大影响的标准,有重点地培养选拔,逐步建立一支代表人士队伍"。①此后,浙江省新的社会阶层人士统战工作蓬勃开展,不少探索性工作(知联会、新联会建设,网络统战工作,社会组织统战工作等)走在前列,得到了中央统战部的肯定。

在中央统战工作会议上,习近平在阐述"分类施策"做党外知识分子工作时,特别提出要关注那些具有特殊性的知识分子,下功夫做好网络意见领袖、网络作家、签约作家、自由撰稿人、独立演员歌手等群体的工作,强调要开展新经济组织、新社会组织统战工作(重点面向律师、会计师、评估师、税务师),开展网络统战工作(重点面向新媒体从业人员和网络意见领袖)。浙江根据新的社会阶层人士的群体特征,率先提出分众统战概念,细分群体、分类施策、精准施策,总结出分类组织、分类引导、分类服务、分类培训的"四分法",提升了针对性和实效性。2017年2月23日至24日,全国新的社会阶层人士统战工作会议召开。会前,习近平专门听取汇报并做出重要指示,会后以中办名义下发了关于做好新阶层人士统战工作的文件。这次会议贯彻落实了习近平提出的"分类施策"的理念方法,强调要坚持分类施策,结合不同群体的情况和特点精准施策,抓住重点人群,突破一点、带动一片。

事实表明,只有坚持总体把握与"分类施策"相结合的理念和原则,才能统筹做好党内外、体制内外和海内外知识分子和人才工作,才能不断提升知识分子工作的针对性和实效性,达到"聚天下英才而用之"的大目标。

四、全局性工作与社会化机制的辩证统一

2017年3月4日,习近平在全国政协十二届五次会议民进、农工党、九三学社联组会上,重申"要以识才的慧眼、爱才的诚意、用才的胆识、容才的雅量、聚才的良方,广开进贤之路,把各方面知识分子凝聚起来";强调"全社会都要关心知识分子、尊重知识分子,营造尊重知识、尊重知识分子的良好社会氛围""努力形成人人渴望成才、人人努力成才、人人皆可成才、人人尽展其才的良好局面"。习近平的论述既为我们全力做好党外知识分子工作提出了总要求,也为我们做好工作提供了方法论。深刻领会这一重要论述,要进一步增强做好知识分子工作的紧迫感,始终坚持全局性工作与社会化机制的有机结合,做到知识分子聚集在哪里,我们的组织就建

---

① 习近平同志在全省统战工作会议上的讲话　摘要[M]//中共浙江省委统战部. 浙江统一战线年鉴2007.杭州:杭州出版社,2007:424-425.

到哪里,工作就覆盖到哪里,努力形成全党重视、全社会参与的"大人才"工作体制和机制。

(一)坚持党管人才原则,最大限度地把知识分子团结凝聚在党的周围

知识分子既是党的人才,也是国家的人才。习近平强调,办好中国的事情,关键在党,关键在人,关键在人才。他要求各级党委和政府要肩负起领导和组织创新发展的责任,善于调动各方面创新要素,善于发挥各类人才积极性,共同为建设创新型国家、建设世界科技强国凝心聚力。①

习近平强调要对知识分子进行政治引导,把广大知识分子团结在党的周围。2007年5月,习近平担任上海市委书记期间调研上海高校,指出:要坚持社会主义办学方向,毫不动摇地坚持马克思主义意识形态的主导地位,用社会主义核心价值观来教育武装高校干部师生。②党的十八大后,习近平强调,要坚持党管人才的原则,坚持团结引导,加强政治引领和政治吸纳,最大限度地把知识分子团结凝聚在党的周围,激励他们自觉为实现中华民族伟大复兴贡献聪明才智。③要准确把握新时期知识分子的特点,找准工作切入点、着力点,不断增强知识分子工作的针对性、实效性,努力建设一支让党放心、让人民满意的高素质知识分子队伍。④习近平指出,要引导知识分子深刻认识党性和人民性从来都是一致的、统一的,没有脱离人民性的党性,也没有脱离党性的人民性,要始终站在全党的立场上,站在全体人民的立场上,为社会主义现代化建设服务,为人民服务。⑤强调"坚持研究无禁区、宣传有纪律","坚持学术自由和学术规范相统一",通过正面宣传、平等讨论和深入细致的思想政治工作,有针对性地解决好学术问题和思想认识问题。⑥

宣传舆论界是知识分子集中和比较活跃的领域。2013年8月19日,习近平在

---

① 习近平. 为建设世界科技强国而奋斗——在全国科技创新大会、两院院士大会、中国科协第九次全国代表大会上的讲话[N]. 人民日报,2016-06-01(1).

② 东方早报:要坚持社会主义办学方向[EB/OL]. (2007-05-10)[2017-03-10]. http://news.sohu.com/20070510/n249939211.shtml.

③ 习近平十八大以来关于"宣传思想工作"精彩论述摘编[EB/OL]. (2014-08-19)[2017-03-10]. http://news.xinhuanet.com/politics/2014-08/19/c_127214470.htm.

④ 习近平十八大以来关于"宣传思想工作"精彩论述摘编[EB/OL]. (2014-08-19)[2017-03-10]. http://news.xinhuanet.com/politics/2014-08/19/c_127214470.htm.

⑤ 习近平十八大以来关于"宣传思想工作"精彩论述摘编[EB/OL]. (2014-08-19)[2017-03-10]. http://news.xinhuanet.com/politics/2014-08/19/c_127214470.htm.

⑥ 倪光辉. 习近平在全国宣传思想工作会议上强调　胸怀大局把握大势着眼大事 努力把宣传思想工作做得更好　刘云山出席会议并讲话[N]. 人民日报,2013-08-21(1).

中央宣传思想工作会议上特别指出："互联网是当前宣传思想工作的主阵地。这个阵地我们不去占领,人家就会去占领;这部分人我们不去团结,人家就会去拉拢。"2016年11月7日,习近平在会见中国记协第九届理事会全体代表和中国新闻奖、长江韬奋奖获奖者代表时,强调要做党和人民信赖的新闻工作者。习近平强调,对牵涉大是大非问题、牵涉政治原则问题的,必须旗帜鲜明、态度坚定。对那些影响大、危害大的错误思想观点,要进行有力批驳,针砭要害、揭露本质,决不能让它们干扰人们的思想、干扰改革发展稳定大局。习近平指出,要关注那些具有特殊性的知识分子,探索有效途径和方法,下功夫做好网络意见领袖、网络作家、签约作家、自由撰稿人、独立演员歌手等群体的工作,引导他们发挥好建设性作用。①

习近平指出,要加强对知识分子的政治吸纳。高度重视将优秀知识分子培养发展成党员,提高党员发展质量,做好在高等学校、科研院所、文化单位、卫生机构,以及社会组织等知识分子相对集中地方的优秀青年中发展党员的工作,注重将学术带头人、科研骨干、留学归国人员中的优秀分子培养发展成党员。②当然,也要有意识地把一部分人才留在党外,更好地发挥作用。③

(二)党政领导要多关心、多交流、多鼓励,做知识分子的挚友、诤友

1990年7月,时任福建省委常委、福州市委书记的习近平在全市统战工作会议上指出,领导同志要经常到知识分子中去,广交朋友,推心置腹,坦诚相见,虚心听取他们的意见。知识分子有知识、有见解,又忧国忧民,愿意出谋划策,这应当鼓励。所以对他们的意见,各级党委政府要特别重视。要放下架子,各级领导也确实没必要摆架子,我们也没有任何支起架子的"资本"。知识分子的思想工作,统战人士的思想工作,不要大道理吓唬人,要入情入理,既符合马克思主义大道理,又符合我们讲的关心人、尊重人、理解人的常情。

党的十八大后,习近平多次强调,经常深入知识分子中,同知识分子广交朋友,特别是要同那些学术造诣高、社会影响大的知识分子建立良好的沟通关系,及时向他们宣传中央对一些重大问题的判断和工作大政方针,及时听取他们的意见,做到

---

① 倪光辉. 习近平在全国宣传思想工作会议上强调　胸怀大局把握大势着眼大事　努力把宣传思想工作做得更好　刘云山出席会议并讲话[N]. 人民日报,2013-08-21(1).
② 倪光辉. 习近平在全国宣传思想工作会议上强调　胸怀大局把握大势着眼大事　努力把宣传思想工作做得更好　刘云山出席会议并讲话[N]. 人民日报,2013-08-21(1).
③ 习近平在中央统战工作会议上强调　巩固发展最广泛的爱国统一战线　为实现中国梦提供广泛力量支持[N]. 人民日报,2015-5-21(1).

上情下达、下情上传。①加强同高校知识分子的联系，多关心、多交流、多鼓励，善交朋友、广交朋友、深交朋友，多听他们的意见，真听他们的意见。②习近平指出，领导干部对来自知识分子的意见和批评，只要出发点是好的，就要热忱欢迎，对的就积极采纳。即使个别意见有偏差甚至是错误的，也要多一些包涵、多一些宽容，坚持不抓辫子、不扣帽子、不打棍子。这是共产党人接受监督的诚意和胸怀。各级领导干部要善于同知识分子打交道，做知识分子的挚友、净友。③

习近平不仅倡导党政领导干部与知识分子交朋友，而且率先垂范，带头与知识分子交朋友。他到母校北京八一中学看望老师，到浙大调研18次，在河北正定县任职期间与党外知识分子贾大山的交往故事更是被传为佳话。习近平在《忆大山》一文中写道："我在正定期间，不论是在工作上还是在生活上，得到大山很多的支持和帮助，我们之间也建立了深厚的情谊。记得1985年5月我即将调离正定去南方工作的那个晚上，我们相约相聚，进行了最后一次长谈，临分手时，两人都流下了激动的泪水，依依别情，难以言状。"④

知识分子往往具有较强的独立人格和自主性格，习近平在很多场合都强调要注重做有个性的知识分子的工作。贾大山更是属于有个性的党外知识分子。"淡泊名利，无心仕途。他上学时未入团，上班后未入党。省作家协会多次调他去省城工作，他坚决不去，专门为他举办了一次作品研讨会，他居然没有出席。"⑤习近平在《忆大山》一文中回忆说：初次相谈，两人能够成为好朋友；多次长谈，两人能够通宵达旦。习近平就文物保护问题拜贾大山为师，利用闲暇时间，常去他家拜访长谈。后来，在习近平的推荐下，正定县打破党外人士不任正职的"规矩"，任命贾大山为文化局局长。在任期间，贾大山为正定文化事业的发展和古文物的研究、保护、维修、发掘、抢救，竭尽了自己的全力。而习近平一调走，他就辞去局长职务。⑥

---

① 习近平十八大以来关于"宣传思想工作"精彩论述摘编[EB/OL].（2014-08-19）[2017-03-10]. http://news.xinhuanet.com/politics/2014-08/19/c_127214470.htm.

② 习近平在全国高校思想政治工作会议上强调　把思想政治工作贯穿教育教学全过程　开创我国高等教育事业发展新局面　刘云山讲话　王岐山张高丽出席[N]. 人民日报,2016-12-09(1).

③ 习近平在看望参加政协会议的民进农工党九三学社委员时强调　我国广大知识分子要主动担当积极作为为国家富强民族振兴人民幸福多做贡献[N]. 人民日报,2017-03-05(1).

④ 习近平. 忆大山[J]. 中国统一战线,2014(1):5-7.

⑤ 李春雷. 朋友——习近平与贾大山交往纪事[N]. 光明日报,2014-04-21(1).

⑥ 李春雷. 朋友——习近平与贾大山交往纪事[N]. 光明日报,2014-04-21(1).

(三)加强领导、齐抓共管,建立社会化工作机制

知识分子和人才工作涉及方方面面,既需要党委统一领导,各部门密切配合,也需要社会各界广泛参与。早在浙江工作期间,习近平就要求"统战部门要与组织、人事、宣传、科技、文化、卫生等部门密切协作,尤其要加强与国资委、机关工委、教育工委等相关部门的沟通,健全国有企业、高校、科研院所统战工作联席会议等制度,形成做党外知识分子工作的合力"①。习近平强调要发挥知识界人士联谊会的作用。2004年,习近平就浙江省知识界人士联谊会的成立发去贺信,指出浙江省知识界人士联谊会是以我省党外高级知识分子为主体的统一战线性质的社会团体,是党和政府联系各界知识分子的桥梁和纽带。希望知联会大力弘扬求真务实精神,大兴求真务实之风,切实发挥"聚才""荐才"的功能,为把我省建设成为与经济大省地位相适应的人才强省做出应有的贡献。

党的十八大后,中央高度重视知识分子工作。仅以新阶层人士工作机制建设而言,《中国共产党统一战线工作条例(试行)》第十七条就规定:在党委统一领导下,坚持充分尊重、广泛联系、加强团结、热情帮助、积极引导的方针,建立由统战部牵头、党政有关部门参加、社会有关团体参与的联席会议制度,做好新的社会阶层中的党外知识分子工作。2017年2月,中央办公厅下发关于做好新阶层人士工作的意见,明确提出:"做好新的社会阶层人士统战工作,是全党的工作";"坚持齐抓共管,形成做好新的社会阶层人士统战工作的合力";"各地区各有关部门要在党委统一领导下,明确职责,健全机制,形成分工负责、协调配合的工作格局"。

习近平多次强调要发挥科协、记协、文联、作协等群体的重要作用,指导推动群团深化改革、发展事业,加大政策支持和保障力度。他指出"文联、作协要充分发挥优势,加强行业服务、行业管理、行业自律,真正成为文艺工作者之家"②;"着力提高科协组织做好新形势下群众工作的能力和水平,增强科协组织对科技工作者的凝聚力和吸引力";要求欧美同学会·中国留学人员联谊会发挥群众性、高知性、统战性的特点和优势,立足国内、开拓海外,努力成为留学报国的人才库、建言献策的智囊团、开展民间外交的生力军,成为党联系广大留学人员的桥梁纽带、党和政府做好留学人员工作的助手、广大留学人员之家,把广大留学人员紧密团结在党的

① 习近平同志在全省统战工作会议上的讲话　摘要[G]//中共浙江省委统战部. 浙江统一战线年鉴2007. 杭州:杭州出版社,2007:421-428.
② 习近平. 在文艺工作座谈会上的讲话[N]. 人民日报,2015-10-15(2).

周围。

五、结语

习近平的知识分子和人才工作思想可以用"特"字来概括：独特的地位、特殊的群体、特殊的感情、独特的胸怀、特殊的政策、特殊的方式等。这一思想历经时空跨越而不断发展和丰富，从20世纪80年代初持续到现在，从河北正定到闽、浙、沪再到中央，充满辩证法和战略思维，彰显了治国理政的雄才大略，是中国特色社会主义理论和"四个全面"战略思想的重要组成部分。习近平对知识分子重要贡献、重要地位、重要作用的深刻分析，对党的知识分子方针政策的系统阐述，对党委政府的明确要求和对知识分子的殷切期望，体现了"聚天下英才而用之"的博大胸襟和战略远见，为做好新形势下知识分子工作明确了新方向、确立了新坐标、提出了新任务、注入了新活力，彰显了知识分子和人才工作的中国特色、中国风格、中国气派和中国智慧，将在提供中国方案方面做出积极的贡献。

第二节　新阶层在新时代的责任担当与价值引领

党的十九大报告指出：加强党外知识分子工作，做好新的社会阶层人士工作，发挥他们在中国特色社会主义事业中的重要作用。改革开放以来，知识分子统战工作从传统的"党外"扩展到"三外"，即传统的体制外的党外知识分子、体制外的自由择业知识分子和海外归国留学人员，其中体制外的自由择业知识分子就是新的社会阶层人士，是新世纪统战工作新的着力点。随着中国特色社会主义进入新时代，新阶层面临重大发展机遇，同时也在"五位一体"建设中发挥着越来越重要的作用。

一、从定位与地位看新阶层人士在新时代的使命、责任与担当

新阶层人士在新时代是一个不断壮大和发展的群体，新就业岗位大多在体制外，从浙江省来看，应届大学毕业生、研究生就业岗位，90%是由新经济组织和新社会组织提供的——换言之，这些新踏上社会的知识分子大多是新阶层人士。

从长远看，新的社会阶层人士大量增加是未来几十年我国经济社会发展的必然趋势。根据预测，就业方式将发生革命性、颠覆式变化。过去传统就业方式是

"单位+人",大家都是体制内的,随着经济发展模式发展根本性变化,中国未来的60个商业模式,每一个都有"大机会"。中国正在兴起大量自由职业者,社会的基本结构从"公司+员工"变成"平台+个人",这样会有大量新的群体会冒出来。未来,每一个人都是一个独立的经济体,中国一大批具有"匠心"的人(工匠、程序员、设计师、编剧、作家、艺术家等)的社会地位将获得提升。①这就意味着各类新的社会阶层人士群体将大量涌现。对此,我们须在理论上进行超前研究,实践上进行深入探索,工作上进行积极布局。未来,统一战线新的范围和对象将集中在新的社会阶层人士。新的社会阶层人士将不断在新的职业、群体、组织、网络、平台中涌现出来,我们要善于在工作渠道和代表人士方面进行关注。现在把新阶层分成四类人,实际上每类人里面还可以做进一步细分。

当前中国新的社会阶层人士的总体规模约为7200万人,其中党外人士占95.5%,约6900万人。②目前新阶层人士队伍规模相当可观且呈持续快速增长态势,随着经济社会转型特别是乡村振兴战略的实施,新阶层人士将从大中城市到小城镇及乡村,呈现井喷发展和弥漫分布的趋势。以浙江为例,截至2018年全省有体制外的党外知识分子400多万人。其中,副省级省会城市杭州市新的社会阶层人士约142万人,包括私营企业和外资企业的管理和技术人员约114万人,中介组织和社会组织从业人员约18.6万人(其中律师、注册会计师约1.4万人),新媒体从业人员和网络意见人士约5.6万人,自由职业人员约3.8万人。地级市台州是中国股份合作制的发祥地,非公有制经济比重占全市GDP的95%以上,非公有制企业12万家,新的社会阶层人士有31万人,其中民营企业和外资企业的管理人员和技术人员9.1万人,中介组织和社会组织从业人员19.9万人,自由职业人员0.6万人,新媒体从业人员和网络意见人士1.4万人。县级市玉环市民营企业和外资企业达到19180家,管理技术人员达1万多人,中介组织和社会组织达925个(从业人员达1万多人),自由职业人员和新媒体从业人员达2000多人。由此可见,这是一支种类众多、规模庞大、分布广泛的专业人员队伍。

着眼"两个一百年",新阶层伴随新时代中国特色社会主义事业的推进不断发

---

① 中国未来的60个商业模式,每一个都是大机会[EB/OL]. (2017-03-30)[2017-09-14]. http://www.sohu.com/a/131118140_698856.

② 全国新的社会阶层人士约7200万人[EB/OL]. (2017-01-06)[2017-09-14]. http://news.xinhuanet.com/politics/2017-01/06/c_129434180.htm.

展壮大,他们在我国全面建成小康社会和实现现代化的伟业中扮演着重要的角色,发挥着越来越大的作用和影响。

第一,日益壮大的新阶层是破解我国社会主要矛盾的生力军。有关资料表明,目前,我国中产阶层有3亿多人,占全国人口的近30%,占世界中产阶层人数的30%;学者预测到2020年我国中产阶级将达到6亿。①中产阶层中有很多就是新阶层人士,他们是伴随我国所有制形式、社会治理方式、社会分工和产业结构发生深刻变化而出现的,是建设中国特色社会主义事业的重要力量。进入新时代,他们既是社会和谐进步的平衡器、稳定器,也是破解不平衡不充分发展的先行者。新阶层人士当仁不让成为解决社会发展不平衡不充分的生力军,这既是新阶层人士的基本责任,也是他们的发展机遇。

第二,新阶层人士是促进经济高质量发展的生力军。新阶层最具创新创业活力,他们大量分布于新业态之中且掌握先进管理技术。如:在杭州就有高校系、阿里系、海归系、浙商系"新四军"创客群体,是企业实现转型升级,推进供给侧改革、实现高质量发展的科技和管理中坚力量。新阶层人士中的职业经理人,往往兼具"企业家头脑的科学家"和"科学家头脑的企业家"双重身份,有着全球视野和与新时代相匹配的企业家精神。如:阿里巴巴CEO张勇说过,"马云可以天马行空,张勇必须脚踏实地",因为思想是没法执行的,他得为阿里真正趟出一条路来。

第三,新阶层人士是构建新时代新秩序的生力军。新阶层中的律师、注册会计师、注册税务师、评估师等,是市场经济和法治社会中游戏规则制定和评判的参与者,是当今我国社会最有影响力和活力的群体,他们在规范市场经济秩序、参与社会治理、促进依法治国和社会和谐稳定方面可以发挥专业优势。例如,好的律师可以为民请命、为政府分忧,促进法治国家建设;但近几年出现的少数受西方敌对势力控制的所谓"维权"律师如北京某律师事务所的多名律师,则是滑向了反面。再如,税务代理是西方发达国家和地区对公民和法人的普通做法,在我国尚未全面铺开,而执业注册税务师的守法诚信程度将会直接影响到企业的诚信守法。

第四,新阶层人士是加强文化建设和维护意识形态领域安全的生力军。新阶层中的不少人是文化和精神产品的创作者和传播者,他们可以在弘扬社会主义核

---

① 学者预测到2020年我国中产阶级达到6亿[EB/OL]. (2016-05-27)[2019-12-13]. https://news.house.qq.com/a/20160527/060448.htm.

心价值观、倡导社会道德、增强文化自信等方面发挥重要作用。以互联网产业发展较早的杭州为例,有著名网络作家吴雪岚(《甄嬛传》作者)、蒋胜男(《芈月传》作者);有网络文化创意产业的浙江文创集团和杭州文创园;有知民意名网站杭州19楼;有"互联网+创客"的3.0版梦想小镇。2017年12月,国内首个"中国网络作家村"落户杭州。无论是互联网从业人员还是网络作家、网游创客、意见人士,他们的价值取向无疑将对社会产生重大影响。2017年8月,杭州市举行新阶层人士践行核心价值观主题论坛,包括网络界人士在内的杭州新社会阶层发出了践行社会主义核心价值观倡议。

第五,新阶层人士是促进祖国完全统一和对外友好合作的生力军。新阶层具有开展对港澳台对口联系交流交往和开展民间外交的专业人才优势,杭州市公羊会组团赴台湾和欧洲、南美地震灾区开展应急搜救,宁波市新阶层人士在医疗平台与香港专业界开展对口交流,都是对这方面进行的有益探索。

第六,新阶层人士是巩固党的执政基础和扩大党的群众基础的生力军。毫无疑问,日益壮大的新阶层人士队伍是我们党重要的群众基础和执政基础,但由于新阶层人士大量分布在体制外,如何变理论逻辑为现实力量需要做深入细致的工作。因此,新阶层人士工作具有开创性,如何把大量体制外已组织和尚未组织,以及越来越多即将冒出来的体制外新阶层人士,纳入我们的工作视野,开展卓有成效的工作,进而把他们团结在党的周围,事关扩大党的群众基础和巩固党的执政基础,事关党的建设新的伟大工程。正因为如此,2017年2月召开的全国新的社会阶层人士统战工作会议,明确要求各级党委要从全局和战略的高度,切实增强责任感和使命感,积极开展这项工作,不断扩大团结面。

综上所述,新时代给了新阶层发展新机遇、新挑战,也赋予新阶层新的使命与担当,同时也给新阶层统战工作提出了新任务、新要求。做好新时代新阶层人士统战工作,意义重大、大有可为。因此,从某种意义上讲,新时代是属于新阶层人士的时代,新时代统战工作的最大增长点和亮点在新阶层人士统战工作。

二、新阶层人士在新时代责任担当的内涵和价值追求的目标

关于新阶层人士的责任担当和价值追求,习近平总书记在党的十八大后明确指出:一切非公有制经济人士和其他新的社会阶层人士,要发扬劳动创造精神和创

业精神,回馈社会,造福人民,做合格的中国特色社会主义事业的建设者。[①]党的十九大明确了新时代中国特色社会主义的指导思想以及方位、目标、任务、要求,新阶层人士要担当起新时代的责任,做合格的新时代中国特色社会主义事业建设者。

首先,必须坚持正确政治方向。新阶层人士虽然身处体制外,有的还是党外,但也必须把讲政治放在首位。要以习近平新时代中国特色社会主义为指针,增强"四个意识",自觉接受共产党领导;坚持"四个自信",坚定不移地走中国特色社会主义道路。要进一步在大是大非面前保持立场坚定、旗帜鲜明、敢于亮剑。当前,我国面临对外维护国家主权、安全、发展利益,对内维护政治安全和社会稳定的双重压力,各种可以预见和难以预见的风险因素明显增多。社会上、网络中各种正确与错误、先进与落后、积极与消极的思想交织涌动,"民主社会主义""普世价值""宪政""公民社会"等各种思潮此消彼涨。新阶层人士要勇做以国家民族振兴为己任的战略知识分子,摒弃做不负责任的"批判性公民"和"公共知识分子"。一方面,要进一步强化政治责任和行动自觉,做中国特色社会主义的忠实捍卫者;另一方面,要积极协助党和政府搞好舆情引导,不断净化网络、论坛,努力促进社会和谐稳定。当前,新阶层人士云集的社会组织,要警惕少数境外非政府组织的渗透,自觉抵制境内外"民运分子""维权律师""异见人士"等开展破坏甚至颠覆活动。

其次,必须树立报国理想情怀。"得其大者可以兼其小",新阶层人士身处体制外,且大多是以一个个个体身份出现的,只有把人生的理想融入国家和民族的事业中才能最终成就一番事业。党的十九大擘画了两个一百年、分三步走建成社会主义现代化强国的宏伟蓝图。新阶层人士应切实担负起新时代赋予的新使命,以习近平新时代中国特色社会主义思想为指导,积极投身现代化经济体系构建,致力于转变发展方式、高质量发展;积极参与社会主义协商民主和法治中国建设,推进国家治理与社会治理;积极践行"两山"理论,促进"美丽中国"建设;积极促进监察体制改革,致力于构建亲清新型政商关系,在爱国敬业、诚信守法、创业创新、回报社会中谱写人生事业的华彩篇章。例如,普华资本董事长曹国熊认为,新的社会阶层除了个人践行社会主义核心价值观外,更应该带动所在行业践行。作为杭州市新的社会阶层人士中新媒体出资人代表,曹国熊表示虽然资本的天性是逐利,但投资

---

① 习近平. 中国梦归根到底是人民的梦——在第十二届全国人民代表大会第一次会议闭幕会上的讲话[N].人民日报,2013-03-18(1).

的目的不是为了小团体之利,应是为了多方共赢之利,创造、增加社会财富,为国家的富强、文明做贡献。他说:"对于没有正确的价值取向、没有积极向上的正能量的团队,有再高的收益我们也不会投,这也是我们这个行业践行社会主义核心价值观的方式之一。"①在杭州市网络作家协会主席夏烈看来:"要把践行社会主义核心价值观作为新的社会阶层人士的行为自觉。"②大连组建社会组织人士"同心·滨城智库"建言献策专家团,围绕大连振兴发展、加快"两先区"建设、助力"十三五"、自贸实验区建设等主题,举办7期建言献策沙龙,形成70余篇理论成果。武汉市以金融证券领域管理人员为骨干,成立"金融证券专委会",组织开展"凝心聚力十三五"建言献策活动,为全市金融业发展献计出力。浙江文创集团、杭州文创园、梦想小镇,通过组建导师团、创建创作和孵化基地等实施"筑梦计划",帮助他们职业发展;通过开展创业培训、金融服务等,支持他们创新创业。浙江省各地网联会积极收集网络人士的意见建议,为党委政府决策提供参考,其中在开展推进杭州国际城市化建设的调研课题中,有些意见建议还直接转化为服务保障G20峰会的具体措施。杭州市新的阶层人士在倡议书中最引人注目的就是:"以富强、民主、文明、和谐为价值目标,积极投身杭州改革创新发展。"

再次,必须积极履行社会责任。责任意识能唤醒价值自觉,新阶层人士践行社会主义核心价值观,最根本的落脚点就是要履行好社会责任。杭州枢纽型社会组织"公羊会",是全国新的社会阶层人士统战工作实践创新重点项目。公羊会成立于2003年,成员有5000名,80%为新阶层人士。③创会人何军是海外人士,他颇有感慨地说,过去从海外回来往往比开什么车,现在往往比对社会的贡献。听完党的十九大报告后,积极承担社会责任的信念更坚定了。"我们要珍惜大时代给予我们的信任和期待,发挥榜样作用。我们不能总想着要得到和索取什么,更多的时候我们要想能为这个社会带来什么,为这个社会的进步和发展能奉献什么。"能够为社会添砖加瓦,是我们的愿景和使命。在何军看来,公益和帮扶本身就是一个充满社会担当和家国情怀的终身事业。"公羊会"所要做的事,就是作为政府的补充力量去

① 杭州新的社会阶层人士倡议:践行社会主义核心价值观[EB/OL].(2017-08-11)[2020-5-25].http://www.chinanews.com/gn/2017-08-11/8302796.shtml.

② 杭州新的社会阶层人士倡议:践行社会主义核心价值观[EB/OL].(2017-08-11)[2020-5-25].http://www.chinanews.com/gn/2017-08-11/8302796.shtml.

③ 【十九大报告中的我】"公羊会"创始人何军:珍惜大时代给予的信任和期望 发挥榜样作用[EB/OL].(2017-11-17)[2017-12-17].http://ori.hangzhou.com.cn/ornews/content/2017-11/17/content_6717958.htm.

践行的公益项目。何军说，今后将精心打造好"公羊会"这个示范型、枢纽型、平台化的社会组织平台，让更多社会组织融入进来，更好开展社会服务。同时，通过公益让更多外国人了解中国，传递更多中国好声音，讲述更多中国好故事。另外，像上海的"海燕博客""白领驿家"等，针对企业白领开展培训、服务、公益、兴趣、联谊等活动，吸引数万人参加，在社会上产生了较大影响。湖北律师联谊会、会计师联谊会分别开展了涉法服务老区行、捐资助学公益行等活动，"律师服务团"成员曹亦农主动参与恩施州依法解决涉法涉诉信访积案100余件。重庆1名网络作家带领140多名协会会员深入区县，聚焦火热的经济社会实践，开展文艺创作和宣传。

复次，必须发挥建言献策的优势。新阶层人士文化程度高、视野开阔、思维敏捷又较多接触和了解基层社会，因此往往有着较强的政治诉求和建言献策的能力水平。杭州市对中介组织和社会组织从业人员，重点抓好律师、会计师、税务师等群体工作，坚持以扩大有序政治参与为导向，安排代表人士参加市委民主协商会、情况通报会等高层政治协商。目前全市有103名律师担任各级人大代表、政协委员。与此同时，要加快完善"代表委员网上工作站"，要求担任人大代表、政协委员的成员网上实名开通"网上工作室"，向全体网民征求议案提案的意见建议。浙江省台州市椒江区政协委员制，由统战部和政协党组沟通协作，安排新阶层人士与担任人大代表或政协委员的非公有制经济结对，实现参政议政和建言献策的优势互补、强强联合。

最后，必须立足岗位建功。岗位建功是履行社会责任的基础，而且岗位建功本身就是履行社会责任、践行核心价值。新阶层人士也实现岗位建功，必须激发企业家精神，充分迸发创业创新的活力。中共中央、国务院前不久颁布的《关于营造企业家健康成长环境弘扬优秀企业家精神更好发挥企业家作用的意见》将新时代企业家精神概括为：爱国敬业、遵纪守法、艰苦奋斗；创新发展、专注品质、追求卓越；履行责任、敢于担当、服务社会。以无党派人士、浙江省新阶层人士联谊会副会长、浙江一墨律师事务所主任章碧珍为例，她是"80后"的新阶层人士，2006年硕士毕业下海创业，凭着聪明才智和开拓精神逐渐在知识产权、传媒、房产等领域，建立了专业口碑。事业的成功也为章碧珍履行社会责任、践行核心价值观夯实了基础。章碧珍年纪轻轻，已经是5个孩子的"妈妈"——是无私孤儿。她的律师事务所专门开通了一条免费法律咨询热线，每年都有上万个电话打来咨询法律知识。她还组建了"杭州市法律志愿服务队"，为请不起律师的贫困人群提供免费法律援助。

她兼任杭州市法律志愿者服务队队长、杭州市律师协会未成年人保护工作委员会副主任、西湖区"六五"普法代言人。曾荣获"中国红十字会志愿者之星""浙江省首届十大杰出平安志愿者"等一系列称号。但正如她所说："付出不是为了荣誉，而是因为热爱，因为责任。"

三、对新阶层人士践行价值观、履行责任的引领与服务

党的十九大报告把社会主义核心价值观的培育和践行，提升到了实现"两个一百年"奋斗目标和中华民族伟大复兴的高度，强调中国梦的一个重要内容是"中国人民和中华民族的价值体认和价值追求"。当前新的社会阶层人士正处于快速成长但尚未定型的关键可塑期，正处于加强对他们团结引导的重要窗口期。在新的社会阶层人士中深入开展践行社会主义核心价值观主题活动，是提升新的社会阶层人士思想认识水平、不断巩固共同思想政治基础的必然要求，是引导新的社会阶层人士积极发挥作用、为党和国家事业发展凝聚广泛力量支持的必然要求，也是促进新的社会阶层代表人士健康成长、不断提高能力素质的必然要求。但是，核心价值观既靠引领更靠培育。正如习近平总书记指出的，要切实把社会主义核心价值观贯穿于社会生活方方面面，通过教育引导、舆论宣传、文化熏陶、实践养成、制度保障等，使社会主义核心价值观内化为人们的精神追求，外化为人们的自觉行动。①因此，我们必须不断创新平台、载体、抓手、机制和方式方法，切实加强和改进对新阶层人士践行价值观和担当责任的引领和服务，切实把人员组织起来、平台搭建起来、活动开展起来、作用发挥出来。

1. 教育引领嵌入式。以十九大精神为指引，在新的社会阶层人士中开展新时代中国特色社会主义主题教育。要切实加强对新的社会阶层各群体的代表人士，重点是加强对职业经理人、律师及其专业人士、社会组织负责人、自由职业作家及艺术家、新媒体企业出资人、网络意见人士等群体的代表人士的理论培训和实践锻炼，促进他们对自身身份、地位、责任的认同和对核心价值的体认，全面提高五种能力。要加强与新的社会阶层人士统战工作联席会议成员单位合作，共同组织培训，有针对地分层、分众开展培训。在培训中掌握新的社会阶层代表人士思想状况和

---

① 习近平在中共中央政治局第十三次集体学习时强调，把培育和弘扬社会主义核心价值观作为凝魂聚气强基固本的基础工程[N].人民日报，2014-02-26(1).

动态,听取他们的意见和建议;在培训中增进了解、拉近感情,帮助协调解决困难和问题;在培训中注重发现和培养骨干力量,分级分类建立新的社会阶层代表人士重点人物库、骨干库和后备人才库。内化于心,外化形、固化于制。要大力宣传新阶层人士中先进代表,以新阶层引领新阶层主动承担社会责任,自觉做践行社会主义核心价值观的模范。特别要倡导自我教育,由新阶层人士自己提出责任担当的内涵和价值追求的目标。如:2017年6月13日,"践行社会主义核心价值观主题研讨会"在北京举办,百名新阶层人士联合发出倡议,要自觉做践行社会主义核心价值观的模范——积极投身改革创新实践,助力国家繁荣发展;要自觉承担历史使命责任,促进社会和谐进步;要主动学习先进典型,提升个人能力素质。倡议内容包括:爱国情怀:以富强民主、文明、和谐为价值目标,积极投向国家改革创新发展;精英担当:以自由、平等、公正、法治为价值取向,自觉致力于社会进步、和谐稳定;个人追求:以爱国、敬业、诚信、友善为价值准则,努力提升个人修养、素质、能力。[①]

2. 分类推动点灌式。新的社会阶层"四类人群"特点不尽相同,内部构成复杂,必须从抓重点人群入手,坚持精准化的工作理念,分明确工作导向,分类施策、对症下药,从"模糊统战"转向"精准统战"。一是对民营企业和外资企业管理技术人员,重点抓好职业经理人群体工作。以促进职业发展为导向,开展高层次论坛和沙龙活动,进行国学文化的系列培训学习,提升企业文化的新站位。二是对中介组织和社会组织从业人员,重点抓好律师、会计师、税务师等群体工作。坚持以扩大有序政治参与为导向,安排代表人士参加市委民主协商会、情况通报会等高层政治协商。三是对新媒体从业人员,重点抓好新媒体企业出资人、经营管理人员群体工作。如杭州市在新媒体领军企业——今日头条浙江分公司建立"新的社会阶层人士宣传交流基地",坚持以发挥舆论正面影响为导向。四是对自由职业人员,重点抓好网络作家群体工作。坚持以增进政治认同、扩大社会影响为导向,发挥重点人群典型引领作用。

3. 培育服务项目式。内化思想是坚定信念的根本,"他要做"永远比"要他做"重要。从本质上说,核心价值观的引领归根结底靠培育,而不是教育和传播。八零后著名网络作家阿菩深有感慨地说:爱国是写出来的。他指出:当红网络作家的一

---

① 百名新的社会阶层人士代表联合倡议:自觉践行社会主义核心价值观![EB/OL].(2017-06-14)[2017-12-16]. http://www.zytzb.gov.cn/tzb2010/tzyw/201706/e8840d44801641d6bc1353cdf9eb7781.shtml.

个特质,就是对中华传统文化有强烈的认同。网络作家三阶段:一是实现商业价值——把故事写好,友善与不友善并存;二是实现社会价值——摒弃价值观扭曲,博眼球、短期刺激;三是实现自我价值,让自己的作品能够成为中华民族传统文化的一部分。①我们要以为类新阶层人士喜闻乐见的形式,提供周到细致的服务,当好"保姆"和"店小二"。目前,浙江省先后有公羊会等4个项目入选全国实践创新基地重点项目,推动建立了13个省级、32个市级、143个县级实践创新基地。浙江省拟建创新基地包括:杭州未来科技城、宁波江北"5号空间"、温州鹿城E咖、湖州德清地信梦工场、嘉兴平湖国际进口商品城、绍兴上虞E游小镇、金华金东"同心创客"基地、舟山海洋科学城、台州仙居社会组织服务中心、丽水莲都古堰画乡。要通过构建和创新平台化的工作载体,多种形式搞好协调、组织和服务,同时寓引领于服务之中。如:"同心荟"是杭州市坚持"社会化、平台化、资源化、项目化、网络化"工作理念,着力打造的具有聚才引才、联谊交友、创业服务、教育培训、议政建言、实践锻炼、社会服务七大功能的"新阶层人士之家"(如图3-1所示)。目前杭州市已分别在特色小镇、科技城、创业园区、街道、行业协会、律师事务所、新媒体领军企业等新阶层人士比较集中之地建立25个"同心荟"示范点。特别是利用"互联网+"平台和网络信息技术,构建了新的社会阶层人士人才网、信息网、资源网和合作共享平台,建立了新联会、行业协会等主题QQ群、微信群等10多个"网上家园",将代表人士在网上组织起来。通过平台化的组织方式,新的社会阶层人士有了政治参与的主渠道,增强了组织归属感、政治参与感以及身份认同感。下一步,要对已有基地进行全面评估,对各个基地的特色、品牌、机制、问题进行系统总结、全面评估。要集中打造一批创新实践基地,做到有组织、有制度、有载体、有品牌。要不断提升基地的功能,在联谊沟通的基础上,强化基地的教育培训、联谊交友、建言献策、公益服务、创业帮扶、实践锻炼等六大功能,把基地的社会性、公益性、影响力带起来。总之,在开展活动过程中,定位不能偏,形散神不能散,不能光顾热闹而忘了初心——引导他们发挥作用,做合格的新时代中国特色社会主义建设者。

---

① 新文艺群体成岭南"文艺生力军"[N].南方日报,2016-12-03(A02).

图3-1　杭州新阶层人士"同心荟"的主要功能

4. 队伍建设长效式。与其他领域党外代表人士队伍建设一样,新阶层代表人士队伍建设的目标是要造就一支政治坚定、素质优良、数量充足、结构合理的新的社会阶层代表人士队伍。但由于新阶层人士的各种特殊性(如体制外、新纳入、大多在基层等),使得这项工作难度相对较大,特别是难以按照"列名制度"的要求提出高层次代表人士名单。对此必须从长计议、及早培育、落地落小。在这方面,可以针对新阶层多样性、复杂性、特殊性,采取分类分层、突破一点、带动一片的办法。如:杭州市依托"同心荟"平台,推出分类实施的"三项计划":"鸿雁计划"——3年内全市培养新的社会阶层代表人士150名,建立起新的社会阶层代表人士库;"百灵计划"——3年内重点培养100名党外网络代表人士,组建一支有较强影响力的党外网络评论员队伍;"雏鹰计划"——市及区、县(市)3年内要联系培养300名青年后备骨干人才,建立青年后备骨干人才信息库。温州市提出的建圈层,即核心层100名—紧密层200名—外围层500名—影响层1000名—潜在层3000名,符合统一战线同心圈法则即把圆心固守住,对外层进行联系、辐射、影响,最大限度地团结新阶层人士。温州鹿城区网联会就由著名网络论坛"柒零叁"负责人担任会长,许多"网络名人"也主动要求入会。浙江全省实施网络界代表人士培育"十百千工程"目前也已取得阶段性成果。为增强新的社会阶层代表人士发现、培养、使用、管理工作的规范性、预见性和针对性,提高新的社会阶层代表人士队伍建设的科学化水平,可以在新阶层人士工作中引入非公有制经济人士综合评价机制和方法。综合评价工作可以采取统分结合、边试边行的办法,分别对四类人员中的代表人士的政治思想素质、参政议政能力、社会贡献度、社会影响力进行采集和评价,作为政治安排、实职安排、社会安排和评优表彰的依据。要建立统战部领导联系机制、所在乡镇街道和园区主要领导的对口联系机制、管理运行工作机制、考核机制、联席会议协调机制,纳入考核内容,并进行评估排序、动态调整。

鉴于新阶层人士的特殊性,要特别注意构建社会化工作格局,增强领导力,破解统筹难;打造平台化工作载体,增强凝聚力,破解组织难;放大资源化集聚效应,增强活动力,破解引领难;实施项目化工作举措,增强作用力,破解推进难,从而为新阶层人士的引领服务工作的开展提供长效有力的组织保障。

第三节　新的社会阶层人士分众统战与分类施策

“分众”与“大众”相对,最早是营销术语,后在传播学中广为应用,意指针对差异较大的不同受众群体而量体定做差别化的传播内容和方式,以提高传播实效,降低传播成本。在新的社会阶层人士统战工作中引进这一概念,指的是关注新的社会阶层不同群体的多样性、层次性和差异性,对差异较大的不同群体采取不同的统战原则、内容、方法和载体,有针对性地开展工作,提高工作实效,达到统一战线的共同目标。对新的社会阶层人士进行分众统战是必要的,也是可行的,并且将会成为必然趋势。

2006年,第20次全国统战工作会议和会后颁发的《中共中央关于巩固和壮大新世纪新阶段统一战线的意见》,明确指出“新的社会阶层人士是统一战线工作新的着力点”,并要求“要最大限度地把他们团结在党的周围,充分发挥他们的作用,不断为实现中华民族的伟大复兴凝聚新力量。要坚持充分尊重、广泛联系、加强团结、热情帮助、积极引导的方针,以社团为纽带,以社区为依托,以网络为媒介,以活动为抓手,探索做好新的社会阶层人士统战工作的机制和方法”。当前,“四个全面”治国理政的全新布局也赋予新的社会阶层统战工作更高的重要性和紧迫性:全面建成小康社会,要求新的社会阶层更加广泛凝心聚力、协调关系、化解矛盾、做出贡献;全面改革开放,要求新的社会阶层进一步发扬首创精神,激发创业创新的活力,充分发挥自身智力优势、资金优势和专业优势,理解改革、支持改革、参与改革,同时为推进国家治理体系和治理能力的现代化做出贡献;全面依法治国,要求新的社会阶层以法治精神和人才优势服务法治国家建设,做法治的忠实崇尚者、自觉遵守者和坚定捍卫者;全面加强党的建设,要求新的社会阶层发挥民主监督作用,促进党的群众路线教育和防腐拒变能力建设。因此,新的社会阶层统战工作处在一个新的起点。

以浙江为例,浙江省非公经济发达,党外知识分子人数众多(高达380万人),自由择业知识分子人数也越来越多(达到260万人),新的社会阶层人士人数可观;同时,两新组织大量涌现,各类新的群体日趋增长,遍布各个领域,各种人才齐备,并越来越往基层集聚。因此,浙江为新的社会阶层分众统战研究提供了肥沃土壤。多年来,浙江省新的阶层统战工作蓬勃发展、硕果累累,一直走在全国前列,在非公经济人士、知联会、综合评价体系、新生代企业家联谊会、网络界人士联谊会、新居民统战工作等方面都有很多创新性实践,不少成果受到中央统战部的表扬,也受到省委的肯定。虽然我们没有专门强调"新的社会阶层分众统战"这一概念,但实际上全省各级统战部门在新的社会阶层各个主要领域都有一系列自觉或不自觉的分众试验,并且取得了一些成效和经验。因此,以浙江省统战工作为例提出和探讨分众统战这一概念,有着比较扎实的实践基础。

一、新的社会阶层人士各群体之间的差异与分众统战的必要性分析

当前,新的社会阶层人士队伍不断发展壮大,社会影响、政治诉求、独立意识不断增强;与此同时,新的社会阶层人士群体不断分化,阶层内部各成员之间的差异越来越大。第20次全国统战工作会议将新的社会阶层分为六类(民营科技企业的创业人员和技术人员、受聘于外资企业的管理技术人员、个体户、私营企业主、中介组织的从业人员、自由职业人员),但每一大类又可分为若干小类,如:中介组织包括行业性中介组织,如行业协会、学会、商会、研究会;公证性中介组织包括律师、会计、资产评估等专业事务所,以及证券、仲裁等中介组织;服务性中介组织包括提供就业、广告、公关、房地产等服务的组织。自由职业人员种类更加繁复。多元化、分众化、差异化将是新的社会阶层的长期趋势。

新的社会阶层人士各群体之间的差异主要有以下几个方面。

(一)社会层次差异

在教育、职业与收入等方面,新的社会阶层各群体之间差异巨大,他们之中既有未受过正规教育的普通劳动者,也有下岗工人或外地务工人员,还有受过高等教育或"海归"的"白领"。私营企业主、管理人员、创业人员、律师、会计师等群体受教

育水平、收入均较高，处于社会阶层的中上层；但新居民阶层职业以第二产业为主，职业呈多样化，以一线操作岗位和服务岗位为主，总体来看，该阶层处于社会的中下层。以教育为例，不同群体受教育情况差别明显。而从收入来看，统计表明，新居民、民营科技企业中的管理技术人员、网络从业人员和意见人士等群体年收入在10万元以下的分别占96.2%、17.0%和64.8%，而其他群体的收入几乎都在10万元以上。这些差别造就了各个群体不同的社会地位，进而影响了他们的价值观和参政议政倾向。

(二)社会角色与自我定位差异

以三个群体为例来讨论。

首先是新生代企业家。新生代企业家起点高、理想远大，在传承中坚守和发展。当被问及"在企业遇到困难时，仍努力工作的三项主要理由"时，排名前三的选项分别是：在困难中磨炼提高自我、实现自我价值、为员工利益。调查表明，新生代企业家的思想观念正在从父辈们创业时的解决温饱、发家致富向实现人生价值、承担社会责任转变，他们理念新、专业精，在实践中创新、转型。新生代企业家处于一个文化交融的新时期，与外界有着广泛的接触，关注国际市场变化，具有开放精神和创新理念，善于学习和借鉴国内外先进的经营管理方法，属于知识型创业者。

其次是海外留学归国创业人员。尽管海创人员自身具备良好的专业素质和创新意识，但是，他们回国创业普遍存在一个较艰难的对国内文化认同的再适应过程，而这个过程往往成为直接影响海创人员的创业热情甚至成为创业成败的主因。海外留学人员的文化理念、思维模式、行为方式已经在不知不觉中有了很大改变，一旦回到国内，西方普遍遵守的文化认同(高个人主义)与海创人员归国后接触的中国文化(低个人主义)就发生了较大冲突，需要有个再适应过程。这种改变体现在对政治、经济、文化、价值观等各个方面的认知上。

最后是民营企业管理技术人员。民营企业管理技术人员相对于其他阶层具有一定的弱势，他们就职于民营企业，吃人俸禄、替人干活，听从企业主的安排，有序政治参与程度取决于企业主的支持程度。他们对自身社会地位的认知不准确，普遍认为自己是体制外的个体，是属于"社会人""边缘人"。

(三)政治追求与参政议政意向差异

新的社会阶层涵盖面广，不同群体之间思想倾向一般有所差别。由于以上各方面的不同，新的社会阶层各个群体在政治诉求和参政议政意向方面有明显差异。

统计表明,各个群体对政治的关注程度区别明显。总体上看,非公经济人士、中介组织从业人员参政议政意愿更为强烈,其他群体参政议政意愿较低。以新生代企业家和民营企业中的管理技术人员为例:新生代企业家群体参政议政的积极性较高,他们关注政治生活,对中共中央新一届领导人的信任度很高(占73.7%),在对我国经济建设取得成就进行归因时,选择"中国共产党的领导"的比例最高(占54.6%),同时有50%以上的新生代企业家选择比较或非常支持"在私营企业建立党组织"。这反映了大部分新生代企业家在认知中将"党的领导"与"经济发展"紧密联系在一起。但民营企业中的管理技术人员情况有所不同,由于思想政治工作基础薄弱,其中的管理技术人员政治追求和参政议政意识都很淡薄。民营企业的营利性决定了其把利润放在首位,而往往忽略企业员工的思想政治工作,员工组织关系挂靠在人才市场,没有组织生活,更无所谓党员的学习教育和政治引导。调查数据显示,受访者中,中共党员占37%,民主党派成员占6%,共青团员占13.9%,未加入任何党派的占43.1%。

(四)政治参与渠道和难度差异

对各个群体来说,参政议政的渠道有宽窄区别;对统战部门来说,与各个群体联络和开展工作的难度不一。一是从隶属关系上看,律师、会计师、评估师等群体仍部分属于"单位人",但自由撰稿人、经纪人、意见领袖、独立演员等群体则更加远离"单位",实践表明,与这些人的联络难度较大,开展工作相对困难。二是从受关注的程度来看,非公经济人士、党外知识分子等群体的统战工作较为成熟,政治参与相对容易;在浙江省,新生代企业家、律师、"海归",以及某些地区的新居民等群体因为已经初步建立联谊会等平台,政治参与也逐渐走上正轨;但还有一些群体在当前的统战框架内没有得到足够重视,如更多的新居民和民营企业中的管理技术人员。调查显示,新的社会阶层人士中,政协委员、青联委员、工商联常委、执委等的安排有一定的数量,但是党政部门安排的时候都是基于整个新的社会阶层人士整体来考虑,在安排中基本上首先考虑安排给民营企业出资人,这方面在小型企业中表现得更加明显。新的社会阶层人士中人大代表所占比例也较低,宁波市的统计样本中,在新的社会阶层人士里仅有5%的人(其中多数也是企业出资人)被选为人大代表。

二、浙江省新的社会阶层分众统战的实践与成效分析

新的社会阶层"分众统战"虽然是一个全新的概念,但在实践中早已存在,除了非公经济人士和党外知识分子一直被视为两个不同领域之外,特别是这几年,浙江省在多个方面做了成功的探索。

择要举例如下:

新生代企业家联谊会。针对家族企业众多且传承交接难的问题,浙江省慈溪市于2011年6月成立了全国第一个"创二代"联谊会。在慈溪试点的基础上,2013年1月,浙江省新生代企业家联谊会成立,这是由浙江省非公有制企业第二代接班人、新创业非公有制经济人士,以及大学生创业者、留学归国创业者中的优秀分子志愿组成的非营利性社会团体。联谊会的目标是:致力于服务党委、政府的中心工作,搭建一个服务企业健康发展和促进新一代企业家成长成才、增强创业创新意识与能力的平台,培养造就一批弘扬浙商精神、传承发展企业、履行社会责任、充满竞争活力的新一代非公有制经济代表人士队伍,为建设现代化浙江贡献力量。这在非公经济人士统战工作之外,又开辟了一个新的类别、新的领域。

网络界人士联谊会。在网络界人士统战工作方面,立足浙江是互联网大省的现实,为适应互联网时代统战工作的新形势、新任务,浙江省把新媒体从业人员和网络意见人士统称为网络界人士,以组建网络界人士联谊会为载体,加强对网络界人士的政治引导,最大限度地把网络界人士团结在党的周围,探索统一战线服务意识形态工作的新途径。2013年6月成立的龙湾区网络界人士联谊会,也是全省首家网联会组织;其后又相继成立了温州市龙湾区、鹿城区、乐清市,宁波市鄞州区、余姚市等网联会;下一步这项工作还要继续铺开。

党外知识分子联谊会之下的新的社会阶层联谊会、海外留学回国创业人员联谊会。2004年浙江省党外知识分子联谊会成立之后,2010年,在党外知识分子联谊会之下,成立了新的社会阶层联谊会,2011年,又成立了海外留学回国创业人员联谊会,二者皆作为知联会的分会。省新联会和海创会汇聚了新阶层人士中高层次的优秀人才,他们都在各自专业领域有较高造诣,是法律、金融、税务、评估、媒体等领域的资深和权威人士。省海创会成员中硕士及硕士以上学历的达89.6%,成员企业大部分属于电子信息、医药卫生、信息安全、新能源技术等新兴行业。得益于其较高的层次,新联会、海创会发挥智力密集、联系广泛的优势,积极牵线搭桥、

引智引才,为党外知识分子提供了更为广阔的舞台。

律师行业统战工作。中央统战部、司法部联合下发《关于加强律师行业统战工作的意见》之后,浙江省一直高度重视律师行业统战工作,把新联会的触角向律师行业延伸,吸纳律师进入知联会,对其开展教育引导,收效明显。

外来商人群体。义乌市开展了这方面的探索,把外来商人群体定义为户籍不在本地,以自身社会有形资源或无形资源为工具获取利润并承担一定社会责任的人,或者是指以自己名义实施商业行为并以此为常业的人,通常指外来个体工商户、私营企业主、企业家等群体。该市在改善投资环境、生活环境、教育环境、文化环境,促进外来商人融入本地商业氛围方面做了有效工作。

其他各类新的社会组织统战工作。据不完全统计,目前浙江省共有各类统战性社会组织7000多家,其中各类商会、党外知识分子联谊会、新的社会阶层人士联谊会、海外留学归国创业人员联谊会、网络界人士联谊会、新居民联谊会等共有1000多家,香港浙江人士同乡会、台商协会、浙籍侨团等组织共有700多家。经过30多年的发展,统战性社会组织在凝聚社会共识、提供公共服务、扩大对外交往、促进社会和谐以及激发社会活力等方面取得了突出的成绩。同时,统战性社会组织处于创新社会治理的前沿阵地,成为出思路、出办法、出经验的重要领域。

综合浙江省各种新的社会阶层分众统战实践,可以得出以下体会。

(一)分众统战势在必行

新的社会阶层是庞大而复杂的群体,历来是统战工作最具创新性、最具活力的领域,是统一战线新群体、新组织、新对象、新代表、新理念、新方法、新载体的主要发源地。统一战线的发展壮大和统战工作的不断创新必将以此为主要阵地。虽然从表面上看,这个群体中的很多人似乎没有发挥影响力、号召力的足够的平台和阵地,但实际上他们是游戏规则的制定者和规则执行过程的评判者,经常会在重大事件的风口浪尖发出自己的声音,而且随着社会结构的深入变化,他们在社会治理中的影响必然越来越大。新的社会阶层分众统战,无论是从理论还是从实践的角度,已经到了必须认真对待、深入思考和大胆探索的阶段。对分众统战的主动,将有利于我们在今后的大量工作中避免被动。可以预见,将来新的统战人士大多会产生于中产阶层、新的职业中。

(二)分众统战有利于做好思想政治工作

共产党人对党外人士的统战工作从来不是一把尺子量到底。民主党派人士、宗教人士、港澳台海外同胞、非公经济人士各个方面的思想差别较大,对他们的思想引导历来是分门别类进行的。同样,新的社会阶层各个群体之间也有很大差异,某些群体之间的差异甚至大于更高层次分类的差异,为此,思想政治工作必须分众进行。事实表明,用分众思想做统战工作事半功倍。比如,近年来,浙江省各级统战部门非常重视培养新生力量,积极建立各类汇集统一战线新生代优秀人才的社会组织,打造推动新生代健康成长的实践基地。比如,成立于2007年的浙江省侨联青年总会,成立于2009年的浙江省海联会青年委员会,成立于2011年的浙江省海创会,成立于2013年的浙江省新生代企业家联谊会,等等,汇聚了一批充满创新激情和活力、具有强烈社会责任感和使命感的优秀人才,且理事平均年龄只有30多岁。在工作中,针对年轻人思想活跃、精力充沛但经验不足、对政治认识不透的特点,注重通过理想信念教育实践活动、举办"浙江省新生代企业家联谊会会员培训班"等教育活动、赴革命老区接受"红色"教育、举办联谊论坛讲座等方式,引导新生代企业家坚定理想信念,争做优秀社会主义建设者,这在不知不觉中强化了教育,提升了政治素养。

(三)分众统战有利于做好代表人士的培养选拔工作

对统战工作来说,培养选拔党外代表人士既是目标,也是手段。新的社会阶层人士千差万别,不能用同一标准来对他们进行衡量、培养、选拔和安排,必须分类进行。如律师队伍中党外人士可以被遴选进入法官、检察官等政府公务员队伍,非公经济人士可以参评"社会主义优秀建设者",但这一标准对其他新的社会阶层人士无法适用。浙江省新的社会阶层人士统战工作实践表明,分众统战对各个群体的党外代表人士队伍建设非常有利。比如,浙江省新生代企业家联谊会成立后,积极培养和引导优秀的新生代企业家加入中共或民主党派,将他们列入非公有制经济代表人士的后备队伍,为他们提供更多参政议政的机会,在各级党代表、人大代表、政协委员、工商联等政治安排中予以优先考虑、重点推荐,更加注重长远规划、提前布局、长期培养、发挥作用。

(四)分众统战有利于更好地发挥各个群体代表人士的作用

以浙江省知联会为例,2013年,在建言献策方面,召开各类座谈会、研讨会89场次。全会理事向省、市、县(市、区)人大、政协提交议案提案487件,向省委专题报送重点建议1件,共有32名理事获省、市、县(市、区)政协优秀提案奖;在引才聚智助推发展方面,想方设法引进海外高层次人才,积极参与省委统战部主导的下沙未来科技城——浙江省海外留学人员创业园建设,成功引进了18名博士,11个项目;在服务社会方面,继续开展习近平同志高度重视的"助推嘉善县域科学发展观示范点建设",并开展"感恩'三老'、慰问'两户'"、扶贫等一系列活动。此外,众多代表人士立足本职工作取得了优秀成绩,如理事杨华勇荣获2012年度国家科技进步一等奖并当选中国工程院院士。

以海外留学回国创业人员联谊会为例,自成立以来,留学人员创办的企业数量快速增长,年均增长率在23.95%以上。2009年,全省共有留学人员企业860家;2010年,发展到920家;2011年,首次突破千家大关,达到1018家;2012年,增至1372家;2013年,壮大到2030家。

再以新生代企业家为例,杭州市新生代企业家联谊会成立以来,积极引导新生代企业家弘扬传统美德,参与公益事业,履行社会责任,促进社会和谐。向全市民营企业发出积极参与"五水共治"(治污水、排涝水、防洪水、保饮水、抓节水)的倡议,并组织会员走进乡村,捐资50万元为桐庐县莪山畲族乡集镇污水处理厂建设配套污水管网工程;新生代网络界企业家联合发出"自媒体时代自觉履行社会责任倡议书",号召全市新生代网络界人士发挥在网络虚拟空间的影响力、感召力,在网络舆论场中传播正能量。引导新生代企业家主动与市妇联签订"美丽基金"协议,捐资助学;发动新生代企业家为失业妇女、女大学生提供就业和见习岗位;带领新生代企业家走进建德航头镇东村村、下涯镇大洲村等边远山村,开展村企对接、扶贫帮困等活动。

(五)分众统战有利于更好地实现大团结、大联合

统一战线的主题是大团结、大联合,基本任务是团结一切可以团结的力量,实现党在各个时期制定的战略目标和任务。分众化的理念和统战工作的历史与实践是相契合的。在不同的历史时期,统一战线工作对象的范围有所变化,但是统战工作的任务实质是一样的,都是要团结引导不同阶层、不同民族、不同信仰、不同党派、不同团体的各界人士,树立共同的理想信念,为经济社会发展做出贡献。为了实现统战工作目标,针对不同的统战成员,统一战线提出了不同的工作方针。党与各民主党派之间坚持"长期共存、互相监督、肝胆相照、荣辱与共"的基本方针。在民族工作方面,实行民族区域自治制度。在宗教工作方面,坚持"全面贯彻党的宗教信仰自由政策,依法管理宗教事务,坚持独立自主自办的原则,积极引导宗教与社会主义社会相适应"。对非公有制经济人士,坚持"团结、帮助、引导、教育"的方

针,引导他们爱国、敬业、创新、守法、诚信、贡献。在新的社会阶层人士统战工作方面,强调坚持"充分尊重、广泛联系、加强团结、热情帮助、积极引导"的方针。统一战线的工作实践,对增强对"分众化"理念的理解,推动分众统战工作的开展,具有现实的积极意义。面对分化的新的社会阶层,应根据各个群体的不同特点,采取不同的工作方法,设计各具特色的工作载体和平台,有针对性地开展工作,加强与各群体的联系,推动新的社会阶层人士统战工作的全面开展。

三、推动新的社会阶层分众统战工作的设想与建议

尽管分众统战势在必行且在实践中已经存在,但毋庸置疑,这项工作处于自发、被动的初始阶段,分众统战的理论、平台、载体、机制都未形成,对新的社会阶层的分类仍然粗略,对部分群体的工作仍然比较单薄,对部分新的群体仍然关注不够,对部分群体的工作仍然未形成合力。为此,必须加强以下几个方面的建设。

(一)厘清概念和范畴

当前,无党派人士、党外知识分子、私营企业和外资企业的管理技术人员、中介组织从业人员、自由职业人员、归国留学人员等六个群体归口党外知识分子工作。我们感到这六类对象,人员交叉、概念模糊、身份界定不清。实际上新的社会阶层各个群体本身对这个概念的接受也是模糊不清的。对杭州市的调研表明,约63%的调查对象不清楚新的社会阶层的概念和提法,也不知道自己是否属于新的社会阶层。主要问题是没有统一的分类标准。如:无党派人士与党外知识分子,大部分重叠。我们建议,将党外知识分子工作对象界定为"一内两外",即:一是体制内的无党派知识分子,二是体制外的自由择业知识分子,三是海外归国留学人员。其中第二类——体制外的自由择业知识分子范围最广、种类最多,从我省看目前主要包括新经济组织创业和从业人员,新社会组织创业和从业人员,外资企业中的管理技术人员,新居民、农村社会组织中的领军人物,新媒体从业人员,网络意见人士,等等。但这是一个动态发展、不断扩展的范畴,随着经济社会的转型发展会不断冒出新的职业、新的群体来,这或许是这次《中国共产党统一战线工作条例(试行)》不再一一列举,而是用"新的社会阶层人士"这个概念一言以蔽之的原因之一。但是,概念上的概括,并不意味着其抹杀了各个群体的多样性和差异性,我们在开展工作时必须做到心中有人、有的放矢、分类施策。

（二）分门别类，构建有针对性的工作平台

组织是最好的平台。在建设组织方面，最大问题是组织虽多，但统战特色不够，各种社会组织对统战工作认知度普遍较低。因此，当前主要任务不是成立更多的组织，而是发挥各种已有组织的统战功能。为此，要从两个方面加强新的社会阶层的平台建设：一方面是加强建设已有的各种统战性组织。进一步建好工商联和基层商会、侨联和留联会、党外知识分子联谊会及新的社会阶层联谊会、海外留学回国创业人员联谊会、新生代企业家联谊会、网络界人士联谊会等各种组织，促进各种组织进一步制度化、规范化、程序化，提高组织活力，发挥组织作用。以知联会为例，可根据需要组建若干个分会组织，向统战成员集聚的园区、开发区、特色功能区拓展，也可以通过建立专业人士分会、行业商会等形式，有针对性地吸引精英人士加入统战团体。以海外联谊会为例，可根据需要派生出其他机构，如杭州市以美国杭州同乡会为依托，于2014年8月在洛杉矶成立了美国杭州商会。另一方面是有选择地强化各种社会组织的统战功能。如前所述，当前社会组织数量庞大，但很多组织的统战功能不明显，尚待开发。以杭州市为例，近年来，全市区级民政部门都已组建了社会组织服务平台，从实际情况看，这些枢纽型社会组织都是有主管部门和党建工作平台的。统战部门要充分利用这些枢纽型组织体系的有利条件，与民政部门、组织部门及有关部门党组织建立协同机制，采取建立统战工作联席会议制度、建立统战工作联系点等多种形式，把党的统战工作主动"嫁接""粘连"上去。

（三）掌握特点，探索有针对性的工作方法

新的社会阶层千差万别，工作方法必须抓住群体特点，提高活动的针对性。

一要有针对性地开展活动。开展形式多样、内容充实、生动活泼、令人喜闻乐见的活动，更好地达到同新的社会阶层交朋友、谈心交心、沟通思想和感情的目的。邀请社会新阶层专业人士中的代表性人士参加由统战部门举办的有关座谈会、茶话会、联谊会等活动，不断增进了解和友谊。

二要有针对性地探索政治引导方法。首先是采取"低度引导"思路。对数量如此庞大的新的社会阶层人士群体，应侧重建立诉求疏通渠道，构建协商合作的问题解决机制，以引导他们正确看待社会问题。其次是采用统战交友工作方法。要时刻坚持"求同存异、体谅包容、和而不同"的理念，营造一个宽松稳定、团结和谐的良好氛围，做到聚人心、暖人心、安人心。最后是注重政治引导与自我教育相结合。除了正视"体制外"和"无组织"的特征，注重政治引导的抓手载体建设外，更应强调

对他们自我教育的引导,引导他们审视自我,自己分析问题,自己解决问题。

三要加强舆论宣传,引导新的社会阶层树立健康的价值理念和人生追求,更好地服务于社会、服务于人民。引导新阶层人士发挥自身知识密集、专业优势突出的优势,适应经济社会发展的新要求,为创新和加强社会管理贡献智慧、奉献力量。充分发挥网络新传媒形象、生动,简明、便捷和传播广、影响大的特点,有力地扩大统战工作的覆盖面,将统战工作延伸到虚拟社区,掌握工作的主动权,构筑统战工作新的制高点。在建立相关网站的基础上,可以开通微博,利用网络公共平台,宣传党的方针政策和统战工作,为新的社会阶层人士提供政策咨询服务,与他们零距离、零时差沟通交流、进行互动,实现聚集人气、加强联系的目的。

四要建立与各类社团组织联系交友的工作常态。在自由择业知识分子分布相对集中的团体、中介组织,探索成立参政议政的专门组织,对已经设立相关机构的社会组织,统战部门要及时介入,总结经验、予以推广,开通协商议事渠道;在条件允许的情况下,应积极推动建立自由择业知识分子相关人群的统战性社团,并依法鼓励支持设立以救灾、环保等社会公益事业和良序建设为主旨的非政府组织;要支持相关行业协会、专业团体提高组织化参与程度,提升政治影响力和公众认同度,同时帮助行业协会、专业团体建立健全内部管理制度,实现民主化管理。

(四)开阔视野,建设各具特色的代表人士队伍

加强党外代表人士队伍建设是新的社会阶层分众统战工作的基础工程。

一是要针对不同群体的职业特长和知识结构方面的特长培养选拔代表人士队伍。比如,民营企业管理技术人员思维敏捷、独立性强,但凝聚力不足,缺乏代表性人物,因此要以巨大的包容性,有重点、分主次、循序渐进地建设代表人士队伍。民营企业管理技术人员中处于中间地带的人士数量庞大,应善于延伸工作手臂,推进运用代表人士队伍对这个群体中间人士的影响,引导他们"爱国、敬业、创新、守法、诚信、贡献",做出色的中国特色社会主义事业的建设者,以合理的方式进行利益表达。再如,随着代表人士队伍普遍往年轻化趋势发展,应注重年轻代表人士队伍的建设。在载体平台设计、活动内容安排上,应顺应年轻一代的喜好,以年轻一代乐于接受的方式进行引导和教育。

二是要深入开展新的社会阶层代表人士综合评价工作,加强对新的社会阶层代表人士的培养。新的社会阶层是一个迅速成长壮大中的群体,人数众多,我们需要牢牢掌握工作的主动权,有计划、有系统地发掘一批政治觉悟高、专业造诣深、群

体代表性强、社会影响力大的代表人士,作为我们的重点工作对象。我们要明确培养标准,在建立新阶层人才库的基础上,开展新的社会阶层代表人士综合评价工作,由统战部牵头,人大、政协、科学技术、公安等相关单位和有关行业主管部门(协会)共同参与,通过"确定评价对象、采集评价对象信息、部门评价、综合评价"等程序,来考察和衡量新的社会阶层代表人士的政治素质、参政议政能力、社会贡献和社会影响。以评价结果作为对新的社会阶层代表人士政治安排、社会安排和评优表彰的重要依据,"凡进必评"。通过新的社会阶层代表人士综合评价工作进一步增强新的社会阶层代表人士的发现、培养、实用、管理工作的规范性、预见性和针对性,提高浙江省新的社会阶层代表人士队伍建设的科学化水平。

三是要做好新的社会阶层代表人士的政治安排和实职安排。对党外代表人士的安排使用既能培养、选拔代表人士,又能发挥代表人士的作用。认真做好新阶层代表人士的举荐、考察、选拔工作,有重点地加强同新的社会阶层代表人士的联系和沟通,有意识地增加一些政治素质好、专业造诣深、社会影响大的代表人士在各级人士代表、政协委员中的数量,让他们通过履行参政议政的职责,反映其所代表阶层的利益、愿望和要求。努力扩大新社会阶层人士的实职安排渠道,把确有专业才干而又符合任职条件的新的社会阶层代表人士,积极推荐到相关政府和司法部门任职。同时也要重视新阶层代表人士的社会性职务的推荐和安排,安排他们担任行政执法部门的"特约人员",社会团体的负责人等,充分发挥他们的管理等相关技能特长。

(五)着眼长远,形成有效的分众统战机制

在新的社会阶层人士统战工作实践中,面对不断分化的新的社会阶层,原来的一些统战工作机制与方法,既有一些需要坚持的优良传统,也有一些需要与时俱进进行完善、创新的机制。要从新的社会阶层的构成、现状、特点、需求、心理素质、成长轨迹和发展趋势着眼,围绕统战工作的基本职能和各项社会功能,以与时俱进和求真务实的精神,在继承和运用好统一战线已有的机制、载体和工作渠道的同时,充分尊重和适应新的社会阶层广大成员思想活动的独立性、选择性、多变性和差异性等特性,敢于突破一些不适宜的陈规旧制,以创新的理念、创新的态度和作风去积极探索新的机制和载体,从中拓展工作思路,延伸工作手臂,创新工作制度,规范运行程序,不断增强党的统战工作的创造力、说服力、感召力,增强统一战线对社会主义事业建设者的吸引力、凝聚力和向心力。概括而言,要建立大统战与分工协作

的工作机制、分类联系和发现报告机制、分众评价机制、分类培养机制等。

四、关于新的社会阶层分众统战的几点延伸思考

党的十八大以来，面对纷繁错综的国际国内形势，习近平总书记审时度势，从战略高度提出要寻求各方面的"最大公约数"，要求"各级领导干部要善于以最大公约数的思想方法研究问题、解决问题，聚合众力、融合众智"。"最大公约数"本是一个数学用语，引申为"求大同"，即：面对利益格局多元、价值取向多样的复杂局面，要善于最大限度地寻求利益共同点和共同价值观。寻求最大公约数的过程就是求大同的过程，因此从本质上讲，寻求最大公约数的方法与统一战线求同存异、体谅包容的理念是高度契合的。而对日益增长、数量庞大、类别众多、诉求多样、思想多元的新的社会阶层群体，我们必须以此为出发点，在工作中坚持以下原则。

(一)要善于与不同群体"说得上话"

习近平总书记多次强调，领导干部要多跟不同群体交朋友。就思想政治工作而言，面对愈演愈烈的社会转型、阶层分化和思想多元，面对面广量大的新的社会阶层人士，统战部门的思想引领工作要力戒"老办法不管用，新办法不会用，硬办法不能用，软办法不顶用"的"本领恐慌"。按照分众的原则，深入了解把握新的社会阶层各方面成员的心理状态，精心定制具体而微的专门方法，打动心扉，切忌用传统的体制内思维去包打天下。只有把各种群体都了解了、摸透了，才有可能针对不同的利益关切和价值取向，做出形式风格各有针对性的宣传。特别是对于年轻一代的党外人士、海归人员，以及职业经纪人、自由撰稿人、独立演员、新媒体从业人员、网络意见人士等新的社会阶层的思想和需求，都要了解和摸透，做到量体裁衣、对症下药、"一把钥匙开一把锁"、有的放矢地开展工作，与不同群体的党外朋友都说得上话，交得了心。从"海归""海待"到"蚁族"，甚至是散户、"大妈"，人群更多，分化更大，如果用同一种方法，便会落入简单粗暴的窠臼。

(二)要善于争取"中间地带"

在新的社会阶层工作领域，价值多元、观点多样的现象非常普遍，既有舆论的正面力量，也有负面言论，还有介于两者之间的"中间地带"。如前所述，针对千差万别的不同群体、不同诉求，我们要形成系统的认识，深入研究如何找到文化的公约数和利益的共同点，把"中间地带"争取过来，让主流思想得到更多认同、核心价值成为共同选择，形成社会转型期最广泛的统一战线。目前网上舆论生态大致有

三个地带：一个是红色地带，就是网上正面力量；一个是黑色地带，就是网上负面言论和极端情绪；还有一个是灰色地带，处于两者之间。这里很重要的一点，就是要树立"争取中间灰色地带"理念，形成网络统一战线，从而做大红色地带，转化灰色地带，遏制黑色地带，建设一支"为我所用、一呼百应"的强大网军。在这方面，统一战线不仅有人才优势，也有功能优势。为此，我们对新的社会阶层人士感情要加深、关心要到位、工作要细致，多与他们协商沟通，平等讨论问题，坦诚交换看法，深度谈心交心；对党外人士反映的困难、需要帮助解决的问题，要高度重视，从照顾同盟者的高度尽全力去做争取工作。

(三)要善于使用新媒体

要在对统战思想工作的时代化理解和"与群众打成一片"的真诚愿望的基础上，讲求政治引导方式方法的创新，体现"分众"理念。要增强主动意识、阵地意识、创新意识，积极用好新媒体，做到关键时刻不失语，重大问题不缺位。要立足自身的特点和优势，培养自己的大V，不断建设网上"红军"。要借助社会化媒体的传播手段，从微博、贴吧、BBS、QQ群、微信群等渠道入手，为不同群体定制小切口议程，与他们展开互动，做到对症下药、释惑解疑，"把理说透、把话讲到、把疑解开"，做到以理服人、以情感人，引领而不替代，交心而不灌输，在尊重差异中增进共识，在包容多样中促进和谐，在分辨多元中确立主导，让主流价值观的宣传真正入耳入脑。要有针对性地加强对高校、社科院和律师界中党外知识分子的政治引导，进一步净化讲坛、论坛和网络，做以振兴国家民族为己任的"战略知识分子"，而不是反主流、抓眼球的所谓"公共知识分子"。

(四)要促进社会主义协商民主的发展

习近平总书记在庆祝政协会议成立65周年大会上强调：社会主义协商民主是中国社会主义民主政治的特有形式和独特优势，人民群众是社会主义协商民主的重点。新的社会阶层人士分众统战工作应与发展社会主义协商民主相契合。发展社会主义协商民主重点是吸收广大群众有序、有效参与民主协商，协商民主应致力于最大限度地满足不同阶层的需求，既要继续同各民主党派、无党派人士等深化民主协商，又要兼顾各新兴的社会阶层，从而更好地保障人民当家做主。在新的历史条件下，应更加重视新社会阶层的参政议政能力培养，扩大新社会阶层的政治参与，鼓励和支持他们发挥自身身份独特、地位超脱、联系广泛、专业性强等优势，积极参与民主协商，特别是参与基层协商和社团协商，通过民主协商更好地协调关系、汇聚力量,在维护最广大人民根本利益的基础上提升党和政府领导的科学化水平,也为推进国家治理体系和治理能力现代化搭桥铺路。

(五)要增强创新意识

新的社会阶层人士是统一战线工作的一个新领域,没有"先生"可问,没有"先例"可循,没有"先验"可鉴,根据形势和任务,分众统战势在必行,我们必须迎难而上,解放思想,大胆探索,大胆创新,才能完善各项制度,才能推动这项工作开展。浙江省在这方面已经迈出了重要一步,如台州新的社会阶层人士综合评价工作就是凭着勇当第一,敢于突破的精神、勇气和才智,才顺利实现了三次跨越和升华,使台州新的社会阶层人士统战工作走在全省乃至全国的前列。下一步还要加大力度,总结经验,直面问题,研究对策,不断完善。

(六)要把握"分"与"合"的辩证统一

"分"是为更好地"合","分"是"合"的手段,"合"是"分"的目的。如果说"合"是求"最大公约数",那么"分"就是"分解质因数",从表面看是分解,真正的目的是整合。社会群体越分化,越要学会建立"统一战线",在求同存异中最大限度地把他们团结凝聚起来。习近平总书记指出:"凝聚共识很重要,思想认识不统一时要找最大公约数。"因此,对新的社会阶层群体的思想引领工作必须寻找最大公约数,要让他们明白:"中国梦"是海内外中华儿女团结奋斗的"最大公约数",社会主义核心价值观是内化于心的"最大公约数",全面深化改革是外化于行的"最大公约数",协商民主是固化于制的"最大公约数",法治中国是治国理政的最大公约数。要通过小众化,达到大众化。同时,要把握好"分"与"合"的"度",既要细分,又要注意某些交叉、相似群体的"联合",如当前新居民、"蚁族"和维权律师等群体,他们思想活跃,数量惊人,充满活力,诉求越来越多,影响力越来越大,特别是律师,是规则的制订者和规则执行过程的评判者,经常会在重大事件的风口浪尖发出自己的声音,这些群体一旦在某个节点"统一"起来,对社会和谐的副作用是惊人的,必须将其视为一个集合群体并对其交流、交融开展研究。在综合评价方面,要总结推广台州的经验:既要综合评价,又要分众分析;既要统一尺度,又要区别对待;既要探索规律,又要探究个性。让"合"与"分"在辩证统一中达到最终团结的总目标。

第四章　非公有制经济领域统战工作

党的十九大报告指出,必须坚持和完善我国社会主义基本经济制度和分配制度,毫不动摇巩固和发展公有制经济,毫不动摇鼓励、支持、引导非公有制经济发展。"两个健康"(非公有制经济健康发展和非公有制经济人士健康成长)是非公有制经济领域统战工作的主题,必须深刻理解,全面贯彻。

第一节　全面贯彻落实"两个健康"重要思想

2016年3月4日,习近平在全国政协十二届四次会议民建和工商联界别委员联组会上发表了题为"毫不动摇坚持我国基本经济制度　推动各种所有制经济健康发展"的重要讲话(以下简称"3·4"重要讲话),在社会各界和海内外引起了极大反响。各级党委政府、民营企业家和学界都普遍认为,讲话释放了重大信号、传递了明确导向、回应了思想关切、提出了殷切期望,有利于统一认识、提振信心、明确方向、增强责任,推动民营经济发展上新的台阶。

习近平长期在东南沿海工作,福建和浙江都是中国非公有制经济先发地区,上海是各省特别是浙商、苏商和闽商规上非公企业汇集之地。习近平在闽浙沪工作的23年间,历经党的十四大、十五大、十六大和十七大,以及邓小平南方谈话与改革开放第二次创业浪潮,是我国非公有制经济蓬勃发展、实现总体跨越的时期,也是党和政府鼓励支持非公有制经济发展的理论政策大发展并日臻成熟的时期。在地方工作期间,习近平结合当地实际深入贯彻落实中央精神,多次就非公有制经济开展调研、召开会议、发表重要讲话、制定出台相关政策文件,并在中央和地方媒体上发表重要署名文章。到中央工作后作为分管党建工作的政治局常委,对非公有制企业党建工作多有论述。党的十八大后,担任总书记的习近平从全局高度重视非公有制经济工作,并做出了一系列论述,集中体现在"两个健康"上。2015年5月,习近平总书记在中央统战工作会议上强调:"非公有制经济的健康发展和非公有制经济人士的健康成长,不仅是重大经济问题,也是重大政治问题。"这一重要思想的形成绝非偶然,而是经过长期的学习探索和深思熟虑后的理论结晶,具有十分重大的现实意义。

一、凸显一条主线:从理论和实践两方面论证我国社会主义基本经济制度是一以贯之、不断深化完善的,为非公有制经济长期健康发展确立"定海神针"

在"3·4"重要讲话中,习近平深刻阐述了两种所有制经济的辩证关系,强调:公有制和非公有制两者之间不是对立的,而是有机统一的;相辅相成、相得益彰,而不是相互排斥、相互抵消。重要讲话强调了坚持"一个基本经济制度""两个毫不动摇""三个没有变",进一步重申党在坚持基本经济制度上的观点是明确的、一贯的、不断深化的,从来没有动摇。

(一)坚持"一个基本经济制度":理论诠释和践行轨迹

习近平在"3·4"重要讲话中指出,实行公有制为主体、多种所有制经济共同发展的基本经济制度,是中国共产党确立的一项大政方针,是中国特色社会主义制度的重要组成部分,也是完善社会主义市场经济体制的必然要求。习近平是这么认识的,也是这样实践的,并在实践中不断深化和发展这一理论认识。

1997年召开的党的十五大确立了我国的基本经济制度是"公有制为主体、多种所有制经济共同发展",并提出"非公有制经济是我国社会主义市场经济的重要组成部分"。由于地缘独特,福建地方官员长期偏好对台引资招商,习近平不仅重视引进台资,更重视立足当地发展民营经济。1998年4月,时任省委副书记的习近平曾经率领福建省考察团一行30多人到浙江温州考察民营经济

1998年8月,时任福建省委副书记的习近平指出,非公有制经济问题既是一个严肃的理论问题,也是一个重大的实践问题。习近平首次从理论上对党的非公有制经济理论政策的发展脉络做出系统的概括和勾勒,指出改革开放的20年来,我们党对非公有制经济的认识经历了一个从允许发展到承认它是社会主义经济的有益补充,再到现在把它作为社会主义市场经济的重要组成部分这样一个逐步深化的过

程,其间有三次思想大解放:一是1978年"真理标准"的大讨论和十一届三中全会召开,突破了"两个凡是"的框框,恢复了实事求是的思想路线,提出实践是检验真理的唯一标准,并把党的工作重心转移到经济建设上来,在城市允许发展个体私营经济,在所有制问题上突破了"一大二公"的限制;二是1992年邓小平同志南方谈话,破除了"左"的思想,冲破了姓"资"姓"社"的障碍,强调发展是硬道理,提出了"三个有利于"标准,明确了我国经济体制改革的目标,确立了非公有制经济是"社会主义经济必要的、有益的补充"地位;三是中共十五大召开,破除了姓"公"姓"私"的疑惑,在经济改革理论上取得重大突破。习近平进而指出,这三次思想大解放,确立了非公有制经济的重要地位和作用,为进一步促进非公有制经济发展提供了坚实的理论依据、开创了宽松的实践环境,从而给解放社会生产力带来了前所未有的重大机遇。

2001年5月8日,已担任福建省省长的习近平在省政府召开的全省非公有制经济发展论坛上指出:十五大明确指出,非公有制经济是社会主义市场经济的重要组成部分,以公有制为主体、多种所有制经济共同发展,是社会主义初级阶段的基本经济制度;宪法修正案又进一步确立了非公有制经济的法律地位。这一切都为非公有制经济的发展提供了前所未有的政治和法律保障。习近平认为,如何把这些理论上的、政策上的、法律上的保障转化为促进非公有制经济发展的现实动力和优势,是各级党委政府必须破解的重要课题。当时的现实情况是,尽管十五大和宪法修正案明确了非公有制经济在社会主义市场经济中的地位和作用,社会上不再公开争论所谓姓"社"姓"资"、姓"公"姓"私"的问题,但在实际工作中有一些人对非公有制经济还存在这样那样的偏见。针对这一问题,习近平强调,各级党委和政府要大力宣传非公有制经济在社会主义现代化建设中的重要地位和作用,引导全社会深刻认识到,非公有制经济是国民经济的重要组成部分,是推动市场化进程的重要力量,是经济发展的重要增长点,是技术创新的生力军,是增加社会就业的主要渠道之一,是国有大中型企业发展的重要依托。

习近平不仅要求全社会在思想认识上重视非公有制经济的发展,还要求各级党委政府把支持非公有制经济发展落实到实际行动中去。要求各级政府把扶持、引导非公有制经济发展放在重要的位置,纳入当地经济和社会发展的总体规划,像关心国有、集体企业一样,关心支持非公有制经济的发展,倾听他们的呼声、了解他们的意愿,帮助他们解决实际问题。与此同时,习近平还呼吁社会各界都要关心、爱护和支持非公有制经济,为他们的发展提供各种便利条件,形成全社会共同关心、支持非公有制经济发展的良好环境和氛围。

(二)坚持"两个毫不动摇":非公有制经济大省的实践印证和对理论政策深化发展的独特贡献

2002年召开的党的十六大提出:"要毫不动摇地巩固和发展公有制经济,毫不动摇地鼓励、支持和引导非公有制经济发展。"这两个"毫不动摇"的提出,极大地坚定和鼓舞了我国非公有制经济先发地区——浙江省广大干部群众一心一意谋发展的信心和勇气。2002年12月23日,刚刚担任浙江省委书记、代省长的习近平,在接受中国广播网记者专访时表示,"两个毫不动摇"是党的十六大对马克思主义所有制理论的新发展,标志着我们党对建设中国特色社会主义规律性认识的进一步深化。他说,联系改革开放以来浙江的发展实践,我们对坚持"两个毫不动摇"备感亲切。浙江20多年来坚持不限比例看发展、不限成分看贡献、不限速度看效益,多种所有制经济发展在浙江的成功实践充分证明,公有制经济、非公有制经济完全可以在市场竞争中相得益彰、共同发展,完全可以统一于社会主义现代化的进程中。

面对十六大"两个毫不动摇"创造的良好发展环境,习近平提出浙江省非公有制经济再上新台阶的具体目标,就是全面营造各类市场主体公平竞争的环境,实现非公有制经济"提速提升"。具体要做好三方面工作:一是全面实行公平竞争政策,彻底破除一切影响非公有制经济发展的思想观念束缚,彻底改变一切影响非公有制经济发展的做法和规定,彻底消除一切影响非公有制经济发展的体制障碍和政策制约,对非公有制企业和非公有制经济人士要在政治上关心、在权益上保障、在发展上给予帮助;二是优化服务,加快建立中小企业服务支撑体系,大力促进中小企业布局集聚化、经营集约化、管理科学化,进一步提高"块状经济"的创新能力和整体竞争力,加快推进有条件的企业向规范的公司制方向发展;三是依法加强管理和监督。建立信用激励警示机制,完善市场监管体系。①

为了进一步帮助各级党委政府和广大党员干部、非公有制经济人士加深对党的两个"毫不动摇"理论政策的理解和领会,习近平先后两次在中央媒体上发表长篇专题署名文章。第一篇是2003年3月15日,习近平以浙江省委书记、省人大常

---

① 再创浙江多种所有制经济发展新优势(浙江省委书记、代省长接受中国广播网记者专访[EB/OL](2002-12-24)[2016-12-20]. http://www.cnr.cn/home/national/200212240139.html.

委会主任的身份，在《经济日报》上发表了题为"坚持'两个毫不动摇' 再创浙江多种所有制经济发展新优势"的署名文章。文章一开头便引人入胜："很多不知情的人以为浙江只是个私经济发展快，其实浙江的公有制经济也发展得很快。正是因为我们坚持公有制为主体，促进非公有制经济发展，将两者统一于改革开放和现代化建设的进程中，使多种所有制经济在市场竞争中发挥了各自优势，从而相互促进，共同发展。"习近平深入浅出、鞭辟入里地指出：浙江的实践充分证明，在市场经济条件下，国有经济和非公有制经济不是相互对立、此消彼长的关系，而是完全可以相互促进，相得益彰，十六大做出的"两个毫不动摇"决策，切合实际，完全正确。

时隔一年半的2004年9月28日，习近平再次以浙江省委书记、省人大常委会主任的身份发表了他在央媒上的第二篇关于"两个毫不动摇"的署名专题文章。这篇刊载在《中国经济时报》上的题为"坚持'两个毫不动摇'推动民营经济发展实现新飞跃"的长篇理论文章，紧密联系浙江实践探索，开宗明义地指出"两个毫不动摇"，进一步丰富和发展了社会主义初级阶段的所有制理论，是对人民群众改革探索的充分肯定。

习近平在浙江工作的五年间，大力领会践行和贯彻落实"两个毫不动摇"。要求各级党委政府和社会各界进一步统一思想，凝聚人心，把"两个毫不动摇"作为浙江省进一步发挥多种所有制经济共同发展的先发优势，作为加快建立完善社会主义市场经济体制的良好机遇，动员和组织全省人民继续解放思想、实事求是、与时俱进、开拓创新，再创多种所有制经济新优势，推进浙江国民经济持续、快速、健康发展。

这一理念对习近平来说是内化于心、外化于行且坚定不移的从浙江到上海再到中央，接续发展、不断深化。2007年4月29日，刚刚调任上海市委书记的习近平在会见全市非公有制经济人士优秀中国特色社会主义事业建设者时说："要始终坚持毫不动摇地巩固和发展公有制经济，毫不动摇地鼓励、支持、引导非公有制经济发展，着力优化政策环境、市场环境、法制环境、服务环境、社会环境，切实做到亲商、兴商、安商、富商，使上海真正成为投资创业的宝地，促进民营经济快速健康发展，形成公有制经济与非公有制经济相得益彰的发展格局。"[①]

2012年召开的中共十八大让"两个毫不动摇"有了新的发展，特别是进一步提

---

① 习近平. 上海市将毫不动摇地支持非公经济发展[N]. 东方早报,2007-04-29.

出了"毫不动摇鼓励、支持、引导非公有制经济发展,保证各种所有制经济依法平等使用生产要素、公平参与市场竞争、同等受到法律保护"等措施。十八大报告虽然不是习近平做的,但这一既一以贯之又不断创新发展的理论融入了习近平"四个全面"战略布局思想。在2013年中共十八届三中全会上,习近平总书记提出,公有制经济和非公有制经济都是社会主义市场经济的重要组成部分,都是我国经济社会发展的重要基础。十八届三中全会还进一步提出坚持"两个不可侵犯"和"三个平等":"两个不可侵犯",就是公有制经济财产权不可侵犯,非公有制经济财产权同样不可侵犯,国家保护各种所有制经济产权和合法利益;"三个平等"原则就是权利平等、机会平等、规则平等,废除对非公有制经济各种形式的不合理规定,消除各种隐性壁垒,激发非公有制经济活力和创造力。

随着中国特色社会主义进入新时代,"两个毫不动摇"不仅从理论上进一步得到深化,而且从政策上得以完善,从法律上得到保障。2014年召开的中共十八届四中全会,主题是全面推进依法治国。各界呼吁多年的"市场经济就是法治经济,要为民营经济创造公平法治的环境"的话题,无疑是会议引发海内外关注和关切的一个焦点问题。习近平在会上提出要"健全以公平为核心原则的产权保护制度,加强对各种所有制经济组织和自然人财产权的保护,清理有违公平的法律法规条款"。2015年召开的中共十八届五中全会,在我国经济发展进入新常态下对全面建成小康社会做出了战略部署,提出了"创新、协调、绿色、开放、共享"五大发展理念。践行这五大发展理念,离不开民营企业的广泛参与。习近平强调要"鼓励民营企业进入更多领域,引入非国有资本参与国有企业改革,更好激发非公有制经济活力和创造力"。2016年11月29日,中共中央、国务院印发《关于完善产权保护制度依法保护产权的意见》,对完善产权保护制度、推进产权保护法治化进行了全面部署。文件的颁布引起各界积极反响,有专家认为将从五个层面对民营企业的权益保护产生最直接的影响:一是财产保护,公私一视同仁;二是告别"新账旧账一起算"噩梦;三是涉案财产处置不再牵连合法财产;四是政策持续性得到加强;五是侵权将遭严惩。①

---

① 中央为民企再派"定心丸"!最新文件释放5大新信号[EB/OL].(2016-11-28)[2018-05-07]. http://www.sohu.com/a/120120562_378297.

（三）坚持"三个没有变"：对非公有制经济地位和作用的深切体会和对方针政策的深度解读

习近平在"3·4"重要讲话中强调：非公有制经济在我国经济社会发展中的地位和作用没有变；我们毫不动摇鼓励、支持、引导非公有制经济发展的方针政策没有变；我们致力于为非公有制经济发展营造良好环境和提供更多机会的方针政策没有变。这"三个没有变"是相辅相成的，其中对重要地位和作用的认识是前提，对方针政策的坚持是根本，对环境和机会的营造提供是保障。

在"3·4"重要讲话中，习近平连用五个"重要"强调非公有制经济的地位：稳定经济的重要基础，国家税收的重要来源，技术创新的重要主体，金融发展的重要依托，经济持续健康发展的重要力量。同时指出了非公有制经济的四个重要作用，即：稳定增长、促进创新、增加就业、改善民生。这种系统认识不是一时一事所使然的，而是在长期的工作实践中得出的全面的深刻的理性的结论。早在20世纪90年代中期他初任福建省委副书记时就说过：非公有制经济是我省经济发展的新增长点，民营企业家是改革与发展的生力军。他将民营经济的作用概括为六句话，即有与国有骨干企业成龙配套的作用，在创造物质产品中有拾遗补漏、穿缝插针的作用，对满足人民日常生活需要、繁荣城乡市场有灵活补充、弹性调节的作用，对安置劳动力就业、维护社会稳定有吸纳、支撑的作用，对支持经济增长有日显重要的生力军作用，对推进建立社会主义市场经济体制有先导和增量启动的作用。

在2004年2月3日召开的浙江全省民营经济工作会议上，作为省委书记、省人大常委会主任的习近平充分肯定民营经济发达是浙江省的一大特色和优势，用"不可替代"来描述非公有制经济在浙江经济社会发展中的独特重要作用和巨大贡献，指出非公有制经济已成为国民经济的重要支柱，改革开放的重要参与者和推动者，工业化、城市化的生力军，就业和城乡居民收入增长的最大来源，繁荣城乡市场的主体力量。习近平的结论是：没有民营经济的快速发展，就不可能有浙江改革开放和经济社会发展的辉煌成就，不可能有今天浙江经济的勃勃生机和强劲活力，民营经济在浙江富民强省建设中功不可没、厥功至伟。

关于方针政策，习近平在"3·4"重要讲话中特别强调，我们党在坚持基本经济制度上的观点是明确的、一贯的，而且是不断深化的，从来没有动摇。中国共产党党章都写明了这一点，这是不会变的，也是不能变的。习近平是这么说的，也是这么做的，这从他对浙江非公有制经济发展和对浙商创业创新持之以恒的鼓励支持上可以得到明证。2004年2月，习近平在浙江全省民营经济工作会议上做了《抓住机遇乘势而上推动我省民营经济发展实现新飞跃》的重要讲话，全面阐述了民营经济的概念内涵、地位作用、机遇挑战、主要任务和重大举措等。特别是明确界定了民营经济的概念，指出：主要是指产权明晰、民间经营的经济，一般包括个体私营、集体和国有民营经济。并强调从浙江的实际情况看，我们可以认为除去国有经济和外资经济，其余都是民营经济。2005年6月，习近平同志亲临浙商论坛峰会并发表重要讲话，高度评价浙商对全国各地及本省经济发展的突出贡献，正面澄清浙商不是"炒家"。2008年10月，时任中央政治局常委、国家副主席的习近平来到曾经工作过多年的浙江，深入嘉兴、宁波、绍兴和杭州等地考察，就如何拉动农村内需、如何实现企业升级转型、如何进行自主科技创新等的应对之策做调研，为浙商勇立潮头鼓劲。2011年10月，时任中央政治局常委、国家副主席的习近平向首届世界浙商大会发来贺信，希望浙商群体审时度势、抓住机遇，继续用好国内国外两个市场、两种资源，把奋力向外拓展同积极向内拓展结合起来，把富而思进同富而思源、富而思报结合起来，做到形成健康的发展机制同坚持理性的投资导向相统一，做大做强主业同拓展新的发展空间相统一，调整产业结构同优化对外贸易结构相统一，营造企业和谐文化同构建和谐劳动关系相统一，追求经济效益、社会效益同追求生态效益相统一，为全面建设小康社会和创新型国家，为实现中华民族伟大复兴建功立业。2015年5月，习近平考察浙江期间，在杭州海康威视数字技术股份有限公司调研时，指出企业持续发展之机、市场制胜之道在于创新，鼓励他们不断增加创新研发投入，促进创新链、产业链、市场需求有机衔接，争当创新驱动发展的先行军。

习近平对企业家们一如既往的鼓励、引导和支持，特别是系统阐述了党对非公有制经济一以贯之、不断完善发展的方针政策，让企业家吃了定心丸。如听了习近平"3·4"重要讲话，全国政协委员、浙商总会副会长、上海复星集团董事长郭广昌说：公有制经济与非公有制经济，都是共和国的亲儿子。

二、抓住一个关键：强调从政策制定和实施上解决制约和阻碍非公有制经济发展存在的问题，努力营造亲商、安商、富商的发展环境

习近平在"3·4"重要讲话中，既充分肯定我国形成了促进非公有制经济发展的政策体系，又准确指出政策实施过程中遇到的突出问题，如"中梗阻""三门""三座大山"等，并在此基础上强调狠抓政策措施落地、落细、落实，着力解决好"五大问

题",让民营企业真正从政策中增强获得感,这极大地提振了广大民营企业家的发展信心。这与他在福建、浙江工作期间的一贯思想和做法一脉相传,是之前思想做法的接续发展。

(一)明确"三个鼓励"和"五个允许"

早在2003年任浙江省委书记期间,习近平就提议,根据新形势、新阶段的新要求,省委、省政府进一步研究加快民营经济发展的措施,召开一个高规格的会议,推动我省民营经济的发展和提高。为此,习近平多次深入民营企业调研,专门召开民营企业家座谈会,广泛听取企业家的意见和建议。在此基础上,2004年2月3日,浙江召开了全省民营经济工作会议,提出要大力推动民营经济再创新优势、实现新飞跃,省委、省政府还出台了《关于推动民营经济新飞跃的若干意见》。

党的十八大以来,以习近平为核心的党中央不断全面推进深化改革,推出了一系列扩大非公有制企业市场准入、平等发展的改革举措。习近平"3·4"重要讲话进一步明确提出"三个鼓励"和"五个允许"。"三个鼓励"是:鼓励非公有制企业参与国有企业改革;鼓励发展非公有资本控股的混合所有制企业,各类市场主体可依法平等进入负面清单之外领域;鼓励社会资本投向农村建设。"五个允许"是:允许更多国有经济和其他所有制经济发展成为混合所有制经济;国有资本投资项目允许非国有资本参股;允许具备条件的民间资本依法发起设立中小型银行等金融机构;允许社会资本通过特许经营等方式参与城市基础设施投资和运营;允许企业和社会组织在农村兴办各类事业。

事实上,这"三个鼓励"和"五个允许"在习近平任福建省长和浙江省委书记期间,就有论及。如:2003年3月15日,习近平同志在《经济日报》发表署名文章《坚持"两个毫不动摇"　再创浙江多种所有制经济发展新优势》。其中特别强调,要切实转变政府职能,进一步优化服务,为个私企业加快发展积极创造公平竞争的条件,这包括彻底破除一切影响非公有制经济发展的思想观念束缚,彻底改变一切影响非公有制经济发展的做法和规定,彻底消除一切影响非公有制经济发展的体制障碍和政策制约。对非公有制企业,在政治上给予关心,在权益上给予保障,在政策上给予扶持。对个私企业做到登记注册平等、税收管理平等、规费标准平等、金融贷款平等、市场准入平等。

特别是在浙江省委、省政府的《关于推动民营经济新飞跃的若干意见》中,可以找到相应的政策举措或发端,如:第14条"放宽市场准入"规定"全面清理和修订阻碍民营经济发展的地方性法规、规章和政策,允许民间资本进入除国家明令禁止以外的所有领域";第18条"优化金融服务"规定"从民营企业的特点出发,改进信贷管理方式,开展金融产品创新,完善金融服务","推进面向中小企业的信用担保体系建设。拓宽民营企业直接融资渠道,鼓励企业通过募集、收购等多种途径在境内外上市,支持有条件的企业发行债券";等等。党的十八大后,在中央的鼓励支持下,浙江省先后在上述"三个鼓励"和"五个允许",特别是在鼓励非公有制企业参与国有企业改革、鼓励发展非公有资本控股的混合所有制企业、允许具备条件的民间资本依法发起设立中小型银行等金融机构等方面,率先进行试点或先行一步,得到了成功的经验。

(二)正视和破解"五个问题"

改革开放三十多年来,民营经济得到了快速发展。但进入新世纪后,受国际国内环境的影响,民营经济的发展先后受到买方市场的形成、国际金融危机的到来和我国进入经济发展新常态,以及非公经济人士自身原因等因素的影响,出现了这样那样的问题,帮助他们破解这些问题是党和政府应尽的职责。无论是在地方还是在中央任职,这是习近平一贯的思想。

2002年10月,习近平调任浙江工作的时候,正值浙江发展遇到"成长的烦恼",处在"爬坡过坎"的关键时期。习近平毫不讳言地指出,浙江个体和私营经济的发展,还存在一些问题。主要有:一是依然存在一些政策不公平待遇;二是一些民营产业层次、产品档次和核心技术总体上偏低;三是企业管理方式相对落后,自主科技创新能力相对薄弱;四是对企业主和员工双方的合法权益的保护都有待进一步加强;等等。

习近平不仅正视问题,还开出解决的"药方",主要是处理好五对辩证关系:一是依法保护非公有制企业的权益与非公有制企业依法经营、照章纳税、保障职工合法权益的关系;二是制定鼓励、支持非公有制经济发展的政策与非公有制企业执行国家的相关政策的关系;三是创造公平的市场环境、放宽市场准入与非公有制企业自觉遵守市场规则的关系;四是提供良好的融资环境与非公有制企业规范财务和资金管理,自觉维护金融秩序的关系;五是营造良好社会舆论环境与非公有制企业自觉履行社会责任赢得社会的信任的关系。

面对"正在招商的缺地、正在建设的缺钱、正在生产的缺电"等问题,经过深入调研和深思熟虑,习近平高瞻远瞩,提出"跳出浙江发展浙江"是浙江经济发展的必然要求,这与"立足浙江发展浙江"是紧密相连的,是浙江在高起点上实现更大发展的战略选择。浙商源于浙江,根在浙江。我们既鼓励和支持浙商"走出去"发展,也倡导和支持在外浙商积极反哺家乡,踊跃回乡投资,参与家乡建设。①

　　"3·4"重要讲话是在我国经济发展进入新常态的形势下发表的,我们要充分认识到讲话背景之一就是面临的困难和问题之多之严重也是前所未有的。习近平指出:对目前遇到的困难,有的民营企业家形容为遇到了"三座大山"——市场的冰山、融资的高山、转型的火山。虽然从中央到地方政府都相继出台了一些政策举措,但出于一些原因,这些政策的配套措施还不是很实,政策落地效果还不是很好。习近平列举了五个方面的问题:市场准入限制仍然较多;政策执行中"玻璃门""弹簧门""旋转门"现象大量存在;一些政府部门为民营企业办事效率仍然不高;民营企业特别是中小企业、小微企业融资渠道狭窄,民营企业资金链紧张;等等。习近平进而提出如何破解这些问题:一方面要完善政策,增强政策含金量和可操作性,另一方面要加大政策落地力度,确保各项政策百分之百落到实处。强调"一分部署,九分落实",破解"最后一公里"问题,要求各地区各部门细化、量化政策措施,制定相关配套举措,推动各项政策落地、落细、落实,让民营企业真正从政策中增强获得感。

(三)把握机遇,有所作为

　　机遇稍纵即逝,对新常态下民营经济发展来说更是如此,习近平特别强调要抢抓机遇、把握机遇。早在2001年福建省长任上他就指出:当前,由于多种因素的制约,我国经济出现了优势弱化、发展步伐放慢的问题,这在个体私营经济上的反映比较明显,民间投资大幅度回落。习近平审时度势,分析非公有制经济面临的严峻挑战:经济全球化的挑战、科技进步的挑战、社会环境(融资难、征地难、人才引进难、市场准入限制等)的挑战、经营管理的挑战,适时提出要"迎接新的挑战,促进非公有制经济健康发展"。

　　实际上,世纪之交非公有制经济面临的上述"四个挑战",归根结底就是我国加入WTO后如何迎接新挑战、再创新业绩。习近平认为,最根本的是要尽快提高自身的素质。具体途径包括:一是加快体制创新、技术创新和管理创新,推进企业上规模、上水平;二是大力倡导市场经济的信用准则和诚信观念,塑造企业的良好形

---

① 哲欣. 跳出浙江发展浙江[N]. 浙江日报,2005-03-21(1).

象;三是实行跨行业、跨区域、跨所有制的向外拓展,扩大企业规模和实力;四是以建立现代企业制度为方向,推进企业制度创新;五是推动企业技术升级,进一步增强竞争力;六是加快企业人才的培养和引进,打造高素质的企业家队伍。

主政浙江期间,习近平继续鼓励非公有制经济人士抓住机遇、乘势而上。他强调,21世纪头20年是我国经济社会发展的重要战略机遇期,也是浙江省民营经济加快发展的重要战略机遇期。民营企业要把握好这些机遇,取得主动,赢得新发展,实现新飞跃,保持在全国的领先地位。习近平精准研判浙江民营经济发展正处在转型升级阶段,孕育着企业制度、产业发展、经营模式和增长方式等方面的重大转变,提出要着力推进"五个转变",实现"五个提高":一是从主要依靠先发性的机制优势,向主要依靠制度创新、科技创新和管理创新转变,提高民营经济的综合实力和国际竞争力;二是从主要集中在传统制造业和商贸业,向全面进入高技术高附加值先进制造业、基础产业和新兴服务业转变,提高民营经济的产业层次和发展水平;三是从主要依靠国内资源和国内市场,向充分利用国际国内两种资源、两个市场转变,提高民营经济的外向发展水平;四是从现有的块状经济、小规模经营逐步向更高层次的集群化、规模经营转变,提高民营经济的集约化和规模化水平;五是从比较粗放的经营方式向更加注重信用、质量、生态和遵纪守法的经营方式转变,提高民营经济的整体素质和可持续发展水平。

面对经济新常态,习近平在"3·4"重要讲话中指出,民营企业发展正迎来三大机遇:一是实施"一带一路"建设、京津冀协同发展、长江经济带发展三大战略,带来了许多难得的重大机遇;二是"十三五"规划建议提出了50项重大举措和300多项具体措施;三是我国经济发展韧性强、潜力足、回旋余地大的优势凸显。据此,习近平判断,我国发展一时一事会有波动,但长远看还是东风浩荡,广大非公有制经济人士要准确把握我国经济发展大势,提振发展信心。习近平对广大民营企业提出三个新要求,即:新作为、新提升、新发展。习近平指出,要坚持基本经济制度,坚持社会主义市场经济改革方向,坚持扩大开放,发扬企业家精神,稳定民营企业家信心。①这些都为广大非公经济人士攻坚克难提振了信心,增添了力量。

(四)深化"五个着力"

习近平在"3·4"重要讲话中指出,当前重中之重是要解决好以下五个问题:要

---

① 详见《福建日报》,1998年4月7日第1版。

着力解决中小企业融资难问题,要着力放开市场准入,要着力加快公共服务体系建设,要着力引导民营企业利用产权市场组合民间资本,要进一步清理、精简涉及民间投资管理的行政审批事项和涉企收费。

关于这"五个着力",绝不是凭空想象的,习近平在福建和浙江工作期间积累了丰富的破解非公经济发展难题的经验。在福建省长任上,习近平提出要调整完善政策,拓展非公有制经济发展空间,强调在社会主义条件下,非公有制经济要公开、平等地参与市场竞争,离不开国家政策的引导、支持和调节。要按照"鼓励服务型、扶持科技型、推动外向型、发展特色型"的思路,在投资、融资、市场准入等方面,放宽政策限制,减少审批程序,简化审批手续,为非公有制经济发展开辟"绿色通道"。要进一步降低准入门槛,进一步开放非公有制经济的投资领域,凡是国家法律法规没有明令禁止的,都允许非公有制经济生产经营;凡是外资经营的领域,都应向民间投资开放。习近平还以超前的思维和眼光提出转变政府职能,建设"有限政府",为非公有制经济提供优质服务等意见。重点是加快建立三大服务体系:一是社会化服务体系,二是融资体系,三是社会保障体系。

到浙江工作后,习近平高度重视优化浙商的发展环境。早在2002年12月,习近平新任浙江省委书记不久,就深入宁波、台州、温州进行考察调研。他先后走访了吉利集团、飞跃集团、星星集团、德力西集团、正泰集团、夏梦服饰有限公司、康奈集团等,听取广大民营企业家的意见和诉求。习近平提出三个"彻底"(彻底破除一切影响非公有制经济发展的思想观念束缚,彻底改变一切影响非公有制经济发展的做法和规定,彻底消除一切影响非公有制经济发展的体制障碍和政策制约)、三个"给予"(对非公有制企业,在政治上给予关心,在权益上给予保障,在政策上给予扶持)、五个"平等"(对个私企业做到登记注册平等、税收管理平等、规费标准平等、金融贷款平等、市场准入平等)。2003年12月,首届浙江民营企业峰会召开,习近平在贺信中提出要落实三个"进一步":进一步放宽领域、降低门槛,进一步完善金融支持、中介服务和人才保障体系,进一步优化舆论环境、政策环境、政务环境和法制环境。在2004年2月召开的全省民营经济工作会议上,习近平专门强调,要为民营经济发展优化良好环境,创造良好条件。这些环境和条件包括以下六个方面:一是积极创造公平竞争的政策环境;二是进一步优化政务环境;三是创造良好的法制环境;四是加快建立金融支持体系;五是加快各类中介服务机构的发展;六是加强人才引进和培养。浙江省委、省政府《关于推动民营经济新飞跃的若干意见》第15

条"简化企业注册登记"规定："认真实施企业前置审批告知承诺制度,对企业注册登记确需前置审批的事项,公开办事制度,承诺办事时限,实行'一站式'并联审批。民营企业设立时除需办理环保、规划、用地、消防等法定许可手续外,不再另设前置条件。"在2006年12月浙江全省经济工作会议上,习近平指出,要全面落实国务院"非公经济36条",继续优化民营经济发展环境,改进政府服务,创新体制机制,完善政策举措,加快推动民营经济新飞跃。

十八届三中全会以来,习近平率先提出我国经济已进入新常态,提出加强供给侧改革,促进民间投资——这对引导和促进非公有制经济健康发展有着重大意义。习近平对这项工作非常重视,无论"十三五"规则,还是2015年中央经济工作会议以及2016年5月份召开的中央财经小组第十三次会议上的讲话,都强调:供给侧结构性改革是稳定经济发展的治本良药,重点是要推进"三去一降一补",即去产能、去库存、去杠杆、降成本、补短板。习近平指出,党中央、国务院、全国人大、全国政协、最高人民法院、最高人民检察院、中央纪委和中央各部门,地方省市县都负有责任,都要勇于担当,在供给侧结构性改革中,要干好自己该干的事。具体来说,全国人大要负责有关利改税法律的工作;国务院要制定改革方案、政策,抓好落实;全国政协要集思广益,献计献策;司法部门要依法实施市场化破产程序,加快破产案件的审理,解决好破产案件行政成本高、收费低、专业人员缺乏等问题;国资委和地方国有资产监管部门及中央企业,承担推动处置僵尸企业的责任;省级政府要负责本地"三去一降一补"的组织协调,并督促所辖市县工作落实;市县政府承担落实责任。讲话越是具体,越表明中央对"三去一降一补"决心很大。去产能,首先从钢铁、煤炭着手,国企没带好头,下步中央要督查。在去库存方面,对房产企业要求较高,下步也要督查。在去杠杆方面,主要是杠杆率过高,拖累实体经济发展,下步对实体经济减轻债务有一系列动作。在降成本方面,实体经济特别是制造业的竞争力,中央很关注,主要有七个降,即降制度上的交易成本,降人工成本,降企业税费负担,降社会保险费,降财务成本,降电力价格,降物流成本,为实体经济、制造业发展带来新的机遇。补短板,主要是创新,还有就是要补绿色产品、高品质产品、生态产品、新兴产业、现代农业等短板。

习近平注重树立非公有制企业在加快供给侧改革方面的典型和标杆,以引导非公有制企业健康发展。2016年1月,习近平赴重庆考察,专门调研京东方光电科技有限公司,并在18日省部级主要领导干部专题研讨班上,把这家公司作为推进供给侧改革的典型案例。这家公司在2003年通过收购韩国现代的液晶显示业务之后,迅速消化吸收了韩国技术,并自主创新研发,几年后又成功将自主研发的产品返销给韩国。目前,这家公司是我国规模最大的半导体显示领军企业,市场占有率排名全球前五位。

习近平"3·4"重要讲话发表后,如果考虑过程,我们不难发现,事实上中央和地方促进非公有制经济发展的一些政策几乎是同步落地的。如:2016年全国两会闭幕后不久,国家税务总局即出台"营改增",为民营企业切实减轻税负。为进一步解决制约民间投资发展的重点难点问题,国家发改委于10月12日出台了《促进民间投资健康发展若干政策措施》,从促进投资增长、改善金融服务、落实完善相关财税政策、降低企业成本、改进综合管理服务措施、制定修改法律法规等六个方面提出了26条具体措施。2016年11月和12月,江苏和浙江两省相继出台了进一步减轻企业负担、降低企业成本的26条和20条政策举措,为民营企业减负分别达700多亿元和800多亿元,其他省区也都有类似的举措和成效。2016年12月,习近平在中央经济工作会议上指出,2017年是实施"十三五"规划的重要一年,是供给侧结构性改革的深化之年。在这个问题上,党政干部和企业家都要高度重视,勇于承担责任,为进一步深化改革注入源源不断的发展动力,也就是创新驱动的能力,促进民间投资,促进非公有制经济健康发展。

三、突出一个主题:进一步阐述了"两个健康"的内在联系,对非公有制经济人士做合格的中国特色社会主义事业建设者寄予殷切期望

在2015年5月中央统战工作会议上,习近平明确指出:非公有制经济健康发展和非公有制经济人士健康成长是重大经济问题,也是重大政治问题。《中国共产党统一战线工作条例》明确提出:促进"两个健康"是非公有制经济领域统战工作的主题。习近平在"3·4"重要讲话中说:"我在去年的中央统战工作会议上强调,非公有制经济要健康发展,前提是非公有制经济人士要健康成长。"重申要坚持团结、服务、引导、教育的方针,希望广大非公有制经济人士自我学习、自我教育、自我提升,做合格的中国特色社会主义事业建设者。联系他在福建、浙江工作期间的言行,我们可以领悟习近平这一重要思想不仅寓意深刻,而且是一以贯之、一脉相传的。

(一)力主以"两手抓"推动"两个健康"

在"3·4"重要讲话中,习近平进一步阐述了"两个健康"的内在联系,要求一手抓鼓励支持,一手抓教育引导,既要关注非公有制经济人士的思想,也要关注他们的困难,切实增强工作的针对性和实效性。这是习近平在东南沿海非公有制经济先发地区长期实践探索中不断完善发展的。

在福建时他说过:对非公有制经济一方面要创造宽松环境,给予鼓励支持;另一方面要引导非公有制企业注重学习国家有关政策、法律、现代企业管理知识、市场经济知识和科技知识,进行制度创新,提高产品的档次和科技含量,依法开展经营活动,为社会服务,做到致富不忘做贡献,取之社会,用之社会。在2004年2月召开的浙江省民营经济工作会议上,习近平强调要加强对民营经济的引导和规范,坚持一手抓发展、一手抓管理,进一步加强引导和管理,推动民营经济有序、规范、健康发展。

在福建和浙江工作期间,习近平亲力亲为"两手抓",促进"两个健康"。一方面,切实加强对民营经济的引导和监管,进一步整顿市场秩序,坚决制止各种不正当竞争和侵犯消费者权益的行为,严厉打击假冒伪劣、偷税漏税等违法经营活动,规范企业经营行为和市场经营秩序;另一方面,习近平亲自为晋江正名,为浙商正名,为非公有制经济和非公有制经济人士正名。2002年,时任福建省省长的习近平分别在《人民日报》《福建日报》发表署名文章,指出晋江的成功经验,就其自身而言,关键在于晋江的广大干部群众勇于开拓创新,大胆探索和走出了一条被人们称为"晋江模式"的独具特色的经济发展道路。在2005年6月举办的"浙商论坛"上,习近平说,现在有一些地方,动不动就认为浙商对某地、某个领域的投资就是"炒",这是不正确的。我们不排除浙商中有一小部分人有一些不健康的投资行为,但是广大浙商到各地去投资创业,绝大多数是诚信守法的,是尊重当地各种规定、规则的,为当地做出贡献的。最终实现的双赢,是在市场经济规律、价格规律和规则下实现的,这不是所谓"炒"。

(二)鼓励企业家在爱国敬业、回报社会中实现人生价值

习近平在2015年中央统战工作会议上强调,要深化理想信念教育实践活动,引导非公有制经济人士特别是年轻一代爱国、敬业、创新、守法、诚信、贡献。在"3·4"重要讲话中习近平指出,要深入开展以"守法诚信、坚定信心"为重点的理想信念教育实践活动,始终热爱祖国、热爱人民、热爱中国共产党,积极践行社会主义核心

价值观,做爱国敬业、守法经营、创业创新、回报社会的典范,在推动实现中华民族伟大复兴的中国梦的实践中谱写人生事业的华彩篇章。这些希望和倡导与习近平在福建、浙江工作时的主张和做法是一脉相承、接续发展的。

1998年4月,时任福建省委副书记的习近平在全省私营企业1996至1997年度纳税先进单位经验交流暨表彰大会上,要求广大非公有制经济人士也要正确处理国家与企业、全局与局部的利益关系,立足本职,发挥优势,为全省经济发展多做贡献。①习近平指出,光彩事业的基本精神是互惠互利和互助互爱。通过光彩事业活动,可以让更多依靠党的改革开放政策先富起来的非公有制经济人士增强奉献社会和人民的历史责任感、爱国心,帮助他们树立正确的世界观、人生观和社会主义义利观,把非公有制经济人士的社会主义精神文明建设提高到一个新的水平。②习近平还要求加强对非公有制经济人士的教育引导,使他们认识到,非公有制经济是党的改革开放政策的受益者,如果没有改革开放和国有经济的强大支持,它就不能成为社会主义市场经济的重要组成部分;认识到积极参与再就业工作,不仅是发展和壮大自己、展示自身实力的大好机遇,也是积极为党分忧、回报社会,树立良好社会形象的有利时机,从而提高他们的政治素质和思想道德水平。

到浙江及上海工作后,习近平指出:浙商是中国特色社会主义事业的建设者,是发展先进生产力和先进文化的实践者,是参与国际经济合作与竞争的开拓者,是人民群众实现共同富裕的贡献者。要求浙商做科学发展的实践者、和谐社会的建设者、改革创新的先行者。

(三)希望企业家们自觉履行社会责任

如前所述,在福建工作期间,习近平倡导企业家增强依法经营、照章纳税意识,积极参与下岗职工再就业工作,投身光彩事业。

到浙江工作后,习近平倡导浙江企业家要树立强烈的信用意识。2003年1月16日,浙江省十届人大一次会议召开,时任浙江省长的习近平在《政府工作报告》中提出了加强"信用浙江"建设问题。同年7月,省委十一届四次全会把"切实加强信用建设"作为"八八战略"的重要内容,使其成为浙江发展的总纲之一。2003年8月,习近平率浙江省党政代表团赴新疆考察时,勉励当地浙商参与西部大开发要以

---

① 详见《福建日报》,1998年4月7日,第1版。
② 习近平. 进一步发展光彩事业为新一轮创业作贡献[N]. 福建日报.1997-09-25.

诚信为本,诚实守信、依法经营、公平竞争、文明经商,自觉遵守市场经济秩序,做信用浙江的模范实践者。习近平还在2003年9月15日的《浙江日报》头版"之江新语"栏目发表题为"努力打造'信用浙江'"的短论,指出"人而无信,不知其可;企业无信,则难求发展"。

习近平还十分重视非公有制企业构建和谐劳动关系。2004年2月,在浙江省民营经济工作会议上,习近平提出,要加强对民营企业劳动关系处理、安全生产、劳动保护、社会保险的监察管理,依法维护劳动者的合法权益。2006年6月,习近平在浙商大会的讲话中,要求广大浙商"致富思源、富而思进",积极参与光彩事业和社会公益事业,倡导"互利共赢、义利兼顾"理念;积极开展"关爱员工、实现双赢"的活动,谋求和谐的劳动关系;积极建立各种健康的企业文化,协调企业内部的各种关系。2010年8月,时任中央政治局常委、书记处书记的习近平,对浙江著名企业传化集团构建和谐劳动关系的经验做法做出重要批示:"构建和谐的劳动关系,是建设和谐社会的重要方面,特别是在当前有些企业劳资纠纷频发的情况下显得尤为重要。"2011年10月,习近平在写给首届世界浙商大会的贺信中,明确要求,营造企业和谐文化同构建和谐劳动关系相统一。

(四)积极倡导并致力构建新型政商关系

在2015年中央统战工作会议上,习近平指出:党政领导干部和非公人士不能搞成封建官僚和"红顶商人"之间的那种关系,也不能搞成西方国家大财团和政界之间的那种关系,更不能搞成吃吃喝喝、酒肉朋友的那种关系。在"3·4"重要讲话中,习近平首次提出"亲""清"二字标准,为构建新型政商关系指明了努力方向。

"官""商"交往要有道,核心要义就在于"亲"和"清",需要政商两方面共同努力,其中"政"是主要方面,应该主动作为。习近平说,我们要求领导干部同民营企业家打交道要守住底线、把好分寸,并不意味着领导干部可以对民营企业家不理不睬,对他们的正当要求置若罔闻,对他们的合法权益不予保护。习近平强调,为了推动经济社会发展,领导干部同非公有制经济人士的交往是经常的、必然的,也是必需的。明确指出政商关系的"三商"(亲商、安商、富商),重申了2015年中央统战工作会议讲话中提出的"三不能"(不能搞成封建官僚和"红顶商人"之间的那种关系;也不能搞成西方国家大财团和政界之间的那种关系;更不能搞成吃吃喝喝、酒肉朋友的那种关系)。习近平特别对领导干部和民营企业家分别提出要求,而且

"亲"和"清"都有具体内容,特色鲜明,针对性强,且极具可操作性。①

习近平关于政商关系的论述,始见于20世纪80年代末,在福建、浙江工作期间多有提及。②值得关注的是,习近平不仅一以贯之倡导构建健康政商关系,而且身体力行地践行和致力于构建亲清政商关系。

习近平对浙江的企业家十分熟悉。在2013年"五一"前夕举行的全国劳模座谈会上,习近平说:"鲁冠球同志是我们第一批乡镇企业改革家,现在仍然站在改革的前线。我在浙江工作期间,鲁冠球同志就是依法合理,谦虚谨慎,一直保持务实低调,与时俱进。他始终琢磨万向,一直琢磨到现在,万向始终处于一个领导潮流的地位。"2015年12月,习近平亲临乌镇参加世界互联网大会,视察了"互联网之光"博览会,在听取了时任阿里巴巴集团董事局主席马云的汇报后说,阿里巴巴不仅是一家中国的公司,也是一家在全世界具有影响力的世界级公司,要在全球经济、社会治理等方面发挥积极影响力。阿里巴巴现在在全球的影响力,可以说是肩负重任,压力也很大。你们现在虽然有很多压力,很多挑战,还是要不断创新,不断突破。2016年3月4日,习近平参加民建、工商联界委员联组会时,习近平与在场的徐冠巨、南存辉、王建沂等浙商一一握手并亲切交谈,他们在聆听习近平重要讲话后,表示"像过大年那样高兴""吃了定心丸",并奔走相告,广为宣讲。同年3月12日,还在全国两会期间,参加两会的部分浙商在京连夜学习习近平"3·4"重要讲话精神,并以浙商总会和浙江省工商联名义联合发出倡议书,提出十条倡议:坚定理想信念,融入改革开放时代洪流;抓住新机遇,主动适应新常态;爱国敬业、回报社会,谱写人生事业的华彩篇章;传承创新,积极培育新生代企业家群体;明确亲清标准,致力构建新型政商关系;牢记安身立命之本,坚守守法诚信底线;推进供给侧改革,优化产业结构;树立"两山"理念,做生态文明的践行者;抱团出海走出去,实施更高层次引进来;致富思源、报效桑梓,共奔高水平全面小康。③

---

① 对领导干部而言,所谓"亲",就是要坦荡真诚地同民营企业家交往,特别是在民营企业遇到困难和问题的情况下更要积极作为、靠前服务。对非公有制经济人士具体来说:多关注,多谈心,多引导,帮助解决实际困难,真心实意支持民营经济发展。所谓"清",就是同民营企业家的关系要清白、要纯洁;不能有贪心私心、不能以权谋私、不能搞权钱交易。对民营企业家而言,所谓"亲"就是积极主动地同各级党委和政府及部门多沟通,多交流,讲真话,说实情,建诤言。另外,还要满腔热情地支持地方发展。所谓"清":要洁身自好,要走正道,做到遵纪守法办企业,要光明正大搞经营,要运用法律武器维护自身合法权益。

② 笔者对此及构建"亲""清"关系的内涵、意义、原则、路径等已有专论,在此不再赘述。详见:杨卫敏.构建"亲""清"政商关系探析[J].江苏省社会主义学院学报,2016(3)。

③ 浙商发出倡议学习贯彻总书记重要讲话精神[N].浙江日报,2016-03-13(1).

习近平还多次带领浙江的企业家参加国事出访活动,拓展国际市场。仅党的十八大以来,就有10余位浙江企业家随同习近平出访。如2013年5月,习近平出访美洲四国,有6家浙江企业的代表随同出访,这6家企业分别是:杭州世导集团、浙江广厦控股集团有限公司、中球冠集团、温州创力电子有限公司、浙江中韵能源有限公司、平湖巨龙紧固件有限公司,涵盖了建筑、房地产、能源、机械零件、微电子等领域。2014年7月,习近平对韩国进行国事访问,时任阿里巴巴集团董事局主席马云、正泰集团董事长南存辉等陪同出访,并在首尔参加了史上规模最大的"中韩商务论坛"。2015年9月,习近平赴美进行国事访问并举行中美企业家座谈会,时任万向集团董事局主席鲁冠球和时任阿里巴巴集团董事局主席马云一道参加。同年10月,习近平访问英国,吉利集团董事长李书福随访。在这期间,习近平主席和夫人还一同参观了吉利全新伦敦出租车TX5。总之,习近平以多种方式,引领浙江企业,借船出海,开阔眼界,商行天下,创新发展。

四、打造一个载体:不断完善非公有制经济人士综合评价体系,为促进"两个健康"提供制度和机制保障

最近十多年来,非公有制经济领域的统战工作是浙江省统战工作的亮点。习近平在浙江任省委书记期间,非公有制经济人士综合评价工作、非公有制经济人士担任工商联会长、非公有制企业构建和谐劳动关系、非公有制企业党建等做法,这些统战或与统战工作有关的全国性试点工作大都在浙江试点成功,进而在全国推广。对此,习近平十分熟悉也大力倡导和支持,并多次强调要进一步打造这一浙江统战工作的特色品牌和工作亮点。

2005年,在发改委、工商联等7部门支持下,中央统战部在六省二市进行综合评价工作试点,这六省二市中包括浙江省和浙江省温州市。其间,作为省委书记的习近平多次听取浙江省综合评价领导小组的工作汇报,并提出了"凡进必评"的明确要求。2006年,中央统战部印发《中央统战部关于开展非公有制经济代表人士综合评价体系工作的意见(试行)》(统发〔2006〕14号),浙江省提出的综合评价模式被采纳,在总结试点经验的基础上向全国推开。2010年,中央统战部等单位又下发《关于进一步做好非公有制经济代表人士综合评价工作有关问题的通知》,对综合评价体系做了进一步完善。经过10年的实践探索,这项工作取得了积极进展和显著成效,为树立选人用人导向、严把人选质量关发挥了重要作用,越来越得到

各级党委、政府的高度重视和社会的广泛认可。

2015年5月18日，习近平在中央统战工作会议上强调，非公有制经济人士政治安排要坚持标准、严格程序、认真考察，做好综合评价，一个入口，一套标准，凡进必评，真正把那些思想政治强、行业代表性强、参政议政能力强、社会信誉好的非公有制经济代表人士推荐出来。作为总书记的习近平之所以能对统战部门的每一项具体工作如数家珍，这与他在主政浙江期间对这项工作的关注和支持是密不可分的。

习近平还将综合评价非公有制经济人士的各类安排，与从严治党、打造政治生态的青山绿水直接联系起来。习近平明确指出，对于这项工作，"组织部门、统战部门要负好责任，不能有人打个招呼、批个条子，就不加甄别放行，出了问题要倒查责任"。事实上，习近平之所以这样说是有所指的：在习近平离浙赴上海担任市委书记之前，媒体公开报道的中央关于上海原市委书记陈良宇案的通报中就点到，陈良宇为某一涉案民营企业主能被评为"全国优秀中国特色社会主义事业建设者"，而出面跟统战部门打招呼。2014年以来，中央严肃查处了衡阳、南充、辽宁贿选案，在这些案件中少数非公有制经济人士起了不好的作用，导致组织提名的工人、农民和教师候选人落选。习近平在中央统战工作会议上严肃指出，我们是人民当家做主的国家，绝不能按财富多少来分配政治资源，绝不能把人大、政协搞成"富人俱乐部"；人大代表、政协委员首先要保证思想政治素质，人大还要保证基本群众代表的比例，企业家不能占据他们的名额。为此，《中国共产党统一战线工作条例（试行）》第四十一条专门做出规定："各级人大代表候选人和各级政协委员中应当有适当数量的非公有制经济人士。非公有制企业主要出资人并以经营管理为主要职业的，在推荐安排中应当界定为非公有制经济人士。"

在2016年3月4日的重要讲话中习近平重申，要坚持标准、严格程序、认真考察，做好综合评价，真正把那些思想政治强、行业代表性强、参政议政能力强、社会信誉好的非公有制经济代表人士推荐出来。作为总书记的习近平的这两次重要讲话，既是对综合评价工作过去10年实践探索的充分肯定，也是对进一步做好综合评价工作的殷切期望和严格要求。2016年6月，经中央统一战线工作领导小组会议审议通过，由中央统战部、中央组织部、全国工商联等14家单位联合印发的《关于加强和改进非公有制经济代表人士综合评价工作的意见》（统发〔2016〕47号）正式下发。文件结合实践发展和调研情况，对综合评价指标体系进行了必要的调整和完善。一是明确功能定位,即综合评价是非公有制经济人士推荐使用和重要评优表彰的基础性工作,是人选资格审查的重要关口,是确定组织考察人选的前置环节;二是降低评价成本,简化评价指标,精简评价单位,减少评价层级,延长评价周期。有效期由原来的2年延长为3年,节约了评价工作的时间成本和人力成本;三是扩大评价范围,明确人大代表候选人、政协委员人选必须经过综合评价,并覆盖到劳动模范、三八红旗手、五四青年奖章等重要评选表彰人选;四是增强工作权威性,把综合评价作为上述各类安排的前置程序,真正体现"凡进必评"。当前,及时将新的综合评价体系运用于各级人大、政协、工商联等的新一轮换届工作中,已是当务之急。

《中国共产党统一战线工作条例(试行)》第四十一条还规定:"推荐为人大代表候选人、政协委员以及在工商联等人民团体、社会组织中任职的非公有制经济人士,应当经综合评价,并征求企业党组织、非公有制企业党建工作机构和地方工会组织的意见。"因此,搞好非公有制经济人士的综合评价工作,离不开非公有制企业党建工作和工商联组织建设的支持。值得注意的是,习近平关于这两方面的论述和要求都与他在浙江期间的工作直接或间接相关。

(一)积极探索民营企业党建工作的有效途径

2004年2月,习近平在浙江省民营经济工作会议上指出,要高度重视民营企业的党建工作,按照"班子精干高效、党员形象突出、政治优势明显、促进发展有力、自身建设过硬"的要求,积极探索民营企业党建工作的有效途径,不断增强党组织在企业中的渗透力、影响力和覆盖面,更好地发挥其在促进民营经济发展中的重要作用。他说,要从政治上关心、爱护民营企业家,引导他们树立正确的世界观、人生观和价值观。加强民营企业的党员发展和管理工作,把民营企业中符合条件的优秀分子及时吸收到党组织中来。

在习近平的高度重视和领导下,浙江省委先后制定出台了《浙江省非公有制企业党组织工作暂行规定》《关于加强非公有制企业工会建设的意见》和《关于加强非公有制企业团建工作的意见》等政策文件,探索形成了非公企业党建的做法和成效:一是突出规模以上企业这个重点,大力推进党建覆盖网建设,努力扩大党在非公有制企业的覆盖面;二是实施"党员人才工程",不断壮大党的队伍,探索了提高企业党员队伍素质的有力举措;三是围绕企业创业创新发展,大胆创新载体,探索了党组织和党员作用发挥的途径形式;四是紧扣领导班子好、党员队伍好、工作机制好、发展业绩好、群众反映好等"五个好"目标要求，积极推进规范化建设，形成了非公有制企业党组织工作的运行机制；五是大力开展党建带工团建设，全面实施"三级联创"活动，形成了党建带群团、群团促党建的良好态势等，走出了一条符合时代要求、体现浙江特色的非公有制企业党建工作新路子，有力促进了浙江非公有制经济的健康发展。

在此基础上，统战工作在浙江被及时嵌入进而融入非公有制企业党建工作之中。从2003年德力西集团党委成立全国第一家非公企业统战部以来，目前浙江全省已有30多家非公有制企业成立了统战部，有的企业还在上级统战部门指导下成立了党外知识分子联谊会组织。嘉兴等市明确由市工商联党委作为全市非公有制企业党组织的主管单位，这也为搞好非公有制经济人士的综合评价提供了组织保证。

党的十七大后，作为中央政治局常委的习近平直接分管党建工作，对非公有制企业党建工作进一步提出了明确要求。2009年12月，习近平在部分省区市学习实践科学发展观活动座谈会上强调：要不断扩大非公有制经济组织和社会组织中党的组织和党的工作覆盖面，选好配强党组织负责人，做好在非公有制经济组织和社会组织中发展党员工作，探索党组织发挥作用的有效途径，推动非公有制经济组织和社会组织党建工作取得新进展。①

2012年3月，全国非公有制企业党的建设工作会议召开，习近平在会上明确提出加强和改进非公有制企业党建工作的目标，就是抓好"两个覆盖"（党组织覆盖和党的工作覆盖）、发挥好党组织"两个作用"（在职工群众中发挥政治核心作用，在企业发展中发挥政治引领作用）、加强"两支队伍"（党组织书记和党建工作指导员队伍）建设。

（二）关于工商联商会的发展方向问题

在福建和浙江工作期间，习近平就非常重视和关心工商联的工作，经常参加工商联举办的会议和活动，或在举办民营经济相关会议和活动时请工商联参与承办。习近平在2015年中央统战工作会议上指出：政社分离、行业协会商会与行政机关脱钩是深化改革的一项任务，工商联作为人民团体和商会组织，同基层商会不能切

---

① 习近平. 在非公有制企业党建工作会议上的讲话[EB/OL].(2012-03-21)[2018-05-07].http://news.ifeng. com/mainland/detail_2012_03/21/13353378_0.shtml.

断工作渠道。统战工作要向商会组织有效覆盖,发挥工商联对商会组织的指导、引导、服务职能,确保商会发展的正确方向。在"3·4"重要讲话中,习近平对工商联自身建设提出目标要求,就是工商联组织要切实增强"三个力"(凝聚力、影响力、执行力),推动工商联所属商会改革,切实担负起指导、引导、服务职责。①②

总之,习近平关于"两个健康"的思想论述和促进"两个健康"的工作部署,发端、产生于他在闽、浙、沪工作期间,形成和成熟于在中央工作特别是担任总书记后的两次重要讲话,体现了时空上的跨越和发展。习近平"两个健康"思想立意深远、主题鲜明、目标明确、脉络清晰、内涵丰富,不仅对发展非公有制经济、促进阶层和谐有着重大的现实意义,而且对"四个全面"战略布局的实施,对中国特色社会主义道路的探索,对中华民族伟大复兴中国梦的实现,都有着深远的历史意义。"两个健康"涉及我国以公有制为主体、多种所有制共同发展的基本经济制度,涉及以广大非公有制经济人士为主体的中国特色社会主义事业建设者,两者都是全世界独一无二的,蕴含着中国文化、中国智慧以及在中国特色社会主义实践探索中形成的中国故事、中国声音、中国话语,可以为人类特别是第三世界国家对更好的经济制度和社会制度的探索提供中国方案。

第二节　如何保护和弘扬企业家精神

党的十九大报告提出,激发和保护企业家精神,鼓励更多社会群体投身创新创业。2017年9月,《中共中央国务院关于营造企业家健康成长环境弘扬优秀企业家精神更好发挥企业家作用的意见》(以下简称《意见》)正式公布,充分体现了以习近平同志为核心的党中央对企业家群体的重视和肯定,充分释放了激励企业家创新创业的信号,在社会上引起了强烈的反响。《意见》主要内容包括"三营造""三弘扬"和"三加强"。"三营造":营造依法保护企业家合法权益的法治环境,营造促进企业家公平竞争、诚信经营的市场环境,营造尊重和激励企业家干事创业的社会氛围。"三弘扬":弘扬企业家爱国敬业、遵纪守法、艰苦奋斗的精神,弘扬企业家创新发

① 关于工商联和商会职能改革,笔者有专文探讨,因篇幅所限,在此不再赘述。详见杨卫敏. 关于商会承接政府部分职能转移的探索与思考[J]. 湖南省社会主义学院学报,2015(4)。

② 中央为民企再派"定心丸"! 最新文件释放5大新信号[EB/OL].(2016-11-29)[2018-05-07].http://www.sohu.com/a/120120562_378279.

展、专注品质、追求卓越的精神,弘扬企业家履行责任、敢于担当、服务社会的精神。"三加强":加强对企业家优质高效务实服务,加强优秀企业家培育,加强党对企业家队伍建设的领导。《意见》将企业家精神概括为36字:爱国敬业、遵纪守法、艰苦奋斗,创新发展、专注品质、追求卓越,履行责任、敢于担当、服务社会。实际上,中央提出弘扬企业家精神是有着长远的、战略的、深层的考虑的,对此我们要以历史的、发展的、全面的、系统的眼光来看待和把握。

近年来,习近平总书记在谈及鼓励和支持非公有制经济发展时,多次提出要"激发企业家精神"或"发扬企业家精神"。政界、商界和学界由此掀起了一股讨论企业家精神的热潮。但是,目前对企业家精神的探讨多集中在抽象的学理论述或实证研究上,尚缺乏对习近平"发扬企业家精神"思想的系统分析。笔者以问题为导向,对习近平"发扬企业精神"思想的发展脉络进行梳理,对其思想内涵进行探析,对其提炼构建、培育弘扬路径进行分析,以深化对习近平治国理政战略思想的理解和把握,为引导非公有制经济人士健康成长和促进非公有制经济健康发展提供理论指导与政策支持。

一、"发扬企业家精神"思想的起源和发展

习近平同志长期在东南沿海工作,特别是在浙江和福建两个民营经济大省工作过,对民营经济的发展有自己独到的见解,对民营企业和民营企业家有很深的了解和感情。近20年来,民营经济经历了大发展、大跨越,也经历了国际国内环境变化带来的冲击考验。闽商、浙商、沪商,以及其他地区的民营企业家敢为天下先,具有韧劲和闯劲,流淌着特殊的血液,流露出独特的气质、性格。习近平对这些耳濡目染、感同身受,对企业家精神的理解和认识不断深化。

第一个层次:重视民营企业家群体,希望民营企业家负责任、有担当,树立正确的价值观。

一是指出民营企业家应是新的生产力发展的重要支撑力量。1996年6月19日,刚刚担任福建省委副书记的习近平在福建全省民营企业家座谈会上指出:"民营企业家是民营经济的主体,是我国企业家队伍的重要组成部分。把民营企业家这支队伍建设好,使其团结在中国共产党领导周围,可以更好地为我国现代化建设服务,成为新的生产力发展的重要支撑力量。"同时,他认为"通过光彩事业活动,可以让更多依靠党的改革开放政策先富起来的非公有制经济人士增强奉献社会和人

民的历史责任感、爱国心,帮助他们树立正确的世界观、人生观和社会主义义利观"。①

二是认为企业家具有"敢闯敢冒、艰苦创业"的特质。进入21世纪后,习近平对民营企业家的特质有了新的认识。2001年5月8日,时任福建省省长的习近平在福建省非公有制经济发展论坛上郑重表示:"向敢闯敢冒、艰苦创业的企业家致以崇高的敬意。"2002年10月,习近平专门就广为流传的"晋江模式"开展调研,先后在《福建日报》和《人民日报》发表署名文章,为晋江的发展模式正名。

三是希望企业家树立诚信的价值观。到浙江工作后,习近平把对民营企业家的认识和希望上升到价值观的高度。他要求民营企业家"进一步增强大局意识和责任意识,把企业的发展与全省全社会的发展紧密联系在一起,把实现个人价值和体现社会价值紧密联系在一起,继续担当改革开放和发展经济的先锋"②。习近平对广大浙商指出:"诚信是和谐社会的基石和重要特征,也是企业的立身之本。人无信不立,商以诚待人,业靠诚信创。"③⁹⁸2003年9月15日,习近平在《浙江日报》"之江新语"栏目发表《努力打造"信用浙江"》的短论,指出:"'人而无信,不知其可';企业无信,则难求发展;社会无信,则人人自危;政府无信,则权威不立……我们一定要高度重视信用建设,努力打造'信用浙江'。"此后,习近平在浙江省内外多个场合反复强调诚信价值观对企业家的重要性。2005年5月,习近平率浙江党政代表团考察安徽并看望在皖的浙商企业家代表时说:"诚信是和谐社会的基石和重要特征,也是企业的立身之本。企业家要有诚信的价值观,为构建和谐社会、建设'信用浙江'做出贡献。"

四是欣赏浙商身上特有的"地瓜"精神。习近平指出:有人提出一种"地瓜理论",非常生动形象地描述了"跳出浙江、发展浙江"的现象。地瓜的藤蔓向四面八方延伸,为的是汲取更多的阳光、雨露和养分,但它的块茎始终是在根基部,藤蔓的延伸扩张最终为的是块茎能长得更加粗壮硕大。④ 2016年11月19日,习近平在秘鲁首都利马举行的亚太经合组织工商领导人峰会上再次提到"地瓜"精神。

---

① 进一步发展光彩事业 为新一轮创业做贡献 福建省光彩事业促进会在福州成立[N]. 福建日报,1997-09-25(1).

② 习近平. 干在实处 走在前列——推进浙江新发展的思考与实践[M]. 北京:中共中央党校出版社,2006:95-100.

③ 习近平. 干在实处 走在前列——推进浙江新发展的思考与实践[M]. 北京:中共中央党校出版社,2006:95-100.

④ 哲欣. 在更大的空间内实现更大发展[N]. 浙江日报,2004-08-10(1).

第二个层次：认为民营企业家具有独特的精神和文化，企业家文化是支撑企业发展的动力。

一是认为浙商是全国最具活力的企业家群体。2006年6月，习近平出席以"创新·合作·发展"为主题的浙商大会暨浙商论坛。习近平把浙商群体称作全国最活跃的企业家群体，指出：浙商身上所体现的创业精神和商业智慧，集中反映了与时俱进的浙江精神，展示了浙江人的良好形象；希望他们继续弘扬与时俱进的浙江精神，争做科学发展的实践者，和谐社会的建设者，改革创新的先行者和优秀的中国特色社会主义事业的建设者。[①]

二是认为"浙商"不仅是经济概念也是文化概念。2006年11月，在上海市浙江商会成立二十周年时，时任浙江省委书记的习近平专门发去贺信，勉励在沪浙商"发扬与时俱进的浙商精神，抓住机遇、加快发展，争做科学发展的实践者、和谐社会的建设者、改革创新的先行者"。2007年9月，时任上海市委书记的习近平在与前来考察的浙江党政领导一同看望在沪浙商代表时说："在社会主义市场经济大潮中培育和成长起来的浙商群体，是全国最活跃的企业家群体。浙商已不仅是一个经济概念，也成为一个文化概念。"

三是认为浙商文化是浙商之魂。2006年6月16日，习近平在《浙江日报》"之江新语"栏目发表《"浙商文化"是浙商之魂》短论，指出："浙商是在社会主义市场经济的大潮中诞生并壮大起来的创业者和企业家群体。长期以来，浙商不仅创造了大量的物质财富，也形成了一种独特的'浙商文化'。"他要求全省各地在新的发展阶段认真总结、提炼、培育"浙商文化"，大力弘扬"求真务实、诚信和谐、开放图强"的价值取向，使"浙商文化"成为发展先进生产力的重要力量，成为民营经济实现新飞跃的重要支撑。

四是系统分析论述浙商精神。2005年6月5日，习近平在《浙商》杂志浙商论坛2005年峰会的致辞中，不仅针对有些地方和媒体称浙商为"炒家"的问题给予正面澄清，而且对浙商的企业家精神进行进一步概括和提炼，对浙商精神提出了发展愿景。他希望广大浙商要有科学的发展观，要有不断创业的进取心，要有诚信的价值观，要有造福社会的责任感，积极适应新的形势，努力提升自身素质，推动技术创

---

① 习近平. 干在实处　走在前列——推进浙江新发展的思考与实践[M]. 北京:中共中央党校出版社，2006:100.

新、制度创新、管理创新和企业文化创新,在市场经济的大潮中完成转型,真正成为具有现代化、市场化、国际化素质的企业家群体。①

第三个层次:希望民营企业家培育和弘扬企业家精神。

一是明确提出要传承浙商文化、弘扬浙商精神。2011年10月,时任中共中央政治局常委、国家副主席的习近平在给首届世界浙商大会的贺信中指出:敢为天下先、勇于闯天下、充满创新创业活力的浙商群体,是在社会主义市场经济大潮中应运而生的。希望浙商群体审时度势、抓住机遇,深入传承浙商文化、大力弘扬浙商精神,继续用好国内国外两个市场、两种资源,把奋力向外拓展同积极向内拓展结合起来,把富而思进同富而思源、富而思报结合起来,做到形成健康的发展机制同坚持理性的投资导向相统一,做大做强主业同拓展新的发展空间相统一,调整产业结构同优化对外贸易结构相统一,营造企业和谐文化同构建和谐劳动关系相统一,追求经济效益、社会效益同追求生态效益相统一,为全面建设小康社会和创新型国家,为实现中华民族伟大复兴建功立业。

二是赞赏"敢为天下先"的企业家精神。2014年5月18日,福建30位企业家以"敢于担当　勇于作为"为题,就贯彻党的十八届三中全会决定、加快企业改革发展建言倡议,并致信习近平。习近平回信鼓励他们继续发扬"敢为天下先,爱拼才会赢"的闯劲,进一步解放思想,改革创新,敢于担当,勇于作为,不断做大做强,促进联合发展,实现互利共赢,为国家经济社会持续健康发展发挥更大作用。②

三是正式提出发扬企业家精神。2014年11月9日,习近平在亚太经合组织工商领导人峰会开幕式上发表了题为"谋求持久发展　共筑亚太梦想"的主旨演讲。习近平特别指出:我们全面深化改革,就要激发市场蕴藏的活力。市场活力来自于人,特别是来自于企业家,来自于企业家精神。③2016年3月4日,习近平在全国政协民建、工商联界委员联组会上提出:我国发展一时一事会有波动,但长远看还是东风浩荡。广大非公有制经济人士要准确把握我国经济发展大势,提振发展信心,提升自身综合素质,完善企业经营管理制度,激发企业家精神,发挥企业家才能,增

① 习近平. 干在实处　走在前列——推进浙江新发展的思考与实践[M]. 北京:中共中央党校出版社,2006:95-100.

② 习近平给福建企业家回信:敢为天下先　爱拼才会赢[EB/OL]. (2014-07-21)[2017-02-10]. http://politics.people.com.cn/n/2014/0721/c70731-25308366.html.

③ 习近平:全面深化改革必将成为推动发展的强大动力[EB/OL]. (2014-11-09)[2017-02-10]. http://politics.people.com.cn/n/2014/1109/c1024-25998984.html.

强企业内在活力和创造力,推动企业不断取得更新更好发展。2016年12月,习近平在中央经济工作会议上指出:要坚持基本经济制度,坚持社会主义市场经济改革方向,坚持扩大开放,发扬企业家精神,稳定民营企业家信心。[①]

综上所述,习近平"发扬企业家精神"思想呈现出鲜明的层次性、递进性,既是我国民营经济发展的真实写照,又是国内外形势变化的具体反映。其中,"浙商精神"是习近平相关论述中最集中、最系统、最深刻的,这自然与习近平长期主政浙江有关,但同时表明了浙商作为全国最为活跃、最具代表性的企业家群体的典型意义。

二、"发扬企业家精神"思想的逻辑思维及现实启示

一般认为,企业家精神(entrepreneurship)是由熊彼特最早提出并系统论述的。他认为,企业家与只想赚钱的普通商人或投机者不同,个人致富充其量仅是他的部分目的,而最突出的动机在于"个人实现"的心理,即"企业家精神"。熊彼特认为,"企业家精神"包括建立"私人王国",对胜利的热情,创造的喜悦,坚强的意志。张维迎认为,把企业家与一般民众区别开来的首先是他们的精神。什么叫企业家精神? 就是有"想常人不敢想,干常人不敢干"的冒险精神,就是有"乐于接受新的挑战,向未知领域挺进"的创新精神,就是有"成功仅是前进的起点,建立一个又一个商业桥头堡"的不满足精神,就是有"勇于承担责任,喜欢征服世界"的英雄主义精神。习近平"发扬企业家精神"思想内涵深刻、外延广泛,不仅有着长期丰富的实践基础,而且有着缜密深刻的逻辑思维,同时契合中西方经济学关于"企业家精神"的经典理论。

学习领会"发扬企业家精神"思想,必须深刻理解和系统把握以下几对辩证关系。

一是文化性与创造性的辩证关系。企业家精神不是凭空产生的,而是有着特定的文化氛围,更是基于企业家的实践创新。习近平阐明了浙商文化、浙商精神、浙江精神的历史性和时代性的关系。习近平指出,浙商的文化基因是一种宝贵的精神财富,这一优势与浙江的其他优势结合,政府、民间互动,一定能使浙江经济更

---

① 习近平在中央经济工作会议上的讲话[EB/OL].(2016-12-16)[2017-02-10]. http://news.xinhuanet.com/politics/2016-12/16/c_1120133804.htm.

加发展、民主更加健全、科教更加进步、文化更加繁荣、社会更加和谐、人民生活更加富裕。①习近平指出,近年来浙江一跃成为经济强省,"浙江现象"唱响大江南北乃至边城雪域,除了政府层面主导的体制机制等一系列优势外,民间层面生生不息的人文优势是其他各个优势能够充分发挥的关键。习近平认为浙商有三点人文优势:浙江人在文化上敢于创新的传统,浙江人在计划经济年代"勿以善小而不为"的精神,浙江商人"白天当老板,晚上睡地板"的艰苦创业作风。

习近平指出:"从文化渊源看,'浙商文化'传承于浙江深厚的文化底蕴。从实践基础看,'浙商文化'形成于广大浙商的创造性实践,是支撑浙商开拓进取的精神动力。浙商的新飞跃,需要'浙商文化'的支撑。"②浙商精神、浙商文化和浙江精神不仅有地域文化特色,更是改革开放的生动写照。习近平对浙商精神的内涵做了深入分析,指出浙商源起于浙江独特的文化基因,源起于对传统计划经济体制的突破,源起于浙江的资源环境禀赋。他特别肯定"四千精神",指出正是由于以浙商为代表的浙江人民走遍千山万水、说尽千言万语、想尽千方百计、吃尽千辛万苦,浙江才能够由一个陆域资源小省发展成为经济大省。③中国企业家精神体现了中国智慧,是中国文化自信的一个重要体现和落实。尽管当时习近平没有直接提出"文化自信",但他明确指出"浙商文化"是浙商之魂,浙商要不断发展、不断飞跃,就必须要有浙商文化的支撑。

二是主动性与激发性的辩证关系。一方面,企业家是企业家精神的主体,研究提炼企业家精神不能自说自话,必须围绕这个主体展开,充分发挥企业家的主动性和积极性。习近平指出,浙商是最有活力的企业家群体,是浙江最为珍贵的资源,是浙江最值得珍惜的"金字招牌",也是浙江发展最为倚重的力量,企业家作用在浙江无可替代。浙商不仅创造了大量物质财富,也形成了一种独特的"浙商文化"。由此可见,企业家精神不是简单定义出来的,也不是书斋中研究出来的,而是企业家们在摸爬滚打中体会、摸索出来的。改革开放以来,企业家积极投身于市场经济大潮,对"企业家精神"这个话题最有发言权。与时俱进地提炼、培育、发扬企业家

---

① 柴骥程. 浙江省委书记习近平三叹浙商文化基因[EB/OL]. (2003-09-03)[2017-02-10]. http://www.people.com.cn/GB/shizheng/14562/2070132.html.

② "浙商文化"是浙商之魂[N]. 浙江日报,2006-06-16(1).

③ 习近平. 干在实处　走在前列——推进浙江新发展的思考与实践[M]. 北京:中共中央党校出版社,2006:98.

精神,是广大企业家共同的使命和职责。

另一方面,企业家精神的培育和激发,需要良好的环境和氛围,需要党和政府,以及社会各界的鼓励与支持,更需要机遇和挑战的激发。如果说主体性体现的是企业家精神的一种内生性的话,那么激发性体现的则是企业家精神的外部逆向思维性——越是在遇到重大机遇、重大抉择、重大挑战的时刻,越是要迎接困难、问题、危机的考验,也越能激发起企业家与众不同的精神。"敢为天下先,爱拼才会赢"的闽商精神和浙商"四千精神""新四千精神",其背后都有着改革开放机遇、资源小省困境、全球化挑战和金融危机倒逼的大背景,当然也离不开党委政府的大力鼓励和倡导。

三是多样性与群体性的辩证关系。企业家精神既是每位企业家个体特质或是某个区域文化的反映,也是从企业家群体精神中提炼出来的精华。这就决定了企业家精神个性和共性相统一的特征。

一方面,共性源于个性,共性离不开个性。企业家精神的形成不仅受到家庭、企业内外部环境、企业家不同性格等因素的综合影响,而且这些因素处于不断变化和相互作用之中。这导致了企业家精神个性的多样化。习近平说过,从外出弹棉花、补鞋、当木匠做起,每个草根浙商的创业史背后都有着自己的传奇故事,但无不传递着特有的浙商文化和浙商精神。他在同浙商和闽商代表人士的长期交往中,对不同区域、不同类型、新老两代民营企业家鲜明的个性特质感同身受。

另一方面,个性催生共性,正是那些各具特色的个体精神形成了特定群体的精神和文化。习近平对浙商企业家群体的特质给予充分肯定,指出浙商不仅是浙江发展的活力所在,也是浙江经济的竞争力所系;特别是浙商身上体现出的创业精神和商业智慧,集中反映了浙江精神,展示了浙江人的良好形象。①

习近平"发扬企业家精神"思想的逻辑思维,对当前研究、提炼和构建企业家精神具有如下启示。

一是要抓住核心。任何理论都源于实践。提炼企业家精神,要抓住企业家的核心特点——区别于其他群体的最具特殊性的东西。1904年,美国《企业家》杂志创刊号摘录《常识》中的一段话作为发刊词:"我是不会选择做一个普通人的,如果

---

① 习近平.干在实处　走在前列——推进浙江新发展的思考与实践[M].北京:中共中央党校出版社,2006:95-100.

我能够做到的话,我有权成为一个不寻常的人,我寻找机会,但我不寻求安稳,我不希望在国家的照顾下,成为一名有保障的国民,那将被人瞧不起,而使我感到痛苦不堪,我要做有意义的冒险,我要梦想,我要创造,我要失败,我也要成功。我的天性是挺胸直立,骄傲而无所畏惧,我勇敢地面对这个世界,自豪地说,我已经做到了。"这本杂志后来成为百年名刊。这本杂志每期都在扉页上印着这段话,没有读者表示过异议,因为这段话已被称为"企业家誓言",抓住了企业家的核心特质。我们在提炼企业家精神的过程中,要非常注重阐释和凝练优秀企业家的个体特质。

二是要传承发展。提炼中国企业家精神,必须从中国企业家所具有的文化根源出发,梳理出实践发展脉络,给出完整的全貌,不能盲人摸象、以偏概全或割断历史、断章取义。以浙商精神为例,其起源最早可以追溯到宋代的"永嘉学派"。改革开放以来,"四千精神""新四千精神"也都是对浙商走过的艰辛历程和成功之路的准确概括。我们现在讨论"新浙商精神",一定要把浙商的文化精神传承下来,有来处才有去处,有传承才有发展。

三是要紧贴时代。企业家是最有活力和影响力的群体,企业家精神是一种引领时代、引领潮流的精神。当前,全球化深入推进,新科技革命方兴未艾,人类的生存方式、世界的商业模式正在发生深刻、剧烈的变化。以马云为代表的新一代企业家群体主动适应时代、引领时代,他们所取得的成绩既是他们努力的结果,也是时代造就的。无论是研究讨论"新浙商精神",还是提炼构建企业家精神,都要紧紧贴近这个时代,甚至要前瞻性地引领这个时代。

三、"发扬企业家精神"思想的深层背景和现实意义

企业家精神既不是现在才有,也不是中国独有的。无论古今中外的相关论述在表达上有多少差异,都认为企业家精神是一种与众不同、具有独特作用的精神力量。近年来,习近平反复强调"发扬企业家精神",这在当前具有深层背景和现实意义。

一是适应和引领经济新常态的迫切需要,对于提振企业家信心、促进民间投资意义重大。

我国经济发展由高速转入中高速后,如何适应和引领新常态,是每一个企业家必须回答的问题,也是考验和检验企业家意志和精神的重要内容。国家统计局的资料显示,2016年1—5月份,全国民间投资增速同比回落1.0%。民间投资占全部

投资比重为61.5%,比上年同期下降3.6%。投资增速与占比下降的原因有很多,主要是:没有新兴市场,不愿意投资;没有可靠利润,不敢投资;没有核心技术,不会投资;没有公平待遇,不想投资;没有利益回报,不肯投资。这里既涉及政策制定落实、政府管理服务、市场环境建设等客观因素,也涉及民营企业自身发展信心不足的问题。民间投资发展和企业家信心方面出现的问题和困境,引起了党中央和国务院的高度关注。在2016年"3·4"重要讲话和中央经济工作会议讲话中,习近平都讲道:一方面要帮助解决困难,另一方面要提振和稳定民营企业家的信心。

提振和稳定企业家信心,离不开发扬企业家精神。正如熊彼特所言,企业家最突出的动机来自"个人实现"的心理,即"企业家精神"。在当前"不愿投、不敢投、不想投、不肯投"的普遍心理下,尤其需要激发企业家精神。以浙商为例,1994年,浙江民营经济主要指标已经排在全国前列,但浙商的平均学历明显低于全国平均水平。当时浙商凭的是"走遍千山万水,说尽千言万语,想尽千方百计,尝遍千辛万苦"的"老四千精神",其核心是"肯吃苦"。在2009年金融危机席卷全球之时,在严峻的经济形势下,"千方百计提升品牌,千方百计保持市场,千方百计自主创新,千方百计改善管理"被提炼为"新四千精神"。"新四千精神"被视为浙江民营企业可持续发展的新"引擎"、浙江民营企业的新坐标。当前强调发扬企业家精神,对于鼓励广大非公有制经济人士提振信心,保持逆境中求进、不屈不挠的韧劲,走出一时一事的波动和低谷,保持长远发展,意义重大而深远。

二是适应经济全球化和迎接新科技革命的迫切需要,对于激发民营企业创新活力、发扬工匠精神、实现企业转型升级、推进供给侧改革意义重大。

在2016年9月举行的二十国集团领导人杭州峰会上,习近平呼吁建设开放型世界经济,继续推动贸易和投资自由化、便利化。2017年1月17日,习近平在出席世界经济论坛2017年年会开幕式时发表主旨演讲,强调要坚定不移推进经济全球化,引导好经济全球化。但是,融入经济全球化,仅靠政府倡导是远远不够的,企业和企业家是融入经济全球化的主体。习近平在主政浙江期间,大力倡导"跳出浙江,发展浙江",鼓励浙商走出去。2015年12月,习近平在出席第二届世界互联网大会期间,视察"互联网之光"博览会,在听取时任阿里巴巴集团董事局主席马云的汇报后说:"阿里巴巴不仅是一家中国的公司,也是一家在全世界具有影响力的世界级公司,要在全球经济、社会治理(方面)发挥积极影响力。"

融入全球化,必须迎接和适应新科技革命的浪潮,着眼供给侧结构性改革,实现企业转型升级。2015年11月10日,习近平在主持召开中央财经领导小组第十一次会议时指出:"在适度扩大总需求的同时,着力加强供给侧结构性改革,着力提高供给体系质量和效率,增强经济持续增长动力,推动我国社会生产力水平实现整体跃升。"2016年1月,习近平在重庆考察时专门到京东方光电科技有限公司调研,并在省部级主要领导干部学习贯彻党的十八届五中全会精神专题研讨班上,把这家公司作为推进供给侧改革的典型案例。

可见,在推进供给侧改革、实现企业转型升级过程中,企业家的全球眼光、超前意识和创新精神至关重要。正如习近平指出的,市场活力来自人,特别是来自企业家,来自企业家精神。广大非公有制经济人士要按照习近平的要求,激发企业家精神,发挥企业家才能,增强企业内在活力和创造力,推动企业不断取得更新更好的发展。

三是实现民营企业家新老交接的迫切需要,对于促进非公有制经济人士健康成长意义重大。

习近平指出,非公有制经济要健康发展,前提是非公有制经济人士要健康成长。商人或企业主要想变成企业家,很大程度上在于其在更高层次上对社会责任和企业家精神的理解和追求。毋庸讳言,老一代非公有制经济人士创业的初衷绝大多数是为了谋求生存和追求财富。他们中的一些人创业成功后不愿冒太大风险,缺乏创新意识与进取精神,多少带有"小富即安"的思维。少数企业主存在精神文化方面的短板,如缺乏契约精神或法律意识,文化教育素质与其承担的社会责任不匹配,存在道德缺失和责任意识淡薄现象。这部分非公有制经济人士迫切需要完成从企业主向企业家的转型,其中最关键的就是培育企业家精神。

与此同时,非公有制经济逐渐进入传承接班的时期。未来几年,中国有近300万个家族企业面临交接班。能否顺利传承交接,不仅关系到非公有制经济的可持续发展,也关系到非公有制经济人士队伍的持续发展。与老一代相比,非公有制经济人士新生代知识面宽,与外界接触广,一般都具有高等教育学历,不少还具备国外留学的经历,但缺少老一代艰苦创业的经历,缺乏对党和政府改革开放政策的亲身感受。传承不仅是传承事业,更是传承精神。习近平在中央统战工作会议上指出,要深化理想信念教育实践活动,引导非公有制经济人士特别是年轻一代爱国、敬业、创新、守法、诚信、贡献。浙江提出要把新生代企业家培育成为政治上有方向、经营上有本事、文化上有内涵、责任上有担当的"四有"新人。

可见,习近平近年来反复强调"发扬企业家精神",是立足国际经济大环境,立足国内经济发展新常态,立足当前民营企业发展新阶段的,具有长远战略意义和现实指导意义。

四、中国特色企业家精神的培育和弘扬路径

目前,我国中小企业数量超过2000万家,创造了全国六成的GDP,纳税额占税收总额近五成,提供了80%以上的城镇就业岗位,但同时存在"出生率""死亡率"双高的问题。美国《财富》杂志的一项统计显示:虽然美国中小企业的平均寿命不到7年,但比中国中小企业平均3到5年的寿命要好很多。①这些中小微企业当前尚处求生存、求发展的阶段,企业主最缺乏、最需要的就是最高层次的企业家精神。因此,企业家精神需要得到激发、需要得到弘扬,但前提是需要得到培育。无论是培育还是弘扬企业家精神,首要都是企业家发挥主体作用。浙商精神作为中国最具代表性和典型性的企业家精神,需要广大浙商、广大企业家在不断实践、不断前行、不断拼搏、不断探索中传承弘扬、培育发展。

一是坚守内核。要正确处理浙商精神和浙商文化中不变性和可变性的关系。浙商精神内核性的东西不能轻易变,但具体的内容可以变。提炼、总结浙商精神,要重视传承,不忘初心。正如浙江省工商联主席、正泰集团董事长南存辉所说:"经典的东西不能丢,不能丢的是实质;但是也要放掉一些东西,比如路径依赖。在新的时代,有三点很重要,就是诚信、互利、互联。"浙商总会执行会长、银泰集团创始人兼董事长沈国军说:"浙商过去靠着'四千精神'打天下,马云会长在浙商总会上对全球浙商又提出'四不'原则——不行贿、不欠薪、不逃税、不侵权,这是浙商商道的基本底线和'军规'。在此基础上,浙商还要有'四爱'精神。第一,爱国。第二,爱商。第三,爱他。第四,爱己。"②

二是适应外部。要适应全球化和新技术革命浪潮,勇于变革创新,实现开放共享,体现宽广视野和前瞻性。上海市浙江商会会长、复星集团董事长郭广昌表示:要在继承老一辈浙商传统精神的基础上,更加明确放眼全球的"新浙商精神"和"新浙商使命"。浙商不仅要成为中国民营经济的代表,还要继续成为全球化时代中国

---

① 尹杰. 思维不改,中小企业死得快[N]. 环球时报,2017-01-19(15).
② 沈国军. "东方犹太人"应有"四爱精神"[N]. 环球时报,2016-12-24(5).

经济的代表。杉杉控股董事局主席郑永刚提出:"要有全球化格局,要在工匠精神的基础上引入资本概念,学会共享经济的方法。这三点加上过去的'四千精神',就是浙商新精神比较典型的内涵。"浙商总会秘书长郑宇民认为:"在国际化、全球化的背景下,我们必须有五种精神:爱国主义精神、理想主义精神、创意创新精神、匠心精神、协同互联的精神。"

三是愿景驱动。这是在更高层次基础和目标上培育发展企业家精神。马云认为:"浙商新精神,很难定义。这应该是经过实践摸索以后,由后人总结出来的。但我相信真正的浙商新精神一定是愿景驱动。"2017年1月25日,马云在浙商总会年度工作会议上对与会浙商代表说:"你有什么?你要什么?你放弃什么?在痛苦的时候,开心的时候,都问问自己这三个问题。"结合浙商面临的机遇和挑战,马云认为,浙商需要有四个坚持:坚持理想主义、坚持乐观主义、坚持学习、坚持自重自尊和自强。马云不是学习网络技术的,却成为全球电商典型,靠的就是企业家精神的驱动。

2017年11月,浙江省委专题召开民营企业家座谈会,把新时代浙商精神归纳为:坚忍不拔的创业精神、敢为人先的创新精神、兴业报国的担当精神、开放大气的合作精神、诚信守法的法治精神、追求卓越的奋斗精神。新浙商精神是对浙江改革开放40年新老"四千精神"的继承发展,为弘扬新时代企业家精神明确了浙江内涵和着力重点。

企业家精神的培育和弘扬不是一蹴而就的,而是一个系统工程,既需要企业家用心用力共同打造传承,也需要各级党委政府和有关部门,以及社会各界共同关心支持。

一是要从企业家典型人物身上挖掘企业家精神的元素。文化是一群人的精神情怀、人生观价值观,并决定一群人的行为方式和命运。马云、宗庆后、鲁冠球、李书福、南存辉、徐冠巨、陈爱莲、郭广昌、丁磊等,都是当代浙商的代表。他们几十年的创业史彰显着一种特质。浙商文化就是他们身上所具有的精神情怀和人生观价值观,是浙商群体文化的主要特质。这种优秀的特质进而影响整个浙商群体的格局和行为。我们在培育浙江企业家精神时,就需要特别关注当今浙江企业家群体在实践中所体现出来的新思想、新理念。这些思想和精神将充实和完善浙江企业家精神,成为新精神的有机组成部分。要运用各种方法,加大对他们这些特质的挖掘、搜集、研究、宣传力度,进而提炼出当代最具代表性的企业家精神——浙商精神。

二是企业家精神要落地必须有具体的抓手。企业家精神应是看得见、摸得着的东西,不能浮在空中,否则所需培育和弘扬的企业家精神就会成为空中楼阁。企业家精神要有具体的载体,也就是要有具体的文化产品。浙商已经有很好的抓手,即"三名"——名企、名品、名家。《浙商》杂志、浙商博物馆及各大名企的企业文化建设,都是很重要的阵地。

三是党委政府要积极为企业家精神的激发创造条件。企业家精神的主体是企业家,但与政府及官员的作为也是直接相连的。只有市场与政府共同发挥作用,才能有现实的市场经济活动。企业的活力来自创新驱动发展的供给侧,创新更多地依赖企业家精神,而企业家精神的增强取决于政府行政干预的减少。正如习近平所说,激发市场活力,就是要把该放的权放到位,该营造的环境营造好,该制定的规则制定好,让企业家有用武之地。[①]近几年来,浙江打造服务型政府,推出了"四张清单一张网",特别是按照习近平打造"亲""清"政商关系的要求,提出政府要做服务企业的"店小二",提出"最多跑一公里",推出各项减负政策,努力营造亲商、安商、富商的氛围,这大大激发了浙商的企业家精神和创业创新活力。2017年11月,浙江省委、省政府大力倡导的"新时代浙商精神"正式出炉,即:广大民营企业家要弘扬坚忍不拔的创业精神,敢为人先的创新精神,兴业报国的担当精神,开放大气的合作精神,诚信守法的法治精神和追求卓越的奋斗精神。

四是统战部门和工商联要发挥独特作用。在开展非公有制经济人士理想信念教育活动中,统战部门和工商联需要将工作目标落到培育企业家精神上来,让理想信念内化于心、外化于行,形成长效机制。通过运用综合评价机制、各类安排等渠道以及光彩事业等载体,做好非公有制经济代表人士的团结、帮助、引导、教育工作,引导他们履行社会责任,做优秀的社会主义事业建设者。要在党委政府的大力支持下,主动牵头协调,充分借助大统战工作格局,动员各方力量,共同做好这项工作。

商会包括各种行业商会、异地商会,不仅是团结联系某一行业某一区域企业家的桥梁纽带,还是培育弘扬企业家精神的有效载体。工商联不能割断与基层商会的联系,统战工作要向商会组织有效覆盖。例如,浙商总会已被浙江省委、省政府赋予联络省外、海外浙商的职能;浙江省委统战部出台"支持浙商总会10条举措",支持浙商总会以"浙商传习阅读空间"为平台促进政商沟通交流,努力把浙商总会

---

① 习近平:全面深化改革必将成为推动发展的强大动力[EB/OL]. (2014-11-09)[2017-02-10]. http://politics.people.com.cn/n/2014/1109/c1024-25998984.html.

打造成全球浙商的"精神总部""温暖之家"及新型统战平台。这对进一步培育、弘扬浙商的企业家精神具有积极作用。

弘扬企业家精神,从长远看需要落到培养新生代企业家上来。近年来,浙江着力培养新生代企业家,目前全省已有80个市、县建立了新生代企业家联谊会,组织覆盖面进一步扩大。浙江通过新生代企业家与市领导结对子、新老浙商对话、省内外新生代企业家和境外新生代企业家联谊、选派新生代企业家到政府部门挂职锻炼等各种形式,加强对新生代企业家的教育培养,鼓励他们学习传承老一代浙商的优良品德、弘扬新浙商精神。

第三节　构建亲清政商关系

2016年3月4日习近平总书记在全国政协民建、工商联界别委员联组会上的重要讲话,在海内外引起强烈反响。特别是"亲""清"二字的精准提炼和概括,言简意赅、思想深邃、蕴含深刻、意义深远,标志着新型政商关系思想的形成和成熟。这既为各级党政领导干部明辨是非、廓清边界、积极有为、干净干事提供了重大方法论,也极大地增强了广大非公有制经济人士对中国特色社会主义的信念、对党和政府的信任、对企业发展的信心和对社会的信誉。构建"亲""清"政商关系,还被写入党的十九大报告中。2018年11月1日,习近平总书记在民营企业座谈会上发表重要讲话,进一步提出民营企业经济人士是"自己人"的重要论断。当前,着眼"亲""清"目标着力构建新型政商关系,已成为各级党委政府和党政干部以及广大民营企业和非公有制经济人士共同的紧迫任务。

一、构建新型政商关系思想的形成背景

"亲""清"二字的精准提炼和概括,是习近平新型政商关系思想形成和成熟的标志。习近平关于新型政商关系的论述不是对一时一事的看法,而是基于长期实践探索和深思熟虑后的深层认识,有着深刻的时代背景。

首先是针对一些心态失衡、为官思富者提出的。早在20世纪80年代末,时任福建省宁德地委书记的习近平在柘荣县考察时就曾谈及政商关系。他说,不要看到经商发财而感到怅然若失,如果觉得当干部不合算,可以辞职去经商搞实业,但千万不要既想当官又想发财,还想利用手中权力谋取私利。浙江是非公有制经济

先发地区之一,习近平总书记关于非公有制经济特别是政商关系的论述有不少发端于他在浙江工作期间。任浙江省委书记时,习近平在《浙江日报》"之江新语"栏目发表的《小事小节是一面镜子》《对腐败多发领域要加强防范》《要"干事",更要"干净"》等文章中多次论及这一重要命题。

针对鼓励和支持民营经济发展。习近平在浙江工作期间指出,浙江民营经济比较发达,各级领导干部要支持民营企业发展,要亲商、富商、安商。[①]2014年7月8日,习近平在给福建企业家的回信中说,希望你们和广大企业家一道,深刻领会、深入贯彻党的十八届三中全会精神,继续发扬"敢为天下先,爱拼才会赢"的闯劲,进一步解放思想,改革创新,敢于担当,勇于作为,不断做大做强,促进联合发展,实现互利共赢,为国家经济社会持续健康发展发挥更大作用。

针对民营经济发展较快后少数官员可能把控不住交往分寸。习近平在浙江工作期间就说过,浙江民营经济比较发达,同企业家打交道一定要掌握分寸,公私分明,君子之交淡如水。[②]2013年3月,习近平在参加十二届全国人大一次会议江苏代表团审议时说,现在的社会,诱惑太多,围绕权力的陷阱太多。他提醒各级领导干部面对纷繁的物质利益,要做到君子之交淡如水,"官""商"交往要有道,要相敬如宾,不能勾肩搭背、不分彼此,要划出公私分明的界限。

针对厘清政府与市场边界。习近平指出,市场活力来自人,特别是来自企业家,来自企业家精神。激发市场活力,就是要把该放的权放到位,该营造的环境营造好,该制定的规则制定好,让企业家有用武之地。我们强调要更好发挥政府作用,更多从管理者转向服务者,为企业服务,为推动经济社会发展服务。[③]

针对企业家守法诚信。要求浙商有诚信的价值观,指出诚信是和谐社会的基石和重要特征,也是企业的立身之本。人无信不立,商以诚待人,业靠诚信创。[④]要求浙商努力学习并践行以"八荣八耻"为主要内容的社会主义荣辱观,在经营过程中坚持依法经营、诚信经营,主动接受政府监管和社会监督,切实做到"以诚实守信为荣,以见利忘义为耻"。[⑤]要求民营企业自律自重,树立科学经营理念,理顺内外

---

① 习近平. 之江新语[M]. 杭州:浙江人民出版社,2007:38.

② 习近平. 之江新语[M]. 杭州:浙江人民出版社,2007:38.

③ 习近平. 谋求持久发展　共筑亚太梦想——在亚太经合组织工商领导人峰会开幕式上的演讲[N]. 人民日报,2014-11-10(2).

④ 习近平. 干在实处　走在前列[M]. 北京:中共中央党校出版社,2006:98.

⑤ 习近平. 干在实处　走在前列[M]. 北京:中共中央党校出版社,2006:100.

部关系,争做负责任的"企业公民",使企业的发展壮大真正走上和谐健康的轨道。①

　　针对企业家履行社会责任。在浙江工作期间,习近平在多个场合要求民营企业家进一步增强大局意识和责任意识,把企业的发展与全省全社会的发展紧密联系在一起,把实现个人价值和体现社会价值紧密联系在一起,继续担当改革开放和发展经济的先锋。要有造福社会的责任感。在企业发展的同时要回报社会,多为社会做贡献,多为当地人民做好事、办实事。在构建社会主义和谐社会的进程中,浙商要努力把自身企业的发展与国家的命运结合起来,把个人的富裕与全体劳动者的共同富裕结合起来,把遵循市场运行法则与发扬社会主义道德结合起来,致富不忘国家,致富不忘人民,更加关注民生、关注社会进步,不断探索回报社会的方式。②

　　针对引导非公有制经济和人士提出"两个健康"要求。2015年5月18日,习近平在中央统战工作会议上指出,非公有制经济健康发展,前提是非公有制经济人士要健康成长。要坚持团结、服务、引导、教育的方针,一手抓鼓励支持,一手抓教育引导,关注他们的思想,关注他们的困难,有针对性地进行帮助引导,引导非公有制经济人士特别是年轻一代致富思源、富而思进,做到爱国、敬业、创新、守法、诚信、贡献。党政领导干部和非公人士不能搞成封建官僚和"红顶商人"之间的那种关系,也不能搞成西方国家大财团和政界之间的那种关系,更不能搞成吃吃喝喝、酒肉朋友的那种关系。

　　针对"八项规定"后少数领导干部忌与民营企业家交往的心态。习近平总书记说,我们要求领导干部同民营企业家打交道要守住底线、把握好分寸,并不意味着领导干部可以对民营企业家不理不睬,对他们的正当要求置若罔闻,对他们的合法权益不予保护。为了推动经济社会发展,领导干部同非公有制经济人士的交往是经常的、必然的,也是必需的。要坦荡真诚地同民营企业家接触交往,特别是在民营企业遇到困难和问题的情况下更要积极作为、靠前服务。

　　以上这些论述时间跨度长约二十年,是习近平任地方领导和主官、中央领导和总书记等各种身份时在各种场合讲述的,但核心思想都离不开构建政商关系,这一

① 习近平. 之江新语[M]. 杭州:浙江人民出版社,2007:251.
② 习近平. 干在实处　走在前列[M]. 北京:中共中央党校出版社,2006:95-100.

思想根植基层、一脉相承、接续发展、日臻成熟,为"亲""清"新型政商关系的提出奠定了实践基础和理论基础。"亲"与"清"二字的提出及对其科学内涵的系统阐释,为我们在新的历史条件下正确认识和处理政商关系提供了指导原则,指明了前进方向,是习近平新型政商关系理论成熟的标志。这不仅仅是理论上的成熟,也是政治上的一种成熟,极具时代性、现实性、实践性、针对性和可操作性。

二、构建"亲""清"政商关系的重要性和紧迫性

政商关系,是政府和市场、权力和资本之间关系的综合反映。政商关系既是一个古老的话题,也是一个为政者必须做出回答的时代命题。当前,构建新型政商关系具有长远重要性和现实紧迫性。

首先,"亲""清"新型政商关系的提出,有利于形成各尽其责、共谋发展的格局,为引领新常态下民营经济的发展举起了旗帜。

新型政商关系是在我国经济发展进入新常态时代,中央强调坚持基本经济制度,在把公有制经济巩固好、发展好的同时,鼓励、支持、引导非公有制经济发展的背景下提出的。这涉及民营企业家走什么路、非公有制经济如何发展的大问题。这种系统阐述尚属首次,旨在引导民营企业家"自强不息、止于至善",从而推动非公有制经济健康发展和非公经济人士健康成长。

习近平总书记的讲话释放出了支持非公有制经济发展的重要信号,更加坚定了民营企业家的信念。"亲"和"清"着眼于非公有制经济和中国经济的长远发展,"亲"是驱动力,"清"体现规范的要求。"清"是"亲"的前提和条件,没有规矩不成方圆,现代市场经济是法制经济。政商不"清",机会均等、公平竞争立不起来,经济不可能行稳致远。"亲"是"清"的着眼点和落脚点。"亲"是要保证大家劲往一处使,使中国经济获由此得强劲动力和活力。

习近平总书记用"亲""清"二字阐明了新型的政商关系的内涵,让企业家敢于讲真话、说实情、建诤言,遵纪守法办企业、光明正大搞经营,这为激发企业家精神,发挥企业家才能,推动企业更好更快发展提供了坚实保障。例如,一位民营企业家(安徽中环集团董事长余竹云)说,习近平总书记要求政府官员主动体察民情,了解企业经营的困难,充分体现了中央加快转变政府职能,创建服务型政府,以及致力营造更高效、更公平的市场竞争环境的决心。官与商"亲""清",我们民营企业家就能理直气壮地守法搞经营,光明正大办企业。

"亲""清"政商关系,既消除了民企顾虑,为民营企业家处理政商关系提供了崭新的思路;也消除了政府官员心里的雾霾,能让大家可以放手去工作;同时为各级政府营造重商、亲商的发展环境指明了方向。著名浙商、上海复星集团董事长郭广昌说:"稳经济首先是稳信心,振兴经济首先是振奋人心。总书记提到'亲'和'清',是在注重厘清人和人的关系,尤其是厘清振奋中国最具有创造力的这些人的关系。经济新常态下,我们碰到这么多困难,后面的困难会更多;改革到了深水区,经济下行压力会更大。要攻坚克难,解决好这些问题,就要把人心理顺,把'亲'和'清'的政商关系理顺。'清'了之后,没有腐败本身就是解放生产力,让权力在阳光下运营。而'亲'对于民营企业也好,对于政府也好,都一定要有担当、有作为。"

其次,践行"亲""清"关系,有利于厘清政府与市场的边界,营造公平有序法治的市场竞争环境,促进市场经济体制更加完善。

党的十八届三中全会提出,全面深化改革的总目标是完善和发展中国特色社会主义制度,推进国家治理体系和治理能力现代化;十八届四中全会又提出了"良法善治"。治理和善治的最显著特征就是法治和共治,在法治和共治的时代,企业家要不要参政议政,回答当然是肯定的;官员要不要关心企业家,回答当然也是肯定的。

古今中外,政商关系都往往是"剪不断,理还乱"的复杂关系。政商关系,古今中外皆有之。清代"红顶商人"胡雪岩为我们诠释了非正常政商关系的最终结局。西方政客"弃政从商、由商入政"的"旋转门"现象,以及政治献金丑闻,也一直为媒体所诟病。

政府和企业之间,既要有关怀与帮助,更要严守边界,"有形的手"和"无形的手"要摆放在各自的位置。营造公平环境,推行利好政策,政府义不容辞;追求经济效益,推进技术创新,企业当仁不让。政府和企业分工明晰,也是国家治理体系现代化的题中之意。扶持而不纠葛,坦诚而不偏私,方能保障非公有制经济健康发展。

"亲"和"清"还要建立在法律基础上,要做到有边界、有担当、有作为。习近平总书记说:"企业经营遇到困难和问题时,要通过正常渠道反映和解决,如果遇到政府工作人员故意刁难和不作为,可以向有关部门举报,运用法律武器维护自身合法权益。靠旁门左道、歪门邪道搞企业是不可能成功的,不仅败坏了社会风气,做这种事心里也不踏实。"各级政府和民营企业都要有契约精神,一方面要厘清边界,另一方面要勇于承担责任,而这一切都要建立在尊重契约精神的法律框架里面。

再次,构建"亲""清"新型政商关系,既有利于党风廉政建设又能破解少数干部"为官不为"的问题,对于打造政治生态的"绿水青山"有着重大意义。

"亲""清"政商关系的提出,澄清了困扰干部的一些模糊认识,如反腐败制约了经济发展、"八项规定"后多干不如少干等等。习近平总书记指出,反腐败斗争有利于净化政治生态,也有利于净化经济生态,有利于理顺市场秩序、还市场以本来的面目,把被扭曲了的东西扭回来。构建"亲""清"政商关系,有利于党风廉政建设和反腐败工作,减少腐败现象滋生蔓延。

但一段时间内确实出现了少数领导干部不敢为、不愿为、不能为的为官不为现象。特别是不愿与民营企业家打交道,怕"湿鞋",怕与他们走得近后说不清。这次总书记明确指出,对领导干部而言,所谓"亲",就是要坦荡真诚地同民营企业接触和交往,特别是在民营企业遇到困难和问题的情况下更要积极作为、靠前服务,多关注、引导非公有制经济人士,多与他们谈心,帮助他们解决实际困难;所谓"清",就是同民营企业家的关系要清白、纯洁,不能有贪心私心,不能以权谋私,不能搞权钱交易。这就明确划出党政领导干部与民营企业家交往的底线与高线。党政领导干部不仅要守住底线,而且要看齐高线,既不能乱"作为"也不能不作为,只要出于公心,不但要与民营企业家常接触和交往,而且要热情地给予帮助。

最后,构建"亲""清"政商关系,有利于促进非公有制经济的健康发展和非公有制经济人士的健康成长,进一步巩固和发展党领导的爱国统一战线。

"亲""清"政商关系的提出,为统一战线正确处理一致性与多样性的关系,在坚守政治底线的基础上寻求最大公约数、画出最大同心圆,提供了鲜活生动的典型范例。要通过统一战线把更多的非公有制经济人士团结在党的周围,增强其对党和政府的信任,进一步巩固党的执政基础,扩大党的群众基础。

三、关于构建"亲""清"新型政商关系的内涵和外延

习近平总书记首次提出"亲""清"二字标准,为构建新型政商关系指明了努力方向。以"亲""清"二字界定新型政商关系,分别对领导干部和非公有制经济人士提出了要求。如表4-1所示。

表4-1 "亲""清"新型政商关系

对象及要求	亲	清
党政领导干部	多关注	要清白
	多谈心	要纯洁
	多引导	不能有贪心私心
	帮助解决实际困难	不能以权谋私
	真心实意支持民营经济发展	不能搞权钱交易
民营企业家	多沟通	要洁身自好
	多交流	要走正道
	讲真话	做到遵纪守法办企业
	说实情	要光明正大搞经营
	建诤言	要运用法律武器维护自身合法权益
	满腔热情支持地方发展	

从上表可以看出，习近平总书记关于"亲""清"二字的表述，无论是对领导干部还是对民营企业而言，要求都是十分全面系统、简洁明了而又极具可操作性的。可以说是既内涵丰富又易懂、易学、易记、易做，既体现讲政治又能入耳入脑入心入行。可见对习近平总书记关于"亲""清"政商关系的表述无须做过多的解读，关键在于怎么践行。

习近平总书记指出，"官""商"交往要有道，核心要义就在于"亲"和"清"，需要政商两方面共同努力，其中"政"是主要方面，应该主动作为。基于以上表达，从党政为主体角度出发，对新型政商关系的构建提出如下设想：

一是在指导思想上必须坚持中国特色社会主义方向。党的十八大以来，习近平总书记一方面重申要"亲商、安商、富商"，另一方面一再强调党政领导与民营企业家之间关系的"三不能"。"三不能"：不能搞成封建官僚和"红顶商人"之间的那种关系——如晚清的官办、官督商办、官商合办等；也不能搞成西方国家大财团和政界之间的那种关系——就是西方国家那种政治献金、利益代言的关系，实际上是较行政性腐败危害更为严重的制度性腐败，使民主异化为"金主"；更不能搞成吃吃喝喝、酒肉朋友的那种关系——如现实中的行政性腐败，权钱交易、权色交易等。要深入贯彻习近平总书记系列重要讲话精神，贯彻落实党中央、国务院和地方党委、政府的决策部署,坚持"两个毫不动摇"方针,坚持"三个没有变"重要论断,构建"亲""清"新型政商关系,建设法治、服务型政府,建设守法诚信企业,推动中国特色新型政商关系的建设和发展,最大限度地增加政商关系和谐因素,最大限度减少不和谐因素,促进非公有制经济健康发展和非公有制经济人士健康成长,凝聚广大非公有制经济人士为实现"两个一百年"奋斗目标、实现中华民族伟大复兴的中国梦贡献力量。

二是在工作原则上必须坚持法治与德治相结合。坚持"亲""清"为上、"亲"上加"清",着力解决党政部门中出现的"亲"而不"清"、"清"而不"亲"现象。坚持法治为本、依法构建,依法保障非公有制企业产权和合法权益,依法打击侵犯非公有制经济人士人身、财产权利的刑事犯罪。坚持制度为要、规则至上,深化"四张清单一张网"改革,建立健全新型政商关系的长效制度规范。坚持德治为先、文化引领,加强党员领导干部的群众意识、服务意识、法治意识,引导非公有制经济人士强化法治意识、公平竞争意识。坚持社会参与、商会协同,发挥工商联、各类商会、协会组织等社会组织在建设新型政商关系中的重要作用,维护好党和政府、社会和人民的利益。

三是在工作目标上必须坚持有序有效。加强新型政商关系的法律、纪律、制度、机制和文化建设,加快形成公开透明、沟通有力、监督有效、考评合理、奖惩分明的工作机制,建立"亲""清"有序、边界清晰、权责明确、交往规范、公私分明的新型政商关系。总的来说,政商交往既要有方、有道、有法,又要有界、有序、有效。

四是在工作机制上必须坚持规范长效。要建立健全党政领导与企业的经常性沟通联络机制。建立省市县各级党政领导与企业的经常性沟通联络机制,省市县各级党政主要领导每年举行企业家座谈会听取意见建议不少于1次,每位党政主要领导挂钩联系重点企业不少于2家,挂钩联系行业商会、异地商会、园区商会、市场商会等不少于2个。省、市、县各级四大班子领导都要参与和企业、商会的经常性沟通联络工作,建立长效机制。要建立各有关部门与企业间的交流机制。请有关部门领导与各行业、各领域企业家开展定期座谈交流,解读政策、反映困难、共商对策。要建立司法机关与工商联、商会组织、企业的经常性沟通联络机制。贯彻落实《最高人民检察院关于依法保障和促进非公经济发展的意见》等,为非公经济发展保驾护航。司法机关及纪检监察机关等对于涉及调查处理民营企业家的案件,要更加注重改进办案方式方法,严格规范司法行为;既要充分履行职能,严格依法依规办案,又要防止办案对非公有制企业正常生产经营活动造成负面影响,要千方百计把不良影响和损失降到最低限度,主动加强和工商联组织的联系,注重发挥工商联组织的作用,建立工作上的合作与交流机制,及时沟通和通报有关法律问题,提出有关企业风险防范的法律建议,切实共同维护民营企业的合法权益;要建立健全服务民营企业发展问题投诉处理机制,各级党委政府及有关部门,要立足当地实际情况,建立健全服务民营企业举报投诉的专门机构,及时处理和解决民营企业发展中的实际困难与问题,切实维护民营企业的合法权益;要建立领导干部改革创新中的容错纠错机制,对于各级领导干部在服务企业发展、推进改革创新中,由于经验缺乏、先行先试出现的一些非主观故意的失误和错误行为,要同明知故犯、谋取私利的违纪违法行为区分开来,把握好执纪执法的政策界限,要建立健全涉企政策宣传服务平台,各级相关政府部门要积极开展形式多样、主题鲜明的涉企政策宣传活动,在做好电视、广播、报纸等传统媒体宣传工作的基础上,要积极开辟微信公众号、官方微博等新媒体平台,扩大政策宣传的范围和影响,切实做到广而告之、应知尽知。

四、以统战思维谋划和构建新型政商关系

政商关系主要是政府与企业之间的关系,但共产党是执政党,企业与政府的关系必然涉及企业家与党的关系。习近平总书记在2015年中央统战工作会议的讲话就明确提出要构建新型政商关系。特别是这次提出"亲""清"二字,是新型政商关系思想在理论上成熟的标志,最根本的就是把握了中国特色社会主义新型政商关系的本质,笔者理解为:党政领导干部与非公有制经济人士之间的关系,不是利益基础上的互惠互利的合作关系,而是法治框架内的服务与被服务的关系,是党领导的统一战线同心圆内的挚友、净友关系。

统一战线在促进政商关系健康发展、构建新型政商关系方面有着独特优势和作用。这一优势和作用体现在统一战线的理念、资源、网络、渠道、功能等诸多方面。因此,在构建新型政商关系中引入统战工作,不仅是可行的而且是必需的,统战部门和工商联组织在构建新型政商关系方面重任在肩、大有可为。我们要善于从统战视角看内涵,以统战思维抓谋划,以统战方式促工作,积极推进新型政商关系建设。

(一)坚持"和而不同",努力营造"亲""清"政商关系氛围

求同存异、和而不同是统一战线的根本理念。子曰:君子和而不同,小人同而不和。总书记多次强调,党政领导干部与非公经济人士之间的交往应该是君子之交。"君子之交淡如水",这次特别提到的"亲""清"二字,是对这种君子之交的最精准、最到位的概括。

统一战线是同与异的矛盾统一体,光有异没有同结不成统一战线,光有同没有异没必要结成统一战线。政商关系之所以能"亲",是因为有"同",这种"同"就是中国特色社会主义事业、全面建成小康社会和中华民族伟大复兴中国梦。正如一名民营企业家所说的,企业家把企业做好作为自己幸福感的主要来源,政府官员做好每日的工作同样觉得幸福,对家国之爱是政商关系"亲"的重要基础。两者都能"得其大者可以兼其小",在爱国敬业、回报社会中谱写人生事业的华彩篇章。所以在这点上,绝大多数政府官员和绝大多数民营企业家是"亲"得起来的,"因为我们有共同的价值观基础"。

政商关系之所以能"清",是因为两者有"异",而且必须认识这种"异",正视这种"异"。这种"异"集中体现在"为公"与"为私"上。党政领导干部手中的权力是公器,非公经济人士手中的财富从法律上说是私器,两者是有本质区别的。党政领导干部在与非公经济人士交往中,必须明确"不能以公器换取私器",非公经济人士也必须明确"不能以私器换取公器"。按照统一战线求同存异的原则,双方都必须尊重这种"异",包容这种"异",恪守这种"异",公器必须出于公心、用在公事(包括依法支持民营经济健康发展)上。只有这样才能真正做到"清",在行为上做到守底线、分公私、讲责任,在结果上实现交往有道、于公有利、发展有益。

习近平总书记提出的新型政商关系,解开了许多干部和企业家的困惑。有了底线和原则,干部与企业家就能坦荡真诚地办事、交友。应尽快制定一个关于建设新型政商关系的意见,重点明确双方哪些必须做,哪些坚决不能做,开出正面清单和负面清单。这项工作主要应由统战部和工商联牵头,有关方面参与,深入调查研究,广泛征求有关部门和非公经济人士意见,因地制宜、群策群力,为非公有制经济健康发展和非公有制经济人士健康成长营造良好环境。

(二)坚持联谊交友,广交深交非公有制经济界的挚友、诤友

习近平总书记在中央统战工作会议上说,做好新形势下统战工作必须坚持联谊交友,特别是要深交一批能说心里话的挚友、诤友。所谓挚友,是指不是为了一

己私利相交的酒肉朋友,而是为了国家和人民的事业结交的肝胆相照、荣辱与共的朋友;所谓诤友,就是为了党和国家的事业直言相谏、"当面敢批评"、提出不同意见建议的朋友。

在革命、建设和改革年代,老一辈党的领导人曾与荣毅仁等一批"红色资本家"结成挚友、诤友。但当前统一战线中一提挚友、诤友,往往多指民主党派和无党派人士。非公有制经济人士能否成为党的挚友、诤友呢? 这次习近平总书记做出了明确回答,他指出:"为了推动经济社会发展,领导干部同非公有制经济人士的交往是经常的、必然的,也是必需的。""对领导干部而言,所谓'亲',就是要坦荡真诚同民营企业家接触交往,特别是在民营企业遇到困难和问题情况下更要积极作为、靠前服务。"在2015年中央统战工作会议上,习近平总书记告诫各级党政领导干部:"发展经济要发挥非公有制经济人士作用,但不能就是一个劲地招商引资,见物不见人,要关注他们的思想,关注他们的困难,有针对性地进行帮助引导,同他们交思想上的朋友。"这次又要求党政领导干部多关注非公有制经济人士,多与他们谈心、帮助他们解决实际困难、真心实意支持民营经济发展。习近平总书记是这么倡导的,也是这么践行的,他在与我省徐冠巨、南存辉等非公经济人士十多年的交往中留下了许多佳话。

更为重要的是,这次讲话强调这种要求是双向的,第一次对民营企业家提出,所谓"亲",就是积极主动同各级党委和政府及部门多沟通、多交流、讲真话、说实情、建诤言,满腔热情支持地方发展,这是十分明确的挚友、诤友的标准和要求。

党政领导与非公经济人士交朋友需要制度化。按照中央统战部工作要求,注重搭建党委、政府与企业、商会沟通协商的制度化平台,建立健全党政领导干部与非公经济人士经常性沟通、联系的制度和机制。

第一个层面是建立党政领导与企业界的结对联系交友制度。请四套班子领导与重点企业、重点商会挂钩联系,在年初年末、重大政策出台前等时机,进行走访座谈,或邀请约谈,了解实情、加强感情、帮办实事,广泛深入征求意见和建议。

第二个层面是建立统战部门与非公有制经济人士、工商联与企业和商会的经常性联系机制。了解掌握他们的思想动态和困难之处,及时做好引导和帮助工作。

(三)坚持亲商、安商、富商,积极当好服务非公有制企业的"店小二"

照顾同盟者利益是统一战线的基本原则。当前,亲商、安商、富商,切实维护民营企业的合法权益,促进非公有制经济健康发展,就是对非公经济人士利益的最大的"照顾"。一些民营企业家说,听了总书记的讲话,感到"国有企业和民营企业都是共和国的亲儿子"。党政领导和机关干部要当好服务企业的"店小二",以问题为导向查补短板,为企业提供"保姆式服务""妈妈式服务",促进民营企业加快实现转型升级。

要按照习近平总书记的要求,围绕"六大举措"研究提出具体实施意见,包括:减轻企业税费负担、解决民营企业融资难融资贵问题、营造公平竞争环境、完善政策执行方式、构建亲清新型政商关系、保护企业家人身和财产安全。

统战部门和工商联组织,要积极做好协助和配合工作。要深入企业调查研究,围绕六大举措,花大力气摸清底数、掌握实情。要树立问题导向,积极查补短板,加大对困难企业的关注程度,开展深度调研,实时了解和掌握企业生产经营中的痛点和风险点,了解和反映非公有制经济人士的意愿要求,帮助企业特别是中小企业解决面临的实际困难和问题,进一步落实好相关政策规定,会同有关部门和单位共同研究、解决问题。要鼓励和支持广大非公经济人士充分发挥聪明才智,紧紧围绕这六大举措问题提出意见和建议,积极向党委政府建言献策,推动非公有制经济发展的一系列政策落地、落细、落实。

(四)坚持教育引导,进一步促进"两个健康"

习近平总书记在中央统战工作会议和这次讲话中都一再强调,非公有制经济健康发展和非公有制经济人士健康成长是重大经济问题,也是重大政治问题。要坚持团结、服务、引导、教育的方针,一手抓鼓励支持,一手抓教育引导。关注他们的思想,关注他们的困难,有针对性地进行帮助和引导,引导他们爱国、敬业、创新、守法、诚信、贡献。

政商关系,表面是政府与企业的关系,在当前我国深层上是党与非公经济人士的关系。老一辈民族工商业者曾倡导"听毛主席话、跟共产党走、走社会主义道路"(简称"听、跟、走")。曾经,一些企业家说,要"亲近政府,远离政治"。但时至今日,越来越多的非公人士认识到:企业家怎能不讲政治?一个不懂政治环境的企业经营者,就像"盲人骑瞎马"一样,企业能做好吗?当企业家恐怕更是奢望了。金融危机期间,我省企业家说要"看欧美的,听中央的,干自己的"。在2015年第三届浙商大会上,马云倡议"浙商永远不行贿",后来又提议浙商"不行贿、不欠薪、不逃税、不侵权"。

统战部门与非公经济人士交朋友,引导和帮助他们,促进"两个健康",责无旁贷。当前要积极开展以"守法诚信、坚定信心"为重点的非公有制经济人士理想信念教育实践活动,进一步引导非公有制经济人士政治上自信、发展上自强、守法上自觉。特别是引导他们按照习近平总书记讲的,厘清政策与法律、政府与市场的边界,洁身自好、走正道,做到遵纪守法办企业,光明正大搞经营,要运用法律武器维护自身合法权益。

要引导广大非公经济人士更好地履行社会责任。鼓励和引导广大非公有制经济人士,积极投身光彩事业和公益慈善事业。深化"万企帮万村"精准扶贫行动,以及"千企联千村,合力治污水"活动,更多地回报社会、回报家乡,共享幸福生活,共奔全面小康。

(五)坚持"凡进必评",加强非公有制经济代表人士队伍建设

习近平总书记多次指出"非公经济健康发展前提是非公经济人士要健康成长",强调"在非公有制经济人士政治安排方面,要一个入口,一套标准,凡进必评"。在"3·4"重要讲话中又重申"要坚持标准、严格程序、认真考察,做好综合评价,真正把那些思想政治强、行业代表性强、参政议政能力强、社会信誉好的非公有制经济代表人士推荐出来"。

对非公经济人士的综合评价工作,是总书记在浙江工作期间,根据中央统战部的统一部署在全国率先试点开展的,理应继续走在前列。当前,进一步规范、推广非公有制经济人士综合评价的运用已势在必行。标准上,全面落实"凡进必评";范围上,在两代表一委员等政治安排及劳模、三八红旗手、五四青年奖章等荣誉安排中,凡是涉及非公经济人士的,都要纳入综合评价;机制上,进一步扩大参与评价的部门,建立健全以统战部门牵头,各相关部门参与的工作协调机制。

要继续抓好新生代企业家的培养和引导工作,努力使其成为"政治上有方向、经营上有本事、文化上有内涵、责任上有担当"的现代企业家,促进代际传承。

(六)坚持统战性、经济性和民间性相统一,充分发挥工商联桥梁、纽带和助手作用

工商联是党和政府联系非公有制经济人士的桥梁纽带,是政府管理非公有制经济的助手。工商联的统战性、经济性和民间性三位一体、缺一不可,决定了工商联在构建以"亲""清"为核心内容的新型政商关系中有着特殊的地位和独特的作用。统战性要求工商联在政治上引导好广大非公经济人士,把他们团结在党的周围;经济性要求工商联和所属商会以"店小二"精神服务好会员企业,协助政府营造亲商、安商、富商的氛围;民间性要求工商联发挥地位超脱的优势积极反映意见诉求,畅通非公经济人士与党和政府间沟通联系的渠道。

新型政商关系要求厘清政府与社会的边界,工商联和商会要积极承接政府部分职能转移。如:浙江省已将联系省外浙商异地商会的职责从省经合办(撤销)移归省工商联。我们要按照习近平总书记的要求,支持工商联加强自身建设,不断增强凝聚力、影响力和执行力,推动工商联所属商会改革,切实担负起指导、引导、服务职责。与此同时,继续发挥好浙商总会在团结、凝聚省内外、海内外浙商方面的积极作用,共同为"两富""两美"浙江建设,为高水平全面建成小康社会再立新功。

第四节 创新非公经济人士理想信念教育

党的十九大报告提出,要在非公有制经济人士中广泛开展理想信念教育。2012年,党的十八大提出要广泛开展理想信念教育,把广大人民团结凝聚在中国特色社会主义伟大旗帜之下。按照中央要求,中央统战部、全国工商联于2013年5月全面启动了非公经济人士理想信念教育实践活动,可以说这是新形势下加强和改进非公经济人士思想政治工作的重要途径。这项活动实施4年多来的效果如何呢? 2017年7月11日,全国工商联十一届十次常委会议指出:"当前理想信念教育实践活动取得成绩的同时,覆盖面还不够广,还有待不断创新、持续深化。调研表明,企业家参与度不够,问题反映还比较突出,活动和企业发展需求结合不够紧密,存在'两张皮'现象;不少商会还没有动起来,一些地方工商联主动性还不够强;等等。"[1]笔者认为,其中最主要最核心的问题还是企业家参与度不够,活动和企业发展需求结合不够紧密。

2017年9月颁布的《中共中央国务院关于营造企业家健康成长环境弘扬优秀企业家精神更好发挥企业家作用的意见》指出:"引导企业家树立崇高理想信念。加强对企业家特别是年轻一代民营企业家的理想信念教育和社会主义核心价值观教育,开展优良革命传统、形势政策、守法诚信教育培训,培养企业家国家使命感和民族自豪感,引导企业家正确处理国家利益、企业利益、员工利益和个人利益的关

---

① 徐乐江同志在全国工商联十一届十次常委会议上的讲话[EB/OL].(2017-7-19)[2019-12-13].http://www.acfic.org.cn/ldzc_311/zzhld/xlj/wz/201707/t20170719_2453.html.

系,把个人理想融入民族复兴的伟大实践。"这就为非公经济人士进一步开展理想信念教育指明了方向。这里的关键是必须明确活动的主体是谁,处理好以下三对关系,从根本上解决重教轻化问题,才能使这项活动有实效和长效。

一、理想信念教育与社会主义核心价值观培育

理想信念从本质上说是一种价值观。价值观最显著的特性是主体性,是发自内心的一种评判和看法。价值观是不能强加的,强加的不是价值观,外来的思想和观念只有内化为自己的理念才是价值观。因此,价值观的形成,从本质上说是靠培育而不是教育。由此可见,理想信念能否取得实效,关键不取决于如何教育(尽管教育是必需的)而取决于如何转化,做到内化于心、外化于行、固化于制。

(一)契合点:民营企业家的中国梦与国家层面的价值观高度一致

社会主义核心价值观是推进全面深化改革的强大正能量,是实现中华民族伟大复兴中国梦的价值引领。习近平指出,要深入开展以"守法诚信、坚定信心"为重点的理想信念教育实践活动,始终热爱祖国、热爱人民、热爱中国共产党,积极践行社会主义核心价值观,做爱国敬业、守法经营、创业创新、回报社会的典范,在推动实现中华民族伟大复兴中国梦的实践中谱写人生事业的华彩篇章。[①]现阶段非公经济人士是中国特色社会主义事业的建设者,改革开放的探索者,市场经济的先行者,民主政治建设的参与者。可以预见,未来三十多年内,即到建国100周年,基本实现现代化,就是国家层面的核心价值观——富强、民主、文明、和谐,党、政府、社会对非公经济和非公经济人士的期望和要求会更高。开展非公经济人士教育实践活动,就是要以社会主义核心价值观为引领,把企业价值与社会价值、国家价值统一起来,实现个人梦、企业梦与中国梦的完美结合。非公有制经济人士要以强国富民为己任,在加快经济发展方式转变、保障和改善民生、提升自身素质上有更大作为,爱国、敬业、诚信、创新、守法、贡献,成为"政治上有觉悟、经济上有实力、民生上有贡献、社会上有认同"的中国特色社会主义事业建设者,努力成为探路子的人、做表率的人、举旗帜的人。

---

① 习近平:毫不动摇坚持我国基本经济制度　推动各种所有制经济健康发展——在全国政协民建、工商联界委员联组会上的讲话[N].人民日报,2016-03-09(2).

（二）着力点：以德治与法治有机结合推动非公经济人士守法诚信意识的增强

自由、平等、公正、法治是我国社会层面的核心价值观。其中，法治就是依法治理国家、管理社会，是公正的政治和法权形式，是社会有序运行的基本保障，是社会走向现代文明的重要标志。社会主义市场经济本质上是法治经济，合法经营是企业生存发展的底线。而诚信则是公民层面核心价值观的重要内容，是市场经济存在和发展的道德前提，是一切道德的基础，也是一个社会赖以生存和发展的基石，是社会和谐稳定的必要条件。诚实守信是"立人之本"，也是"兴业之道"。在全面深化改革和全面推进依法治国的大背景下，市场经济越发展，对守法和诚信的要求就越高。

开展守法诚信教育，是引导非公有制经济人士践行社会主义核心价值观的重要举措。突出守法诚信教育，就是要使理想信念教育的主题更加凸显时代特征，特别是彰显社会主义核心价值观，内容更加贴近企业发展的现实需要。法律是企业的基本遵循，企业家要进一步提高法律素养，增强法律意识，强化法治理念，增进法律认同。一方面，要坚持依法办事、守法经营，用法律来规范企业，使自身的行为被法律所认可；另一方面，要更加注重学法知法，学以致用，运用法律武器，保护自己的合法权益。诚信原本就是我们广大浙商安身立命之本。历代杰出浙商，在这方面有很多的例子。如胡雪岩在胡庆余堂上悬挂堂规"戒欺"二字，晚清的"五金大王"叶澄衷拾金不昧，温州鞋商在武林广场烧的"三把火"，这些都体现了浙商精神血脉中的"诚信"。在当代浙商中，马云的淘宝网能够兴起，靠的是解决了网上购物的诚信问题。

当然，政府有责任帮助营造公正法治的市场经济环境。娃哈哈集团董事长宗庆后曾指出，改善投资环境，企业家才不会出国做二等公民。①曾任联想控股总裁和联想集团董事局主席的柳传志也曾坦言，一旦改革开放政策出现动摇，他们就会对前景感到困惑、无奈和恐惧："除了害怕，我们没有别的办法。"他大声疾呼"法律面前人人平等"，希望"高层领导能够把政治改革、社会改革、经济改革结合到一起"。②这更加彰显了理想信念教育不能空对空，必须让非公经济人士有获得感，像习近平2016年"3·4"重要讲话那样让他们"吃定心丸"，体会到"公有制企业和非公

---

① 宗庆后吁改善投资环境　阻企业家国外做二等公民[EB/OL]. (2012–12–26)[2019–12–13]. http://finance.sina.com.cn/china/20121226/171414123404.shtml.

② 详见《报刊文摘》，2012年11月5日头版头条。

有制企业都是共和国的亲儿子"。①

因此,开展守法诚信教育,有利于引导非公有制经济人士特别是新生代非公有制经济人士践行社会主义核心价值观。我们要通过开展教育实践活动,引导非公有制经济人士切实增强法制意识,完善公司治理,强化社会责任意识,努力做到政治上自信、发展上自强、守法上自觉。广大非公有制经济人士要把诚信当作企业立身之本、竞争之基,以诚信立于不败之地,努力取得市场认同、法律认同、社会认同和国际认同,进一步在促进经济社会发展、推动自主创新、提供就业岗位、增加国家税收、维护社会稳定和谐等方面发挥重要的作用,积极做合格的中国特色社会主义事业建设者。

(三)聚焦点:提炼和培育非公经济人士的特定价值观

社会主义核心价值观24字的表述,是全国各族人民的共同价值取向,在此前提下还可以有特定区域、行业、部门乃至单位结合具体实际"量身定做"的特定价值观。很长一段时期内,"义利兼顾、以义为先"成为非公有制经济人士的特定价值观,并对促进"两个健康"发挥了积极作用。但是,这种义利观的内容要求太宽泛,甚至也可以针对全体公民而言,作为非公有制经济人士特定价值观的识别度不强,迫切需要提炼出更为精准、契合、明了的非公有制经济人士的核心价值观。习近平在2015年中央统战工作会议上指出,促进非公有制经济健康发展和非公有制人士健康成长,引导非公有制经济人士特别是年轻一代致富思源,富而思进,做到爱国、敬业、创新、守法、诚信、贡献。②习近平在2016年"3·4"重要讲话中,进一步明确指出:"要深化中国特色社会主义理想信念教育实践活动,大力弘扬和践行社会主义核心价值观,继续用好光彩事业等载体,引导非公有制经济人士特别是年轻一代致富思源、富而思进,做到爱国、敬业、创新、守法、诚信、贡献。"③这两次讲话实际上为非公有制经济人士明确了自身特有的价值观:爱国、敬业、创新、守法、诚信、贡献。这一价值观是不断完善发展的,早在1991年中央就首次提出对非公经济人士进行"爱国、敬业、守法"教育的六字方针(中发

---

① 郭广昌(上海复兴集团董事长):理顺政商关系解放生产力 减税体现政府担当[EB/OL].(2016-03-08)[2018-05-07].http://china.chinadaily.com.cn/2016-03/08/content_23783151.htm.

② 习近平:巩固发展最广泛的爱国统一战线[EB/OL].(2015-05-20)[2019-12-13].http://www.xinhuanet.com/politics/2015/05/20/c_1115351358.htm.

③ 习近平:巩固发展最广泛的爱国统一战线 为实现中国梦提供广泛力量支持[EB/OL].(2015-05-21)[2019-12-13].http://cpc.people.com.cn/n/2015/0521/c64094-27032339.html.

〔1991〕15号文件),之后又增加了诚信、贡献的内容。党的十八大提出24字的社会主义核心价值观,其中对公民提出了"爱国、敬业、诚信、友善"的价值准则。习近平提出新"十二字"方针,既体现了社会主义核心价值观的普遍准则,又结合非公经济人士的实际特点提出专门要求,体现了党和国家的殷切希望,成为激励民营企业家产业报国、自强不息的光荣使命和崇高责任。

(四)落脚点:培育和构建新型"亲""清"政商关系

理想信念教育的目标是引导非公有制经济人士增强对中国特色社会主义的信念、对党和政府的信任、对企业发展的信心、对社会的信誉。其中,对中国特色社会主义的信念、对党和政府的信任,实际上是要求非公有制经济人士讲政治,积极参与构建新型政商关系。因此,培育和构建新型"亲""清"政商关系,应成为理想信念教育实践活动的落脚点和重要载体。

"要不要讲政治""要不要与政府打交道"曾是民营企业家们热议的话题。前些年面对国际金融危机,正泰集团公司董事长南存辉提出,要看欧美的,听中央的,干自己的。万达集团董事长王健林曾提出,亲近政府,远离政治。一些新生代非公经济人士不愿接触政府,更谈不上关心政治。而事实上,正如一位有识之士指出的:"一个不懂政治环境的企业经营者,就像'盲人骑瞎马'一样,企业能做好吗?当企业家恐怕更是奢望了。近现代中国历史告诉我们,影响企业家事业功名成败的,主要不在于政治权术高低,而在于政治头脑正确与否。今日中国企业家生存和发展的命运,是与中国特色社会主义理论、制度和道路这个大环境密切相关,并由之决定的。一个成功的企业家,至少应具备这样的政治头脑:一要爱国,二要守法,三要诚信,四要懂政策,五要识大体,六要担责任。"

当前,要把营造良好环境与正确引导有机结合起来,积极推动"亲""清"新型政商关系的形成。一方面,要积极构建"亲而有度""清而有为"的政商互动局面,为民营企业发展营造更优的生态环境,让企业家精神得以弘扬,让创业创新热情充分涌动,让民营经济活力竞相迸发。另一方面,要引导民营企业家把"讲政治"落脚到积极参与构建"亲""清"政商关系上来。习近平明确指出,对于民营企业家来说,所谓"亲",就是积极主动同各级党委和政府及部门多沟通、多交流、讲真话、说实情、建诤言,满腔热情支持地方发展;所谓"清",就是要洁身自好,要走正道,做到遵纪守法办企业,要光明正大搞经营,要运用法律武器维护自身合法权益。①

习近平对非公经济人士的要求,不仅明确了守法的底线,也树起了道德和责任的高线,可以说在合法基础上又高于合法。原阿里巴巴董事局主席、浙商总会会长马云曾倡导浙商"不行贿、不偷税、不欠薪、不制假",实际上这"四不"都是法律底线。从某种意义上讲,法律是60分的道德但是强制性的,应宣传普及而不是倡导;道德和责任是100分的要求,但却是缺乏刚性的文化准则,是需要大力倡导和培育的。因而,落实理想信念教育、构建新型政商关系,难点不在底线的"清"而在高线的"亲",必须积极探索有效的载体和渠道进行倡导和培育。浙江省余姚市委统战部2017年以来开展的"培育'亲清'文化、提升企业家精神,促进非公经济'两个健康'"主题活动,用文化建设把亲清关系变成一种自觉的价值取向和行为遵循,不失为一种有效的探索(具体内容见表4-2)。

表4-2 浙江省余姚市2017年度培育"亲""清"文化主题活动安排一览表

序号	内　容	牵头单位	责任单位
1	筹建成立市统战文化研究会"亲""清"文化研究分会	市委统战部	市工商联
2	组织开展"亲""清"文化理论研讨活动	市委统战部	市工商联 市侨办 市台办 市民宗局
3	搭建政商对话协商平台	市委统战部	市工商联
4	设立"亲""清"微讲堂	市工商联	有关乡镇街道
5	组织开展"政商新关系、亲清当模范"主题教育活动	市工商联	各乡镇街道
6	分行业、分领域组织开展"企业服务月"活动	市工商联 市侨办 市台办	有关乡镇街道

---

① 习近平:毫不动摇坚持我国基本经济制度　推动各种所有制经济健康发展——在全国政协民建、工商联界委员联组会上的讲话[N]. 人民日报,2016-03-09(2).

续　表

序号	内　容	牵头单位	责任单位
7	扎实推进"亲""清"文化示范点建设	市委统战部	市工商联 各乡镇街道
8	组织开展创二代"重走长征路"红色主题教育活动	市工商联	市创二代 联谊会
9	组织开展"企业走进企业"学习交流活动	市工商联	市直有关部门
10	组织开展"政商'亲''清'好故事"专题报道活动	市委统战部	市工商联 市侨办 市台办
11	组织开展市外重点姚商及高层次人才在姚亲属关爱行动	市委统战部	市工商联 市侨办 市台办

余姚市委统战部率先提出了"亲""清"文化概念,并首先从理论上开始进行探索,在全市范围内开展"亲""清"文化建设:出台了《关于开展"培育'亲清'文化、提升企业家精神、促进非公经济'两个健康'"主题活动的意见》,多次召开了由部机关、市侨办、市台办、市工商联、纪检组、乡镇街道等主要负责人参加的"亲""清"文化部署会议和推进会议,成立了统战文化研究会"亲""清"文化研究分会,确定了4个"亲""清"文化工作试点乡镇(街道)。召开"'亲''清'文化与统一战线"理论研讨会,旨在通过搭建"亲""清"文化学研平台,深入研究、挖掘"亲""清"文化的内涵、外延、价值意义,为"亲""清"文化建设提供具有一定高度的理论支撑。余姚市委统战部探索提供了一些有益的启示:一是必须加强"亲""清"文化建设的制度保障。建立健全促进政商互动的制度、规范政商交往的制度、密切政商联系的制度、深化非公经济人士参政议政的制度等,用制度巩固"亲""清"文化建设成果。二是必须加强"亲""清"文化建设的平台载体搭建。搭建政府用得上、受企业欢迎的平台载体,比如服务中小微企业的服务平台、基层协商平台、银企对接平台、异地商会、基层商会、行业商会组织平台等等。三是必须加强"亲""清"文化建设的宣传推介。让更多的非公企业和社会各界人士了解"亲""清"文化,让更多的组织和个人参与"亲""清"文化的建设,不断提高影响力和知名度,广泛凝聚共识和合力,在全社会打响

"亲""清"文化工作品牌。四是必须加强"亲""清"文化的实践探索。特别是在优化涉企服务、保护企业合法权益、加强非公经济人士教育引导、严明领导干部和非公经济人士交往规则等方面加强实践探索。

综上所述,理想信念教育与社会主义核心价值观的培育在本质上是一致的,不能急功近利,而必须绵绵用力、久久为功,春风化雨、润物无声,必须把着眼点、着重点、着力点从教育引导转向培育教化,做到内化于心、外化于行、固化于制。只有这样,教育实践活动才能真正取得实效、确保长效。

二、理想信念教育与弘扬企业家精神

开展理想信念教育实践活动,必须明确主体是谁。一个时期一个地方之所以活动成效不明显,存在"一头热""两张皮"现象,一个很重要的原因在于把握活动主体上存在误区。这项教育实践活动是由各级统战部和工商联牵头组织的,但主体应是非公有制经济人士而不是统战部门和工商联。因此,开展教育实践活动必须彰显主体性,明确企业家是教育实践中的主体,注重引导教育与自我教育相结合,以企业家自我教育为主。同时要注重教育实践活动的社会经济效益的虚实转化,让企业家实实在在尝到教育实践活动的甜头和有获得感,变"要我参加"为"我要参加"。要想方设法用身边的典型带动身边的人,事迹要可信、可比、可学,要看得见、摸得着、够得上,使更多的企业家参与到活动中来。要让企业家实现"四信"的内化,进一步丰富、激发和弘扬企业家精神,成为促进"两个健康"的内在动力。

(一)激发企业家精神应是理想信念教育的归宿点

企业家是当今最有活力的群体和最宝贵的资源。习近平指出:"市场活力来自于人,特别是来自于企业家,来自于企业家精神。"[①]广大非公有制经济人士要"激发企业家精神,发挥企业家才能,增强企业内在活力和创造力,推动企业不断取得更新更好发展。"[②]改革开放以来,在党和政府的号召鼓励下,积极投身市场经济大潮的企业家们,对"企业家精神"这个话题是最有发言权的。"在商才能言商",理想信念教育必须着眼于激发非公经济人士的企业家精神,才能真正取得长效和实效。

---

① 习近平:谋求持久发展 共筑亚太梦想——在亚太经合组织工商领导人峰会开幕式上的演讲[EB/OL].(2014-11-09)[2019-12-13]. http://gs.people.com.cn/n/2014/1110/c183343-22858907.html.

② 习近平:毫不动摇坚持我国基本经济制度 推动各种所有制经济健康发展——在全国政协民建、工商联界委员联组会上的讲话[N]. 人民日报,2016-03-09(2).

以浙商为例,在2009年国际金融危机严峻的经济形势下,在省委、省政府倡导和有关部门牵头组织下,以浙江省非公经济人士为主体的"浙商新精神"——"千方百计提升品牌,千方百计保持市场,千方百计自主创新,千方百计改善管理"被提炼和弘扬。这一"浙商新精神"在原来"走遍千山万水,说尽千言万语,想尽千方百计,尝遍千辛万苦"的"四千精神"基础上延伸了浙商从草根走向国际、从创业走向创新的重要内涵。当时的"新四千精神"被视为转型升级、可持续发展的新"引擎",也是正在危机中爬坡过坎的浙江企业的新坐标。①随着浙商群体的平均学历逐年提高,高学历、海归、高科技,成为新一代浙商与二代浙商的金名片,浙商要从昨天的全国化真正变成全球化。2016年11月,浙商总会会长马云提出了浙商又一"新四千精神",即"千差万别、千变万化、千思万想、千家万户",就是要有广泛包容、竞争意识、创新思维和担当精神。②马云还说过"梦想还是要有的,万一实现了呢",这句话曾获得时任浙江省领导的高度赞赏,认为这是新常态下大家应该拥有的乐观心态。无论面对什么样的困难和挑战,只要浙商梦想还在、浙商精神还在,浙商发展的机会就永远都在。③

正如有专家曾说过的,中国现代化建设最需要两类人才,一类是具有企业家头脑的科学家,另一类是具有科学家头脑的企业家。经济新常态需要创新宏观调控思路和方式,培育经济发展的持久动力,而大众创业、万众创新就是以改革创新激发发展活力。企业家是最有创新活力的群体,从某种意义上说,当今世界和社会就是由企业家引领的,最根本的原因是其拥有与众不同的特质——企业家精神。

(二)弘扬企业家精神:经济新常态下开展"四信"教育的目标要求

转型升级能否成功,关键在人,在企业家。发明是科学家的事,创新是企业家的事,企业家是不可替代的战略资源。在经济新常态下,"四信"教育的目标应落脚到激发非公经济人士的企业家精神上来。

1. 信念是激励奋斗的动力之源。习近平总书记指出,理想信念是精神上的"钙",精神上"缺钙",就会得"软骨病"。理想信念是企业转型升级、攻坚克难的强

---

① 吴美花. 浙商新精神到底是什么? 看看大家都怎么说[EB/OL]. (2016-11-26)[2019-12-13]. http://www.wzs.org.cn/sjzsdh/wzsdh2017/zsjs/201611/t20161126_229432.shtml.

② 吴美花. 浙商新精神到底是什么? 看看大家都怎么说[EB/OL]. (2016-11-26)[2019-12-13]. http://www.wzs.org.cn/sjzsdh/wzsdh2017/zsjs/201611/t20161126_229432.shtml.

③ 李强在出席上海市浙江商会换届大会时强调　浙商的新使命是引领创新[N]. 浙江日报,2014-12-08(1).

大精神力量。如果没有理想信念的引领,企业发展就会迷失正确的方向和丧失前进的动力,就不可能做强、不可能做久。广大非公有制经济人士是改革开放和中国特色社会主义道路的亲历者、实践者和受益者,是市场经济的先行者,是国民经济建设的生力军,也必将是这场全面深化改革的排头兵。面对深化改革"啃硬骨头",面对经济新常态、供给侧改革,困难越大越要激发非公经济人士近40年来积聚的企业家精神,不忘初心、继续前行,并与时俱进,不断赋予其具有国际视野和时代特征的新内涵。

2. 信心和信任:怎样认识我国的"重要战略机遇期"。提振对企业发展的信心,一个重要的方面是要引领非公经济人士充分认识到"新常态"将给中国带来新的发展机遇。经济发展进入新常态,没有改变我国发展仍处于可以大有作为的重要战略机遇期的判断,改变的是重要战略机遇期的内涵和条件;没有改变我国经济发展总体向好的基本面,改变的是经济发展方式和经济结构。特别是"一带一路"建设和"互联网+"带来的新机遇。正如习近平指出的:"一时一事上中国经济发展会有波动,但长远看仍是东风浩荡。"[1]"我们要看到我国经济发展正在出现积极变化,我国经济社会发展基本面是好的,经济供求关系正在发生实质性变化,企业预期和市场信心逐步好转,经济发展动力增强,对全球经济复苏起到重要拉动作用。更重要的是,新发展理念日益深入人心,政府和企业行为正在发生变化。"[2]当前,非公有制经济发展遇到一些困难,根本出路在于转型升级。而正如经济学家指出的那样,"经济转型成功需让企业家精神自由","如果你不能让企业家精神自由地发挥作用,你制定的任何政策,其实都是于事无补的"。[3]

开展理想信念教育实践活动,不能光从理论和精神上为民营企业提振信心、加油鼓劲,还要在政策上、行动上让他们吃定心丸、有后盾感。政府要创造良好的投资环境,重在落实习近平在2016年"3·4"重要讲话中提出的"五个着力"和在中央财经领导小组第11次会议上提出的关于推进供给侧结构性改革的五大政策支柱,即宏观政策要稳,产业政策要准,微观政策要活,改革政策要实,社会政策要托底。

---

① 习近平:毫不动摇坚持我国基本经济制度 推动各种所有制经济健康发展——在全国政协民建、工商联界委员联组会上的讲话[N]. 人民日报,2016-03-09(2).

② 我国经济发展正在出现积极变化[N]. 青年报,2017-07-25(A02).

③ 张维迎:经济转型成功需让企业家精神自由[EB/OL]. (2015-03-16)[2019-12-13]. http://opinion.jrj.com.cn/2015/03/16111318968333.shtml.

要扎实有效放宽行业准入,进一步破解"玻璃门""旋转门""弹簧门"等困局,真正体现不同所有制经济间的平等、公平、公正。要贯彻好《中共中央国务院关于完善产权保护制度依法保护产权的意见》,完善和落实产权保护制度,回应民营企业家的关切,这对他们形成良好预期、增强发展信心能起到重要作用。要贯彻好全国金融工作会议精神,坚决防控地方金融风险,深化金融体制改革,让资金流向实体经济,破解中小企业融资难问题。与此同时,新常态下,政府要加大简政放权力度,进一步释放市场活力。如浙江省政府在近几年搞的"四张清单一张网"改革基础上,又推出"最多跑一次"改革。要加大减负力度,让民营企业有实实在在的获得感。如浙江继2016年出台两批50条减负降成本政策后,又发布了35条减负降本政策,几次相加,每年可为企业减负约1500亿元。①

统战部门和工商联在开展理想教育过程中,必须强化服务意识,寓提拔信心工作于服务之中。积极协助党委和政府构建"亲""清"新型政商关系,建立经常性的沟通联系制度,畅通非公经济人士反映诉求的渠道,帮助解决实际困难。工商联要积极主动承接政府职能转移,服务好非公企业。《新华视点》记者近期采访发现,行业协会、商会多与相关行政部门有千丝万缕的联系,有矿产企业"被迫"加入6家行业协会,没有享受到什么服务,但每年会费支出达20万元。工商联在助推脱钩改革、承接职能转移的过程中,要看清大势,接得住、用得好。②同时还要为企业提供各种服务,真正发挥桥梁、纽带、助手和娘家的作用。如浙江省舟山市定海区工商联创建十大专委会精准服务会员企业。即全面梳理区工商联122名执常委的各自业务范围和特长,科学编排并分别组建"参政议政、金融服务、法律维权、对外联络、经济服务、宣传培训、企业文化、光彩事业、会员联谊、青企工作"十大专业委员会,由它们负责为会员企业提供专项服务,此举为全省首创。专委会成立一年来,先后组织融资服务、招商推介、企业经营管理等各类活动12场(次),惠及企业家1000余人次并获一致好评。

根据中央统战部和全国工商联的统一部署,下一步要推进理想信念教育实践

---

① 浙江再推35条减负降本新策 助力企业轻装上阵[EB/OL]. (2017-06-13)[2019-12-13]. http://finance.sina.com.cn/roll/2017-06-13/doc-ifyfzaaq6322326.shtml.
② 南都社论"脱钩"改革,要害仍在冲破利益壁垒[N]. 南方都市报,2017-7-14(A02).

活动向所属商会覆盖,向县级工商联覆盖,向企业家自组织覆盖。①在此过程中要关心企业家,让他们重视自身身心健康。习近平指出,非公有制经济健康发展,前提是非公有制经济人士要健康成长。②而人的健康也有双重含义,身心健康是基础。国务院发展研究中心的中国企业家调查系统所做的《中国企业经营者成长与发展专题调查报告》显示,有53%的中青年企业家存在不同程度的心理健康问题。③要在企业家中普及心理健康知识,定期、不定期地进行心理健康测试。通过专家讲课,有针对性地采用集体心理辅导、个体心理咨询等措施提高企业家的心理素质。有条件的企业可配备"企业总心理师",企业老总个人可以配备心理咨询师。

企业和企业家对社会的良好信誉,既是企业家精神的有机组成部分,又是企业可持续发展的重要保证。随着全面深化改革和全面推进依法治国,市场经济体制更加完善成熟,必然要求一切市场主体的经济活动都要在法制轨道上运行,守法诚信越来越成为企业持续健康发展的内在需要。守法律、讲诚信,是非公有制经济人士做好事业的先决条件。社会主义市场经济是契约经济、法治经济,更是信用经济,诚信是社会主义市场经济的基石。非公有制经济人士要在市场经济大潮和国际竞争中持续健康发展,做大做强做久,就必须坚持守法诚信。在过去粗放型经济高速增长时,一些企业可以依靠低成本、低价格、低质量来竞争,依靠消耗资源、污染环境来发展,甚至可以依靠钻政策空子、打擦边球来牟利,但在新常态下,这些都不行了,必须要守法诚信经营,依靠科技创新发展。所以,开展守法诚信教育,就是要引导非公有制经济人士尊法、学法、守法、用法,坚定发展信念,规范内部治理,防范法律风险,抓好转型升级,适应和引领经济新常态。统战部门和工商联要积极搭建平台载体,把理想信念教育活动融到当前企业家必须破解的短板、必须升级的理念中来,才能取得实实在在的效果。如:浙江省安吉县是习近平"绿水青山就是金山银山"重要思想的发源地,2017年8月,"浙江省新生代企业家理想信念教育实践基地"落户安吉,目的就是通过实地考察和体验,引领非公有制经济人士特别是新生代企业家,做绿色发展理念的实践者、先行者和示范者。

① 徐乐江同志在全国工商联十一届十次常委会议上的讲话[EB/OL]. (2017-7-19)[2019-12-13]. http://www.acfic.org.cn/ldzc_311/zzhld/xlj/wz/201707/t20170719_2453.html.

② 习近平:毫不动摇坚持我国基本经济制度 推动各种所有制经济健康发展——在全国政协民建、工商联界委员联组会上的讲话[N]. 人民日报,2016-03-09(2).

③ 抑郁症?关注民营企业家的心理健康[EB/OL]. (2016-09-18)[2019-12-13]. http://www.sohu.com/a/114531758_478126.

（三）新老企业家的培育引领和交接班：传承的不仅是财富，更是企业家精神

党中央对年轻一代非公有制经济人士的健康成长十分关注。习近平指出，要注重对年轻一代非公有制经济人士的教育培养，引导他们继承发扬老一代企业家的创业精神和听党话、跟党走的光荣传统。①俞正声希望年轻一代民营企业家坚定理想信念，弘扬企业家精神，做合格的中国特色社会主义事业的建设者。②由此可见，继承和弘扬创业精神、企业家精神，是年轻一代非公有制经济人士健康成长的关键所在，是党中央寄予的殷切期望，也是我们对他们开展理想信念教育的重要目标。

家族企业的代际传承问题是一个世界性的难题，美国布鲁克林家族企业研究学院的研究表明，约有70%的家族企业未能传到下一代，88%的家族企业未能传到第三代，只有3%的家族企业在第四代及以后还在经营。而另一项统计显示，家族企业的平均寿命是24年，碰巧创业企业的平均寿命也是24年。换句话说，多数家族企业甚至没有机会传给第二代，成为真正意义上的家族企业。而据专家预计，中国未来五至十年将有300万家民企迎来接班换代高峰，然而交接顺利的仅有30%，其余70%会有各种问题。相当一部分家族企业面临接班问题，第二代不想接班、接不了班的现象普遍存在。

著名浙商、方太集团董事长茅理翔坦言，当前民营企业正面临着改革开放近40年来，最严峻的三大挑战：传承、转型、国际金融危机（经济新常态）。而"创二代"成功传承的过程就是转型升级、激发企业家精神的过程。茅理翔经过20多年数次放权，将管理权、营销权、研发权、决策权全都下放给他的儿子茅忠群，完成了企业从家族层管理转变成经理人管理、从家长制管理转变成制度化管理，引进了国际上最先进的管理模式，建立了一个由非家族职业经理人组成的高素质团队。③而另一位新生代企业家、宁波华联电子科技有限公司总经理冯炜炜则说，转换、融合、开拓，这是"创二代"接班过程的三个阶段。④

---

① 习近平:毫不动摇坚持我国基本经济制度　推动各种所有制经济健康发展——在全国政协民建、工商联界委员联组会上的讲话[N]. 人民日报,2016-03-09(2).

② 全国年轻一代民营企业家理想信念报告会27日在北京召开,中共中央政治局常委、全国政协主席俞正声出席会议并讲话[N]. 人民日报,2017-05-27(1).

③ 传承浙商 继往开来——从战略高度推进我省非公有制经济"创二代"培养引导工作[N]. 浙江日报,2011-12-27(7).

④ 传承浙商 继往开来——从战略高度推进我省非公有制经济"创二代"培养引导工作[N]. 浙江日报,2011-12-27(7).

在我国民营经济起步较早的温州市,第一代企业家、浙江中威集团董事长陈千奎说:"我们致力于企业的可持续发展和基业长青,要用先进的价值观引领社会、引领新生代、引领未来的创业者,为社会、国家做贡献。作为较早创业的第一代非公有制企业家,要充分发挥个人的影响力和经验价值,切实担负起对新生代企业家的传帮带责任,使非公有制经济人士的优良传统代代相承。"①而乐清市"创二代"联谊会会长、永固集团执行总裁郑革说:"要创建'幸福永固'的文化愿景,计划用五年时间初步建立'幸福体系',逐步打造一个'高效率、学习型、创新型、绿色型、和谐型'的'幸福企业',实现企业文化与企业发展的良性运动。"②

统战部门和工商联要协助党委政府加强对新生代非公有制经济代表人士的培训工作,引导他们顺利交接班,从战略上解决接不了班和不愿接班的问题。要努力在非公企业培育一批示范样本,精心打造一批"百年老店"。这方面浙江等省市做出了探索,已实现市级新生代企业家联谊组织全覆盖,成立县级新生代企业家联谊组织78家。③通过学习、培训、交流、活动等提高新生代非公有制经济代表人士的能力和水平,努力打造一支"政治上有方向、经营上有本事、文化上有内涵、责任上有担当"的新一代非公有制经济代表人士队伍。例如:2014年开始,浙江省湖州市委统战部主动作为,联合市委组织部、市委宣传部、市工商联、市经信委、市财政局、市人力社保局等部门共同制定并实施《湖州市新生代企业家培养"311"领航计划》,采取市领导导师帮带、举办创新论坛、开展挂职锻炼等十大培养措施,用三年时间力争培养领航新生代企业家30名左右,骨干新生代企业家100名左右,辐射1000名左右新生代企业家,为湖州市场经济发展注入了新的生机和活力。目前这项工作成绩斐然,一批新生代民营企业家已顺利实现传承,成为市重点、明星企业的接班人。

与此同时,从某种意义上讲,综合评价也是全面考量非公有制经济人士弘扬企业家精神、履行社会责任和践行社会主义核心价值观的重要而权威的载体。习近平多次强调,非公有制经济人士政治安排要坚持标准、严格程序、认真考察,做好综合

---

① 陈千奎.创造财富、引领价值,走物质精神"两富"、共富的发展道路[M]//中国统一战线理论研究会非公有制经济人士统战工作理论浙江研究基地.非公有制经济:企业文化与价值引领.杭州:杭州出版社,2013:439-442.
② 郑革.打造幸福文化 共建永固家园[M]//中国统一战线理论研究会非公有制经济人士统战工作理论浙江研究基地.非公有制经济:企业文化与价值引领.杭州:杭州出版社,2013:443-448.
③ 潘跃.同心促发展 共圆中国梦——年轻一代非公有制经济人士坚定理想逐梦前行[N].人民日报,2017-05-26(9).

评价，一个入口，一套标准，凡进必评，真正把那些思想政治强、行业代表性强、参政议政能力强、社会信誉好的非公有制经济代表人士推荐出来。①要用综合评价这个重要载体，为促进非公有制经济代表人士的健康成长提供目标导向，形成激励机制。

三、理想信念教育与企业文化建设

正如海尔集团创始人张瑞敏所说的"企业是人，文化是魂"，从一定意义上说，所谓企业文化，就是企业的"人化"。美国经济学家泰伦斯·狄尔与艾伦·甘乃迪在《企业文化》一书中指出："企业文化是企业上下共同遵循的价值体系，一种员工都清楚的行为准则。"由此可见，企业文化不仅仅是企业家的，也是全体员工的，它比企业家精神更为宽泛。虽然企业主在企业文化建设中起着主导作用，但只有全体员工共同认同并自觉践行的企业文化才是真正意义上的企业文化。理想信念教育实践活动，要融入企业文化建设中去，引导非公企业把中华优秀传统文化、社会主义核心价值观和廉洁文化融入企业文化建设，并主动与企业的核心价值、发展理念，以及员工的职业规划有机融合。

（一）充分认识企业文化的功能

制度管人，文化管心。在市场经济的背后有两只看不见的手，一只是经济规律，另一只是企业文化。企业文化理论自20世纪80年代在欧美国家问世以来，在短短的30年间就风靡全世界，成为许多企业走向成功的强大动力和重要法宝。美国兰德公司、麦肯锡公司和国际管理咨询公司的专家通过对全球增长最快的30家公司进行跟踪考察后得出结论，世界500强胜过其他公司的根本原因，就在于这些世界500强企业善于给他们的企业文化注入活力。这些一流公司的企业文化最注重四点：一是团队协作精神，二是以客户为中心，三是平等对待员工，四是激励与创新。

企业文化是企业的核心竞争力。文化是软实力，对一个国家、一个企业均是如此。毛泽东说过，没有文化的军队是愚蠢的军队。②同样，没有文化的企业是缺乏核心竞争力的企业。21世纪是文化管理的时代，是文化致富的时代，企业文化是企业的核心竞争力所在，是企业管理的最重要内容。通用电气公司（General Elec-

---

① 习近平:毫不动摇坚持我国基本经济制度　推动各种所有制经济健康发展——在全国政协民建、工商联界委员联组会上的讲话[N]. 人民日报,2016-03-09(2).
② 李雨檬. 毛泽东:"没有文化的军队是愚蠢的军队"[EB/OL]. (2017-07-03)[2019-12-13]. http://dang-shi.people.com.cn/n1/2017/0703/c85037-29377756.html.

tric Company,简称GE),是世界上最大的提供技术和服务业务的跨国公司。曾任GE公司CEO的韦尔奇认为,文化是永远不能替代的竞争因素,企业靠人才和文化取胜。这一点,已成为众多企业的共识。《财富》杂志上曾写道,世界500强胜过其他公司的根本原因,就在于这些公司善于给他们的企业注入活力,这些一流公司的企业文化同普通公司的企业文化有着显著的不同。企业文化具有导向功能、约束功能、凝聚功能、激励功能、调适功能和辐射功能等(如图4-1所示),这些都是不可替代的独特功能。

图4-1　企业文化功能图

这些功能也使企业文化能够成为社会主义核心价值观、理想信念("四信")教育实践活动的有效承载体和归宿点。当然对于不同发展阶段的不同管理模式,企业界流传着一句话,即"一流企业做文化,二流企业做品牌,三流企业做产品"。经过改革开放40余年的发展和国际金融危机以及经济新常态、转型升级、供给侧改革的洗礼,我国的民营企业爬坡过坎,正在从"做产品"向"做品牌",进而向"做文化"迈进。

(二)当前民营企业文化建设存在的问题及救济

21世纪以来,随着非公有制企业党建工作的蓬勃开展,我国民营企业文化建设取得了一定的进展。但与此同时,非公企业文化建设也面临不少值得关注的问题和难点。一是发展的不平衡性日益突出。如:文化建设与企业的发展不平衡,一部分企业的规模飞速膨胀,成为巨人,但企业文化还是矮子;企业文化内部的组成不平衡、与企业的特点不协调,重视表面形象的塑造,轻视实际内涵的挖掘,以及维护不协调,管理、经营、企业文化不协调的现象还在很大程度上存在;理论研究和实践运用还有脱离现象,人力资源管理和企业文化之间的关系已成为企业人才战的深层次方面;环境与文化不协调。二是"标签化""口号化"现象客观存在。这在很多中小民营企业中较为常见,重形式轻内容,企业文化没有融入人心。三是理念雷同现象较为普遍。有统计显示,当前我国企业口号中,"团结"的使用率高达41%,"创新"与"开拓"的使用率超过了20%,"进取"的使用率也达到了10%。这些笼统的、抽象的、千篇一律的用词,反映在企业精神及企业价值观方面,在一定程度上抹杀了非公企业文化的个性和特色。四是单向度思维现象严重。企业领导特别是企业的主管领导,没有真正抓以人为本的企业文化建设,缺乏身教重于言教的意识,不注意自己的影响力,要求员工做到,自己却不能身体力行,挫伤了员工的积极性。如"今天不好好工作,明天好好找工作"。五是家族化负面效应显现。如企业主要求员工拼酒量、剃光头,还有录用员工看八字、重属相等等,不一而足。六是社会支持力量相对薄弱。社会上存在仇富心理,认为无商不奸,不相信企业文化。要补齐这些短板,须从以下几方面反思和谋划。

1. 企业文化必须是企业真正信奉的东西。如著名浙商、奥康集团董事长王振滔提出:传承文化,赢在未来。他认为做企业必须有文化,企业一年发财靠机遇,两年获利靠领导,三至五年发展靠制度规范,而企业想基业长青、永续经营必须靠企业文化建设。企业的核心是产品和服务,而本质却是背后强大的文化魅力。他进而指出,"总结奥康发展的历史,可以用四个词来概括:诚信、创新、人本、和谐。这也是奥康的企业核心价值观。这个核心价值观决定着我们企业形成了丰富多样又高度统一的文化"。

2. 企业文化必须与企业最高目标(企业愿景)相协调。如浙江著名民营企业德力西集团的核心文化是"卓越、高效、合作、尽责"。再如,华为总裁任正非指出,氛围是一种宝贵资源,文化是明天的经济,这个导向性的氛围就是共同制定并认同的"华为基本法"。华为第一次创业的特点,是靠企业家行为,为了抓住机会,不顾手中资源,奋力牵引,凭着第一、第二代创业者的艰苦奋斗、远见卓识、超人的胆识,使公司发展到初具规模。第二次创业的目标就是可持续发展,要用十年时间使各项工作与国际接轨。它的特点是淡化企业家个人色彩,强调职业化管理,把个人魅力、牵引精神、个人推动力变成一种氛围,使它形成一个场,以推动和引导企业的正确发展。

3. 企业文化必须与社会主导价值观相适应。企业文化具有民族性。日本松下公司的七条价值观念中,第一条就是"工业报国",我国老一代企业家卢作孚(民生轮船公司创始人)倡导的"民生精神",就是基于"服务社会,便利人群,开发产业,富裕国家"这一为国为民的价值观念。当代民企文化,如浙江娃哈哈集团塑造的"家"文化,其核心内容包含了"小家"(即员工个人),"大家"(即企业),以及"国家"三个方面的含义,凝聚"小家"、发展"大家"、报效"国家"。

"爱国"是大多数非公企业文化的核心理念,"和谐"是很多非公企业文化的重要内容。北京汇源集团、浙江泰隆商业银行等企业倡导感恩文化,把感恩、孝顺作为员工文化教育的内容,给员工父母写感谢信、发红包、解决生活困难等,把企业感恩文化延伸到员工家属和社会,成效十分明显。再如,"敬业报国,追求卓越"是海尔的企业精神,但海尔并不是把企业精神当作口号来喊,而是用案例来诠释企业精神,并以此来教育他们的员工自觉地实践企业精神。正是因为海尔人有这样的企业精神,并在这种精神的激励下不断地开拓进取,才使得海尔成为中华民族工业的骄傲。

4. 企业文化必须充分反映企业家价值观和企业家精神。企业家要有亮剑精神,能够将自己的理念变成全体员工的行为准则,将企业文化建设纳入企业的日常工作。以浙商为例,企业家的思想往往在企业中到处可见,如:"为顾客创造价值,为员工谋求发展,为社会承担责任"(正泰集团董事长南存辉);"送你一份吉利,无论你在哪里"(吉利董事长李书福);等等。华立集团从2005年开始,推行企业软实力(即企业文化)的建设,这是董事长汪力成亲自抓的两件大事之一。万向集团董事局原主席鲁冠球创业40年来每年都推出企业格言、员工格言,在新年报告中一讲成绩,二讲目标,三讲文化。

5. 企业文化必须与员工的个人价值观相结合。企业价值观不能脱离多数员工的个人价值观,否则难以实现群体化,也就不能成为员工的行动指南。确立企业核心价值观,要使企业文化在企业生根,必须"融"价值观于生活哲学,"化"价值观于情感交流,"树"价值观于内部沟通,"立"价值观于身体力行。如,《华为基本法》有这样一段表述:"以人为本,尊重个性,集体奋斗,视人才为公司的最大财富而又不迁就人才;在独立自主的基础上开放合作和创造性地发展世界领先的核心技术体系,崇尚创新精神和敬业精神;爱祖国、爱人民、爱事业和爱生活,决不让雷锋吃亏;在顾客、员工与合作者之间结成利益共同体。"这样的企业价值观和企业文化从某种意义上也成了企业的生产力。如娃哈哈倡导的"家"文化,为2006年至2007年公司赢得与达能公司的官司起到了非常大的作用。

(三)民营企业核心文化及其构建

企业文化特别是企业核心文化建设必须通过共同的价值观的引领。现代西方管理学有句名言:领导者的唯一定义是拥有追随者。然而,靠什么让员工追随你呢? 企业制度、企业规范只能在有限范围内和常规情况下告诉员工"干什么"和"不干什么",一旦超出这个范围,遇到特殊情况,员工则会无所适从。制度是60分的道德,同时又是刚性的条文化的准则;而企业价值引领和文化建设如同市场之无形的手。当前,我们要以开展理想信念教育为契机和载体,以社会主义核心价值观为引领,引导非公有制企业切实构建和打造先进的企业文化,使之成为民营企业的核心竞争力的重要有机组成部分。

民营企业核心文化应该是科学的文化。先进的企业文化,注重企业的科学发展。先进的企业文化,具有开拓创新的激励功能,提高素质的催化功能,奋发向上的凝聚功能,规范行为的约束功能,促进发展的辐射功能。企业一年成功靠促销,十年成功靠产品,百年成功靠管理。管理成功的背后是让先进的企业文化成为稳固的核心竞争力。品牌源于产品,高于产品,而先进的企业文化推动着企业从产品走向品牌、从品牌走向名牌。具体构成如图4-2所示。

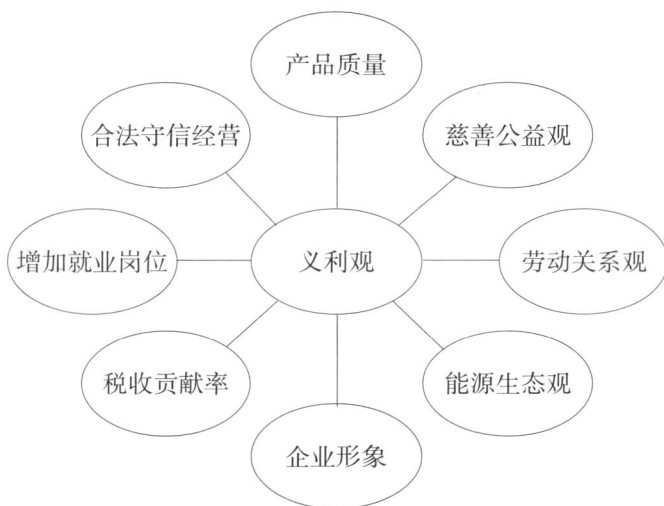

图4-2　企业核心价值体系构成图

非公有制企业的核心文化是和谐的文化。管理大师德鲁克认为,一个好的企业就像一个温暖的大家庭。企业家是民营企业的第一设计者、组织实施者、身体力行者、宣传倡导者,在企业文化建设中处于主导地位。但真正的企业文化不应该仅仅是"老板文化",更应该是老板和员工共同的文化。浙江的企业家们已彻底摒弃20世纪90年代曾经流行一时的"今天不好好工作,明天好好找工作"一类的企业文化糟粕,致力于打造以"和谐""家"为主题的企业核心文化,如传化集团的"企业把员工当主人,员工把企业当成家",浙江华达集团的"人在华达,情在华达,志在华达",娃哈哈集团的"家"文化,浙江庆盛集团的"员工人生发展规划",等等。宁波利时集团创立了"舍得"文化,舍得往员工口袋里装钞票、舍得往员工脑袋里装知识。全国人大代表、宁波维科精华家纺有限公司制品分厂二车间质检员杨晓霞是一名农民工,她说:"如何让农民工找到家的感觉,应从满足他们的需求角度来把握。"有专家认为,在这样的企业文化中,"劳资利益共同体"取代了"劳资对抗"。

这一和谐文化还体现在以德治与法治相结合中构建的和谐劳动关系中。法治要求自觉行为,对于企业家来说,构建和谐劳动关系,首要的就是严格遵守劳动合同法,切实维护和保障员工的合法权益。企业要创新管理员工的理念和方式,努力实行民主管理。在整个工资协商过程中,企业要从被动参与转向主动参与。同时,企业家还要支持企业党、团、工、青、妇组织建设并发挥作用。如:2017年浙江省党代会代表沈雪萍,是浙江巨人控股有限公司的一线技术工人,有着20年的工匠经历。她说,建设一支与经济社会发展要求相适应的知识型、技能型、创新型工作人才队伍,是湖州这座"中国制造2025"试点示范城市的基石。她表示将认真履行代表职责,把省党代会精神第一时间带回车间,依托车间微党课等平台,深入学习贯彻省党代会精神,继续发挥先锋模范作用。[50]

以人为本是企业文化建设的重要原则和方向。体现在企业核心价值观中,就是实现整个企业所有员工对"应该做什么、觉得什么好、什么不许做"有明确的共识,引导企业员工树立正确的人生观、价值观,营造和谐奋进的工作氛围;体现在企业愿景中,不仅有对员工物质上的关怀,更有立足培养员工自我实现的文化理念,把员工的个人发展与企业的远景目标有机统一起来,促进企业和员工共同发展。如浙江庆盛集团的员工人生发展规划。另外,要关注企业职工个体系统的自组织及其领军人物。

民营企业文化应该是感恩文化。感恩,是中华民族的传统美德之一。懂感恩、会感恩既是一种处世哲学,也是人生大智慧。把感恩的思想、理念融入企业经营管理之中,形成企业感恩文化,通过企业与企业相关人员(如企业主、员工、客户)及社会之间的良性互动,以保障企业的共同利益,更好地履行社会责任,从而实现企业效益最大化和社会形象最佳化。企业感恩文化包括企业员工之间的相互感恩、企业和员工之间的双向感恩、企业和员工与客户之间的感恩、企业和员工对社会的感恩。

当然,民营企业的企业文化建设是个系统工程,既要着眼于、着力于企业核心文化,同时又要兼顾其层次性,以核心文化引领其他文化,以其他文化体现和促进核心文化建设。其层次性主要体现在:(1)表层的物质文化,包括企业面貌、企业环境、科技状况、企业产品、文化设施;(2)浅层的行为文化,包括科技行为、文化教育、技术培训、文娱活动;(3)中层的制度文化,包括规章制度、领导体制、组织机构、识别系统;(4)深层的精神文化,包括企业目标、企业哲学、企业理念、企业精神、企业品质、企业素质、价值标准、道德规范、工作态度、行为取向、生活观念。其中(1)(2)属于外显文化,(4)属于内隐文化,(3)兼有两者特征(如图4-3所示)。

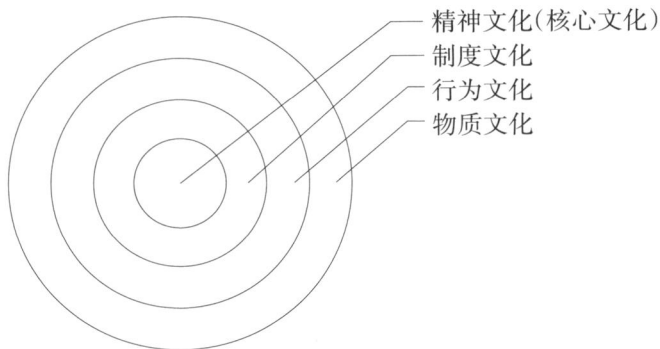

图4-3　企业文化同心圆

与此同时,要明确载体、渠道和流程,业主带头、全员动员、多管齐下,着力构建民营企业健康企业文化,把理想信念教育实践活动落小(处)、落实(处)、落全(过程)、落长(效)(如图4-4所示)。

四、结语

当前,持续深化非公有制经济人士理想信念教育,一定要将主体与客体、引导与服务、经济与政治、教育与内化、德治与法治有机结合起来。只有这样,才能使这项活动取得实效、确保长效。

```
                    ┌─────────────┐
                    │ 企业文化建设  │
                    │    体系      │
                    └──────┬──────┘
        ┌──────────────────┼──────────────────┐
   ┌────┴────┐       ┌─────┴────┐       ┌─────┴────┐
   │ 文化建设  │       │ 文化建设  │       │ 文化建设  │
   │  绩效    │       │  体系    │       │  内容    │
   └────┬────┘       └─────┬────┘       └─────┬────┘
```

文化建设绩效	文化建设体系	文化建设内容
企业满意度	文体活动	精神文化:核心价值观、服务理念、发展目标、企业精神等
员工及员工家庭满意度	渠道载体:期刊、网络、报纸	制度文化:规章制度、工作流程、组织架构、体制机制
客户满意度	产品外形与包装	行为文化:组织行为、员工行为等
社会满意信誉	厂房外观及环境建设	物质文化:厂容厂貌、员工服装、名片胸牌、交通设备
愿景目标	员工风貌	子文化
企业健康发展　企业社会价值实现	奖惩制度	管理文化、制度文化、质量文化、创新文化、廉洁文化、服务文化、安全文化、生产文化、人际文化
	党建及团、工会、妇联建设	

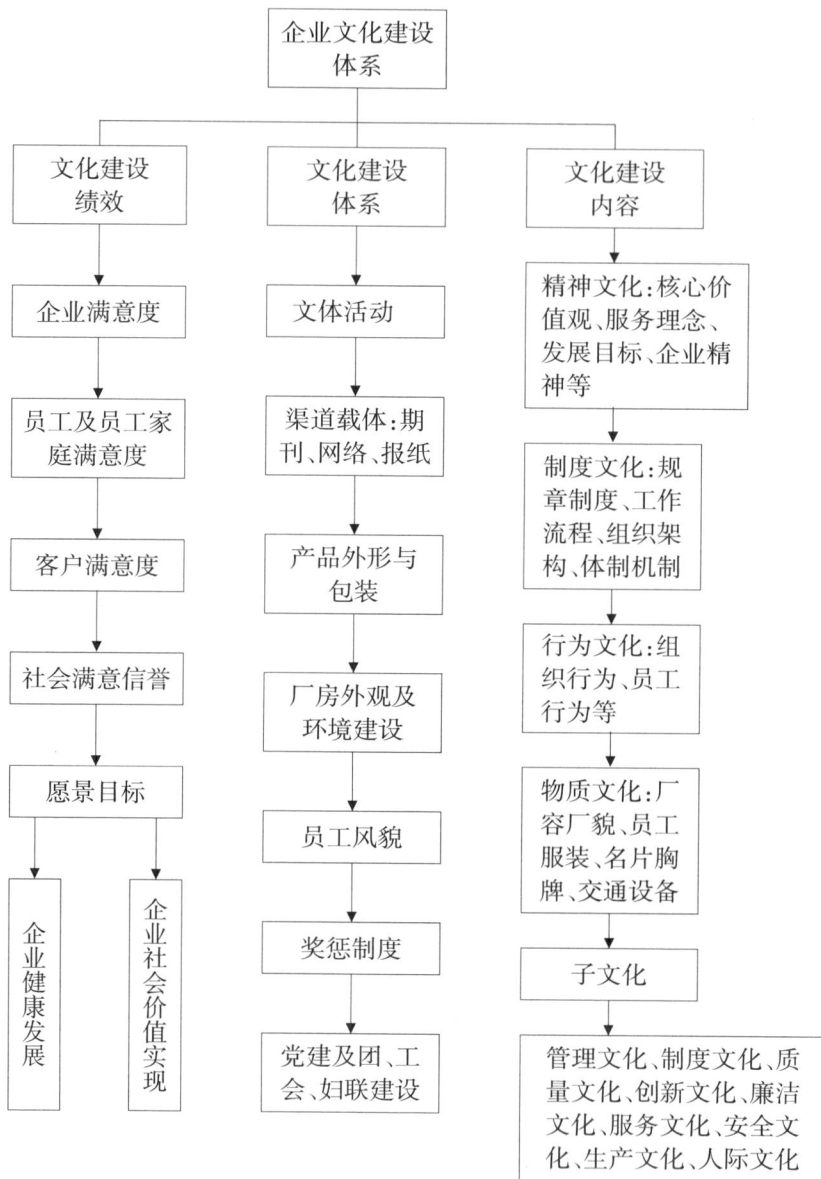

图4-4　企业文化体系图

要将理想信念教育与践行核心价值观、弘扬企业家精神、建设企业先进文化、构建和谐劳动关系等活动有机结合起来,引导广大非公有制经济人士做到政治上自信、发展上自强、守法上自觉,将"个人梦""企业梦"主动融入"中国梦"的远大理想中,做爱国敬业、守法经营、创业创新、回报社会的典范,在推动民营经济发展实现新飞跃和实现中华民族伟大复兴中国梦的实践中,谱写人生事业的华彩篇章。

统战部门和工商联要不断丰富"摸底调查、正面引导、政企沟通、培训互动、协调推进、强化服务"这六个长效机制,用长效机制固化理想信念教育实践活动成果。关键要把教育实践活动融入统战部门、工商联调查研究、经济服务、法律服务、信息服务、宣传教育、社会扶贫等工作之中[①],渗透到非公有制经济领域统战工作的日常事务之中,不断促进"两个健康"。

第五节　商会承接政府部分职能转移

习近平总书记在中央统战工作会议上指出:"政社分离、行业协会商会与行政机关脱钩是深化改革的一项任务。工商联作为人民团体和商会组织,同基层商会不能切断工作渠道。统战工作要向商会组织有效覆盖,发挥工商联对商会组织的指导、引导、服务职能,确保商会发展的正确方向。"党的十八届三中全会做出的全面深化改革战略部署,要求推进政府职能转变和社会管理体制改革,发挥市场在资源配置中的决定性作用,并明确提出"要限期实现行业协会商会与行政机关真正脱钩"。这使得商会承接政府部分职能转移的工作,并被提上各级党委、政府,以及统战部、工商联的议事日程。浙江作为市场经济、民营经济的先发地区之一,民间商会的组织和功能均发育较早。近年来,浙江省一些地方结合新一轮政府改革的重点和方向,就推进商会承接政府部分职能转移进行了试点和探索。本文立足浙江在这方面的实践探索对商会组织承接政府部分职能转移问题做一粗浅探讨。

一、商会组织承接政府职能转移的必要性、紧迫性和可行性

商会组织承接政府职能转移是全面深化改革,推进国家治理体系和治理能力现代化的必然要求。

在当今世界,没有一个政府可以包办一切,再大的政府也只能是有限政府。从国际上看,一个成熟的现代社会,是政府、企业和社会组织这三种力量基本均衡的

[①] 做好统战工作,有利于营造"诚信守法"的良好社会环境。比如:新阶层人士中"四师"(律师、注册会计师、税务师、评估师),既是游戏规则制定的参与者也是游戏规则执行的参与者,是当前社会最有影响力的群体之一,而且与民营企业关系密切或直接为民营企业服务,因此这"四师"的诚信守法程度直接影响到社会特别是民营企业和非公有制经济人士的诚信守法程度,必须加强对他们的引导培养。

社会。20世纪60年代以来,欧美国家新社团主义、新协和主义兴起,政府退出传统的微观经济干预领域,将大量公共服务项目转由社会组织来提供,逐渐形成了"小政府、大社会"的管理格局。时至今日,政府向社会组织购买服务是大势所趋,是国际上的普遍做法,在美国等西方国家被称为"第三方治理"。美国社会组织能提供10%的就业岗位,而我国还不到1%。近些年来,国务院根据十八届三中全会全面深化改革的精神,着眼于推进国家治理体系和治理能力现代化,做出了转变政府职能、简政放权的重大部署。浙江省政府也提出了"精简一批、取消一批、下放一批、转移一批"的具体路径,明确指出将推动政府部门向社会组织转移职能,开放更多的公共资源和领域。商会协会作为经济领域的社会组织,是联系政府、市场和企业的桥梁纽带,是社会治理体系的重要组成部分。截至2016年6月底,全国工商联共有基层商会组织45032个,行业组织16349个,异地商会3607个,市场商会766个,开发区商会271个,联谊会281个,其他组织1311个。特别是全国范围内乡镇商会和街道商会覆盖率已达51.4%和61.5%。在浙江省还建有村级和社区商会200多个。随着社会主义市场经济体制的建立和完善,我国各级政府将逐步简政放权,由"全能政府"向"有限政府""服务型政府"转变,这就需要商会等中介组织来填补政府职能转变所带来的管理空白。换言之,在经济领域,必须厘清政府、市场、社会三者的关系,政府要把原属于市场的职能交还给市场,把原属于商会的职能交还给商会。政府部分职能将逐步移交或委托给行业协会商会,把行业协会商会作为加强和改善行业管理的重要支撑,作为联系政府、服务企业的桥梁纽带和助手。

商会承接政府职能转移是民营经济适应新常态、破解制约发展的瓶颈问题、实现转型升级的迫切需要。

当前,我国经济正处于增长速度换挡期和结构调整阵痛期,民营经济遇到了一些困难和挑战。行业协会商会可以通过开展行业调查,深入了解掌握行业发展动态,及时反映行业诉求,积极建言献策,推动产业政策的制定出台和贯彻落实;可以协调行业发展,参与制定行业标准,加强行业诚信建设,建立行业自律制度,健全行业管理机制,规范市场秩序,维护遵纪守法、公平竞争的市场环境;可以代表行业和会员企业开展反倾销、反补贴、保障措施的应诉和申诉,参与协调贸易争议,维护会员企业和行业的合法权益;让推进行业团结合作,把分散的力量和资源有效集聚起来,发挥团队效应,共同开拓市场,拉长产业链,做大产业群,凸显产业特色,塑造产业整体形象,形成群体优势,促进行业持续健康发展。特别是在当前引导和帮助民营企业实现转型升级中,行业协会商会能起到政府难以发挥、单个企业难以达到的作用。比如:在引领产业升级、打造区域品牌方面,浙江省行业协会就发挥了关键作用。2010年,浙江省便已经拥有"国家火炬计划特色产业基地"36个,各类全国性工商业协会颁发的"国字号"基地数百个,如"中国电气之都""中国拉链之乡""中国服装之乡""中国礼品城"等,拥有浙江省高新技术特色产业基地76个,浙江省专业商标品牌基地98个。由协会商会申请集体商标是利用法律手段保护共有知识产权,防止区域品牌陷入"公地悲剧"的重要方式。再如:浙江中小企业和个体工商户数量占企业总数的99.9%,其融资问题一直困扰着政府、银行和企业。近年来,浙江各级商会通过提供信息和担保,为中小企业融资开辟了一条新通道。义乌市自2007年起,创新中小企业融资方式,银行与10多家商会进行合作。

商会组织承接政府职能转移是工商联和商会适应新形势、新要求,实现自身创新发展的内在需求。

工商联作为党领导的人民团体和商会组织,作为政府管理和服务非公有制经济的助手,联系着各类商会和广大非公有制企业,在引导非公有制经济健康发展和非公有制经济人士健康成长等方面,起到不可或缺的重要作用。商会组织承接政府职能转移,不仅是经济社会发展大势所趋,也是商会自身发展的必然选择。从20世纪80年代起至今,伴随着浙江经济发展和地方治理转型,商会所发挥的作用在不断变化。20世纪八九十年代,商会的主要功能是解决市场失灵问题。如:温州鹿城区鞋革协会参与鞋业质量整顿工作,被赋予质量抽检、年度换证和企业开办初审权;烟具商会获得企业开办登记初审权、产品质量监督检测权、同行议价制约权和新型产品维护权,且后三项权力后来被普遍赋予各行业协会。在20世纪90年代温州的"质量立市"活动中,政府要求发挥商会的作用,实现行业的自我管理。2001年我国加入世界贸易组织后,浙江产品接连遭遇贸易壁垒,商会担负起组织集体行动以应对国际贸易壁垒的功能。在实践中,温州早在2001年就试行"以奖代购",对于表现优秀的行业协会(商会)予以奖励,协会商会在人才培训和继续教育、组织展览展销、行业国际贸易预警等领域,承担着服务提供者的角色,向政府提供有关服务。经历2008年至2009年全球金融危机的洗礼后,浙江的产业升级不断被提上日程,商会被赋予了推进产业升级的使命。特别是最近几年,中央和地方出台了一系列政策文件,助推商会组织的发展和职能转变,这大大促进了商会治理结构的完善和治理机制的成熟。尤其是国务院办公厅发布的《关于加快推进行业协会商会改革和发展的若干意见》和浙江省政府发布的《关于推进行业协会改革和发展的若干意见》，都强调要按照市场化原则规范和发展各类商会，坚持培育发展和监督管理并重，发挥各类商会在经济社会发展中的作用。当前，在我省不少地方商会组织事实上已经承接了政府职能转移，成为各级党委政府管理和服务非公有制经济、创新社会管理、提供公共服务、改善民生的重要抓手，被誉为"第二招商局"和"第二信访局"，成为当地党委政府抓经济的最大平台。目前，全省近60个市县工商联和一些乡镇（街道）商会、行业商会、异地商会已建成或正在筹建商会大厦。其中温岭、永康两个县级市的商会总部经济楼群均有二十幢左右的大厦，吸引回归浙商资金数百亿元。德清县商会大厦引入公共服务中心，实现真正的"一站式"服务。商会协会承接政府职能转移工作，是工商联融入改革、投身改革的切入点和突破口，对于拓展新时期工商联工作领域、丰富工作内涵、更好发挥职能作用具有十分重要的意义。通过承接政府转移的职能，有利于推动商会协会加强自身建设，进一步增强商会协会的凝聚力、影响力和执行力，更好地团结和凝聚行业力量。

商（协）会承接政府职能转移，事关全面深化改革，事关推进国家治理体系和治理能力现代化，事关非公有制经济的健康发展，意义重大，势在必行。随着全面深化改革的进一步推开，政府简政放权步伐的加快，商会承接政府部分职能也越来越具有现实可行性。浙江省在这方面先行一步。2014年3月27日，浙江省人民政府下发《关于全面开展政府职权清理推行权力清单制度的通知》，决定在全省全面开展政府职权清理、推行权力清单制度，深入推进简政放权，加快转变政府职能，强化权力运行制约监督。6月5日，浙江省人民政府办公厅下发《关于政府向社会力量购买服务的实施意见》，规范和推进政府购买服务，进一步加快政府职能转变，提高公共服务供给水平和效率。2015年2月7日，浙江省委办公厅、省政府办公厅印发《关于加快推进现代社会组织建设的意见》，全面部署社会组织登记管理、政府职能转移、政府购买服务、财税扶持、支持民办非企业单位发展社会事业等改革举措，为加快形成政社分开、权责明确、依法自治的现代社会组织体制做出了顶层制度设计。应该说，浙江的政府职能转移工作从顶层设计上已经完成，这将为商会协会承接政府职能转移提供有效保障。

二、浙江省商会组织承接政府部分职能的实践探索及主要启示

2013年5月，浙江省工商联与温州市政府决定，共同在温州开展行业协会商会

承接政府职能转移的试点工作。温州市6个政府部门将八项政府职能转移给温州市鞋革行业协会等6个协会。浙江省委统战部和浙江省工商联分别把推动商(协)会承接政府职能转移工作写入2014年工作要点和当年省工商联执委会工作报告,并适时召开了推进商会承接政府职能转移工作座谈会,要求此举在全省范围内推开。除了温州外,其他市也确定了试点单位,如宁波市宁海县工商联、台州市温岭市工商联、绍兴市建筑设备租赁商会、衢州市坊门街商会、湖州市电气工业商会、丽水市工商联商会服务中心等也相继开展试点,扩点工作全面展开。

各地因地制宜,推出了一些特色鲜明、效果显著、可供借鉴的典型。例如:温州市积极探索承接转移路径,形成了较为规范的转移职能"七步工作法"(公告事宜、报名竞争、公示名单、签订协议、事项交接、履行协议、监管评估)。目前,全市已在十多个领域购买社会组织服务,年购买服务资金约2亿元。前段时间,市政府又把原本直接向社会公众提供的170项服务事项,交由具备条件的社会力量承担。再如:宁波市有县级商会、乡镇级商会、区域性商会、行业协会4类,选择余姚市商会、宁海县商会、镇海区骆驼街道商会、余姚市裘皮城商会、镇海紧固件协会为首批承接政府职能转移的试点,形成了以中介为主体的半市场化承接,政府牵头、工商联运作、多部门配合的"一键式"承接,商会主导第三方参与的中介代理承接,政府引导、协会推动、企业参与的专项承接,商圈类商会的混合承接等5种模式。政府及部门将部分涉及社会事务、公共服务、行业协调等方面的职能剥离,交由商(协)会去承接、去管理、去服务,变"领导"为"指导",变"干预"为"支持",取得了良好的效果。承接职能后,商(协)会不单单是一个民间经济组织,还承担起社会事务、行业管理、技术服务、协调矛盾等职责,拓展了商(协)会的服务领域和内容,提高了公信力和向心力。此外,绍兴市柯桥区工商联还指导中国轻纺城各大商会(协会)开展版权保护试点工作,被国家版权局有关负责人誉为"与国际接轨的版权保护模式——柯桥模式"。

试点工作已取得初步成效,以试点单位之一的温州市鞋革行业协会为例,市政府明确地税、科技等6家职能部门的7项职能由鞋革行业协会承接。2013年11月29日,温州市人力社保等6个市级部门将8项职能转移给市鞋革行业协会承接,包括:鞋革行业职称评定初审、专业知识培训、行业名牌产品申报初审、行业小微企业所得税优惠资格初审、行业经济运行分析与预测、省级新产品计划项目的验收与鉴定、行业对外贸易壁垒的预警及应对、产业损害调查等。温州试点经验表明,行业协会、商会承接政府职能,着重要解决转什么、转得出、接得住、用得好4个方面的问题。

一是解决"转什么"问题。围绕政府机构改革目标,梳理行业协会商会具体职能,明确政府职能哪些该转、哪些不该转。温州市的具体做法是"三个凡是":凡是政府不该管,但从企业和社会需要来看,又需要有人管的事务,都应该交给行业协会去管;凡是政府需要管,但是单靠政府难以管好或者政府管理效率较低的事务,都应该由政府委托给行业协会去管;凡是成员企业有需要,但单个企业难以做好的事务,一般也应该由行业协会去做。

二是解决"转得出"问题。长期以来形成的体制机制,使得不少行业协会隶属和听命于政府部门,成为实际上的"二政府",政府部门因为利益问题往往不肯转出去。这就需要党委政府痛下决心,稳步推进。温州的做法是经过试点探索、逐步推广和全面深化三个阶段,按照"一年初步破题、两年逐步推广、三年形成机制"目标要求,培育协会商会成为行业企业代表,发挥市场化主体作用。

三是解决"接得住"问题。打铁还要自身硬,商会要"接得住"转出的政府职能,就必须推进自身规范化、示范化、实体化、标准化建设。这一点下文再做详述。

四是解决"用得好"问题。"用得好"是工作目标和检验工作好坏的标准。在这方面,政府要积极为商会用好所承接的职能创造条件,包括:完善政府向社会组织转移职能的配套政策和管理办法,研究政府向社会组织转移职能、购买服务后的财政资金管理、税收优惠、机构编制管理等办法规定,健全社会组织评价激励机制,确保政府向社会组织转移职能工作的常态化、制度化。商会要积极提升自治自律能力,建立商会组织自律建设监管体系,健全信息披露、重大事项报告、财务审计监督等相关制度,规范社会组织管理。

三、当前商会承接政府职能存在的主要问题和对策建议

目前,商(协)会承接政府职能转移工作正进入破题扩面阶段,要取得进一步的成效,必须破解以下几个难题。

一是党委政府职能部门"转"的理念尚未完全确立。首先,一些职能部门存在"等等看""舍不得""不敢放"等思想。现阶段,"放权""简政""协同治理"是大方向,但传统的政府主导型模式尚未得到根本改变。有些政府及部门仍然习惯于"家长式"管理,又囿于自身利益,"不想转"的现象较为严重,政府"闲不住的手"无法有序

收回,使部分"承接"无从谈起。实践中,商(协)会主动参与、间接承接成为主要模式,政府直接转移、商(协)会直接承接的方式较少,"一头热"问题严重。其次,"转"的内容有待深化。根据已有情况,政府职能转移的边缘化、随意性问题较为突出,存在"有权不转移,没权无利转移快"的现象,"转"出来的事项更多属于"代办代理""政府购买服务"等范畴,真正触动政府核心利益的较少。再次,"转"的过程有待公平。有些政府及部门对于商(协)会承接政府职能转移未做到一视同仁,存在"关系户""定点组织"等问题,把有政府背景的商(协)会当成下属机构,给予优惠优先;而对于没有政府背景的,则重审批、轻管理、少扶持,没有做到"一碗水端平"。

　二是商(协)会层面"接"的能力仍需进一步提升。部分商(协)会存在"不敢接""接不了""不管用"等思想顾虑,认为多一事不如少一事,等等。由于各地政策扶持力度不一、商会运作模式不同,导致商会发育程度参差不齐,自身建设明显滞后。大多商(协)会局限于租借政府或企业办公室,秘书长一人身兼多职,无专职工作人员,对于承接政府职能有心无力;有的商(协)会虽已经登记获得法人地位,但实质上对政府的依赖性仍较强,有的常务副会长、秘书长由现职政府领导担任,企业家理事会、商会理事会的作用发挥得不明显,没有真正实现"政社分开""管办分离",更没与政府形成平等的合作伙伴关系。此外,行业协会大多"一业一会",基层商会则是"一地一会",无法形成充分竞争,不利于提高服务质量、效果和降低行政成本。

　三是"转"与"接"的桥梁还不够顺畅。目前,商(协)会承接政府职能转移的实践还是新兴事物,处于自下而上的实践探索阶段。从承接实践而言,政会如何完全脱钩,政府如何有效让渡政策空间,商(协)会对政府的哪些职能可以承接、如何承接、由谁协调,如何加强培育指导等问题都未得到有效解决,承接没有运作规范,没有保障措施,不利于承接的统筹规范推进。虽然个别县(市)区、乡镇(街道)已做了探索,下发了有关文件及规范,但从体制机制层面仍需进一步完善。

　要破解上述问题,党委政府加强领导、创造条件是前提,商会自身提升素质、增强能力是关键,统战部门和工商联引导支持、协调服务是保障,需要三管齐下才能取得成效。当前要着重从以下几个方面取得突破:

　突破双重管理体制,改"业务主管部门"为"业务指导部门"。在目前的管理体制中,由民政部门负责商会的登记管理理所当然,但由业务主管单位(政府部门)负责管理商会的业务活动问题突出。目前省一级一般有20多个政府部门和机构成为商会的主管单位,多头管理既可能因重复管理而浪费资源,又可能因分散管理而管理缺位。由于商会类型多样,商会管理涉及各行各业和众多政府部门,目前的多头管理显然不能适应商会改革和发展的需要。政府要进一步理顺行业商会协会管理体制关系,有关部门要不折不扣地执行十八届三中全会提出的"限期实现行业协会商会与行政机关真正脱钩",工商经济领域的行业协会商会应统一归口工商联管理。在试点过程中,温州市工商联就顺利接收原属经信委、商务局等部门管理的44家行业协会。

优胜劣汰,引入竞争机制。"一地一会,一业一会"的商会设立规则是当前我国商会的重要管理制度,其初衷是使商会具有代表性,实际上却限制了选择和竞争。在这一制度下,一些商会往往期望运用行政手段强制企业加入,而并非以服务吸引会员。越是运行不良的商会,越要求政府赋予年审权和准入权。一个僵而不死的商会不仅不能代表行业利益和服务会员,还会阻碍一个有效率商会的诞生。建议有关部门尽快修改协会商会管理制度,允许"一地多会,一业多会",引入优胜劣汰的竞争机制。当前,浙江省《关于加快推进现代社会组织建设的意见》已明确"重点在行业协会商会中引入竞争机制,取消'一业一会'限制"。要抓住这一机遇,按照民间化、市场化的方向和增强独立性、代表性、规范性、专业性的要求,深入开展规范化建设,促进商会协会职能、服务、文化和能力升级,努力打造行业商会协会"升级版"。

完善商会法人治理结构。政府要从两个方面促进商会发展:一是优化政策环境,为商会提供制度保障和资金等支持;二是规范商会行为,使之健康发展。统战部门和工商联要指导并支持商会不断提升商会自律自治和服务企业的能力和水平。要健全会员大会、理事会、监事会和秘书处等组织机构,充分保障广大会员的主体地位,发挥广大会员的主体作用;完善以《章程》为核心的内部管理制度,完善规范商会运作的制度机制;严格按照章程和制度办事,实行会务公开。要建立信息公开制度,做到公开透明运作,接受政府部门、行业企业及社会的监督。既要防止承接政府职能的商会协会成为"二政府",也要防止承接的政府职能被少数人垄断,进一步提高商会协会的公信力和影响力。积极发挥"行业代表、行业自律、行业协调、行业服务"的职能作用,开展专业知识培训,进一步提高商会协会工作人员的业务水平和工作能力,形成公开、公平、公正的工作机制,简便、高效的工作理念。

推进政府向商会转移职能、购买服务。政府要明确界定政府与商会的职能边界,系统规划适宜向商会转移的职能,在试点基础上分批落实,并及时对职能转移进行绩效评估。这样,政府可以集中力量,更好地履行具有比较优势的那些职能,进一步提升效能。具体来说,要根据职能的公共性程度,明确政府与商会的职能边界和职能履行成本的分担方式。对公共性弱的职能,履行成本应该由商会自筹;对公共性较强的职能,履行成本应该由政府承担;对公共性中等的职能,履行成本应该由政府与商会共同承担;企业自身承担的职能,由企业进行点单式购买,协会提供服务。

政府购买服务是20世纪80年代在美国里根政府时期开始兴起的。今天在欧美国家,大量公共服务项目包括教育、文化、医疗卫生,尤其是对老人、儿童、残疾人、孤儿等特殊群体的服务,都是由政府向社会购买服务的。该项举措一般有3种形式:一种是合同外包,我给你提供多少个服务,我要服务多少人群,全部给你;第二种就是一个供应链,政府提供一半服务,社会组织承担另一半;最后一种就是在一些特殊项目上直接靠社会组织服务。近几年,宁波、温州等地出台了政府购买社会组织服务的文件,杭州、宁波还成立专项基金购买行业协会服务。政府购买商会服务的原则如下:政府承担公共性强的服务,公共性低的服务要购买;如果政府是成本承担者,而商会在提供服务时有比较优势,政府就应该购买商会服务。如:宁海县商会服务中心主要有和谐劳动关系体检、安全生产、法律和政策顾问、财务代理四项服务职能,前两项由政府买单,所有企业必须参加,后两项属企业点单式的有偿服务。

政府的简政放权、转变职能,难度大、牵涉面广,涉及职能和利益的调整,涉及高效廉洁政府的建设。因此,进一步推动商会承接政府职能工作,党委政府要把商会协会改革发展纳入全面深化改革的大局中。一是要做好顶层设计,出台关于商会协会承接政府职能转移的实施意见,确保"转得出"。二是要搭建强有力的工作机构平台。从温州等地试点工作来看,商会要承接政府职能转移,必须从管理体制和工作机制方面进行创新,这光靠工商联或单个政府部门是解决不了的,需要各级党委政府的重视和有关方面的支持。温州市成立由市政府主要领导担任组长、时任市委常委兼统战部长为常务副组长的试点工作领导小组,共设置28项职责,分别由市编委办、市决咨委办、市经信委、市监察局、市民政局、市财政局、市审计局、市法制办、市审管办、市工商联等10个成员单位承担。主要领导应亲自抓,分管领导应具体负责,相关政府职能部门领导也需要参加。在具体工作中,可以由编委办牵头,各部门主动参与、负起职责,真正做到凡是商会协会等社会组织能够做好的事情,政府都应该交给社会组织去做。三是要制订财政资金购买公共服务的实施方案。一方面要制定交易过程细则,明确政府方和商会协会方在公共服务交易中的权利义务和具体的操作流程,确保交易规范有序地进行。另一方面要明确监管方式和后续评价方式。政府购买公共服务要推向市场,开展公开招投标,允许不同的商会协会参与竞争,提高透明度;要加强审计工作,建立政府、市场主体和第三方组成的评审机制,对于承接公共服务不力的商会协会要予以通报和清退,评价结果要向社会公开。四是加强监督。政府监察部门负责对政府各相关部门需要转移或委托的事项,受托单位的确定,委托的标准和程序,转移和委托后的指导、监督和评估等情况进行监督检查,并将各部门完成职能转移和委托工作的情况纳入政府行政绩效评估内容中,确保政府职能转移和承接工作的公开、公平和公正。

统战部门和工商联要加强对行业协会商会承接政府职能转移工作的指导和帮助,加大对行业协会商会的基础条件、内部治理、工作绩效、社会评价等方面的综合评估,健全考核奖惩机制,确保商会组织真正演好"政府助手"这一新角色。特别是工商联作为党领导的面向工商界、以非公有制企业和非公有制经济人士为主体的人民团体和商会组织,具有推动商会承接政府职能转移工作的独特优势。一方面,工商联与政府职能部门联系紧密,具有一定的政治资源和政策资源;另一方面,工商联又是商会组织,工商联推动商会承接政府职能,有助于提高商会在承接职能转移中的合法性和认可度。工商联通过与政府相关职能部门的联系沟通,协助政府部门开展相关职能转移工作,按规定程序和期限办理有关职能转移的各类手续和文件等,同时,督促所联系商会协会对所承接的政府转移事项签订合约,依规定规范运行和实施,指导和帮助商会协会提高自身素质,增强服务能力、自律能力和社会公信度,增强承接政府有关职能的运作能力和效率。

第六节 非公有制经济人士综合评价的实践意义及时代价值

改革开放以来,我国非公有制经济快速发展,党和政府高度重视对非公有制经济和非公有制经济人士的引领,从二十世纪80年代的"一个健康"(引导非公有制经济健康发展)到二十一世纪初发展为"两个健康"(引导非公有制经济健康发展和非公有制经济人士健康成长),非公有制经济领域成为改革开放以来统一战线工作的重要方面。①如何实现对这"两个健康"的成功引领,建立健全长效引领机制是重要的制度保证。对非公有制经济人士的综合评价②,经过浙江等地试点探索进而在全国推广,十多年来取得了显著成效,体现出制度创新的持久活力和创造力。以综合评价为载体全面创新对"两个健康"的引领机制,是习近平新时代中国特色社会主义思想特别是统一战线思想的重要内容。

一、综合评价与"两个健康"的内在联系

改革开放40年来,民营经济获得了快速发展,也面临经济全球化和我国经济发展进入新常态的考验,肩负着高速发展转向高质量发展、实现企业转型升级攻坚重任。着眼"两个一百年",党和国家对非公企业和非公有制经济人士的期望和要求也更高,希望非公企业中多出现代化跨国公司,希望非公有制经济人士"做爱国敬业、守法经营、创业创新、回报社会的典范,在实现民族复兴中国梦中谱写人生事业的华彩篇章"③。

党的十八以来,中央高度重视非公有制经济和非公有制经济人士工作,十九大报告明确提出,要促进非公有制经济健康发展和非公有制经济人士健康成长。"两个健康"成为习近平新时代中国特色社会主义经济思想的重要内容,同时也是非公有制经济领域统战工作的主题。"两个健康"不仅是重大经济问题,也是重大政治问题;非公有制经济要健康发展,前提是非公有制经济人士要健康成长。④ 习近平丰富和发展了党关于引领非公有制经济领域"两个健康"的指导思想,形成了完整缜密的理论体系和实践体系,主要涵盖"六个一":凸显一条主线——我国社会主义基

---

① "两个健康"提法的由来[EB/OL]. (2014-05-04)[2018-09-20]. http://tyzx.people.cn/n/2014/0504/c372202-24972682.html.

② 综合评价是在党委政府统一授权下,由统战部牵头,联合党政群有关部门,对非公有制经济人士个人思想政治素质、履行社会责任情况、企业发展与经营管理状况、个人修养及公众形象等四个方面,分解为18个评价要点,分别由主评单位和协评单位根据不同的指标项,按照A、B、C、D四级予以评定,作为对非公有制经济人士进行各类政治安排、社会安排和荣誉安排的前置程序,以引领非公有制经济人士做合格的中国特色社会主义事业建设者,促进"两个健康"。

③ 习近平.毫不动摇坚持我国基本经济制度 推动各种所有制经济健康发展——在全国政协民建、工商联界委员联组会上的讲话[N]. 人民日报,2016-03-09(2).

④ 习近平:巩固发展最广泛的爱国统一战线 为实现中国梦提供广泛力量支持[EB/OL]. (2015-05-21)[2019-12-13]. http://cpc.people.com.cn/n/2015/0521/c64094-27032339.html.

本经济制度是一以贯之、不断深化完善的;抓住一个关键:解决制约和阻碍非公有制经济发展存在的问题;突出一个主题——深刻阐明了"两个健康"的内在联系;着眼一个目标——引导做合格的中国特色社会主义事业建设者;明确一个关系——致力构建"亲""清"新型政商关系;打造一个载体——不断完善非公有制经济人士综合评价体系。①打造一个载体,就是要通过开展综合评价为"两个健康"的引领建立完善长效机制。《中国共产党统一战线工作条例(试行)》第四十一条规定:"推荐为人大代表候选人、政协委员以及在工商联等人民团体、社会组织中任职的非公有制经济人士,应当经综合评价,并征求企业党组织、非公有制企业党建工作机构和地方工会组织的意见。"习近平多次强调,非公有制经济人士政治安排要坚持标准、严格程序、认真考察,做好综合评价,一个入口,一套标准,凡进必评,真正把那些思想政治强、行业代表性强、参政议政能力强、社会信誉好的非公有制经济代表人士推荐出来。②"组织部门、统战部门要负好责任,不能有人打个招呼、批个条子,就不加甄别放行,出了问题要倒查责任。"③由此可见,综合评价是引领"两个健康"的制度保证,不仅十分必要而且至关紧要。

(一)有利于形成对非公有制经济科学发展的正确导向

改革开放以来,非公有制经济持续快速发展,但前二十年总体上发展方式粗放,高耗能、高污染、低技术、低水平产能比较集中,加工贸易型、资源依赖型、能源消耗型企业所占比例明显偏大,处于产业链低端的数量明显偏多,在国际市场上的竞争力明显偏弱。面对经济全球化浪潮,能不能在新世纪实现非公有制经济科学发展,对于整个国民经济转变发展方式、保持平稳较快增长,具有举足轻重的影响,在一些地区甚至可以说是决定性的影响。实现转型升级的主体是企业,决策者是企业家,转型升级中蕴含着自觉性、创造力,要把能否实现企业转型升级作为衡量非公有制经济人士代表性强不强的一个重要标准。做好非公有制经济代表人士综合评价工作,首要是正确导向和长效机制,引导企业家用科学发展观提升自我素质,自觉调结构、转方式、上水平,推进自主创新,淘汰落后产能,不断提升市场竞争

① 杨卫敏. 习近平关于非公经济领域"两个健康"思想研究[J]. 江苏省社会主义学院学报,2017(1):4-16.
② 习近平. 毫不动摇坚持我国基本经济制度 推动各种所有制经济健康发展——在全国政协民建、工商联界委员联组会上的讲话[N]. 人民日报,2016-03-09(2).
③ 习近平:巩固发展最广泛的爱国统一战线 为实现中国梦提供广泛力量支持[EB/OL]. (2015-05-21) [2019-12-13]. http://cpc.people.com.cn/n/2015/0521/c64094-27032339.html.

能力、抵御风险能力和可持续发展能力，为转变发展方式和生态文明建设作出应有的贡献。

(二)有利于非公有制经济代表人士队伍建设实现科学化、规范化、制度化

改革开放以来出现的非公有制经济人士，与过去任何一个时期的商人最大不同在于，这一新的社会阶层是在党的政策指引下富起来的，绝大数人对党怀有感激之情，拥护党的路线方针政策，努力实践做合格的中国特色社会主义事业建设者。非公有制经济人士创造了财富，上缴了税收，赚得了外汇，提供了就业岗位，许多人还积极投身各种公益事业，在自身发展的同时为国家、为社会作出了贡献，应该得到党和政府的肯定，得到社会的承认和尊重。目前我国非公人士队伍总体上是好的，但由于非公有制经济人士队伍的不断壮大，其构成越来越复杂，素质参差不齐。曾几何时，少数人致富后置党的政策号召于不顾，置企业家的社会责任于不顾，甚至置国家法律法规于不顾。二十一世纪第一个十年，几乎每年都有富豪落马，涉及虚假出资、合同诈骗、金融问题、非法占用农用地、非法吸收公众存款、行贿等违法行为，甚至涉嫌组织领导黑社会活动。这些人中，有全国人大代表，有全国政协委员，有市县政协副主席或常委，有工商联副会长或民主党派成员，有的还得过劳动模范、杰出青年等荣誉称号。由此可见，在选拔、推荐和安排代表人士时，必须深入、真实、全面和动态地掌握情况，建立一个经常性、综合性的评价体系，分析和掌握非公有制经济人士的情况，发现人才。非公有制经济代表人士涉及的领域和接触面相对都是较广的，进行综合评价是唯一科学的衡量方法，可以避免部门各自为战出现的"盲人摸象"的碎片化现象，对非公有制经济人士更加全面、科学和客观、公正，有利于在广大非公有制经济人士中形成正确导向。

通过综合评价，可以引导"富二代"向"创二代"转型。近几年来，关于"富二代如何向创二代转化"的问题引起了全社会的关注。据浙商研究会调查，目前浙江全省超过八成的家族企业面临接班问题。受身心状况、思想观念、知识结构、市场把握能力、家庭内部压力、社会舆论等因素限制，二代不想接班、接不了班的现象普遍存在，如何应对"交接班"危机、将企业的"生死坎"变成机遇期、如何在完成"交接班"过程中实现转型升级，不仅是摆在"一代"和"二代"面前的紧迫问题，也是各级部门应该高度关注的新课题。要把非公有制经济代表人士纳入党管人才的总体格局，尤其要重点关注新生代非公有制经济代表人士的培养，把他们纳入综合评价对象，形成二代民营企业家培训长效机制。

(三)有利于构建"亲""清"新型政商关系

习近平指出,构建新型政商关系,概括起来说就是"亲""清"二字。"亲"就是积极主动同各级党委和政府及部门"多沟通、多交流,讲真话、说实情、建诤言,满腔热情支持地方发展";"清"就是"要洁身自好,要走正道,做到遵纪守法办企业,要光明正大搞经营,要运用法律武器维护自身合法权益"。[①]对此,各地大多以正负清单来落实。实际上,负面清单是法律底线,即使不列出也是不能触犯的;正面清单是道德高线,只能倡导不能强迫,更多的要靠长效机制的建立和文化氛围的形成。浙商总会会长、阿里巴巴董事局主席马云先后提出"四不"(不行贿、不欠薪、不逃税、不侵权)和"三后"(帮后富,育后人,蓄后劲)的倡议,前者属于底线,后者属于高线。党的十九大提出我国主要矛盾转换后,马云表示,企业和企业家应当在解决这一关键制约因素上充分发挥自己的积极作用,成为解决社会发展不平衡不充分的生力军。这既是企业和企业家的基本责任,也是企业和企业家的机遇。马云说:"我理解的平衡发展不是为了求大锅饭式的平衡,而是要激励和倡导有担当、有责任感的企业家走共同富裕之路。"[②]综合评价的开展,正是从评价机制上着手引领企业家践行社会主义核心价值观,激发企业家精神,建设先进企业文化,倡导诚信守法,履行社会责任,扩大就业渠道,改善劳资关系,带动共同富裕,促进社会稳定和谐;与此同时,也有利于避免政出多门,提升政府办事效率,减轻企业负担,从而起到一举多得、事半功倍的作用。事实表明,通过综合评价形成对非公有制经济人士工作的有效合力,可以提升党和政府对非公有制经济人士的影响力和感召力。

二、综合评价的理念方法与成效评估

(一)综合评价的探索创新

对非公有制经济人士的综合评价,大致经历了四个阶段。一是局部试点阶段。2005年6月,中央统战部牵头,国家发改委、国家工商总局、国家税务总局、劳动与社会保障部、国家环保总局、全国总工会、全国工商联参与,在山西、辽宁、上海、江苏、浙江、四川六省(市)和银川、温州二市开展非公有制经济代表人士综合评价试

---

① 习近平. 毫不动摇坚持我国基本经济制度　推动各种所有制经济健康发展——在全国政协民建、工商联界委员联组会上的讲话[N]. 人民日报,2016-03-09(2).

② 祝梅. 马云:解决好发展不平衡不充分问题企业家是生力军[EB/OL].(2017-10-19)[2017-11-10].http://biz.zjol.com.cn/txzs/zsxw/201710/t20171019_5402761.shtml.

点工作。二是全面试行阶段。2006年3月底中央统战部在浙江召开总结会议,随后正式发文在全国范围内全面试行综合评价。三是深入推动阶段。抓住2007年工商联换届契机,确立"凡进必评"的原则,把综合评价作为政治安排的前置程序和主要依据。同时推广了浙江研发的综合评价管理信息系统。2010年,中央统战部等单位又发文对综合评价体系作了进一步完善。经过十多年的探索创新,综合评价形成比较成熟科学的机制,取得了较为显著的成效。四是全面升级阶段。党的十八大以来,在指标体系、工作机制、软件设计等方面都作了探索创新。扩大评价范围由工商联执常委扩大到人大、政协人事安排,明确规定人大代表候选人、政协委员必须经过综合评价,真正实现了评价对象的全覆盖。突出评价结果运用,强调综合评价结果为A级的优先作为组织考察人选,B级的可作为组织考察人选,C级的不宜作为组织考察人选,强化了综合评价工作的严肃性。强化指标体系的操作性,评价内容与各部门工作职能相结合,与政府依法行政相适应,与现有信用评价指标体系相衔接。工作更具权威性,凡属非公有制经济人士的人选都必须经过综合评价,未经综合评价或综合评价结果不合格的,不能列入考察人选范围,实现了综合评价的"真评实用"。[1]目前,全国已完成综合评价的有16.7万人,综合评价结果不合格的占22.1%,约5.3万人被取消人大代表、政协委员、工商联执常委提名人选资格。[2]

(二)综合评价的理念方法

解剖浙江省试点和运行情况,我们对综合评价的理念、方法、程序的基本框架,就会清晰起来。一是设计理念。按照中央统战部"全面准确、科学规范、切实可行"的原则,浙江在深入调研,充分论证的基础上确立了"定量分析为主,定性分析为辅,定量分析与定性分析相结合"的评价思路,并树立了"把导向告诉代表人士把审核放在协评单位,把方便留给评价对象,把麻烦交给电脑软件"[3]的评价模型设计理

---

[1] 中央统战部五局. 做好非公有制经济代表人士综合评价工作[J]. 中国统一战线,2016(8):40-42.

[2] 【微观·砥砺五年间】重要制度设计:非公有制经济代表人士综合评价[EB/OL]. (2017-09-12)[2018-09-20]. http://www.zytzb.gov.cn/tzb2010/tzxy/201709/10626892192a43ccb4f3c091c839f7e9.shtml

[3] "把导向告诉代表人士";即在评价内容中,增加体现科学发展观要求的一批项目,并加大这类项目的权重;"把审核交给协评单位";即对代表人士填报的每一项自报信息,都确定由相关的部门、单位或组织进行审核,而且协评单位的审核结果,优先于代表人士的自报信息;"把方便留给评价对象";即在评价内容填写上,尽可能地让代表人士多做"选择题",少做"填空题",在内容审核上,都由试点办集中送相关协评单位审核盖章,少让代表人士"跑路";"把麻烦交给电脑软件";即把评分、评级等繁琐的评价过程全部交给电脑软件处理,以保证大规模、大范围的评价工作能够顺利进行,按时完成、保证质量。

念。二是评价方法。在对非公有制经济代表人士的评价上,浙江省主要采用他评、自评和综合评价相结合的办法。温州市则采取了以得分为基础,既可以组合进行综合评判、又能够进行分级分类评价的"三级评价法"①。三是评价程序。省、市、县三级采取了严格规范的程序,自上而下确定评价对象、自下而上采集信息,最大程度上保证了评价信息数据的准确性和相关人士的代表性。四是评价工具。为了提高综合评价工作的效率,使评价工作更科学、更严谨,开发了综合评价软件开发系统,综合评价信息管理系统的建立,为查询检索、比较分析、指标调整和数据变更提供了方便,为综合评价的立体式和滚动式开展提供了平台。五是重要环节。针对浙江非公企业行业众多、规模不一,非公有制经济人士量大面广、素质不同的特点,制订了精细的评价指标,并突出共性,多角度多层次,对非公有制经济代表人士进行了全方位考量。按照全面准确、科学可行、公正规范的原则,确定了适应非公有制经济发展和非公有制经济代表人士成长特点,上下联动、标准统一的综合评价体系。不仅建立了省、市、县三级非公有制经济代表人士信息资料库,而且建立起动态的信息系统和评价系统。

(三)综合评价的成效

对非公有制经济人士的综合评价工作,作为非公有制经济代表人士举荐、表彰、安排建立的这种机制,在整个社会、在广大非公有制经济人士中起到了良好的示范和导向作用。

一是为促进"两个健康"树立了鲜明导向。综合评价指标设置的依据是"两个健康"的目标要素,有4个方面18项指标,比较全面涵盖了代表人士政治思想、道德素养、社会责任和创业能力的主要要素,而且是经过十八个部门把关、层层筛选产生。综合评价的过程也是开展对非公有制经济人士思想引领的过程。如:龙游县在开展综合评价工作中注重"四个结合",即与帮助企业排忧解难相结合,与理想信念教育相结合,与诚信守法教育相结合,与引导参与社会主义新农村建设相结合。再如:江山市把综合评价与广泛宣传非公有制经济人士履行社会责任,弘扬社会主

---

① 第一级评价是指标评价,主要是根据每一个指标的得分情况,设置不同的级别,指标评价分为A、B、C、D、E、F等六个档次;第二级评价是项目评价,主要是根据第一级评价的结果和档次,对政治思想表现、参政议政倾向、生产经营实绩、企业发展潜力、诚信守法经营、履行社会责任等六个二级项目,进行分类评价,项目评价分为A、B、C、D四个等级;第三级评价是综合评价,主要是根据第二级评价("项目评价")的结果、而不是"综合得分"的结果进行标准设置的,一共分为A、B、C、D、E五个级别。

义核心价值观相结合,对A级的评价对象进行会议表彰、通报表扬和授牌;分别在《今日江山》和江山电视台开设"综合评价A级人士风采暨社会责任论坛"开展专题宣传;与"作风建设年"相结合开展"走百家企业"活动,及时反馈综合评价结果;把综合评价结果作为市委、市政府指导经济工作和引导非公人士参与新农村建设的重要依据。对非公有制经济人士存在的不足,通过开展约谈、走访跟踪等进行了引导教育,为建立起一支优秀的非公有制经济代表人士队伍,起到了典型引路的作用,为广大非公有制经济人士树立了科学、鲜明的正确导向。

二是建立科学机制。对18项指标的权重作了科学的分析,有一票否决的,只要一标否决的指标等级在C及以下的,其他都是A也没有用。如环保指标,权重比较大,促使企业更加重视环保。各级把综合评价作为政治安排、荣誉安排、社会安排和实职安排前置程序,基本实现了各类安排的制度化、科学化。2007和2009年浙江省开展了第二、三届优秀中国特色社会主义事业建设者评选活动,全省共对1500名非公人士进行了综合评价,对104名候选人进行了省级综合评价,有10人综合评价在B级以下被取消候选人资格,各市也有多人被取消候选人资格。严格做到将综合评价作为非公有制经济人士政治安排的前置程序,同时,一部分非公有制经济人士存在的问题也能通过评价体系及时反映并酌情反馈提醒,体现了评价模型有较强的预警作用。

三是为深化新时代非公有制经济领域统战工作夯实基础。通过综合评价,各地普遍建立完善非公有制经济人士信息库,并实行动态调整,有助于对非公有制经济人士定性分析与定量分析相结合。综合评价体系的建立,健全了网络机制,实现了信息资源共享,既形成大统战格局,又提升了政府职能部门的履职能力;既有利于各部门加强和改进对非公企业的监管、服务和引导,又为党委部门全面了解非公有制经济人士提供了科学依据;既有利于对非公有制经济人士做出正确的判断,又有利于非公有制经济人士的健康成长。

随着综合评价工作的逐步推开和深入开展,特别是经过2007年换届和第三届优秀建设者评选表彰,综合评价工作的重要性、必要性日益显现,在广大非公有制经济代表人士中产生了广泛影响。

综合评价工作运行十多年的实践证明这是一项务实、管用、多赢的长效机制。但是也存在着一些问题:一是综合评价覆盖面还不够宽,目前实际评价对象主要是各级政协委员和工商联的执常委拟任用人员;二是评价的科学性需要在实践中不断加以完善,如综合评价软件的功能等;三是成员单位相互之间的协调配合以及沟通有待进一步加强;四是个别非公有制经济人士对综合评价工作的支持配合不够,认为填报信息会暴露企业的商业秘密;五是个别市县党委对这项工作重视不够。这些都需要进一步完善和提升。

三、全面创新非公有制经济人士引领机制

综合评价是对非公有制经济人士政治引导工作的重大机制创新,涉及政治、经济、社会各个方面。我们必须跳出传统思维和工作视野,从党执政兴国的理念和全面建设小社会的全局高度,深刻审视、全面谋划这项工作的发展方向努力在理论上、制度上、机制上不断实现超越。

(一)制度上要有所突破

面对快速发展的非公有制经济和不断壮大的非公有制经济人士队伍,非公有制经济领域统战工作要有所创新、有所突破,关键是要在综合评价工作制度上有所创新、有所突破。通过建立由各级党委牵头的综合评价工作领导制度,拓展综合评价工作的支持面,把综合评价工作的主体由统战部提升到党委层面,由党委分管领导牵头,统战部来组织实施;通过扩展对象,拓展综合评价工作的覆盖面,进一步提高综合评价结果的真实性和服务其他工作的适应性;通过共享成果,拓展综合评价工作的应用面,使成果成为各相关部门对非公企业进行管理、评选、资质评定、年检等重要依据,并形成正确导向。在选拔、推荐和安排代表人士时,必须做到深入、真实、全面和动态地掌握情况,建立一个经常性、综合性、动态性的评价体系,来分析和掌握非公有制经济人士的情况。一方面,建立 A 等标准公示机制,明确 A 等标准作为安排和表彰的前提,把好的企业家公布于众,树立典型并加以宣传引导;另一方面,完善准入退出机制,对那些参政议政热情低、履职尽责能力弱及丧失条件或资格的企业主,应通过一定的程序使其及时退出。这样就能起到党和政府及有关部门对非公企业和企业家引导和管理的综合效应,达到事半功倍的实际效果。实践表明,只有建立起科学公正的评价、选拔和表彰机制,才能切实把那些政治素质优秀、社会责任强、社会形象好的人选拔出来,做到选拔一个带动一批,安排一个影响一片。

(二)机制上要有所创断

一是要在评价成果应用上实现机制创新。要进一步扩大评价结果运用的范

围,除了作为对非公有制经济人士的政治安排和荣誉安排的依据外,还应建立健全机制,作为政府相关职能部门开展工作的重要依据(如银行信用额度的参考、税务部门税收的减免等),作为非公企业优先获取科研成果和优先使用国家级实验室的依据,作为非公企业和企业家落实党和国家的路线、方针、政策和相关法律法规的重要依据,发挥其对非公企业和企业家的发展的明确政治导向。只有这样,才能我们对非公企业和企业家的教育引导更加全面、更富成效,才能从机制上保证非公企业健康发展和非公有制经济人士的健康成长。

二是要建立和完善各项联系、反馈、督促的机制。把评价成果反馈给非公企业,可以转化为加强非公有制经济代表人士思想教育和政治引导的载体和手段。同时要把评价结果反馈给各职能部门,运用到对非公企业的各种考评工作中,从而实现综合评价成果效益的最大化。在此基础上,审时度势协助建立非公企业风险预警机制,积极与相关部门协调,帮助"问题企业"把脉生存和健康发展,加强资本运作的超前指导,实现对非公有制经济人士投资经营管理进行风险预警。

三是要建立科学民主的工作协调机制。浙江省试点过程中,综合评价领导小组的18家单位根据不同的评价指标,各有分工且职能不同。浙江省委统战部对自身的定位是:是牵头单位,但不是说了算的单位,"要把我们的权力搞得小小的,把民主搞得大大的,把透明度搞得亮亮的,把服务搞得好好的"。这就充分调动了参与单位的积极性。

(三)理论上要有所发展

综合评价工作的实践要取得更大的进展,说到底还是要在理论上有所提升、实现突破、取得进展。随着社会主义市场经济的发展和现代化化经济体系的构建,以及经济全球化的挑战和高质量发展的要求,综合评价体系的评价内容也应作出符合时代要求的调整,真正体现出与时俱进、客观公正、科学可行的评价指标,以顶层设计与基层探索相结合推进改革创新发展。当前要着重研究和破解四个问题:一是如何通过构建企业社会责任体系的本土化,使综合评价体系从理论到实践都实现较大的突破和提升;二是如何通过拓展综合评价客体的多元化(从单纯对企业主的评价拓展为对企业主、企业决策层和全体员工群体和代表人士的层次评价),引导非公企业打造核心价值观和企业先进文化;三是如何通过增强综合评价客体的主体化,引导非公有制经济人士培育和弘扬企业家精神;四是如何通过激活综合评价客体的双向化,引导非公有制经济人士致力构建"亲""清"新型政商关系。

总之,对非公有制经济代表人士综合评价工作并不是一时一事,切实推进这项系统性基础工程和重大制度创新,更好地发挥综合评价工作新的着力点和重要抓手作用,还需在实践中探索,在理论上提炼。

四、科学谋划非公有制经济代表人士队伍建设

着眼两个"一百年",在五大发展理念指引下,我国经济从高速发展转向高质量发展,非公有制经济和非公有制经济人士要在破解不平衡不充分矛盾、构建现化化经济体系中找准位置、发挥作用、彰显价值。因此引领和促进"两个健康"的任务,比过去任何时候都更为繁重和紧迫,而关键在于建设一支非公有制经济代表人士队伍。结合综合评价的实践探索,要重点要从以下五个方面科学谋划非公有制经济代表人士队伍建设工作。

(一)整体谋划非公有制经济代表人士队伍建设

要做好整体谋划工作,超前规划非公有制经济代表人士工作思路,全面优化非公有制经济人士工作整体布局,统筹推进非公有制经济代表人士队伍建设进程。一是加强调研,制定出台关于非公有制经济代表人士队伍建设规划的指导意见,把非公有制经济代表人士纳入党管人才的总体格局。二是加快编制两级非公有制经济人才发展战略规划,明确非公有制经济代表人士队伍建设的目标任务、方法措施和责任主体,推动非公有制人才结构的战略性调整,促进非公有制人才结构与经济社会结构相适应。三是重点关注中小企业非公有制经济代表人士和新生代非公有制经济代表人士的培养,按照"梯次配备、重点培养、优进绌退、动态管理"的原则,将他们纳入后备人才队伍建设规划。

(二)大力培育和弘扬企业家精神

对非公有制经济领域"两个健康"引领工作的制度性安排,要有利于形成支持非公有制经济人士弘扬企业家精神的导向。要鼓励各地与时俱进提炼具有特定企业家群体内涵的企业家精神。如:浙商精神(四千精神)、浙商新精神(新四千精神)、新浙商精神、新时代浙商精神。[①]要以企业家精神的培育弘扬,激发广大非公有制经济人士努力在自身素质提升上大有作为,引导支持他们积极探索建立现代

---

① 浙江省委书记车俊2017年11月10日在全省民营企业座谈会上将"新时代浙商精神"提炼为:坚韧不拔的创业精神,敢为人先的创新精神,兴业报国的担当精神,开放大气的合作精神,诚信守法的法治精神,弘扬追求卓越的奋斗精神。详情可参见:浙江日报,2017-11-10(1)。

企业制度,并按照现代企业家标准努力践行。着眼两个"一百年",广大非公有制经济人士应该是民族振兴、社会进步的自觉实践者,而不仅仅是产品的制造者和品牌的"代言人"。要多考虑"富了、企业办大了以后干什么"。在未来第二个"一百年"中,非公有制经济代表人士,要努力成为民营企业家中探路子的人、作表率的人、举旗帜的人。

(三)全方位引领非公有制经济人士做"五位一体"的建设者

在新时代,非公有制经济人士作为中国特色社会主义事业建设者,不仅是社会主义市场经济的生力军,也是社会主义民主法治、先进文化、和谐社会和美丽中国的建设者。[①]例如,非公有制经济人士的政治参与为例,参与度不断提高,影响力也在不断扩大,在我国政治生活中发挥着越来越重要的作用,除了在县(市、区)人大代表、政协委员中占有较大比例[②]外,还直接影响村级党组织和基层政权建设。[③]正确引非公有制经济人士积极的政治参与,确保其政治参与的合法化、规范化、有序化、不仅是社会主义政治建设的客观要求,也是巩固党的执政基础、提高党的执政能力的一个重要课题。要注重从前期综合评价的基础上进行深入分析和研究,从中研判非公有制经济人士这一社会群体的特点,有的放矢地开展工作,引导广大非公有制经济人士政治上自信、发展上自强、责任上自觉,成为合格的中国特色社会主义"五位一体"的建设者。

(四)全面创新非公有制经济代表人士队伍建设工作机制

关键是建立有利于非公有制经济代表人士科学发展和健康成长的长效机制。一是建立良好的服务机制,为非公有制经济代表人士提供健康发展的环境,协助党委建立服务平台,并使之系统化、常态化。二是健全完善发现选拔机制,坚持党委领导推荐和社会推荐相结合、党委统战部推荐和基层推荐相结合的原则,规范选拔程序,在综合评价的基础上做好政治安排、社会安排和评优表彰工作。三是建立合

---

① 杨卫敏. 主力军还是同盟军——非公有制经济人士双重属性辨析[J]. 江苏省社会主义学院学报,2015
(2):26-32.

② 在浙江省一些地方,某市人大代表中非公有制经济人士曾达26%,县市区政协中非公有制经济人士担任
政协委员占到30%以上比较普遍,少数地方达40%以上。

③ 据2003年的调研,浙江全省行政村富人村官比例为30%;2017年提升到71%。详情可参见:浙江富人治
村占30% 官方报告揭秘富人村官竞选,http://news.sina.com.cn/c/2003-09-20/1927788332s. shtml;浙江
"老板村官"越来越常见:能人有优势,精力廉政亦有隐忧,http://news.163.com/17/0511/19/CK68IENS000
187VE.html。

理的培育引导机制,拓宽教育渠道、深化教育内容、创新教育载体,以传统文化、伦理道德等基础性培训为重点,对非公有制经济代表人士进行分层次、分类别培训。四是建立有效的使用激励机制,把荣誉安排作为体制延伸、工作资源覆盖的重要渠道和抓手,通过组织参与各类重要活动,挖掘他们的组织能力和领导能力。五是完善工作网络机制,提高非公有制经济代表人士工作的覆盖面,做到哪里有非公有制经济代表人士,哪里就有统一战线工作组织形式(企业商会、党支部、党委统战部、统战工作站),形成横向到边、纵向到底的工作网络。六是建立可持续发展机制,通过从下向上,好中选优,逐级推荐评优表彰,以品牌化塑造的思路将"优秀建设者"打造成非公有制经济代表人士的最高荣誉称号,并积极争取赋予"优秀建设者"相应的待遇,努力在全社会营造尊崇"优秀建设者"的良好氛围。

(五)努力探索非公有制经济代表人士队伍建设工作规律

一是加强对非公有制经济本身的战略性研究,把握非公有制经济和非公企业发展规律,通过把握社会转型时期非公企业发展的特点和趋势,使非公有制经济代表人士工作的总体部署和思路方法保持前瞻性、预见性。二是加强对非公有制经济代表人士队伍建设的特色化研究,研究不同区域、不同层次的非公有制经济代表人士所具有的区域性特质,从而掌握非公有制经济代表人士生态培育和成长规律,使这项工作更具针对性。三是加强对非公有制经济代表人士队伍建设理论的系统研究,掌握非公有制经济代表人士工作规律,从而增强工作的有效性。要形成具有系统性、层次性和开放性的科学理论架构,进一步指导非公有制经济代表人士工作的开展。

第五章　民族工作和宗教工作

党的十九大报告指出：深化民族团结进步教育，铸牢中华民族共同体意识，加强各民族交往交流交融，促进各民族像石榴籽一样紧紧抱在一起，共同团结奋斗、共同繁荣发展；全面贯彻党的宗教工作基本方针，坚持我国宗教的中国化方向，积极引导宗教与社会主义社会相适应。十九大关于民族和宗教工作的方针是党的一贯的民族宗教工作的继承、创新和发展，特别是与党的十八大以来习近平总书记关于民族和宗教问题的思想论述一脉相承、接续发展，形成了新时代中国特色社会主义民族理论和宗教理论。

第一节　统战思维与解决民族问题的中国智慧

习近平总书记在2014年中央民族工作会议上的重要讲话中指出，我国的民族工作做的是最成功的，不要妄自菲薄。与世界上其他国家显著不同的是，我国民族工作历来是党的统一战线工作的重要组成部分，21世纪以来的统一战线理论发展中，无论是统一战线五大关系还是统一战线范围和对象，民族关系和少数民族都是其中的有机组成部分。2015年5月，习近平总书记在中央统战工作会议上指出：必须明确，民主党派工作、民族工作、宗教工作、党外知识分子工作、对台工作、侨务工作等，都是统一战线工作。民族问题是由来已久的问题，是古今中外都客观存在和必须应对的重大问题，世界上有许多机构和学者一直在研究民族问题。查阅文献资料不难发现，从统战视阈、统战理念来思考和谋划民族工作的相关研究著作和论文仍是凤毛麟角。党的十八大以来，习近平总书记在多个重要场合，先后就民族问题和民族工作发表了重要讲话，涉及我国民族工作的根本依据、根本方向、根本任务、根本原则、根本目标、根本方法,以及民族工作的制度、法律、组织、人才保障。习近平总书记民族工作思想的理论体系是对中国特色社会主义民族理论的丰富和发展,贯穿着统一战线理念和思维。

一、前提:坚持根本道路与夯实共同思想政治基础

中华人民共和国成立以来,爱国主义、社会主义是统一战线的两面旗帜,在当前集中体现为中国特色社会主义。习近平总书记在多个场合指出,中国特色社会主义是统一战线共同奋斗的思想基础,要不断增进统一战线各界人士对中国特色社会主义的道路自信、理论自信、制度自信和文化自信;中国特色社会主义道路是解决我国民族问题的根本道路,是新形势下做好民族工作必须牢牢把握的正确政治方向。

(一)民族工作是事关中国特色社会主义"五位一体"建设的全局工作

早在1989年,习近平在担任福建省宁德市委书记时就指出,民族问题是一个带有根本性的问题,是社会发展总问题的一部分。他在《巩固民族大团结的基础》一文中指出:民族问题有相当的敏感性和复杂性,民族问题处理得不好往往会引起社会的动荡,甚至政局的不稳。搞好民族工作是我们应尽的义务。[①]党的十八大后,习近平总书记强调:"处理好民族问题,做好民族工作,是关系祖国统一和边疆巩固的大事,是关系民族团结和社会稳定的大事,是关系国家长治久安和中华民族繁荣昌盛的大事。"[②]他指出,我国是一个多民族国家,又是一个拥有众多信教群众的国家,处理好民族问题和宗教问题对于国家的长治久安十分重要。

(二)当前我国民族工作在推进中国特色社会主义事业中所处的历史方位

中国特色社会主义民族理论政策是当前民族工作的理论政策依据,也是做好民族工作的关键。习近平总书记深刻分析了当前民族工作所面临新的机遇和挑战,指出要全面把握我国民族工作的新的阶段性特征,即"五个并存":改革开放和社会主义市场经济带来的机遇和挑战并存,民族地区经济加快发展势头和发展低水平并存,国家对民族地区支持力度持续加大和民族地区基本公共服务能力建设仍然薄弱并存,各民族交往、交流、交融趋势增强和涉及民族因素的矛盾纠纷上升并存,反对民族分裂、宗教极端、暴力恐怖斗争成效显著和局部地区暴力恐怖活动

---

① 习近平. 摆脱贫困[M]. 福州:福建人民出版社,1992:40.
② 中央民族工作会议暨国务院第六次全国民族团结进步表彰大会在京举行 [EB/OL]. (2014-09-29) [2017-05-10]. http://news. xinhuanet. com/politics/2014-09/29/c_1112683008. htm.

活跃多发并存。与此同时，习近平总书记指出，我们要正确认识我国民族关系的主流，多看民族团结的光明面，不能把某个民族自治地方局部出事同这个民族自治地方整体捆绑在一起，不能把某一少数民族中极少数人闹事同这个民族全体捆绑在一起，不能把发生在少数民族人员身上的事同实践已经证明并长期行之有效的民族政策捆绑在一起。

(三)民族问题上的中国特色社会主义道路与中国方案

长期以来，有人对我国民族区域自治制度存有种种误解，其中一种流传较广的观点认为我国民族区域自治制度是照搬苏联模式的做法，应该取消。习近平总书记指出，这一制度是对苏联模式、任何形式民族自决的摒弃，是对"大一统"而又"因俗而治"政治传统的超越，是我们党探索创新和深思熟虑的伟大创举。从现存的档案材料看，最终放弃联邦制，实行单一制下的民族区域自治制度，是在《共同纲领》的修改过程中，确切的时间是1949年9月初。这是李维汉在毛泽东向他征求意见时建议的。此后，毛泽东在1950年年初访苏回国后提出了两个"不学"（不学苏联政党制度上的一党制，不学苏维埃联邦制），下定决心建立中国特色的民族区域自治制度。毛泽东指出：苏联少数民族人口占50%，我们只有6%，照搬苏联模式是不正确的。改革开放以后，邓小平强调："解决民族问题，中国采取的不是民族共和国联邦的制度，而是民族区域自治的制度。我们认为这个制度比较好，适合中国的情况。我们有很多优越的东西，这是我们社会制度的优势，不能放弃。"习近平总书记强调，我们坚决不搞任何形式的"民族自决"。毛泽东、周恩来一再告诫我们，不搞这些不仅是因为这些与我国国情不符，还是为了防止外部势力利用民族问题挑拨离间。当今世界，无论是大国还是小国，无论是发达国家还是发展中国家，其中的绝大多数都是多民族国家，各国都面临如何处理好民族关系的问题和任务。习近平总书记指出："新中国成立65年来，党的民族理论和方针政策是正确的，中国特色解决民族问题的道路是正确的，我国民族关系总体是和谐的，我国民族工作做的是成功的。"①特别是对中国特色解决民族问题的正确道路做出"八个坚持"的精辟概括，彰显了解决民族问题的中国方案、中国特色、中国气派和中国智慧。

党的统一战线事业巩固发展的一个重要前提就是必须夯实共同思想政治基

---

① 中央民族工作会议暨国务院第六次全国民族团结进步表彰大会在京举行 [EB/OL]. (2014-09-29) [2017-05-10]. http://news. xinhuanet. com/politics/2014-09/29/c_1112683008. htm.

础,这在当前我国范围内的联盟中主要就是中国特色社会主义。习近平总书记指出:"坚定不移走中国特色解决民族问题的正确道路,就是要旗帜鲜明地坚持和完善党和国家关于民族问题的基本理论、基本政策、基本法律、基本制度以及体制机制,就是要使每个民族、每个公民团结在中国特色社会主义这面旗帜下,为实现中华民族伟大复兴的中国梦而奋斗。"①由此可见,中国特色社会主义的道路、理论、制度和文化自信,是当前统一战线赖以存在和发展的共同思想政治基础,在民族领域体现为全国各族人民共同团结奋斗,全面建成小康社会、实现中华民族伟大复兴中国梦的共同思想政治基础。

二、意义:最大政治与生命线

党的十八大以来,习近平总书记在多个场合讲过,人心向背和力量对比是决定事业成败的关键,是最大的政治。统一战线的本质是大团结大联合,解决的就是人心和力量的问题。统一战线是我们党治国理政必须面对的重大战略问题。习近平总书记把统一战线提到"最大政治"的高度,明确为重大战略问题,而不是权宜之计,更不是工具和手段。在论述我国民族问题时,习近平总书记强调要增强中华民族凝聚力,加强各民族大团结。这与统一战线的主题和理念在本质上是一致的。

(一)民族团结是源泉、基石和生命线

习近平总书记指出,我国是统一的多民族国家,我国各族人民同呼吸、共命运、心连心的奋斗历程是中华民族强大凝聚力和非凡创造力的重要源泉。②民族团结是发展进步的基石。③"民族团结就是各族人民的生命线。"④坚决反对大汉族主义和狭隘民族主义,自觉维护国家最高利益和民族团结大局。

(二)搞好民族团结最管用的是争取人心

习近平总书记强调:"做好民族工作,最关键的是搞好民族团结,最管用的是争

---

① 习近平看望全国政协十二届二次会议少数民族界委员[EB/OL]. (2014-03-04)[2017-05-10]. http://news. xinhuanet. com/photo/2014-03/04/c_126220648. htm.

② 习近平总书记给中央民族大学附属中学全校学生的回信[EB/OL]. (2013-10-06)[2019-12-13]. http://www.xinhuanet.com//politics/2013-10/06/c_117604198.htm.

③ 李斌,霍小光. 把祖国的新疆建得越来越美好——习近平总书记新疆考察纪实[N]. 人民日报,2014-05-04(1).

④ 习近平在会见基层民族团结优秀代表时强调:中华民族一家亲 同心共筑中国梦[EB/OL]. (2015-10-01)[2017-05-10]. http://www. wenming. cn/specials/zxdj/xjp/zyjh/201510/t20151001_2891099. shtml.

取人心。"①船的力量在帆上,人的力量在心上。做民族团结重在交心,要将心比心、以心换心。各民族同胞要手足相亲、守望相助,共同维护民族团结、国家统一。②各民族谁也离不开谁。汉族离不开少数民族,少数民族离不开汉族,少数民族之间也相互离不开。③各民族要相互了解、相互尊重、相互包容、相互欣赏、相互学习、相互帮助。④民族工作本质上是群众工作,要善于团结群众,凝聚人心。要像爱护自己的眼睛一样爱护民族团结,像珍视自己的生命一样珍视民族团结,像石榴籽那样紧紧抱在一起。⑤他强调,团结稳定是福,分裂动乱是祸。要深入开展民族团结宣传教育,使各民族同呼吸、共命运、心连心的光荣传统代代相传。⑥要始终高举民族团结旗帜,坚持和发扬各民族心连心、手拉手的好传统,深入开展民族团结进步宣传教育,精心做好民族工作。⑦他还特别强调要坚持绵绵用力、久久为功,把加强民族团结作为战略性、基础性、长远性工作来做。"绵绵用力、久久为功",不仅在2014年中央民族工作会议上提到了,在翌年召开的中央统战工作会议上,在论述与党外人士交挚友诤友、做"功夫菜"时再次强调,可见两者高度契合。

(三)让少数民族群众更好地融入城市

全国两亿多流动人口中少数民族占十分之一。东部城市中这种现象尤为突出。现在少数民族人口城镇化只有30%,比全国平均低20%,这意味着将会有更多少数民族群众进城。习近平总书记指出,我国进入各民族跨区域大流动的活跃期,做好城市民族工作越来越重要。少数民族进入城市,是历史发展的趋势,带动了民族地区发展,也有利于民族团结。同时也存在"三个不适应":进城的少数民族群众对城市的生活和管理方式、城市居民对他们的某些生活和行为方式,以及我们的工

---

① 中央民族工作会议暨国务院第六次全国民族团结进步表彰大会在京举行 [EB/OL]. (2014-09-29) [2017-05-10]. http://news. xinhuanet. com/politics/2014-09/29/c_1112683008. htm.

② 习近平在会见基层民族团结优秀代表时强调:中华民族一家亲 同心共筑中国梦[EB/OL]. (2015-10-01) [2017-05-10]. http://www. wenming. cn/specials/zxdj/xjp/zyjh/201510/t20151001_2891099. shtml.

③ 李斌,霍小光. 把祖国的新疆建设得越来越美好——习近平总书记新疆考察纪实[N]. 人民日报,2014-05-04(1).

④ 习近平在第二次中央新疆工作座谈会上发表重要讲话[EB/OL]. (2014-05-29)[2017-05-10]. http://news. xinhuanet. com/photo/2014-05/29/c_126564529. htm.

⑤ 习近平在第二次中央新疆工作座谈会上强调　坚持依法治疆团结稳疆长期建疆 团结各族人民建设社会主义新疆[N]. 人民日报,2014-05-30(1).

⑥ 习近平看望全国政协十二届二次会议少数民族界委员[EB/OL]. (2014-03-04)[2017-05-10]. http://news. xinhuanet. com/photo/2014-03/04/c_126220648. htm.

⑦ 习近平春节前夕赴内蒙古调研看望慰问各族干部群众　向全国各族人民致以新春祝福[N]. 人民日报,2014-01-30(1).

作方式和管理机制等都不能很好地适应。习近平总书记强调,重视做好城市民族工作,对少数民族流动人口不能采取"关门主义"的态度,也不能采取放任自流的态度,关键是要抓住流入地与流出地的两头对接。①由于经济水平、风俗习惯、宗教信仰、心理认同等方面的差异,少数民族流动人口在融入城市生活的过程中,常出现一些问题和矛盾纠纷。少数民族流动人口内部经济利益纠纷时有发生。与此同时,城市少数民族的群体意识增强,由于同乡同族同俗和面临共同的生存处境等,城市少数民族群众特别是流动少数民族在对外交往中,往往以民族群体的方式出现。习近平指出,城市民族工作要把着力点放在社区,城市民族工作要注重保障各民族合法权益,让城市更好接纳少数民族群众,让少数民族群众更好融入城市。②做好新形势下的城市民族工作,关键要抓住流入地和流出地的两头对接,把工作的着力点放在社区,推动建立相互嵌入的社会结构和社区环境。要引导流入城市的少数民族群众自觉遵守国家法律和城市管理规定,注重保障各民族合法权益,坚决纠正和杜绝歧视或变相歧视少数民族群众、伤害民族感情的言行,使各民族群众能够交得了知心朋友、做得了和睦邻居、结得成美满姻缘。

总之,民族团结是统一战线画出最大同心圆的题中应有之义,既契合大团结大联合这一统一战线的主题,也体现统一战线凝心聚力这一根本职能。正如习近平总书记指出的:"凝聚人心,就是要把物质力量和精神力量结合起来,把人心和力量凝聚到实现'两个一百年'奋斗目标、实现中华民族伟大复兴的中国梦上来。"③同心共筑中国梦是全国各族人民和全体中华儿女共同的心愿。

三、本质:中华民族命运共同体中的一致性与多样性

正确处理一致性与多样性的关系,是习近平统一战线重要思想的核心理念和重大理论创新。体现在民族领域,就是立足我国统一多民族的基本国情,正确处理差异性和共同性,加强各民族交往交流交融,尊重差异、包容多样,让各民族在中华

---

① 中央民族工作会议暨国务院第六次全国民族团结进步表彰大会在京举行 [EB/OL].(2014-09-29)[2017-05-10]. http://news. xinhuanet. com/politics/2014-09/29/c_1112683008. htm.

② 中央民族工作会议暨国务院第六次全国民族团结进步表彰大会在京举行 [EB/OL].(2014-09-29)[2017-05-10]. http://news. xinhuanet. com/politics/2014-09/29/c_1112683008. htm.

③ 第六次中央西藏工作座谈会都谈了什么?[EB/OL].(2015-08-26)[2017-05-10]. http://politics. people. com. cn/n/2015/0826/c1001-27519975. html.

民族大家庭中手足相亲、守望相助。①

(一)准确把握我国统一多民族国家的基本国情

习近平深刻阐明了统一多民族是我国的一大特色和发展的一大有利因素,强调全党要牢记我国是统一的多民族国家这一基本国情,这是做好民族工作的前提。②中国历史上各民族对"大一统"的不渝追求,是中华民族命运共同体能够形成的历史文化基因。习近平指出:我国历史演进的这个特点,造就了我国各民族在分布上的交错杂居、文化上的兼收并蓄、经济上的相互依存、情感上的相互亲近,形成了你中有我、我中有你,谁也离不开谁的多元一体格局。③无论是中华民族的历史进程、现实格局,还是中华民族的未来愿景、表现状态都符合命运共同体的基本特征。习近平指出,多民族的大一统,各民族多元一体,是老祖宗留给我们的一笔重要财富,也是我国的一个重要优势。各民族共同开发了祖国的锦绣河山、广袤疆域,共同创造了悠久的中国历史、灿烂的中华文化;我国各族人民共同缔造了中华人民共和国,都为中华民族的形成和发展做出了卓越贡献,形成了你中有我、我中有你,谁也离不开谁的中华民族多元一体格局。④这种多元一体就是中华民族命运共同体。实现中华民族伟大复兴的中国梦是各民族大家的梦,也是我们各民族自己的梦。⑤全党牢记我国是统一的多民族国家这一基本国情,坚持把维护民族团结和国家统一作为各民族最高利益,把各族人民智慧和力量最大限度凝聚起来,同心同德为实现"两个一百年"奋斗目标、中华民族伟大复兴的中国梦而奋斗。⑥

(二)正确理解和把握多元与一体的关系

"多元一体"源于费孝通于1988年在香港中文大学发表的题为"中华民族的多元一体格局"的著名演讲。费孝通使用"多元一体"的概念来阐释中华民族结构格

① 中央民族工作会议暨国务院第六次全国民族团结进步表彰大会在京举行 [EB/OL]. (2014-09-29) [2017-05-10]. http://news. xinhuanet. com/politics/2014-09/29/c_1112683008. htm.

② 中央民族工作会议暨国务院第六次全国民族团结进步表彰大会在京举行 [EB/OL]. (2014-09-29) [2017-05-10]. http://news. xinhuanet. com/politics/2014-09/29/c_1112683008. htm.

③ 中央民族工作会议暨国务院第六次全国民族团结进步表彰大会在京举行 [EB/OL]. (2014-09-29) [2017-05-10]. http://news. xinhuanet. com/politics/2014-09/29/c_1112683008. htm.

④ 中央民族工作会议暨国务院第六次全国民族团结进步表彰大会在京举行 [EB/OL]. (2014-09-29) [2017-05-10]. http://news. xinhuanet. com/politics/2014-09/29/c_1112683008. htm.

⑤ 习近平在会见基层民族团结优秀代表时强调:中华民族一家亲 同心共筑中国梦[EB/OL]. (2015-10-01) [2017-05-10]. http://www. wenming. cn/specials/zxdj/xjp/zyjh/201510/t20151001_2891099. shtml.

⑥ 中央民族工作会议暨国务院第六次全国民族团结进步表彰大会在京举行 [EB/OL]. (2014-09-29) [2017-05-10]. http://news. xinhuanet. com/politics/2014-09/29/c_1112683008. htm.

局和历史发展进程。他认为,"多元"指的是中华民族所包括的56个民族,"一体"指的是中华民族,它们虽则都称"民族",但层次不同。习近平指出,一体包含多元,多元组成一体,一体离不开多元,多元也离不开一体。"多元"与"一体"的关系是不可分割的,如果过分强调"一体"而忽视各民族客观存在的历史和现实,中华民族就会失去源头、活力;反过来,如果过分强调"多元"而忽视各民族的内在联系和中华民族的共同利益,我们国家和人民就会变成一盘散沙。①他同时指出,一体是主线和方向,多元是要素和动力。②换句话说,"一体"贯穿着"多元","多元"丰富了"一体"。"一体"如何贯穿"多元"?凭借的是主线和方向,这个主线和方向需要"两个共同"(共同团结奋斗、共同繁荣发展)的民族工作主题的指引,需要坚持中国特色社会主义道路,也需要中华民族伟大复兴的中国梦的激励。"多元"如何丰富"一体"?作为"多元"的各民族都有自己的特点,都为推动中华民族的历史发展进程做出了贡献,都还要继续为统一的多民族国家做出更多的贡献。发挥"多元"的作用,可以使"一体"内容丰富、历久弥新、永葆生机。一体多元的命运共同体彰显了正确处理一致性和多样性的统战思维。一致性主要体现在如下几点:一是共同的公民身份。不论哪个民族的群众,都是中华人民共和国公民,都接受中国共产党的领导,在法律面前人人平等,享有平等的权利,承担相应的义务。二是共同的期望愿景。各民族根本利益是一致的,都希望国家繁荣富强,社会和谐稳定,生活幸福安康,并愿意为实现中华民族伟大复兴的中国梦团结奋斗。三是共同的价值取向。各民族都认同社会主义核心价值观,认同党的民族政策,愿意在其指引下共同团结奋斗、共同繁荣发展。多样性主要体现在以下几点:一是不同的民族成分。二是各民族在饮食、服饰、婚娶、丧葬等方面有不同的风俗习惯。三是各民族都有各自的历史文化传统,有些民族还保留着自己的语言和文字。四是不同民族群众的宗教信仰各不相同。在具体工作中要贯彻以下三条原则:一是切实维护各民族共同利益;二是推动各民族交流交往;三是尊重少数民族差异性。以语言为例,这是一个民族传承文化、表达认同的基础。中华人民共和国成立以来,我们一直坚持和贯彻民族语言文字平等政策,大力推行双语教育,先后为10个少数民族制定了14种文字方案,帮助

---

① 中央民族工作会议暨国务院第六次全国民族团结进步表彰大会在京举行 [EB/OL]. (2014-09-29) [2017-05-10]. http://news. xinhuanet. com/politics/2014-09/29/c_1112683008. htm.

② 中央民族工作会议暨国务院第六次全国民族团结进步表彰大会在京举行 [EB/OL]. (2014-09-29) [2017-05-10]. http://news. xinhuanet. com/politics/2014-09/29/c_1112683008. htm.

一些民族改革或改进了文字,帮助少数民族群众学习汉语和普通话,促进民族交融。

(三)促进各民族交往、交流、交融

习近平总书记把中华民族与各民族的关系比喻成"一个大家庭和家庭成员的关系"。中华民族和各民族的关系,就是一个大家庭和家庭成员的关系;各民族之间的关系,就是一个大家庭里不同成员之间的关系。中华民族是一个命运共同体,一荣俱荣,一损俱损。各民族只有把自己的命运同中华民族的命运紧紧联结在一起,才有前途、希望。各民族团结奋斗、共同繁荣,是中华民族的立身之本、生命之依、力量之源。这一表述有力地驳斥了那些把多民族当作"包袱",把民族问题当作"麻烦",把少数民族当作"外人",将本民族文化自外于中华文化的言行。习近平总书记认为,在中华民族大家庭中,少数民族不是"外人",而是"亲人",各民族是骨肉兄弟,正所谓"中华民族'一家亲'"。这一理论落实到具体工作中,就是要促进各民族交往、交流、交融。要尊重民族差异、包容文化多样,让各民族在中华民族大家庭中手足相亲、守望相助、团结和睦、共同发展。①"中华民族一家亲,同心共筑中国梦。"一体多元,向全世界彰显了解决民族问题的中国方案。

四、基础:从同盟者利益到共同利益

照顾同盟者利益,是统一战线的一个光荣传统和政策优势。党的十八大以来,习近平多次强调共享发展理念,指出共享发展注重的是解决社会公平正义问题。②强调"我们的责任,就是要团结带领全党全国各族人民,继续解放思想,坚持改革开放,不断解放和发展社会生产力,努力解决群众的生产生活困难,坚定不移走共同富裕的道路"③。以共建共享为基本原则,把着眼点、着力点从照顾同盟者利益转向巩固和发展各民族共同利益,促进各民族共同繁荣发展、共同团结进步,应是当前和今后较长一个时期我国民族工作的主题。

---

① 习近平参加青海代表团审议[EB/OL]. (2016-03-10)[2017-05-10]. http://news. xinhuanet. com/politics/2016lh/2016-03/10/c_1118286141. htm.

② 习近平. 在党的十八届五中全会第二次全体会议上的讲话(节选)[J]. 求是,2016(1):3-10.

③ 习近平:落实共享发展是一门大学问[EB/OL]. (2016-05-14)[2017-05-10]. http://politics. people. com. cn/n1/2016/0514/c1001-28350873. html.

(一)全面建成小康社会一个民族都不能落下

目前,全国592个国家级贫困县中,中西部和少数民族地区就有538个,占91%,2900万贫困人口一半多在少数民族地区。周恩来曾说:建设社会主义工业化的国家,是任何民族都不能例外的。我们不能设想,只有汉族地区工业高度发展,让西藏自治区长期落后下去,让新疆维吾尔自治区长期落后下去,让内蒙古自治区牧区长期落后下去,这样就不是社会主义国家了。①习近平指出,全面实现小康,一个民族都不能少。②要把扶贫攻坚抓紧抓准抓到位,坚持精准扶贫,倒排工期,算好明细账,决不让一个少数民族、一个地区掉队。③这实际上是全面建成小康社会阶段,党对统一战线工作新要求的一个集中体现。2014年,习近平指出,增强团结的核心问题,就是要积极创造条件,千方百计加快少数民族和民族地区的经济社会发展,促进各民族共同繁荣发展。在第二次中央新疆工作座谈会上,习近平提出,要紧紧围绕各族群众安居乐业,多搞一些改善生产生活条件的项目,多办一些顺民意、惠民生的实事,多解决一些各族群众牵肠挂肚的问题,让各族群众切身感受到党的关怀和祖国大家庭的温暖。在中央民族工作会议上,习近平又指出,民族地区同全国一道实现全面建成小康社会的目标难度较大,必须加快发展,实现跨越式发展。

(二)民族地区实现跨越式发展必须立足民族地区实际,走可持续发展的道路

早在任浙江省委书记时,习近平就指出,实现科学发展是解决民族问题的关键所在,少数民族地区要创新发展思路,挖掘潜力和优势,转变经济增长方式,大力发展特色经济,注重保护生态环境。④2006年,习近平两次深入景宁畲族自治县调研视察,就扶持景宁加快发展做出重要批示。2009年,已担任中央政治局常委的习近平专门复信景宁,殷切期望景宁努力"在推动科学发展、促进社会和谐、增进民族团结上走在全国民族自治县前列"。习近平在中央民族工作会议上强调,要了解民族地区是我国的资源富集区、水系源头区、生态屏障区、文化特色区、边疆地区、贫

① 周恩来:关于我国民族政策的几个问题[EB/OL].(2004-07-10)[2017-05-10]. http://www. seac. gov. cn/art/2004/7/10/art_644_6436_9. html.

② 李斌,李自良.习近平总书记会见贡山独龙族怒族自治县干部群众代表侧记[EB/OL].(2015-01-22) [2017-05-10]. http://news. xinhuanet. com/politics/2015-01/22/c_1114097410. htm.

③ 习近平在广西代表团参加审议时强调:精准扶贫,决不让一个少数民族、一个地区掉队[N].中国青年报, 2015-03-09(1).

④ 中共浙江省委统战部.浙江统一战线年鉴2006[M].杭州:杭州出版社,2006:407-409.

困地区等集"六区"于一身的我国"家底"①；提出要注重保护环境，实现绿色发展、生态发展，倡导"绿水青山就是金山银山"的发展理念，主张在发展少数民族文化产业，开发民族特色村寨旅游、休闲民宿等方向下功夫。同时，习近平特别关注边疆少数民族地区的生态保护。2014年1月，习近平视察内蒙古自治区时指出，保护好内蒙古大草原的生态环境，是各族干部群众的重大责任，要探索一条符合自然规律、符合国情地情的绿化之路。②党的十八届五中全会提出"创新、协调、绿色、开放、共享"的五大发展理念，进一步指明了少数民族和民族地区跨越式发展、长远发展的战略和策略。2017年3月9日，习近平在参加全国人大新疆代表团审议时指出，要贯彻新发展理念，坚持以提高发展质量和效益为中心，以推进供给侧结构性改革为主线，培育壮大特色优势产业，加强基础设施建设，加强生态环境保护，严禁"三高"项目进新疆，加大污染防治和防沙治沙力度，努力建设天蓝地绿水清的美丽新疆。③

（三）西藏和新疆的重要地位决定了政策的特殊性

习近平指出，党对这两个地区的特殊政策，是由其特殊方位决定的，其他地区不要攀比。④治国必先治边，治边必先稳藏，积极构建维护稳定的长效机制，加快推进西藏跨越式发展和长治久安。⑤他强调，必须把中央关心、全国支援同西藏各族干部群众艰苦奋斗紧密结合起来，在统筹国内国际两个大局中做好西藏工作；必须牢牢把握西藏社会的主要矛盾和特殊矛盾，把改善民生、凝聚人心作为经济社会发展的出发点和落脚点，坚持对达赖集团斗争的方针政策不动摇。⑥做好新疆工作是全党全国的大事，必须从战略全局高度，谋长远之策，行固本之举，建久安之势，成长治之业。习近平指出，新疆的问题最长远的还是民族团结问题。各民族要相互

① 中央民族工作会议暨国务院第六次全国民族团结进步表彰大会在京举行［EB/OL］.（2014-09-29）［2017-05-10］. http://news. xinhuanet. com/politics/2014-09/29/c_1112683008. htm.

② 习近平春节前夕赴内蒙古调研看望慰问各族干部群众 向全国各族人民致以新春祝福［N］. 人民日报，2014-01-30(1).

③ 习近平到新疆代表团参加审议［EB/OL］.（2017-03-11）［2019-12-13］. http://xj.people.com.cn/n2/2017/0311/c186332-29838046.html.

④ 习近平在第二次中央新疆工作座谈会上发表重要讲话［EB/OL］.（2014-05-29）［2017-05-10］. http://news. xinhuanet. com/photo/2014-05/29/c_126564529. htm.

⑤ 习近平等到代表团和代表一起审议［EB/OL］.（2013-03-29）［2017-05-10］. http://news. xinhuanet. com/2013lh/2013-03/09/c_114960349. htm.

⑥ 第六次中央西藏工作座谈会都谈了什么?［EB/OL］.（2015-08-26）［2017-05-10］. http://politics. people. com. cn/n/2015/0826/c1001-27519975. html.

了解、相互尊重、相互包容、相互欣赏、相互学习、相互帮助,像石榴籽那样紧紧抱在一起。民族分裂势力越是企图破坏民族团结,我们越要加强民族团结,筑牢各族人民共同维护祖国统一、维护民族团结、维护社会稳定的钢铁长城。

(四)精准扶贫以增加少数民族的获得感

党的十八大以来,习近平多次强调"精准扶贫",要求积极创造条件,千方百计加快少数民族和民族地区经济社会发展,让民族地区群众不断得到实实在在的实惠。[①]在2014年中央民族工作会议上,习近平指出,要在少数民族地区开展"精准扶贫"工作,在进一步加大帮扶力度的同时,变"大水漫灌"为"喷灌""滴灌"。要从稳疆安疆的战略高度出发,紧紧围绕各族群众安居乐业,多搞一些改善生产生活条件的项目,多办一些惠民生的实事,多解决一些让各族群众牵肠挂肚的问题,让各族群众切身感受到党的关怀和祖国大家庭的温暖。要全面落实精准扶贫、精准脱贫,把南疆贫困地区作为脱贫攻坚主战场,实施好农村安居和游牧民定居工程、城镇保障性安居工程,完善农牧区和边境地区基本公共服务,努力让各族群众过上更好的生活。[②]习近平特别指出,实施"一带一路"倡议,西部地区倒成了我们的中心了,具有战略意义,要抓住这一契机推进西部大开发。他强调,发挥好中央、发达地区、民族地区三个积极性,对边疆地区、贫困地区、生态保护区实行差别化的区域政策,优化转移支付和对口支援体制机制,把政策动力和内生潜力有机结合起来。一是要紧扣民生抓发展,重点是教育和就业;二是发挥资源优势,重点抓好惠及当地和保护生态;三是搞好扶贫开发,重点抓好特困地区和特困群众脱贫,力争用5到10年时间实现民族地区贫困家庭和困难群众稳定脱贫;四是抓好边疆建设,重点抓好基础设施建设和对外开放。此外,在精准扶贫、长效扶贫工作中,统一战线有优势也有责任。

(五)尊重、维护和照顾利益,既要多算政治账又要纳入法治轨道

早在浙江工作期间,习近平就指出,要以大局为重,积极为促进全国民族地区的协调发展做贡献,这不仅是我们"跳出浙江发展浙江"的必然选择,也是中央交给我们的政治任务,还是我们体现民族道义的重要方面。在这方面重点是做好三件

---

① 习近平看望全国政协十二届二次会议少数民族界委员[EB/OL]. (2014-03-04)[2017-05-10]. http://news. xinhuanet. com/photo/2014-03/04/c_126220648. htm.

② 习近平到新疆代表团参加审议[EB/OL]. (2017-03-11)[2019-12-13]. http://xj.people.com.cn/n2/2017/0311/c186332-29838046.html.

事:一是积极做好西藏那曲、新疆和田、贵州黔西南等民族地区的对口支援工作;二是加大参与西部大开发的力度;三是认真做好少数民族和民族地区干部来浙学习、培训、挂职、考察等工作,不断深化我省与民族地区的兄弟情谊。①2015年,习近平提出要尊重、维护和照顾同盟者利益。他强调,做好新疆工作事关全国大局,绝不仅仅是新疆一个地区的事情,而是全党全国的事。全党都要站在战略和全局高度来认识新疆工作的重要性,多算大账,少算小账,特别要多算政治账、战略账,少算经济账、眼前账,加大对口援疆工作力度,完善对口援疆工作机制,共同努力,实现新疆社会稳定和长治久安。②习近平强调要把加快民族地区发展、维护少数民族群众合法权益纳入法治化轨道,依法管控边境秩序、维护边境地区安全稳定。③对社会议论较多的一些具体政策,要区别情况、准确把握、积极完善、稳妥实施。关于加分问题,国家通用语言文字已经普及、教育水平大体相当的地区,要逐步缩小差距,逐步做到一律平等;对语言文化差异较大、教育质量还不高的一些地区的少数民族学生,还是要实行高考加分政策。计划生育政策,更多考虑同一区域、同一城市内不同民族的平衡。要逐步更多地针对特定地区、特殊问题、特别事项,尽可能减少同一地区中民族之间的公共服务政策差异。

五、保障:政治底线与法治轨道

早在浙江工作期间,习近平就指出,要坚持从政治上把握民族关系、看待民族问题。要分清什么是民族问题,什么不是民族问题,既不能把不是民族问题的问题当作民族问题来处理,也不能把民族问题不当作民族问题来处理,而是什么问题就按什么问题处理,讲政治原则、讲政策策略、讲法治规范。④2011年9月,《中国的和平发展》白皮书重新界定了中国核心利益的范围。其中"中国宪法确立的国家政治制度和社会大局稳定""经济社会可持续发展的基本保障"这两项首次被正式宣布为中国的核心利益。民族问题的底线是绝不能突破法律底线,侵犯和动摇我国国家的核心利益。党的十八大以来,习近平多次强调要维护宪法法律权威,坚决同境

① 中共浙江省委统战部. 浙江统一战线年鉴2006[M]. 杭州:杭州出版社,2006:407-409.
② 李斌,霍小光. 把祖国的新疆建设得越来越美好——习近平总书记新疆考察纪实[N]. 人民日报,2014-05-04(1).
③ 习近平在广西代表团参加审议时强调:精准扶贫,决不让一个少数民族、一个地区掉队[N]. 中国青年报,2015-03-09(1).
④ 中共浙江省委统战部. 浙江统一战线年鉴2006[M]. 杭州:杭州出版社,2006:407-409.

内外"三种势力"(民族分裂势力、宗教极端势力、暴力恐怖势力)做斗争,坚决维护民族团结、社会稳定、国家统一、领土完整、主权独立等我国的核心利益。

(一)把维护民族团结和国家统一作为各民族最高利益

习近平在中央民族工作会议上特别提出了各民族的最高利益。坚持把维护民族团结和国家统一作为各民族最高利益,把各族人民智慧和力量最大限度地凝聚起来,同心同德地为实现"两个一百年"奋斗目标、实现中华民族伟大复兴的中国梦而奋斗。

(二)民族区域自治已经成为基本政治制度、基本民族政策、基本法律

早在浙江工作期间,习近平就强调要坚持和完善民族区域自治制度,支持景宁畲族自治县充分行使宪法和民族自治法赋予的各项自治权利,并将我省的民族工作纳入法治化轨道。①习近平在中央民族工作会议上指出,民族区域自治制度是我国的一项基本政治制度,符合我国国情,在维护国家统一、领土完整,加强民族平等团结,促进民族地区发展,增强中华民族凝聚力等方面都起到了重要作用。他还指出要做到"两个结合"。一是坚持统一和自治相结合。没有国家统一,就谈不上民族区域自治。二是坚持民族因素和区域因素相结合。要落实好宪法和民族区域自治法的规定,保持民族识别和民族自治地方的既有格局稳定,帮助自治地方发展经济、改善民生,加强对规范和完善民族区域自治相关法规和制度的研究,进一步发挥民族区域自治制度的优越性。要做到依法行使民族区域自治权和贯彻执行党和国家方针政策相统一、促进区域内全体群众共同富裕和重点帮助相对贫困地区相统一。②值得关注的是,中央特别强调,要全面贯彻落实宪法和民族区域自治法,要在牢固树立宪法意识、坚决维护宪法权威的前提下,落实好民族区域自治法,提高运用法治思维和法治方式治理民族事务的能力。健全民族工作法律法规体系,落实《国务院实施〈中华人民共和国民族区域自治法〉若干规定》,要求国务院有关部门,自治区和辖有自治州、自治县的省、直辖市政府,应制定并完善相应规章、具体措施和办法。同时,加强对民族工作法律法规和政策执行情况的监督检查。

(三)民族事务法治化,用法律来保障民族团结

早在浙江工作期间,习近平就指出,处理民族问题要讲原则、讲法制、讲政策、

① 中共浙江省委统战部. 浙江统一战线年鉴2006[M]. 杭州:杭州出版社,2006:407-409.
② 中央民族工作会议暨国务院第六次全国民族团结进步表彰大会在京举行 [EB/OL]. (2014-09-29) [2017-05-10]. http://news. xinhuanet. com/politics/2014-09/29/c_1112683008. htm.

讲策略,坚持依法、慎重处理。对属于人民内部矛盾的,要用团结教育和疏导化解的方法解决,防止伤害民族感情的事发生,尤其要妥善处理外来少数民族人员与当地群众之间的矛盾和纠纷;对属于违法犯罪的,不论涉及哪个民族、信仰何种宗教,都要依法处理,同时要注意方法策略;对从事民族分裂活动的,要坚决依法打击,有效抵制境内外敌对势力利用民族问题进行渗透和破坏,牢牢掌握斗争的主动权。[1]当前,我国正处于发展关键期、改革攻坚期、矛盾凸显期,影响民族团结的国内国外因素错综复杂,涉及民族因素的矛盾纠纷易发多发,反分裂斗争任务艰巨,依法治理民族事务在民族工作中的地位更加突出,在促进民族团结中的作用更加重要。同时我们必须看到,民族工作中还存在思想观念跟不上、法律法规建设滞后、体制机制不健全、能力水平不适应等突出问题。习近平强调,要严格区分两类不同性质的矛盾,是什么问题就按什么问题处置。对于少数暴恐分子,不问民族成分和宗教信仰都要依法打击。要维护宪法法律权威,增强各族群众法律意识,坚持法律面前人人平等。[2]把握底线,就是要深入贯彻依法治国基本方略,切实通过提高依法治理民族事务水平来促进民族团结,特别是要依法妥善处理影响民族团结的矛盾纠纷。既要坚决反对和纠正针对特定民族成员的歧视性做法,又要坚持在法治轨道上处理涉及民族因素的问题。在全面推进依法治国进程中,必须把法律面前各民族一律平等的宪法原则落到实处。坚持是什么问题就按什么问题处理,不以民族身份画线搞选择性执法,不能把涉及少数民族成员的民事和刑事问题简单归结为民族问题,不能把发生在民族地区的一般社会矛盾纠纷简单归结为民族矛盾。不论哪个民族成员,其首先是国家公民,都平等享有宪法法律规定的权利,平等履行宪法法律规定的义务。凡违法犯罪的,不论属于哪个民族、来自哪个地区、信仰何种宗教,都要依法惩处。对极少数打着民族、宗教旗号,恶意炒作涉及民族因素的敏感事件、蓄意挑拨民族关系、破坏民族团结、煽动和制造事端的人要坚决依法打击。要坚决依法打击暴力恐怖活动和宗教极端主义。

六、目标:最大公约数与共同精神家园

在民族工作领域要全面贯彻党的民族政策,高举各民族大团结旗帜,引导各族

[1] 中共浙江省委统战部. 浙江统一战线年鉴2006[M]. 杭州:杭州出版社,2006:407-409.
[2] 第六次中央西藏工作座谈会都谈了什么?[EB/OL]. (2015-08-26)[2017-05-10]. http://politics. people. com. cn/n/2015/0826/c1001-27519975. html.

群众增强对伟大祖国、中华民族、中华文化、中国共产党、中国特色社会主义的认同,像爱护自己的眼睛一样爱护民族团结,像珍视自己的生命一样珍视民族团结,像石榴籽那样紧紧抱在一起。①

(一)解决好民族问题,物质方面的问题要解决好,精神方面的问题也要解决好

早在福建宁德工作期间,针对一些地方的民族工作重物质轻精神的倾向,习近平同志就鲜明地指出民族工作见物更要见人。他举例说,据一位同志讲,在革命年代,畲族的同志没有一个叛徒,他听了这个话以后很感动,畲族群众革命的坚定性给他留下了深刻印象。党的十八大后,习近平指出:"加强中华民族大团结,长远和根本的是增强文化认同,建设各民族共有精神家园,积极培养中华民族共同体意识。"②习近平特别强调,推动民族工作要依靠两种力量,一种是物质力量,一种是精神力量。要解决好民族问题,物质方面的问题要解决好,精神方面的问题也要解决好。③他指出要用好两把钥匙,一把钥匙开一把锁,在继续用好发展这把钥匙的同时,必须把思想教育这把钥匙用得更好。④

(二)构筑各民族共同的精神家园,守望相助

习近平指出,加强中华民族大团结,长远和根本的是增强文化认同,建设各民族共有精神家园,积极培养中华民族共同体意识。文化认同是最深层次的认同,是民族团结之根、民族和睦之魂,各族人民血脉相连、一荣俱荣、一损俱损。中华民族共同体,既是文化共同体,也是利益共同体,更是命运共同体。要把建设各民族共有精神家园作为战略任务来抓。要旗帜鲜明地反对各种错误思想观念,增强各族干部群众识别大是大非、抵御国内外敌对势力思想渗透的能力。⑤他强调,希望各族干部群众守望相助。守,就是守好家门,守好祖国边疆,守好少数民族美好的精神家园;望,就是登高望远,规划事业、谋求发展要跳出当地、跳出自然条件限制,有宽广的世界眼光,有大局意识;相助,就是各族干部群众要牢固树立平等团结互助

① 习近平到新疆代表团参加审议[EB/OL]. (2017-03-11)[2019-12-13]. http://xj.people.com.cn/n2/2017/0311/c186332-29838046.html.

② 中央民族工作会议暨国务院第六次全国民族团结进步表彰大会在京举行 [EB/OL]. (2014-09-29)[2017-05-10]. http://news. xinhuanet. com/politics/2014-09/29/c_1112683008. htm.

③ 中央民族工作会议暨国务院第六次全国民族团结进步表彰大会在京举行 [EB/OL]. (2014-09-29)[2017-05-10]. http://news. xinhuanet. com/politics/2014-09/29/c_1112683008. htm.

④ 本报评论员. 筑牢中华民族共同体的思想基础[N]. 人民日报,2014-10-10(1).

⑤ 中央民族工作会议暨国务院第六次全国民族团结进步表彰大会在京举行 [EB/OL]. (2014-09-29)[2017-05-10]. http://news. xinhuanet. com/politics/2014-09/29/c_1112683008. htm.

和谐的思想,各族人民拧成一股绳,共同守卫祖国边疆,共同创造美好生活。①

(三)创新载体和方式,引导各族群众牢固树立正确的祖国观、历史观、民族观

习近平指出,在列入《人类非物质文化代表作名录》的中国项目中,少数民族的占到三分之一。把汉文化等同于中华文化、忽略少数民族文化,把本民族文化自外于中华文化、对中华文化缺乏认同,都是不对的,都要坚决克服。②我国各民族多姿多彩的文化是中华文明的重要组成部分。要大力传承和弘扬民族文化,为民族地区发展提供强大精神动力。弘扬和保护各民族传统文化,要去粗取精、推陈出新,努力实现创造性转化和创新性发展。③此外,习近平强调,要探索网络统战工作,"网上网下形成同心圆"。④在民族工作中,要运用网络来开展思想引领工作,抵制境内外敌对势力利用网络进行民族分裂活动的行为。

七、关键:党的领导与代表人士队伍建设

习近平指出,党的领导是做好民族工作、维护民族团结的根本保证,要适应新形势,不断加强和完善党对民族工作的领导;做好民族工作关键在党、关键在人。

(一)加强和改进党对民族工作的政治领导

习近平指出,在我们这样一个多民族国家,没有坚强有力的政治领导,要实现团结统一是不可想象的。强调中国共产党的领导是民族工作成功的根本保证,也是各民族大团结的根本保证,要求各级党委和政府把民族工作摆上重要议事日程,坚持从政治上把握民族关系、看待民族问题,党政主要领导要亲自做民族工作。"只要我们牢牢坚持中国共产党的领导,就没有任何人任何政治势力可以挑拨我们的民族关系,我们的民族团结统一在政治上就是有充分保障的。"⑤

---

① 习近平春节前夕赴内蒙古调研看望慰问各族干部群众 向全国各族人民致以新春祝福[N]. 人民日报, 2014-01-30(1).

② 中央民族工作会议暨国务院第六次全国民族团结进步表彰大会在京举行 [EB/OL]. (2014-09-29) [2017-05-10]. http://news. xinhuanet. com/politics/2014-09/29/c_1112683008. htm.

③ 中央民族工作会议暨国务院第六次全国民族团结进步表彰大会在京举行 [EB/OL]. (2014-09-29) [2017-05-10]. http://news. xinhuanet. com/politics/2014-09/29/c_1112683008. htm.

④ 习近平. 在网络安全和信息化工作座谈会上的讲话(2016年4月19日)[EB/OL]. (2017-04-26)[2017-05-10]. http://politics. people. com. cn/n1/2016/0426/c1024-28303544. html.

⑤ 中央民族工作会议暨国务院第六次全国民族团结进步表彰大会在京举行 [EB/OL]. (2014-09-29) [2017-05-10]. http://news. xinhuanet. com/politics/2014-09/29/c_1112683008. htm.

(二)领导干部要与少数民族人士交朋友

早在浙江工作期间,习近平就要求各级领导干部深入少数民族地区,多交少数民族群众朋友,多听群众呼声,多办实事好事,切实做好涉及少数民族群众切身利益的工作。在支持少数民族地区发展、解决少数民族群众实际困难中,结下与少数民族群众深厚的民族感情,推动民族工作的顺利开展。[①]党的十八大以来,习近平要求领导干部特别是高级干部要多同少数民族代表人士和知识分子交朋友,平时多走动、多沟通、多了解信息,关键时刻就能发挥关键作用。这项工作要当成一件大事急事,赶快抓起来。[②]

(三)要把少数民族代表人士团结在党的周围

习近平指出:少数民族代表人士,一定要团结在我们身边,做到政治上尊重、工作上关心、生活上关照,发挥好他们咨政建言、协调关系、引导群众、化解矛盾的作用。[③]少数民族知识分子是一个较大的群体,包括学术、文化、艺术、技术、宗教等各个领域,他们思想活跃、能量不小,要纳入工作视野、加强引导,发挥他们的作用。要培养一支政治上跟党走、自觉认同中华民族精神、学识上有造诣、工作上有实绩的少数民族知识分子队伍。[④]

(四)要加强少数民族干部队伍建设

习近平指出,做好民族工作关键在培养高素质的少数民族干部,首次提出了民族地区好干部"三个特别"的标准,即明辨大是大非的立场特别清醒、维护民族团结的行动特别坚定、热爱各族群众的感情特别真诚。[⑤]少数民族干部是党联系少数民族工作的重要桥梁和纽带,目前数量上来了,但结构不尽合理,政工干部偏多,业务干部偏少,具有适应市场经济和复杂环境能力的干部少,梯队不完备、急用再找现象突出。要坚持德才兼备原则,大力培养选拔。对政治过硬、敢于担当、经得起风浪考验的优秀少数民族干部要大胆使用,放到重要领导岗位上来,当主官、挑大梁,

① 中共浙江省委统战部. 浙江统一战线年鉴2006[M]. 杭州:杭州出版社,2006:407-409.

② 中央民族工作会议暨国务院第六次全国民族团结进步表彰大会在京举行 [EB/OL]. (2014-09-29)[2017-05-10]. http://news. xinhuanet. com/politics/2014-09/29/c_1112683008. htm.

③ 中央民族工作会议暨国务院第六次全国民族团结进步表彰大会在京举行 [EB/OL]. (2014-09-29)[2017-05-10]. http://news. xinhuanet. com/politics/2014-09/29/c_1112683008. htm.

④ 中央民族工作会议暨国务院第六次全国民族团结进步表彰大会在京举行 [EB/OL]. (2014-09-29)[2017-05-10]. http://news. xinhuanet. com/politics/2014-09/29/c_1112683008. htm.

⑤ 中央民族工作会议暨国务院第六次全国民族团结进步表彰大会在京举行 [EB/OL]. (2014-09-29)[2017-05-10]. http://news. xinhuanet. com/politics/2014-09/29/c_1112683008. htm.

还可以交流到中央和国家机关任职。把后备干部派到艰苦的地方去锤炼,包括去民族地区特别是情况复杂的地方,如南疆、阿里等地区。好苗子都护着,一路都给安排好,那是得不到真正锻炼的。马厩里培养不出千里马! [1] 2017年3月,中央有关部门共选派523名少数民族干部到中央国家机关上挂,到东部发达地区横挂,到企业挂职学习。[2]

八、结语

我们学习研究习近平总书记治国理政系列相关论述,从前提、意义、本质、基础、保障、目标和关键七个方面,梳理分析了党的统一战线与我国民族问题和民族工作的内在联系和共同理念方法。尽管古今中外都有民族问题,但毫无疑问,新中国民族工作是党的统一战线工作的重要有机组成部分。统战思维是中国特色社会主义民族理论和民族工作的一个重要特征和显著标识,具体体现在:执政党的领导方式和执政方式的有机结合,一般公共事务与统战工作的有机结合,治理行政与团结联合的有机结合。这是我国成为全世界处理民族问题最为成功的国家之一的一个重要原因和基本经验,也为世界提供了处理和解决古老而棘手的民族问题的中国道路、中国方案和中国智慧,是对人类文明进步的重大贡献。

当前,面对国际国内新的机遇和挑战,民族工作要念好"情、理、利、文、法"五字诀,树立五位一体的统战思维。情,就是要促进交往交流交融,巩固各民族大团结;理,就是把中国特色社会主义民族理论政策,向各族人民讲清楚,做到晓之以理,增强与各种分裂势力做斗争的辨别力和自觉性;利,就是共同团结奋斗、共同繁荣发展,全面实现各民族共同奔小康,增进多元一体的中华民族命运共同体;文,就是以核心价值观为引领,增进"五个认同",弘扬民族文化,共筑精神家园;法,就是以宪法和民族区域自治法为基本准则,强化底线思维,提高民族事务法治水平,引导各民族群众增强法治意识,自觉维护宪法和法律的尊严。其中,情是前提,理是根本,利是基础,文是纽带,法是保障,要努力从五者关系上来考量和谋划民族工作,努力做到五措并举,凸显五位一体。"五位一体"反映了习近平关于民族问题的战略构

[1] 中央民族工作会议暨国务院第六次全国民族团结进步表彰大会在京举行 [EB/OL]. (2014-09-29) [2017-05-10]. http://news. xinhuanet. com/politics/2014-09/29/c_1112683008. htm.

[2] 什么干部能到中央机关挂职锻炼一年?[EB/OL]. (2017-03-22)[2017-05-10]. http://news.sohu.com/ 20170322/n484200616.shtml.

想,体现了人心与文化、经济与政治、德治与法治相结合的辩证思维,融和谐统战、经济统战、法理统战、文化统战于一体,彰显出中国特色、中国气派和中国智慧,是对中国特色解决民族问题道路的完善和发展。

统战工作不只是权宜之计,更不只是工具和手段,统一战线是我们党治国理政必须面对的重大战略问题,事关"最大政治"。民族工作必须强化党的意识、政治意识、大局意识和统战意识。新形势下民族工作涉及方方面面,必须牢记和贯穿主线和灵魂——统战理念和方法于其中。加强和改进党对民族工作的领导,就要牢固树立统战理念,突出战略地位,纳入全局工作,巩固和发展大团结大联合的局面,画出最大同心圆,服务"最大政治"。当前,在省级以下,党委统战部与政府民族事务部门的合署办公日趋增多,既有机构编制改革的需要,也有更多地整合资源、更好地发挥效能作用的需要。当前在民族工作具体事务中,要力戒单纯事务和行政工作的倾向,努力做到行政性、事务性、经济性、政治性与统战性并举,寓政治性、统战性于行政性、事务性、经济性工作中,做到相辅相成、相得益彰。这应成为新时期民族工作和统战工作的特色。

第二节　以统战思维构建新时代中国特色社会主义宗教理论

习近平总书记2016年4月在全国宗教工作会议上首次提出了坚持和发展中国特色社会主义宗教理论,这是马克思主义宗教理论与中国特色社会主义实践相结合的最新成果。中国特色社会主义宗教理论的内涵外延及其构建,是目前学界、政界和宗教界都普遍关注的热点理论问题。实际上,习近平总书记之所以提出这个理论,是有着长期的实践积累和深层的战略思考,有着基本的构想脉络的。习近平同志从地方工作直到担任总书记后的一系列有关宗教问题和宗教工作的论述,始终贯穿着一条主线——统一战线,就是以党的统一战线的站位、目标、理念、方式看待宗教问题、对待信教群众,部署宗教工作。习近平总书记在全国宗教工作会议上强调:"在爱国主义、社会主义旗帜下,同宗教界结成统一战线,是我们党处理宗教问题的鲜明特色和政治优势。"目前学者专家和民族宗教工作部门对"统战思维与宗教问题和宗教工作"之间的关系已开始关注并有所论及,但系统深入的研究论述尚缺。本书试从统一战线角度,对习近平关于构建中国特色社会主义宗教理论的思想做一粗浅的探讨,以就教于方家。

一、中国特色社会主义宗教理论特色就在它是党的统一战线理论的有机组成部分

习近平总书记关于宗教问题的论述既是中国特色社会主义理论的宗教篇,也是习近平总书记统一战线重要思想的重要内容。宗教问题是世界性的古老而复杂的问题。宗教学是个古老的学科,目前全世界有很多机构和学者、教职人员,以及政府官员在研究它。在我国,宗教学属于国家一级学科。毫无疑问,宗教工作理论应是宗教学的一个重要组成部分。与此同时,统一战线是一门科学,统一战线理论正在逐步走向科学化,但目前尚未正式纳入国民教育体系,近几年来呼声较高的"统战学"还没有列入二级学科目录。但正如习近平在2015年中央统战工作会议上强调的"必须明确,民主党派工作、民族工作、宗教工作、对台工作、侨务工作都是统一战线工作",在当前我国,中国特色社会主义宗教理论是党的统一战线理论的重要组成部分。党的十八大后,习近平关于宗教问题和宗教工作的论述,既是"四个全面"战略思想和中国特色社会主义理论的宗教篇,也是"习近平总书记统一战线重要思想"的重要组成部分,为做好新形势下的宗教工作指明了方向、提供了根本遵循,开创了马克思主义宗教观中国化、时代化的新境界。

我国宗教界人士和信教群众构成了统一战线同心圆中的重要一环:拥护社会主义的爱国者。习近平总书记在2015年中央统战工作会议上提出,只要把政治底线这一圆心固守住,包容的多样性的半径越大,画出的最大同心圆就越大。长期以来,在统一战线同心圆中,"拥护社会主义的爱国者"这一环指的是哪几类统一战线成员并不十分明确(如图5-1所示)。笔者认为,当下的"拥护社会主义的爱国者"主要是指宗教界爱国人士及其所联系的信教群众。①这是因为宗教与社会主义社

---

① 宗教界爱国人士属于拥护社会主义的爱国者是没有疑义的。信教群众涉及面很广,可能涵盖劳动者、建设者和爱国者,很难界定;但大陆范围内的信教群众不管从事何种职业,都应拥护社会主义,爱国爱教、守法敬业,所以将其全部归类于拥护社会主义的爱国者应没有问题,这也体现了从广义上讲的外环涵盖内环的同心圆法则(即习近平总书记讲的,只要把圆心固守住,包容的多样性半径越大,画出的同心圆就越大)。

会相适应是我国宗教的根本方向,宗教界人士和信教群众爱国爱教,也是党执政的群众基础。如何把他们团结在党的周围,引导和促进宗教与社会主义社会相适应,是中国特色社会主义理论特别是统一战线理论必须研究的重大课题。

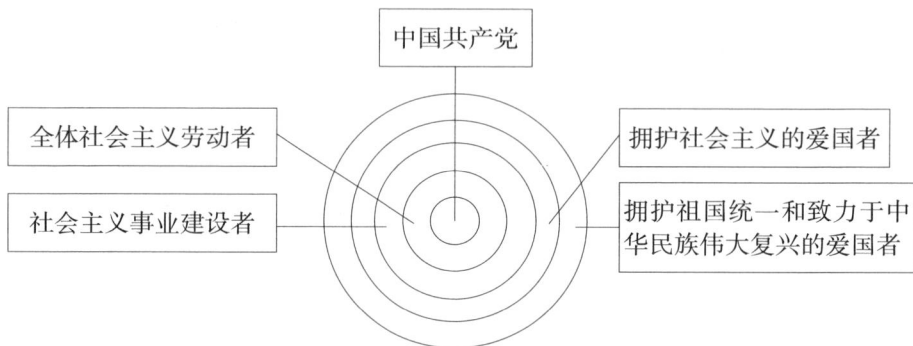

图5-1　统一战线同心圆

宗教领域是统一战线的热点地带和理论创新的"富矿"。中国特色社会主义理论是一个开放的、发展的科学理论,作为这一理论的有机组成部分,党的统一战线理论和宗教理论都在不断与时俱进、创新发展。党的十八大后,习近平总书记关于统一战线思想的论述,开辟了统一战线理论新境界。宗教关系是统一战线五大关系的重要方面,宗教问题和宗教工作在习近平总书记统一战线重要思想的形成和发展中一直占有很重要的位置。早在1999年福建省委副书记任上,习近平就指出,宗教是一个历史的、长期的、复杂的现象,要加强对宗教政策的研究,正确处理好宗教问题,才能团结大多数。①在浙江工作期间,习近平提出要"以高度的政治责任感,切实加强对宗教工作的领导,定期研究、部署和检查宗教工作,特别是要注意及时发现新情况、解决新问题"②。要积极探索新形势下做民族宗教工作的思路和办法。统战部门要加强对民族宗教方面重大问题的研究和协调,政府民族宗教工作部门要依法加强对民族宗教事务的管理,各有关部门要积极配合、共同做好民族宗教工作。③十多年来,浙江省各地探索有效的宗教事务管理模式,特别是开启了宗教活动场所财务代理制度和民间信仰场所规范化管理等创新性工作。近几年

① 习近平:认清形势 扎实工作 巩固和发展统战工作大好局面——在全省统战部长会议上的讲话摘要[J]. 福建统一战线,1999(1).
② 马跃:全省宗教工作座谈会在杭举行 习近平作重要讲话[J]. 浙江统战,2004(3):1.
③ 习近平调研省级宗教团体[J]. 浙江统战,2004(3):13.

来,如何坚定对中国特色社会主义的"四个自信",如何以社会主义核心价值观引领广大成员,如何服务全面推进依法治国,如何应对互联网带来的机遇和挑战,等等,成为新时期统一战线理论和中国特色社会主义宗教理论共同关注和重点研究的重大课题。

由于宗教具有特殊的复杂性,新情况新问题层出不穷,研究和把握宗教工作规律对做好宗教工作就显得尤为重要。习近平曾在全国宗教工作会议上强调,做好新形势下宗教工作,就要坚持用马克思主义立场、观点、方法认识和对待宗教,遵循宗教和宗教工作规律,深入研究和妥善处理宗教领域各种问题,结合我国宗教发展变化和宗教工作实际,不断丰富和发展中国特色社会主义宗教理论,用以更好指导我国宗教工作实践。[1]习近平要求在贯彻宗教政策的基本要求、关键环节、重点举措等方面,做到"掌握规律、坚持原则、讲究方法"[2],有效杜绝因工作方法失当引发的矛盾和问题。既要全面推进,也要重点突破。要结合各宗教情况,抓住主要矛盾,解决突出问题,以做好重点工作,推进全局工作。[3]当前,宗教工作规律是推进统一战线理论创新需要探究的重大课题。要建立专门的研究队伍,探索建立宗教工作智库,加强对马克思主义宗教观、中国特色社会主义宗教理论、宗教问题等的研究,不断开辟马克思主义宗教理论新境界。[4]

二、以统一战线目标要求和评判标准谋划宗教工作

(一)最大政治与全局工作

毛泽东曾在中华人民共和国成立初期说过,统战工作是最大的工作。党的十八大后,习近平多次强调,人心向背、力量对比,是决定事业成败的关键,是最大的政治。他进而指出,统战工作的本质要求是大团结大联合,解决的就是人心和力量问题。这是我们党治国理政必须花大心思下大气力解决好的重大战略问题。[5]习

---

[1] 习近平在全国宗教工作会议上强调　发展中国特色社会主义宗教理论　全面提高新形势下宗教工作水平[N]. 人民日报,2016-04-24(1).

[2] 巩固发展最广泛的爱国统一战线　为实现中国梦提供广泛力量支持[N]. 人民日报,2015-05-21(1).

[3] 习近平在全国宗教工作会议上强调　发展中国特色社会主义宗教理论　全面提高新形势下宗教工作水平[N]. 人民日报,2016-04-24(1).

[4] 习近平在全国宗教工作会议上强调　发展中国特色社会主义宗教理论　全面提高新形势下宗教工作水平[N]. 人民日报,2016-04-24(1).

[5] 习近平:巩固发展最广泛的爱国统一战线　为实现中国梦提供广泛力量支持[EB/OL]. (2015-05-21)[2019-12-13]. http://cpc.people.com.cn/n/2015/0521/c64094-27032339.html.

近平一直认为,宗教工作是事关党和政府全局的工作。20世纪90年代初,他在福建省委常委、福州市委书记任上,就多次指出,不懂得宗教问题,不懂得宗教发展历史在人类发展史中产生的作用,不懂得宗教在现实政治生活中所起到的作用,这是无知的表现。①2004年4月,习近平在浙江全省宗教工作座谈会的讲话中就指出:"宗教工作是一个关系党的执政前途和命运的全局性和战略性工作。"②党的十八大后,习近平进一步指出:"宗教问题始终是我们党治国理政必须处理好的重大问题,宗教工作在党和国家工作全局中具有特殊重要性,关系中国特色社会主义事业发展,关系党和人民群众的血肉联系,关系社会和谐、民族团结,关系国家安全和祖国统一。"③

习近平之所以把宗教工作视作全局性工作,很重要的一条是基于对宗教的群众性的深刻认识。早在2002年6月,时任福建省省长的习近平就指出:"宗教是一种社会力量,它有着相当广泛的群众基础。"④2004年4月,时任浙江省省委书记的习近平在全省宗教工作座谈会上的讲话中强调:"宗教工作的本质是群众工作。"⑤同时指出我们党代表中国最广大人民的根本利益,当然也包括广大信教群众的合法权益,揭示了宗教工作的本质。党的十八大后,习近平总书记在多个场合说过,统一战线是做人的工作,宗教工作本质上是群众工作。⑥群众路线是党的生命线和根本工作路线,做好信教群众的工作是我们党的群众工作的重要内容。信教群众也是我们党执政的群众基础,在宗教工作中贯彻群众路线,就是要站在巩固和扩大党执政的群众基础的高度,站在整个民族与国家利益的高度,站在党和政府全局工作的高度,来认识和对待宗教问题。

(二)政治底线与法律底线

党的十八大后,面对错综复杂的国际国内形势,习近平提出:"要善于运用'底线思维'的方法,凡事多从坏处准备,努力争取最好的结果,这样才能有备无患、遇

---

① 详见《福州日报》,1991年7月19日,第1版。

② 马跃:全省宗教工作座谈会在杭举行 习近平作重要讲话[J].浙江统战,2004(3):1.

③ 习近平在全国宗教工作会议上强调 发展中国特色社会主义宗教理论 全面提高新形势下宗教工作水平[N].人民日报,2016-04-24(1).

④ 陈红星,等:努力做好新世纪初的福建宗教工作——访福建省省长习近平[J].中国宗教,2002(4):20.

⑤ 习近平:干在实处 走在前列——推进浙江新发展思考与实践[M].北京:中共中央党校出版社,2006:62-263。

⑥ 巩固发展最广泛的爱国统一战线 为实现中国梦提供广泛力量支持[N].人民日报,2015-05-21(1).

事不慌,牢牢把握主动权。"①习近平在中央统战工作会议上明确提出了政治底线的含义:对危害中国共产党领导、危害我国社会主义政权、危害国家制度和法治、损害最广大人民根本利益的问题,必须旗帜鲜明地反对,不能让其以多样性的名义大行其道。强调:这是政治底线,不能动摇。除此之外,对其他各种多样性,要尽可能通过耐心细致的工作找到最大公约数。只要我们把政治底线这个圆心固守住,包容的多样性半径越长,画出的同心圆就越大。在宗教领域,习近平突出法律底线,强调必须用法律规范政府管理宗教事务的行为,用法律调节涉及宗教的各种社会关系;不允许有法外之地、法外之人、法外之教;要保护合法、制止非法、遏制极端、抵御渗透、打击犯罪(习近平2014年在第二次中央新疆工作会议上率先提出)。②

习近平提出要提高宗教工作法治化水平,坚持依法管理宗教事务。强调必须区分合法宗教活动与打着宗教活动旗号的违法犯罪活动。早在1997年4月,时任省委副书记的习近平在福建全省宗教工作会议上指出,要全面、正确地贯彻党的宗教政策,严格划清爱国宗教团体与非法宗教组织的界限,正常宗教活动与非法宗教活动的界限,以及宗教、民间信仰、封建迷信三者之间的界限。要采取有力措施,坚决取缔各种非法宗教组织,坚决刹住滥建庙宇和佛(神)像之风,对民间信仰活动进行正确的引导和管理,并妥善解决落实宗教政策方面存在的一些历史遗留问题。③同年11月,习近平在走访福建省各宗教团体时指出,宗教管理工作是党的统战工作的重要方面,要依法支持、保护宗教团体的正当活动,切实帮助解决实际困难,同时要加强宣传教育、综合治理,制止非法宗教活动。④党的十八大后,习近平多次强调,对属于违法犯罪的,不论涉及哪个民族、信仰何种宗教,都要依法处理⑤;"暴力恐怖活动漠视基本人权、践踏人道主义,挑战的是人类文明的共同底线,既不是民族问题,也不是宗教问题,而是各族人民的共同敌人"⑥;渗透不是宗教问题,而是政治问题,与我争夺宗教工作领导权,争夺群众。要坚决抵御境外利用宗教进行渗

① 中共中央宣传部. 习近平总书记系列重要讲话读本[M]. 北京:学习出版社、人民出版社,2016:180-181.
② 习近平在全国宗教工作会议上强调发展中国特色社会主义宗教理论 全面提高新形势下宗教工作水平[N].人民日报,2016-04-24(1).
③ 罗庆春:全面贯彻宗教政策 切实做好宗教工作[N]. 福建日报,1997-04-10(1).
④ 罗庆春:全面正确贯彻党的宗教政策 引导宗教与社会主义社会相适应[N]. 福建日报,1997-11-20(1).
⑤ 习近平在第二次中央新疆工作座谈会上强调 坚持依法治疆团结稳疆长期建疆 团结各族人民建设社会主义新疆[N]. 人民日报,2014-05-30(1).
⑥ 切实维护国家安全和社会安定,为实现奋斗目标营造良好社会环境[N]. 人民日报,2014-04-27(1).

透,防范宗教极端思想侵害。[1]习近平洞若观火地指出:"我们与达赖分裂集团斗争的焦点,不是民族问题,也不是宗教问题,更不是所谓的人权问题。我们与达赖分裂集团斗争的核心与实质,是维护祖国统一、反对分裂的政治原则问题。"[2]

提高宗教工作法治化水平,要完善涉及宗教的法律法规。早在2002年3月福建省委、省政府召开的全省宗教工作会议上,时任省长的习近平就指出,要加快宗教事务管理的法制化进程。加快我省地方性宗教法规的立法步伐,使宗教事务管理有法可依、有章可循。[3]习近平主政浙江期间,《浙江省宗教事务条例》于2006年3月29日省十届人大常委会第24次会议修订。在2016年全国宗教工作会议上,习近平明确提出,宗教方面的一般性社会事务,要通过国家一般性的法律法规来调节规范,这也是世界上大多数国家的做法。宗教方面的具体问题,要通过修订完善《宗教事务条例》等法规规章解决,社会其他领域制定法律法规时要考虑和涵盖宗教的相关内容。同时要研究完善有关具体政策,把实践证明行之有效的政策适时上升为法律,努力实现政策与法律的衔接配合。2017年8月26日,国务院总理李克强签署国务院令,公布了新修订的《宗教事务条例》(以下简称《条例》),自2018年2月1日起施行。《条例》修订主要着眼六个方面,具体来说就是"两维护""两明确""两规范"。两维护,即维护公民宗教信仰自由和宗教界合法权益,维护国家安全和社会和谐。两明确,即明确宗教活动场所法人资格和宗教财产权属,明确遏制宗教商业化倾向。两规范,即规范宗教界财务管理,规范互联网宗教信息服务。

(三)从国内国际两个大局做好统战和宗教工作

随着经济全球化、信息化不断发展和我国国际战略的推进,统一战线涉及的国际、国内因素错综复杂,必须要统筹国际国内大局进行谋划。宗教的国际性决定了宗教工作这种统筹更显紧迫。党的十八大后,习近平以全球视野和战略视角把握宗教、民族等统一战线工作与国家安全之关系。他指出,要在统筹国内国际两个大局中做好西藏工作,牢牢把握西藏社会的主要矛盾和特殊矛盾,把改善民生、凝聚人心作为经济社会发展的出发点和落脚点,坚持对达赖集团斗争的方针政策不动

① 习近平在全国宗教工作会议上强调　发展中国特色社会主义宗教理论　全面提高新形势下宗教工作水平[N].人民日报,2016-04-24(1).
② 罗庆春:省委省政府召开全省宗教工作会议　宋德福习近平讲话[N].福建日报,2002-03-24(1).
③ 罗庆春:省委省政府召开全省宗教工作会议　宋德福习近平讲话[N].福建日报,2002-03-24(1).

摇。①针对境内外"三股势力"严重威胁我国国家安全、民族团结、社会稳定和人民生命财产安全的问题,习近平提出要并行推进国内国际两条战线,防范恐怖主义和宗教极端思想肆意蔓延。

(四)网络统战工作与互联网宗教问题

互联网的迅猛发展使统一战线从党内党外、体制内外、海内海外进一步拓展到线上线下,从某种意义上讲,网络空间已成为统一战线境内和境外之外的第三个范围。习近平提出要积极探索"网络统战",强调"网上网下要形成同心圆"②。互联网和信息化,也加剧了宗教问题的国际性、群众性和复杂性。习近平要求高度重视互联网宗教问题,在互联网上大力宣传党的宗教理论和方针政策,传播正面声音。指出网络宗教问题是社会各个层面和各个部门的综合性问题,政府、宗教团体和社会大众都在其中扮演了重要的角色。形成网络宗教的秩序与良性运行,需要各方共同发力。③

(五)判断统战工作和宗教工作做得好不好的标准

统战工作的主题是大团结、大联合。习近平在中央统战工作会议上指出:"做好新形势下的统战工作,必须善于联谊交友","统一战线工作做得好不好,要看交到的朋友多不多、合格不合格、够不够铁。多不多是数量问题,合格不合格、够不够铁是质量问题"。我国广大信教群众同样是我们党执政的重要群众基础。习近平关于宗教工作做得好不好的评判标准,与统战工作做得好不好的评判标准一样,都在于是否有利于团结大多数,是否有利于巩固党的执政基础、扩大党的群众基础,是否有利于全面建成小康社会和实现中华民族伟大复兴。早在浙江工作期间,习近平就指出,做好宗教工作,关键是要正确理解、全面把握党的宗教工作基本方针,既尊重群众信仰宗教的自由,也尊重群众不信仰宗教的自由,深刻认识信教群众和不信教群众在根本利益上的一致性,使信教群众同不信教群众、信仰不同宗教的群众在全面建设小康社会、提前基本实现现代化的宏伟目标下,最大限度地团结起来,共同创造和谐美好的社会。④党的十八大以来,习近平反复强调"宗教工作本质

① 习近平在中央第六次西藏工作座谈会上强调　依法治藏富民兴藏长期建藏 加快西藏全面建成小康社会步伐[N]. 人民日报,2015-08-26(1).

② 习近平. 在网络安全和信息化工作座谈会上的讲话(2016年4月19日)[N]. 人民日报,2016-04-26(2).

③ 习近平在全国宗教工作会议上强调　发展中国特色社会主义宗教理论 全面提高新形势下宗教工作水平[N]. 人民日报,2016-04-24(1).

④ 习近平调研省级宗教团体[J]. 浙江统战,2004(3):13.

是群众工作",指出宗教是一种信仰,是一种社会意识,但更主要的是一种社会力量,涉及亿万信教群众。海外对我国进行宗教渗透,最主要的目的就是企图把宗教界人士和信教群众变为同党和政府对抗的力量；[1]指出"新疆最大的群众工作就是民族团结和宗教和谐"[2]；指出"如果对信教群众不尊重、不信任,我们党就失去了一支可以团结的重要力量"[3]。在2016年全国宗教工作会议上,习近平明确提出,要尊重信教群众的基本信仰,团结好信教群众,把能不能将广大信教群众团结在党和政府周围作为评价宗教工作成效的根本标准。这一重要论断,深刻揭示了宗教工作的本质,明确了评价宗教工作的根本标准,指明了宗教工作的着力方向。

三、以统一战线理念和方法开展宗教工作

(一)一致性与多样性

习近平在2015年中央统战工作会议上首次把正确处理一致性和多样性关系明确为统一战线工作的方针,这是统一战线理论的重大创新。正确把握和贯彻这一方针十分重要,一方面要着力巩固共同思想政治基础,不断增进一致性；另一方面要充分发扬民主,尊重、包容和引导多样性。要通过耐心细致的统战工作寻求最大公约数,画出最大同心圆。

宗教与社会主义社会相适应,是中国共产党与宗教信仰者能结成统一战线的共同政治基础。关于这一点,我们党的认识是一脉相承、接续发展的,周恩来早就指出:"不管是无神论者,还是有神论者,不管是唯物论者,还是唯心论者,大家一样地都能拥护社会主义制度。"[4]习近平在地方工作期间也多有论述,指出:"拥护中国共产党的领导,拥护社会主义,应成为各宗教界团体一条坚定不移的原则。"[5]"必须深刻认识到,在社会主义条件下,信教群众和不信教群众在根本利益上的一致性,远远大于信仰上的差异性,绝不能把这种信仰上的差异引导到政治上去。""我们党

① 习近平在全国宗教工作会议上强调 发展中国特色社会主义宗教理论 全面提高新形势下宗教工作水平[N]. 人民日报,2016-04-24(1).

② 把祖国的新疆建设得越来越美好——习近平总书记新疆考察纪实[EB/OL]. (2014-05-04)[2019-12-13]. http://politics.people.com.cn/n/2014/0504/c1024-24968469.html.

③ 习近平在全国宗教工作会议上强调 发展中国特色社会主义宗教理论 全面提高新形势下宗教工作水平[N]. 人民日报,2016-04-24(1).

④ 周恩来. 周恩来统一战线文选[M]. 北京:人民出版社,1987:383-384.。

⑤ 详见《福州日报》,1993年9月28日,第1版。

代表中国最广大人民的根本利益,当然也包括广大信教群众的合法利益。"①

在2016年全国宗教工作会议上,习近平总书记强调,对于宗教界人士和宗教信仰者来说,与社会主义社会相适应,坚持中国化方向,必须"热爱祖国,热爱人民,维护祖国统一,维护中华民族大团结,服从服务于国家最高利益和中华民族整体利益"②。明确指出,中国共产党与宗教界人士"求同存异""和而不同",就要"坚持政治上团结合作、信仰上相互尊重,多接触、多谈心、多帮助,以理服人、以情感人,通过解决实际困难吸引人、团结人"③。

(二)积极因素与消极因素

统一战线中有积极因素也有消极因素,统战工作的任务就是调动一切可以调动的积极因素,化消极因素为积极因素。在这方面,毛泽东不但说过"所谓政治,就是把拥护我们的人搞得多多的,把反对我们的人搞得少少的",还说过"所谓团结,就是团结跟自己意见分歧的,看不起自己的,不尊重自己的,跟自己闹过别扭的,跟自己作过斗争的,自己在他面前吃过亏的那一部分人"。④

对如何对待宗教中的积极因素和消极因素,习近平在地方工作期间就多有论及。例如,他提出:"要鼓励和支持宗教界继续发扬爱国爱教、团结进步、服务社会的优良传统,充分利用有利条件和积极因素,努力化解不利条件和消极因素。"⑤要鼓励和支持宗教界发扬爱国爱教、团结进步、服务社会的优良传统,对宗教教义做出符合社会进步要求的新阐释,积极引导宗教与社会主义社会相适应。⑥要努力挖掘和弘扬宗教教义、宗教道德和宗教文化中有利于社会发展、时代进步和健康文明的内容,鼓励宗教界多做善事行善举,鼓励广大信教群众追求良好的道德目标。要充分发挥宗教在促进社会和谐方面的积极作用,在促进经济社会全面协调发展中

① 习近平:干在实处,走在前列——推进浙江新发展的思考与实践[M].北京:中共中央党校出版社,2006:219-220.
② 习近平在全国宗教工作会议上强调 发展中国特色社会主义宗教理论 全面提高新形势下宗教工作水平[N].人民日报,2016-04-24(1).
③ 习近平在全国宗教工作会议上强调 发展中国特色社会主义宗教理论 全面提高新形势下宗教工作水平[N].人民日报,2016-04-24(1).
④ 毛泽东.毛泽东文集:第7卷[M].北京:人民出版社,1996:92.
⑤ 习近平调研省级宗教团体[J].浙江统战,2004(3):13.
⑥ 习近平同志在全省统战工作会议上的讲话(摘要)[M]//中共浙江省委统战部.浙江统一战线年鉴:2007.杭州:杭州出版社,2007:426.

的独特作用。①

党的十八大后,习近平充分肯定宗教界对我国各项事业发展所做的贡献。2014年5月4日在听取3位伊斯兰教代表人士和1位佛教代表人士发言后,习近平表示:"作为一种文化,我很注意看宗教方面的著作,宗教在劝人向善方面有很多智慧,有很多有益的阐释。"②2015年6月,习近平在接受班禅额尔德尼·确吉杰布拜见时,就高度赞扬了藏传佛教教义中的扬善惩恶、平等宽容、扶贫济困等积极思想以及藏传佛教界爱国爱教的优良传统。在2016年全国宗教工作会议上,习近平提出,必须辩证看待宗教的社会作用,既不能只注重抑制消极因素、忽视调动积极因素,也不能只注重调动积极因素、忽视抑制消极因素;发挥宗教积极作用,不是要把宗教当作济世良方,人为助长宗教热,而是要因势利导、趋利避害,引导宗教努力为促进经济发展、社会和谐、文化繁荣、民族团结、祖国统一服务。③

关于宗教具体有哪些正能量的积极作用,习近平明确指出,宗教可以"为促进经济发展、社会和谐、文化繁荣、民族团结、祖国统一服务"④,强调"发挥宗教界人士和信教群众在促进经济社会发展中的积极作用,最大限度团结一切可以团结的力量"⑤。习近平特别指出宗教和谐对两岸和谐的重大意义,专门提到福建浙江的民间信仰、始祖信仰在两岸交往交流中的作用,表示两岸同胞要相互扶持,不分党派,不分阶层,不分宗教,不分地域,都参与到民族复兴的进程中来,让我们共同的中国梦早日成真。⑥

(三)最大公约数与宗教中国化

党的十八大以来,习近平在多个场合讲到要寻求最大公约数,最大公约数是习近平大统战理念的集中体现和灵活运用。⑦在包括宗教在内的意识形态领域的最大公约数是什么呢? 习近平指出:"我国是一个有着13亿多人口、56个民族的大国,确立反映全国各族人民共同认同的价值观'最大公约数',使全体人民同心同

---

① 习近平:发挥宗教在促进社会和谐方面的积极作用[N]. 东方早报,2007-08-17(1).

② 把祖国的新疆建设得越来越美好——习近平总书记新疆考察纪实[EB/OL]. (2014-05-04)[2019-12-13]. http://politics.people.com.cn/n/2014/0504/c1024-24968469.html.

③ 巩固发展最广泛的爱国统一战线 为实现中国梦提供广泛力量支持[N]. 人民日报,2015-05-21(1).

④ 巩固发展最广泛的爱国统一战线 为实现中国梦提供广泛力量支持[N]. 人民日报,2015-05-21(1).

⑤ 习近平 .在第十二届全国人民代表大会第一次会议上的讲话[N]. 人民日报,2013-03-18(1).

⑥ 习近平. 共圆中华民族伟大复兴的中国梦[N]. 人民日报,2014-02-19(1).

⑦ 杨卫敏. 最大公约数是习近平大统战理念的集中体现和灵活运用[J]. 重庆社会主义学院,2015,18(3):3-7.

德、团结奋进,关乎国家前途命运,关乎人民幸福安康。"①以社会主义核心价值观引领宗教中国化,促进宗教与社会主义社会相适应,是当前我国处理宗教问题和开展宗教工作的最大公约数。

我国宗教中国化永远是进行时。时代在变,世界在变,中国在变,我国各宗教只有不断创新,才能继续坚持中国化方向。2014年3月27日,习近平在巴黎联合国教科文组织总部发表的演讲中,指出印度佛教传入中国后,不断地与中国本土的儒家文化、道家文化交流融合,形成了有中国文化特色的佛教文化,中国化的佛教文化又深深影响了中国的伦理思想、礼仪制度、风俗习惯,"而且使佛教从中国传播到了日本、韩国、东南亚等地"②。

习近平指出,要用社会主义核心价值观来引领和教育宗教界人士和信教群众,弘扬中华民族优良传统,用团结进步、和平宽容等观念引导广大信教群众,支持各宗教在保持基本信仰、核心教义、礼仪制度的同时,深入挖掘教义教规中有利于社会和谐、时代进步、健康文明的内容,对教规教义做出符合当代中国发展进步要求、符合中华优秀传统文化的阐释。③他在主政上海时就指出,宗教界要"努力挖掘和弘扬宗教教义、宗教道德和宗教文化中有利于社会发展、时代进步和健康文明的内容,鼓励宗教界多做善行善举,鼓励广大信教群众追求良好的道德目标"④。只有通过落实"宗教中国化",才能做到政治上认同、社会上适应、文化上融合,才真正称得上宗教与当代中国社会主义社会相适应。

(四)去行政化与"导"之有方

统一战线既是我们党的执政资源也是我们党的领导方式,其政治优势就在于能够在行政手段之外通过党的向心力、感召力、影响力来凝心聚力,因此统战工作最忌行政化,要有人情味,要通过耐心细致的教育引导,通过"做功夫菜",绵绵用力、久久为功。⑤作为党的统战工作的一个方面,宗教工作涉及群众工作和意识形态领域,历史反复证明,凡属思想认识的问题,特别是群众性的思想认识问题,用强

① 习近平. 青年要自觉践行社会主义核心价值观——在北京大学师生座谈会上的讲话[N]. 人民日报, 2014-05-05(2).

② 习近平在联合国教科文组织中的演讲[N]. 人民日报,2014-03-28(1).

③ 习近平在全国宗教工作会议上强调 发展中国特色社会主义宗教理论 全面提高新形势下宗教工作水平[N]. 人民日报,2016-04-24(1).

④ 习近平:发挥宗教在促进社会和谐方面的积极作用[N]. 东方早报,2007-08-17(1).

⑤ 巩固发展最广泛的爱国统一战线 为实现中国梦提供广泛力量支持[N]. 人民日报,2015-05-21(1).

制式、运动式的方法不仅不能解决,反而会适得其反。毛泽东在《湖南农民运动考察报告》中指出,菩萨是农民立起来的,到了一定时期农民会用他们自己的双手丢开这些菩萨,无须旁人过早地代庖丢菩萨。他认为,对于宗教信仰这类事情,最好的办法是"引而不发,跃如也",要善于引导和启发。这种思想方法和工作方法,在今天推进宗教中国化的过程中仍然具有重要指导意义。

实际上,反对用行政手段发展宗教或消灭宗教,是习近平一贯的主张。早在福建工作期间,他就指出:"有的地方提出'宗教搭台,经济唱戏',目的是为了赚钱,不是为了信仰。在旅游点塑一个佛像,然后就开香火,这些跟我们宗教政策是不相吻合的。"①在浙江工作期间,习近平指出,要充分认识宗教存在的长期性、宗教问题的群众性,以及在复杂的国内外形势下宗教问题所具有的特殊复杂性,对宗教工作必须锲而不舍、深入细致、反复耐心,既不能操之过急、跨越阶段,也不能当办不办、畏缩不前。②

习近平在2016年全国宗教工作会议上分析了两种片面的态度,即"放"和"收"。一种是对宗教主张"放"的态度,忽视了宗教背后所包含的复杂社会政治因素,甚至赋予宗教一些其本身没有也不应该有的社会功能,因而是不全面的,也是不正确的。强调不得支持参与"宗教搭台、经济唱戏",不得以发展经济和繁荣文化的名义助长宗教热。另一种是对宗教主张"收"的态度,忽视了宗教是一种客观存在,忽视了信教群众是一个庞大的群体,夸大了宗教的消极作用,因而是不全面的,也是不正确的。强调必须牢记,对宗教信仰不能用行政力量、斗争方法去消灭。在此基础上,习近平强调,做好党的宗教工作,把党的宗教工作基本方针坚持好,关键是要在"导"上想得深、看得透、把得准,做到"导"之有方、"导"之有力、"导"之有效,牢牢掌握宗教工作主动权。

关于如何正确引导宗教与社会主义社会相适应,习近平首次提出了四条原则,即:必须坚持宗教中国化方向,必须提高宗教工作法治化水平,必须辩证看待宗教的社会作用,必须重视发挥宗教界人士作用。实际上,早在浙江工作期间,习近平就指出,要与时俱进,认真处理好传统与时代、继承与发展、教情与国情的关系,在

---

① 省领导与省宗教团体负责人座谈会 习近平讲话[N]. 福建日报,1997-09-06(1).

② 浙江省统一战线理论研究会. 从"冷""热"两条线谋划统战工作——习近平在浙江工作期间有关统战工作重要论述和思想研究[J]. 重庆社会主义学院学报,2015,18(4):3-11.

实践中不断探索引导宗教与社会主义社会相适应的工作思路和方式。①在谈到藏传佛教工作时他指出,要发扬藏传佛教界爱国爱教传统,推进寺庙管理长效机制建设,支持藏传佛教按照与社会主义社会相适应的要求进行教规教义阐释。②

在全国宗教工作会议上,习近平进一步指明了引导宗教与社会主义社会相适应的方向和目的:引导信教群众热爱祖国、热爱人民,维护祖国统一,维护中华民族大团结,服从服务于国家最高利益和中华民族整体利益;拥护中国共产党领导、拥护社会主义制度,坚持走中国特色社会主义道路;积极践行社会主义核心价值观,弘扬中华文化,努力把宗教教义同中华文化相融合;遵守国家法律法规,自觉接受国家依法管理;投身改革开放和社会主义现代化建设,为实现中华民族伟大复兴的中国梦贡献力量。③

(五)照顾同盟者利益与维护宗教界合法权益

照顾同盟者利益是党的统一战线的一项政策优势和优良传统,习近平继承和发展了这一传统优势。2014年4月他在新疆调研时,指出要多算大账,少算小账,特别要多算政治账、战略账,少算经济账、眼前账。④

随着改革开放的深入和经济社会发展,深层次利益调整对照顾同盟者利益这一传统原则提出了新的挑战,要求在执行相关政策过程中既能体现党的政策又合法合规合理,特别是要处理好个人与国家、局部与整体、眼前与长远之间的利益关系,自觉融入国家、社会的共同利益之中。早在1993年9月27日,时任福建省委常委、福州市委书记的习近平在福州市宗教界人士代表中秋节座谈会上谈到拆建工作时指出,既要服从城市建设需要,又要维护宗教团体的合法权益。要求有关部门事先做好说明,并做好补偿工作,纠正侵犯宗教团体合法权益的现象;同时也希望宗教界各团体在协调解决此类问题过程中,能顾全大局,积极支持城市建设。在浙江工作期间,习近平指出,要加强对信教群众的思想政治工作,真心实意帮助他们解决生产和生活中的实际问题,切实维护好、实现好、发展好广大信教群众的合法

① 马跃:全省宗教工作座谈会在杭举行　习近平作重要讲话[J]. 浙江统战,2004(3):1.
② 习近平在中央第六次西藏工作座谈会上强调　依法治藏富民兴藏长期建藏　加快西藏全面建成小康社会步伐[N]. 人民日报,2015-08-26(1).
③ 习近平在全国宗教工作会议上强调　发展中国特色社会主义宗教理论　全面提高新形势下宗教工作水平[N]. 人民日报,2016-04-24(1).
④ 把祖国的新疆建设得越来越美好——习近平总书记新疆考察纪实[EB/OL]. (2014-05-04)[2019-12-13]. http://politics.people.com.cn/n/2014/0504/c1024-24968469.html.

利益,努力改善干群关系,增强党和政府对信教群众的凝聚力。①习近平在2015年中央统战工作会议上,与时俱进地提出要尊重、维护、照顾同盟者利益。②在2016年全国宗教工作会议上习近平指出,团结好信教群众,就要善于运用群众工作的思路和方法开展工作,关心信教群众的工作和生活,真心实意地帮助他们解决实际困难,使信教群众切实感受到党和政府的关怀和温暖。③

(六)"一根头发"与"一把头发"

统一战线包罗万象,统战工作不能包打天下。2015年中央统战工作会议和《中国共产党统一战线工作条例(试行)》都明确指出,统一战线的重点是党外代表人士。统一战线法宝作用的一个重要体现,就是通过做代表人士的工作来影响和带领其背后联系群众的工作,也就是毛泽东在第一次全国统战工作会议上讲过的"一根头发"与"一把头发"的关系。

宗教界代表人士是统一战线六支队伍的重要一支,人才培养是做好新形势下宗教工作的关键所在。宗教界人士作为信教群众信仰上的引领者,深刻影响着信教群众,影响着宗教的面貌和健康发展。习近平曾勉励第十一世班禅"刻苦学习、努力修行,……努力成为一位具有精深佛学造诣和深受僧俗信众爱戴的藏传佛教活佛"④。加强宗教人才培养,已经成为做好新形势下宗教工作的一个战略性和紧迫性的问题。因此,习近平指出,人才培养是做好新形势下宗教工作的一个关键问题。⑤

习近平明确提出了宗教界代表人士的标准,就是"政治上靠得住、宗教上有造诣、品德上能服众、关键时起作用"⑥。同时他明确提出了高素质宗教团体领导班子的标准,就是"政治上可信、作风上民主、工作上高效",指出加强宗教人才培养是宗教团体加强自身建设的重要基础也是宗教团体的重要职责。要求宗教团体加强思想建设、组织建设、作风建设、制度建设,切实提高培养人才方面的能力和水平。

---

① 马跃:全省宗教工作座谈会在杭举行　习近平作重要讲话[J]. 浙江统战,2004(3):1.

② 巩固发展最广泛的爱国统一战线　为实现中国梦提供广泛力量支持[N]. 人民日报,2015-05-21(1).

③ 习近平在全国宗教工作会议上强调　发展中国特色社会主义宗教理论　全面提高新形势下宗教工作水平[N]. 人民日报,2016-04-24(1).

④ 习近平接受班禅额尔德尼·确吉杰布的拜见时讲话[N]. 人民日报,2015-06-11(1).

⑤ 习近平在全国宗教工作会议上强调　发展中国特色社会主义宗教理论　全面提高新形势下宗教工作水平[N]. 人民日报,2016-04-24(1).

⑥ 习近平在全国宗教工作会议上强调发展中国特色社会主义宗教理论全面提高新形势下宗教工作水平[N].人民日报,2016-04-24(1).

四、统一战线五大关系中的宗教关系和谐

协调关系是统一战线的基本职能。统一战线的核心工作内容就是要协调和处理政党关系、民族关系、宗教关系、阶层关系和海内外同胞关系。这五大关系既是统一战线内部关系,也是事关党和国家工作全局的重大政治社会关系,统一战线的重要目标就是要以统一战线五大关系和谐促进整个社会和谐。毛泽东、邓小平、江泽民、胡锦涛等几代党的主要领导人对政党关系、民族关系、阶层关系和海内外同胞关系多有论述,党的十八大以来,习近平继承和发展了这些论述思想,提出要构建充满活力的五大关系。在全国宗教工作会议上,习近平第一次全面系统地阐释了宗教关系的内涵,提出构建积极健康的宗教关系,明确了处理宗教关系的基本要求。习近平明确宗教关系包括:党和政府与宗教、社会与宗教、国内不同宗教、我国宗教与外国宗教、信教群众与不信教群众的关系,强调促进宗教关系和谐,这些关系都要处理好。这一新的理论有着深刻的含义,为我们做好当前和今后一个时期的宗教工作明确了方向和抓手。

构建积极健康的宗教关系,核心是处理好政教关系。政教关系从来就是处理宗教关系的核心关系,处理我国宗教关系,必须坚持党的领导,牢牢把握巩固党的执政地位,扩大党的执政基础这个根本。习近平在上海工作时曾要求积极引导宗教界和广大信教群众与党和政府保持同心同德、同舟共济。[1]习近平在2016年全国宗教工作会议上强调,要坚持党对宗教工作的领导,坚持党同宗教界在政治上团结合作、在信仰上互相尊重。坚持政教分离,宗教不得干预国家行政、司法、教育等职能实施,政府依法管理涉及国家利益和社会公共利益的宗教事务。

在处理社会与宗教关系上,坚持宗教是社会的一部分,宗教要适应社会、服务社会。在上海工作期间,习近平就要求各宗教"继续发挥各自的特色和优势,弘扬厚德载物、协和万邦的和谐之风,努力为构建社会主义和谐社会、推动上海经济社会全面协调发展做出新的贡献"[2]。党的十八大后,习近平多次强调,要积极引导宗教与社会主义社会各方面相适应,充分发挥宗教界人士和信教群众在经济社会发展中的积极作用,共同致力于中国特色社会主义建设事业。[3]

---

① 习近平:发挥宗教在促进社会和谐方面的积极作用[N]. 东方早报,2007-08-17(1).

② 习近平:发挥宗教在促进社会和谐方面的积极作用[N]. 东方早报,2007-08-17(1).

③ 巩固发展最广泛的爱国统一战线为实现中国梦提供广泛力量支持[N].人民日报,2015-05-21(1).

在处理国内不同宗教关系上,坚持各宗教一律平等、和睦相处。长期以来,我国对五大宗教之间的关系鲜有论述,只是明确了全面贯彻宗教自由政策,包括既可以信仰这个宗教也可以信仰那个宗教。习近平在地方工作期间提到了"要维护不同宗教之间与宗教内部的团结"①。在全国宗教工作会议上,习近平指出,要坚持各宗教一律平等、和睦共处,各宗教在法律上享有平等地位,都有履行我国法律规定的权利和义务。

在处理我国宗教与外国宗教关系上,既要坚持独立自主自办原则又要支持正常的对外交往。我国宗教同外国宗教不存在隶属关系,我国宗教团体和宗教事务不受外国势力支配。早在地方工作期间,习近平就强调,要加强抵御境外利用宗教进行渗透的工作,把抵御渗透与加强爱国主义、社会主义教育相结合,与解决信教群众的实际困难相结合,与加强党的基层组织和基层政权建设相结合,形成宗教界、信教群众与党和政府共同抵御渗透的局面。②在全国宗教工作会议上,习近平重申坚决抵御境外势力利用宗教进行的渗透。

但与此同时,习近平在全国宗教工作会议上指出,要支持和鼓励国内宗教与国外宗教在相互尊重、平等友好的基础上开展对外交往,推动不同宗教和谐共处、不同文明交流互鉴。早在地方工作期间,习近平就要求把境外势力利用宗教进行渗透同宗教界的正常对外交往活动区别开来,鼓励和支持我省宗教界在独立自主、平等友好、互相尊重的基础上开展对外交往和对外宣传。③党的十八大后,习近平强调从古老的丝绸之路2000多年的交往历史中挖掘不同种族、不同信仰、不同文化背景国家之间共享和平、共同发展的启示,以积极乐观的姿态与沿线国家一起,携手建设共同发展繁荣的"命运共同体"。

在处理信教群众与不信教群众关系上,要促进彼此尊重、和谐相处。信教群众和不信教群众都是我国公民,他们在政治上、经济上的根本利益是一致的,思想上、信仰上的差异是次要的,同时在法律上享有同等的权利和义务。在地方工作期间,习近平就提出,要努力促进信教与不信教群众的和睦相处。④要全面贯彻宗教信仰

---

① 习近平:发挥宗教在促进社会和谐方面的积极作用[N].东方早报,2007-08-17(1).
② 习近平同志在全省统战工作会议上的讲话(摘要)[M]//中共浙江省委统战部.浙江统一战线年鉴:2007. 杭州:杭州出版社,2007:426.
③ 习近平同志在全省统战工作会议上的讲话(摘要)[M]//中共浙江省委统战部.浙江统一战线年鉴:2007. 杭州:杭州出版社,2007:426.
④ 习近平:发挥宗教在促进社会和谐方面的积极作用[N].东方早报,2007-08-17(1).

自由政策,坚持政治上团结合作,信仰上互相尊重,努力实现宗教与社会和谐相处,信教群众和不信教群众、信仰不同宗教群众的和谐相处。①习近平在全国宗教工作会议上强调,实行宗教信仰自由政策,出发点和落脚点都是要最大限度地把广大信教和不信教群众团结起来。事实上,全面贯彻党的宗教信仰自由政策,关键要在"全面"两个字上理解,即:我国公民可以信仰宗教也可以不信仰宗教,可以今天信仰宗教明天不信仰宗教,也可以今天不信仰宗教而明天信仰宗教。而不可片面理解或各执一端。

习近平在全国宗教工作会议上针对处理我国宗教关系还专门强调必须把握以下三条原则:一是必须牢牢把握坚持党的领导、巩固党的执政地位、强化党的执政基础这个根本,必须坚持政教分离,坚持宗教不得干预行政、司法、教育等国家职能的实施,坚持政府依法对涉及国家利益和社会公共利益的宗教事务进行管理;二是要提高宗教工作法治化水平,用法律规范政府管理宗教事务的行为,用法律调节涉及宗教的各种社会关系;三是要保护广大信教群众合法权益,深入开展法治宣传教育,教育引导广大信教群众正确认识和处理国法和教规的关系,提高法治观念。这三条,从某种意义上讲,就是要求我们在处理宗教问题和开展宗教工作时,贯彻坚持党的领导、人民当家做主和依法治国的有机统一,彰显中国特色社会主义民主与法治的特点和优点。

五、统一战线领导权在宗教工作中如何实现

统一战线的领导权问题历来是根本问题,当前国际国内错综复杂的形势对党的领导和执政带来新的机遇与挑战。统一战线和宗教涉及党内党外、体制内外、海内海外,以及地上地下、线上线下,统战工作和宗教工作做好了,就可以在增强党的凝聚力、感召力和影响力,提升党的领导和执政的能力和水平上,发挥独特作用。

(一)突出政治领导,把信教群众紧紧团结在党的周围

习近平在中央统战工作会议上指出,党对统一战线的领导主要是政治领导,即政治路线、方针、政策的领导,让广大统一战线成员认同党的路线和目标并为之共同奋斗。习近平在地方工作期间就一直认为,宗教工作是党的统战工作和党的群

---

① 习近平同志在全省统战工作会议上的讲话(摘要)[M]//中共浙江省委统战部.浙江统一战线年鉴:2007.杭州:杭州出版社,2007:426.

众工作的重要组成部分。①党对宗教工作的领导,主要是政治领导,掌握政治方向和重大方针、政策。②党的十八大后,习近平多次强调,宗教工作本质上是群众工作,要把信教群众紧紧团结在党的周围。③

值得注意的是,习近平讲的这种"政治领导"包括坚持马克思主义无神论在人民群众中的主导地位,这是习近平的一贯思想。在20世纪90年代前期,福州市两次召开全市宗教工作会议,时任福建省委常委、福州市委书记的习近平均到会讲话。他强调,农村的精神文明建设一定要加强,要向广大群众宣传、倡导无神论;党和政府,甚至任何个人都有宣传无神论的自由。1999年,时任福建省委副书记的习近平指出,我们有一个问题要注意,既要讲宗教信仰自由,也要强调宣传无神论。要切实纠正一些地方存在的忽视马克思主义无神论教育的不良倾向。④主政浙江期间,习近平指出,要坚持不懈、理直气壮地向人民群众特别是广大青少年进行辩证唯物主义、历史唯物主义和无神论的宣传教育,提高全民族思想道德和科学文化素质。⑤党的十八大后,习近平强调,要坚持马克思主义无神论在人民群众中的主导地位。我们不仅要坚持马克思主义无神论,而且要积极宣传马克思主义无神论。要加强对青少年的科学世界观宣传教育,引导他们相信科学、学习科学、传播科学,树立正确的世界观、人生观、价值观。⑥

(二)共产党员不能信教,但要巩固和壮大党同宗教界的爱国统一战线

习近平多次强调:从事统战和民族宗教工作的同志,党的意识要最强;越是做党外工作越是要心中有党。这一思想体现在宗教工作中,实际上就是"谁统谁"的问题。习近平在全国宗教工作会议上明确指出,共产党员要做坚定的马克思主义无神论者,严守党章规定,坚定理想信念,牢记党的宗旨,绝不能在宗教中寻找自己的价值和信念。实际上,早在20世纪90年代前期,习近平在担任福建省委常委、福州市委书记时,就要求组织部门要经常对党员进行马克思主义无神论、党的基本知

① 详见《福州日报》,1991年7月19日,第1版。

② 市宗教工作座谈会召开 习近平讲话[N]. 福州日报,1993-08-18(1).

③ 巩固发展最广泛的爱国统一战线 为实现中国梦提供广泛力量支持[N]. 人民日报,2015-05-21(1).

④ 习近平:认清形势 扎实工作 巩固和发展统战工作大好局面——在全省统战部长会议上的讲话摘要[J]. 福建统一战线,1999(1).

⑤ 马跃:全省宗教工作座谈会在杭举行 习近平作重要讲话[J]. 浙江统战,2004(3):1.

⑥ 习近平在全国宗教工作会议上强调 发展中国特色社会主义宗教理论 全面提高新形势下宗教工作水平[N]. 人民日报,2016-04-24(1).

识和科学、文化知识教育,帮助广大党员树立辩证唯物主义世界观;要加强对党员的管理和监督,严肃党的纪律,把解决党员信教问题作为民主评议党员的一项重要内容,以保证党组织的先进性和纯洁性;宣传部门要坚持抓好对各级领导干部的马列主义、毛泽东思想的教育,重点是进行建设有中国特色社会主义理论,以及党的宗教政策的宣传教育,各级领导干部树立正确的宗教观,既懂政策又会管理。①党的十八大后,习近平多次提及宗教工作本质上是群众工作,但同时明确指出:"做群众工作不能都是一团和气,不能搞成无原则的团结。做群众工作是带领群众前进,而不是做群众尾巴。"②要特别强调共产党员不能信教这一政治纪律;还要强调,作为马克思主义的信奉者,共产党员当然要坚持无神论,不坚持无神论就不是马克思主义者了,也就不是彻底的唯物论者了。

在此前提下,要巩固和发展党同宗教界的爱国统一战线。习近平在全国宗教工作会议上明确提出,在爱国主义、社会主义旗帜下,同宗教界结成统一战线,是我们党处理宗教问题的鲜明特色和政治优势;坚持政治上团结合作、信仰上相互尊重,多接触、多谈心、多帮助,以理服人,以情感人,通过解决实际困难吸引人、团结人。③

(三)支持宗教团体加强自身建设和人才培养,确保爱国宗教团体的领导权牢牢掌握在爱国爱教人士手里

习近平在全国宗教工作会议上指出,宗教团体是党和政府团结、联系宗教界人士和广大信教群众的桥梁和纽带,要为他们开展工作提供必要的支持和帮助,尊重和发挥他们在宗教内部事务中的作用。实际上,在地方工作期间,习近平就十分重视发挥宗教团体的作用。1997年9月,时任福建省委副书记的习近平在与省级各宗教团体负责人座谈时指出:在新的历史时期,各爱国宗教团体的基本任务是,协助党和政府贯彻执行宗教信仰自由政策,帮助广大信教群众和宗教界人士不断提高爱国主义和社会主义觉悟,代表和维护宗教界的合法权益,组织正常的宗教活

---

① 市宗教工作座谈会召开　习近平讲话[N]. 福州日报,1993-08-18(1).
② 习近平在全国宗教工作会议上强调　发展中国特色社会主义宗教理论　全面提高新形势下宗教工作水平[N]. 人民日报,2016-04-24(1).
③ 习近平在全国宗教工作会议上强调　发展中国特色社会主义宗教理论　全面提高新形势下宗教工作水平[N]. 人民日报,2016-04-24(1).

动,办好教务。①主政浙江时,习近平指出,要大力支持爱国宗教团体加强自身建设,帮助宗教团体建立健全规章制度,切实帮助他们解决一些实际问题,使之真正成为党和政府联系信教群众的桥梁和纽带。②

习近平特别强调要搞好宗教团体接班人的培养工作。早在地方工作时他就指出:"做好宗教界接班人的培养工作,是整个宗教事业发展的头等重要的事情,虽关系到老一代宗教界爱国人士开创的爱国爱教事业是否后继有人的大问题。"③各宗教团体要有长远眼光和现实紧迫感,继续抓紧培养一支政治上热爱祖国,拥护中国共产党的领导和社会主义制度,又有相当的宗教学识,能联系信教群众的年轻宗教教职人员队伍。强调"老一辈宗教界领导人,不是一天、两天的功夫(工)成长起来的,所以年轻人一定要加强培养,无论是在政治素质方面,还是在学养方面都要进行培养"④。各级统战、宗教工作部门也要把这项工作摆上议事日程,创造有利条件促进宗教界接班人培养工作顺利开展。

习近平特别提出,要善于运用统一战线的方式开展工作,发挥好宗教团体联系信教群众的桥梁纽带作用,发挥好宗教人士联系和服务信教群众的作用。⑤

(四)充分发挥两个领导小组和大统战工作机制的作用,明确统战部门和宗教工作部门在宗教工作中的职责

习近平一贯认为宗教工作是党和政府的全局工作。因此,他在地方工作时就要求各级党委政府一定要以高度的政治责任感,切实加强党对宗教工作的领导。统战、宗教及各有关部门要在党委、政府的领导下,齐抓共管、分工合作,共同做好新时期的宗教工作。⑥他主政福州时要求市、县两级党校要把党在社会主义时期的宗教理论和政策列入教学课程,作为必修的一课。要对县、乡党政主要领导进行系统的宗教理论、政策教育,提高各级党政干部的宗教理论、政策水平。⑦

---

① 浙江省统一战线理论研究会. 从"冷""热"两条线谋划统战工作——习近平在浙江工作期间有关统战工作重要论述和思想研究[J]. 重庆社会主义学院学报,2015,18(4):3-11.

② 马跃:全省宗教工作座谈会在杭举行 习近平作重要讲话[J]. 浙江统战,2004(3):1.

③ 详见《福州日报》,1993年9月28日,第1版.

④ 浙江省统一战线理论研究会. 从"冷""热"两条线谋划统战工作——习近平在浙江工作期间有关统战工作重要论述和思想研究[J]. 重庆社会主义学院学报,2015,18(4):3-11.

⑤ 习近平在全国宗教工作会议上强调 发展中国特色社会主义宗教理论 全面提高新形势下宗教工作水平[N]. 人民日报,2016-04-24(1).

⑥ 马跃:全省宗教工作座谈会在杭举行 习近平作重要讲话[J]. 浙江统战,2004(3):1.

⑦ 详见《福州日报》,1991年7月19日,第1版.

党的十八大后,习近平明确指出,各级党委(党组)主要负责人是统战工作第一责任人;党政主要负责人是宗教工作第一责任人。①他要求各级党委提高处理宗教问题的能力,把宗教工作纳入重要议事日程,及时研究宗教工作中的重要问题,推动落实宗教工作决策部署。要建立健全强有力的领导机制,做好对宗教工作的引领、规划、指导、督查。要建立健全强有力的领导机制,发挥统一战线工作领导小组的作用,建立并发挥宗教工作领导小组或联席会议的作用。明确在宗教工作中,党委统战部要切实承担牵头协调的职责,政府宗教工作部门要担负起依法管理责任,有关部门及人民团体要齐抓共管,共同做好宗教工作。党的基层组织特别是宗教工作任务重的地方基层组织,要切实做好宗教工作,加强对信教群众的工作。要健全基层宗教工作三级网络,强化两级责任制,形成齐抓共管的社会化的大统战大宗教工作机制。要努力建设一支"政治上强、能力上强、作风上强"的高素质宗教工作干部队伍。尤其是要确保县级政府宗教工作机构具有执法主体资格和基本人员编制。

六、结语

宗教具有长期性、群众性和国际性,中国解决宗教问题的总体成功,为构建中国特色社会主义宗教理论提供了丰富的经验。宗教工作中的统战思维,是其中最重要的经验之一。统一战线既是中国宗教工作的特色,也是中国宗教工作的优势。一是统一战线作为党执政兴国的重要法宝,使宗教工作不仅是政府的一种依法管理,更使执政党从政府外展现领导能力,实现政治领导,包括思想引领、人士培养、团结联谊和广交深交宗教界代表人士和朋友等,从而融依法管理与政治引领于一体,实现了领导方式和执政方式相统一;二是统一战线具有的求同存异、体谅包容的理念、方式,有利于促进宗教各方面关系和谐;三是统一战线具有的组织网络和联系广泛的优势,有利于形成共同做好宗教工作的社会化机制,实现最大限度地把信教群众团结在党的周围。宗教理论和宗教工作中的统战思维,是我国成为全世界处理宗教问题最成功的国家之一的一个重要原因和基本经验,也为世界提供了处理和解决古老而棘手的宗教问题的中国方案,是中国特色社会主义宗教理论的一个重要特征和显著标识。

---

① 巩固发展最广泛的爱国统一战线为实现中国梦提供广泛力量支持[N].人民日报,2015-05-21(1).

　　党的十八大后,中国特色社会主义进入了新时代。立足"两个一百年"目标,用统战思维看待宗教和开展宗教工作,用统战思维构建新时代中国特色社会主义宗教理念,要落脚到"情、理、利、文、法"五位一体的方法论上。情,就是与宗教界人士交朋友,通过他们影响和引领广大信教群众;理,就是要积极构建中国特色社会主义宗教理论,用中国特色社会主义理论指导宗教工作,引领宗教界人士和信教群众;利,就是关心宗教界和信教群众的实际困难,在帮助解决问题中增进感情;文,就是以社会主义核心价值观和中华优秀文化熏陶、引领和促进宗教中国化;法,就是要加强宗教依法管理,提高宗教界人士和广大信教群众守法自觉性,提升宗教工作法治化水平。"五位一体"反映了习近平关于宗教问题和宗教工作的战略构想,体现了人心与文化、经济与政治、德治与法治相结合的辩证思维,融和谐统战、经济统战、法理统战、文化统战于一体,彰显出中国特色、中国气派和中国智慧。

　　统战工作不只是权宜之计,更不只是工具和手段,统一战线是我们党治国理政必须面对的重大战略问题,事关"最大政治"。新形势下宗教工作牵涉各种关系,任务十分繁重,大量具体工作行政化、事务化无可厚非,但必须牢记要贯穿主线和灵魂——统战理念和方法于其中。加强和改进党对宗教工作的领导,就是要牢固树立统战理念,突出战略地位,纳入全局工作,巩固和壮大党同宗教人士的统一战线,最大限度地把广大信教群众团结在党的周围。习近平在中央统战工作会议上强调,越是做党外工作越是要心中有党。同样,宗教工作必须强化党的意识、政治意识、大局意识和统战意识。当前在宗教工作具体事务中,要力戒单纯事务和行政工作的倾向,努力做到行政性、事务性与政治性、统战性并举,寓政治性、统战性于行政性、事务性工作中,做到相辅相成、相得益彰。这应成为新时期宗教工作和统战工作的共识,也是进一步构建、丰富和发展新时代中国特色社会主义宗教理论的必由之路。

第六章　港澳台和海外统战工作

第一节　如何加强和改进港澳台青年工作

习近平总书记在中央统战工作会议上指出,港澳台统战工作主要是争取人心的工作,而赢得青年才能赢得未来。当前,港澳台青年工作是一个需要破解的重大课题,十分重要和急迫。做好港澳台海外青年工作,是党和国家赋予统一战线的一项集战略性、基础性、长期性和紧迫性于一体的重大任务。

一、当前港澳台青年工作面临的机遇和挑战

当前,对港澳台青年的工作面临重大机遇和挑战。截至2014年底,香港15—34岁的青年有190.57万人,占总人口的26.3%;澳门15—34岁的青年有21.44万人,占总人口的34.7%;台湾20—34岁的青年有517.26万人,占总人口的22.1%。青年人正逐步成为港澳台社会的主体。

香港回归以后,"80后"逐渐成为香港政治与社会运动的新兴主体。特别是近十年来,香港地区部分"80后"和"90后"青年参与了一系列社会事件,引起了人们的广泛关注。2016年9月5日,香港特别行政区第六届立法会选举尘埃落定,70人当选为立法会议员。按一些媒体的归类,其中建制派阵营共获得41席,略少于上届立法会,约占总议席的60%,建制派与"泛民"派两大阵营的议席比例保持了上届立法会的基本格局。变化最大的是"泛民"派内部,老泛民阵营严重缩小,被认为是"本土派"人士的年轻候选人获6个席位,分走地区直选总选票的19%,成为很受关注的一支新力量。其中最年轻的立法会新议员罗冠聪23岁,是"占中"期间的学联

常委①。

　　与此同时,由于20多年来台湾当局在历史教育上的"去中国化",台湾年轻人难以将乡土认同等同于国家认同,甚至对立于应有的国家认同。在2016年台湾地区领导人选举中,占总投票人数近7%的129万"首投族"(首次投票一族)足以影响选情,而这些人中大部分投票给了民进党。台湾岛内在国民党、民进党之外的"第三势力"兴起,尤其是以年轻人为主的"时代力量党"崛起。该党获得"立法院"5个席位,成为第三大政党,可以组成议会"党团",将在今后的台湾政坛发挥一定作用。

　　多年来,统战、对台、侨务、文化、教育、青年等部门在开展内地(大陆)与港澳台青年联谊交流方面做了大量工作,并取得了一定成效。但是,面对重大机遇和挑战,我们对港澳台青年的工作存在明显的"短板"。一是对象狭窄,没有进入争取青年工作的主阵地。现有的青年交流的主体偏向特定精英,忽略了代表性。以统战系统为例,往往重点做港澳台地区同乡下一代的工作,而一般意义上的年轻一代特别是白领、学生、专业人士还没有被很好地纳入工作视野。二是内容单一,或纯娱乐化,缺少思想上的交流交锋。寓教于乐是需要的,但不能纯娱乐化、形式化、商业化甚至媚俗化。交流内容往往欠缺主题意识,重形式轻实质,难以建立共同情感记忆,更谈不上形成共同的价值观,深入青年的思想做入脑入心的工作。三是手段陈旧,主要通过请进来走出去进行联谊,而在如何针对港澳台青年特点以其喜闻乐见的形式尤其是借助网络新媒体开展沟通交流方面探索不够。四是力量分散,有关部门各自为政,没有形成合力。上述问题,实际上也是统一战线工作中的一个短板,亟待补上。

二、对港澳台青年工作的近期谋划和路径选择

　　"赢得青年"将是今后一个较长历史时期之内的港澳台工作的难点和要点。面对困难和挑战,我们必须正视现实,树立问题导向意识,审时度势、对症下药,加强总体谋划、顶层设计,主动出击、积极有为,坚守阵地、创新手段,绵绵用力、久久为功。

　　一是加强总体谋划。如何建立多元且具代表性的交流平台,应是未来必须努力的方向。内地(大陆)与港澳台青年间的交流要淡化政治色彩、官方色彩、统战色

① 详见单仁平."一国两制"的有序性在香港是增加的[N].环球时报,2016-09-18(15)。

彩,努力实现全覆盖、全方位、全天候。全覆盖是指群体的全覆盖,不特指不偏颇;全方位是指渠道的全方位,只要是有利于青年交往的可以不拘形式;全天候是指这种交流不受时空限制,融入日常生活。要畅通内地(大陆)与港澳台青年间对话的渠道,开设交流观点看法的平台。如加强内地(大陆)与港澳台大学间的结对(可以一对一,也可以多对一),促进内地(大陆)与港澳台师生交流。充分发挥深圳、珠海、厦门等城市的桥头堡作用,给予更多的特殊政策,吸引更多的港澳台青年常住。过去相互交流官方比较多,相对禁忌会多一些,也容易走过场。以后加强青年间交流,应当官民并举,适合年轻人的活动应该更多一些,有些青年间的民间交流可以深入生活的方方面面,真正深入的交流是到对方那去生活一段时间,比如求学、短期旅行等,在潜移默化、润物无声中传递正能量,逐步促进越来越多的港澳台青年对国家和民族的认同。

二是积极探索发挥互联网在内地(大陆)与港澳台青年交流思想、增进共识中的作用。由于历史和现实的原因,内地(大陆)与港澳台青年在价值观特别是国家民族观等很多方面存在不同的认识,道理不辩不明,以往相互间的观点交流、交锋、碰撞的机会很少。前两年海峡两岸网络热议"淘宝统一中国":不选台湾省就不发货。有网友爆料,由于选择中国台湾省可以省运费,且送货速度比较快,一些商家标榜"全国包邮"也包括台湾,因此"填地址都不争气地选了台湾省"[1]。由此可见,以经济促政治、以虚拟促现实,都是有一定现实可行性的。

2016年1月,大陆年轻网友发起的"帝吧出征"颠覆交流模式,数百万两岸"90后"网民参与了大讨论。"帝吧出征"刚刚结束,由"两岸青年观点论坛"主办的一场两岸青年研讨会23日在台北举行,近40名两岸青年针对"大选"后的两岸局势发表观点。连台湾媒体都认为,两岸年轻一代通过网络交流有其必要,"帝吧出征"事件并未引起太多冲突,反而是各取所需,大陆网友认为他们取得了成功,台湾网友也觉得有趣,原本担心这将再度造成一个两岸冲突事件,结果却成了两岸增进了解的契机。[2]

2016年2月,香港旺角"暴乱"发生后,内地青年通过微信公众号连发三封公开信致香港同龄人:教训和经验我们同样都有。2月11日至2月13日,长安剑(微信

---

[1] 详见《新华台湾》,2014年1月14日。
[2] 详见《环球时报》,2016年1月25日。

ID：changanjwj）刊载了三封内地年轻人的公开信《旺角暴乱后致香港"回归一代"：请回望这片被你无视的土地》《再致香港"回归一代"："放开彼此心中矛盾，理想一起去追！"》《这是我们的最后一封信》，署名均为"四位内地年轻人"。香港青年回信内地改革一代说，"港独"很没脑。

2016年6月台湾有年轻网民发起"第一届向中国道歉大赛"。稍后，大陆"90后"网民回应，发起"第一届向台湾道歉大赛"。双方也都是从先调侃、论战，到增进沟通和促进了解。

上述三例足以证明，通过经常性、广泛性的网络交流沟通，海峡两岸暨香港澳门青年是可以先在某些方面取得共识的。下一步要研究如何引导像"帝吧出征"一类的两岸青年大规模的网络互动朝有序、深度、广度方面发展，同时促进内地与香港、澳门青年间的网络互动，实现内地（大陆）与港澳台青年间的网络交流常态化、分众化、专业化。

三是要在青年中及早培养代表人士，用青年影响青年。要及早物色和培养一批在社团内外善于联系沟通的香港年轻一代精英人士，优先推荐他们在政协、青联、妇联、商会等部门以适当的政治安排，赋予他们一定的社会身份，增强其社会影响力。要鼓励支持港澳台同乡会、商会组织进一步向青年社团和青年自组织延伸工作触角。协助和推动成立青年社团，着重培养青年领袖，扩大联系中青年和专业人士的渠道。

四是整合力量，形成"一盘棋"工作格局。要建立健全做港澳台青年工作的协调机制，改变过去各部门各单位政出多门、"零打碎敲"的现象。要发挥民主党派和工商联、侨联、台联、黄埔同学会等统战组织在联系港澳台青年中的积极作用。要加强推动港澳台社团与内地（大陆）团体的对口交流合作，形成内地（大陆）与港澳台间青年对青年、妇女对妇女、专业人士对专业人士（律师对律师）的交流渠道。

三、对港澳台青年工作的分层期望目标和远期战略思考

在争取港澳台青年人心工作方面，我们必须有长期攻坚的思想准备，做到绵绵用力、久久为功，春风化雨、润物无声。但另一方面，港澳台问题的国内国际因素，又决定了这项工作时不我待、刻不容缓。长期性和紧迫性交织在一起，十分复杂、艰巨和棘手，需要我们用战略思维和政治智慧去化解。

这里我们不妨借助马斯洛需求层次理论，来分析一下港澳台青年对内地（大

陆)的需求度和依存度。马斯洛需求层次理论是行为科学的理论之一,由美国心理学家亚伯拉罕·马斯洛于1943年在《人类激励理论》一文中提出。书中将人类需求像阶梯一样从低到高按层次分为五种,分别是:生理需求、安全需求、社交需求、尊重需求和自我实现需求。港澳台青年对祖国大陆的需求,从现阶段看,主要是对祖国大陆风光、人文的需求,满足方式是旅游参观,属于马斯洛需求理论中的低层次的生理需求和安全需求。而其往上一个层次的社交需求——与大陆同胞的交往交流是我们应该在近期目标上重点加强的。而更上面的两个层次的需求,应是远期战略考量和谋划的方向,尊重需求——两岸青年彼此了解、理解、尊重;自我实现需求——"得其大者可以兼其小",融入实现中华民族伟大复兴中国梦中实现自己的人生价值。要通过我们的工作,使港澳台青年增强对内地(大陆)的依存度和获得感,不断提升需求层次,分层递进地实现港澳台青年工作的期望目标。

第一个层次是了解,促进他们对祖国大陆的了解。让他们来走走看看,以实际的所见所闻来改变他们头脑中原有的对祖国大陆的印象。这是很有必要的,也是很重要的前提性工作。

第二个层次是理解,争取他们对我们工作的理解。要在海峡两岸暨香港、澳门青年的交往中增进理解,通过青年间的相互理解促进港澳台青年对内地(大陆)和内地(大陆)对港澳台政策的理解。对祖国不了解,对我们的工作不理解,就会导致给他多大好处(照顾同盟者利益)都不会领情,反而更添逆反心理。

第三个层次是认同,主要是增进他们的国家认同、民族认同和中华文化认同。天下中国人同根同宗同文,有了了解和理解的基础,就会有共识的基础,就能满足彼此尊重的需求,就有可能培育他们的至关重要核心价值观,实现内化于心、外化于行。

第四个层次是支持,使他们成为热爱祖国的支持者。只要功夫做到家了,就会满足自我实现的需求,这是瓜熟蒂落、水到渠成的事。

由以上的几个层次可知,开展港澳台青年工作,要"多做绵绵用力、潜移默化的工作",而不能简单以引进多少人才、引进多少资金为衡量工作成效的指标。在侨务工作上有一句话叫"涵养侨务资源",就是培育、发展海外关系,而不是单纯地利用海外关系。套用到这里,我们也可以叫"涵养港澳台青年资源",就是不能急功近利、做快餐,而必须像做"佛跳墙"这样的功夫菜。具体来说,要着眼长远抓好以下几点:

一是以文化为载体,唤醒他们"根"的意识。中华文化源远流长、博大精深,是维系海内外中华儿女的精神纽带。以文化为载体,探索港澳台青年统战工作,不仅有利于港澳台青年继承和发扬中华优秀传统文化,更有利于凝聚民族精神。

二是以交流为纽带,增进他们对于内地(大陆)的理解。通过各种方式加强与港澳台青年的交流与互动。继续组织好各种形式的"寻根之旅"活动。针对港澳台及海外青年对境内认识了解不多,甚至片面、负面认识居多的现象,要继续实施"走出去,请进来"的战略,以文化为载体,精心组织具有家乡风土人情、体现祖国文化内涵和民族精神特点的"文化寻根之旅"等活动,以实地的亲身体验让港澳台及海外青年感受到祖国真实的美,让他们在心底感受到祖国这个"根"的伟大,增强其民族自信心和自豪感;要加强发展交流的深度,打破蜻蜓点水式的一般访问形式,代之以专题研讨、专项考察、专业合作、专科培训等生动活泼、富有成效的形式;还要做好老一代港澳台移民和其内地(大陆)亲属的工作,以老带新,发挥好老一代的桥梁作用,鼓励老一代港澳台居民带着子女常回家看看。

三是以组织为关键,培养其中优秀的积极人物。港澳台青年统战工作必须发挥青年组织的优势,才能把工作引向深入。通过国内青年组织加强与港澳台及海外青年社团的联系交流,可以避免或减少浓厚的"官方"色彩,有利于消除海外青年的顾虑,并因"同龄人"在感情上更快地接近。组织的生命力在于活动。在实际工作中要主动加强与港澳台青年社团的定期联系和交往机制。特别是在传统佳节时期更要如此,让港澳台青年时刻感受到祖国的温暖和问候。

四是以创业为平台,给予他们发挥才能的舞台。2015年5月,习近平在会见中国国民党大陆访问团时说:"青年是民族的未来,也是两岸的未来。我们要更多关注两岸青年成长,为他们提供更多机会和舞台,让他们多交流多交心,成为共同打拼的好朋友好伙伴。"习近平的这个要求,同样可以扩展到所有港澳、海外青年工作中。新的形势下,中国是一个巨大的潜力无穷的市场,是"大众创业、万众创新"的热土,但机会也要在更大的范围中去寻找。在实际工作中既要讲同宗同源、血浓于水的关系,也要讲商机和共同发展,工作思路不能仍停留在亲缘、地缘的层次上,要让投资同促进祖国经济社会发展和港澳台青年自身事业发展相结合。

港澳台青年具有创意丰富、经验先进、眼界开阔等优势,加上祖国大陆的市场,内外合作能创造更大商机。创造良好的投资创业环境,打造优良的人才政策和平台,推介相关投资创业项目,提供合适的管理或科研岗位等等,都是为港澳台青年在华发展提供机遇。只有给予他们发挥才能的舞台,疏通经贸合作的渠道,让中国的发展真正带动他们的发展,让港澳台青年在境内真正过得好,才能使他们实现与我们的良性互动,才能使他们真正认同祖国,支持祖国的发展,投身中华民族伟大复兴的中国梦。

第二节　"一带一路"建设与海外统一战线的拓展

习近平提出,要通过建设"新丝绸之路经济带"和"21世纪海上丝绸之路"(以下简称"一带一路"),打造相关各国互利共赢的"利益共同体"和共同发展繁荣的"命运共同体"。①他强调,推进"一带一路"建设,要处理好我国利益和沿线国家利益的关系,政府、市场、社会的关系,经贸合作和人文交流的关系,对外开放和维护国家安全的关系,务实推进和舆论引导的关系,国家总体目标和地方具体目标的关系。②李克强在会见世界华侨华人工商大会代表时,寄语华侨华人要架起中外经济合作共赢的"彩虹桥",为推进"一带一路"建设发挥积极作用。③广大侨胞在助推"一带一路"建设中具有特殊优势。我们要充分发挥这一优势,传承"海丝"精神,弘扬"海丝"文化,有序引导广大侨胞积极投身"一带一路"建设,全面构筑沿线区域合作的贸易流、产业带、联通网和人文圈,全方位打造扩大开放、区域合作的新高地。

一、华侨华人参与"一带一路"建设的重要性、必要性和可行性

(一)从现状和特点看,华侨华人参与"一带一路"建设的重要性

"一带一路"沿线华侨华人聚集。全世界华商500强中约有三分之一分布在东盟各国,他们是所在国经济社会建设的重要参与者。浙江全省现有海外侨胞202.04万人,其中在欧洲的占54.2%,在亚洲的占20.8%。

侨商在海外有组织、有活力、有影响。目前,在海外具有较大影响力的浙籍侨

---

① 习近平提战略构想:"一带一路"打开"筑梦空间"[EB/OL].(2014-08-11)[2016-05-11].http://news.xin-huanet.com/fortune/2014-08/11/c_1112013039.htm.
② 习近平主持中共中央政治局第三十一次集体学习[EB/OL].(2016-04-30)[2016-05-11].http://news.xi-nhuanet.com/politics/2016-04/30/c_1118778656.htm.
③ 欧阳开宇.李克强:华侨华人要架起中外经济合作共赢的"彩虹桥"[EB/OL].(2015-07-06)[2016-05-11].http://politics.people.com.cn/n/2015/0706/c70731-27262186.html.

团有500多个。①这些组织凝聚力强,在当地社会和华侨中具有较大影响,经常组织各种活动,反映诉求、沟通联系。

侨商经济实力雄厚。以浙籍海外侨胞为例,浙籍侨商拥有资产超过7000亿美元,占全球华侨华人总资产的20%左右;在浙侨资企业有2.11万余家,总投资额超过2000亿美元,占浙江省三资企业的70%左右。②侨商对祖国和家乡有深厚感情。以浙江为例,近年来,海外侨商纷纷响应"浙商回归"号召,目前浙商回归项目已达6204个。侨商向家乡举办公益事业捐资总额折合人民币150多亿元,约占全国捐资总额的六分之一。

侨商与住在国政府和人民联系密切。海外侨胞作为住在国多民族大家庭中的一员,与当地人民结下了不解之缘。住在国发展的快慢和好坏,与海外侨胞的生存发展息息相关。海外侨胞可以运用强大的经济实力、深厚的人文素养、发达的商业网络和丰富的社会资源等综合优势,为住在国发展发挥独特的作用。

综上所述,华侨华人具有融通中外的重要优势,既熟悉住在国的政策法规、风土人情,又与故乡亲人血脉相通、同根同源,通晓双方贸易规则的惯例,在"一带一路"建设中具有重要作用。从追求共赢的视角出发,引导"一带一路"沿线国的海外侨胞发挥独特作用,意义重大。

(二)从实践层面看,海外华侨具有参与"一带一路"建设的必要性

海外侨胞是参与"一带一路"建设的坚定支持者。以浙江为例,广大浙籍侨胞循着"海丝"印记,随着"走出去"发展,现已遍布180多个国家和地区,把浙江发展模式推广到了海外各地。

海外侨胞是融入"一带一路"建设的有力推动者。现在很多浙籍华侨在住在国和祖国都有投资,有的甚至长期居住在国内,具备广泛的政界、商界人脉和融通中外的独特优势,是助力和参与"一带一路"建设的重要力量。

海外侨胞是促进"一带一路"民心相通的重要实践者。浙籍侨胞虽身居异国他乡,但与祖国血脉相连,如浙江侨乡青田有百余名华侨当村干部,通过以民促政、多方联动,筑牢了"一带一路"建设的民意基础。

---

① 海内外侨讯[N]. 人民日报(海外版),2011-06-15(6).
② 海内外侨讯[N]. 人民日报(海外版),2011-06-15(6).

海外侨胞是实施"一带一路"公共外交的积极参与者。浙籍侨胞在海外735个侨团中担任正副会长,他们积极向世界宣传"中国梦",热心拓展民间交往,主动参与公共外交,塑造"中国形象",树立了侨界公共外交的新形象。

(三)从浙江实践看,引导海外侨胞主动参与"一带一路"建设具备可行性

从机遇上来看,历史上的浙江在海上丝绸之路上扮演重要角色。作为"21世纪海上丝绸之路"的重要节点,浙江今天的发展条件和环境正在发生深刻变化,迫切需要催生域内发展活力、合作潜力和抗风险能力。全面参与"一带一路"建设,能够为浙江开启重大机遇窗口、提供巨大发展空间。作为"丝绸之路经济带"的重要战略支点,"义新欧"(义乌—新疆—马德里)铁路货运班列连接亚洲、欧洲两个最大的小商品市场,为双方货物运输打开了铁路运输这个陆上大通道,具有重要的战略意义。

从资源上来看,侨胞参与"一带一路"建设的潜力仍需深度挖掘。一是要充分挖掘侨务资源优势。虽然浙籍侨胞在资金、管理、信息、技术等方面具有无可比拟的优势,但目前处于分散状态,在"一带一路"沿线的投资存在一定的盲目性,致使优势作用的发挥程度有限。二是要最大程度发挥政府服务功能。在涉及"一带一路"的合作领域仍有诸多"盲点",保障境外投资安全的渠道仍有限。三是要健全完善法律保障。侨胞境外投资的法律保障滞后,在一些地方存在通关不畅、效率低下等问题,未来可开发的潜力巨大。

从代表人士上来看,侨团侨领是"一带一路"建设中的稀有资源。在"一带一路"伟大倡议的实施过程中,侨胞是不可或缺的力量,其中侨团侨领更是稀有资源。以浙江为例,浙籍海外侨胞有202万人,有影响的浙籍侨团达500个,1.1025万名浙籍侨商在全球68个国家和地区的侨团中担任正副会长,他们是团结联系海外侨胞的中坚力量。

二、从战略高度加强对华侨华人主动融入"一带一路"建设的顶层设计

发挥华侨华人优势,积极融入"一带一路"建设的当务之急是将华侨华人的资金优势、智力优势、人脉优势和人文优势转化为"一带一路"建设的工作优势,服务国家战略,这需要从战略层面加强顶层设计。

(一)借力侨商网络,加快企业抱团"走出去",打造区域合作新亮点

借助海外侨商的政商网络资源和营销网络,有序引导优势企业"走出去"。政府要积极引导优势企业到"一带一路"沿线兴建境外生产加工基地和经贸合作区,全方位参与海外上市和并购,加快推进部分产业向沿线国家或地区梯度转移;支持国内企业与海外侨商组建"联合舰队",加快"商人、商铺、商品"对外输出,助力"一带一路"沿线城市间深度合作,实现优势互补、融合发展。

依托境外产业合作园区,参与"一带一路"沿线产业合作。如:浙江借助侨商力量,将由浙籍侨胞牵头实施的5家"一带一路"沿线境外经贸合作区打造为浙江参与国家"一带一路"建设的重要承接点。要结合国家推出的各项政策,加大体制机制创新力度,吸引华侨华人参与"一带一路"沿线的交通运输、仓储物流和产业转移等项目建设;要结合园区建设,促进侨企之间或侨企与本土企业之间组成战略联盟,在海内外搭建较完备的产业链、技术链、市场链和信息链;要发挥海外高层次人才创新园和海外留学人员创业园的作用,筹划建设华侨经济文化试验区,在营商环境、创业创新、文化合作等方面先行先试,吸引"一带一路"沿线一流的华侨华人人才、科技、产业和资本回归。

(二)聚焦产业升级,实现资本要素有序"引进来",形成开放发展新高地

抓住当前国际资本加速转移的有利时机,以侨为桥、以侨引资,吸引包括"一带一路"沿线国家资本在内的各类投资,特别在交通、能源、环保等基础设施和现代农业、美丽乡村建设等领域引进更多资金;运用好国际人才库和我国200多万海外留学人员的特殊人才库,发展产学研战略联盟,疏通海外智力与产业企业对接合作的渠道,重点引进世界500强企业和国外大企业、大集团为我国提供更多创业创新高地和转型升级引擎;借鉴侨商资本管理经验,加快金融改革与贸易体系创新。海外侨胞经过多年摸索、打拼,已经融入国际经济环境,拥有许多先进经验。以温州为例,要借全面深化金融综合改革之势,参与跨境人民币业务创新,探索培育融资租赁市场,努力打造国家级区域性财富管理中心城市;加快推进温州进口市场体系建设,积极培育服装、箱包、葡萄酒等进口名品市场。

(三)整合各方资源力量,强化海外投资风险防控工作

为企业"走出去"做好服务保障。国内企业在融入"一带一路"建设过程中,面临一系列风险考验,尤其是境外存在文化差异、信息不对称等问题。因此,需要整合政府部门、金融机构、行业协会、海外华商组织等多方力量,加强与驻外机构、海

外留学人员组织、国际友好人士的工作联系,推动海外信息服务平台建设,健全国际技术并购、合作的统计分析机制,培育一批以海外华商为主体的会计、律师、投行、资信调查等中介服务机构,发挥其"耳鼻喉舌"的作用,为企业"走出去"提供政策、法律、金融、税务及科技等方面的顾问服务;结合欧美国家"双反"等贸易保护措施的具体实施情况,有针对性地做好预案,对可能或已出现的歧视性政策或贸易壁垒进行抗议和沟通。

加强对中企海外投资和侨胞国内投资保护的立法工作。目前,我国有关海外投资保护的法律仍需完善,缺乏专门的海外投资法和海外投资保险法。应及早启动海外投资立法工作,从法律层面支持、规范国内企业和个人"走出去"投资,鼓励侨胞参与防范和化解海外投资风险,为"一带一路"建设注入活力。《中华人民共和国归侨侨眷权益保护法》制定于1990年,2000年修订,主要针对归侨侨眷。鉴于目前越来越多的侨胞到国内投资,近几年已有人大代表、政协委员建议制定华侨国内权益保护法,以鼓励更多的侨胞回国投资。

(四)立足互联互通,推动港口航运有效"串起来",筑牢"一带一路"关键点

以浙江为例,要加快释放浙江海洋经济发展示范区和舟山群岛新区等的政策效应,引导更多侨资、民资参与梅山保税港区、舟山港综合保税区、宁波保税区等关键通道建设,加快推进国际通关、多式联运的有机衔接,大力引导更多侨商参与"一带一路"沿线一些海上战略支点、能源资源开发等项目建设,以海水养殖、远洋捕捞、海洋工程、海洋环保、海上旅游等为关键,统筹引导沿线侨商力量,积极布局合作建设海洋经济示范区,构建起完整的产业链、资金链、市场链、技术链和信息链,实现与沿线国家的无缝对接。同时要结合"互联网+",打造华侨华人共同参与的"网上丝绸之路"。

(五)拓展交流平台,促进人文交往高效"动起来",找准民心相通契合点

要搭建国际交流平台,加强与"一带一路"沿线国家的人文交往。"一带一路"既需要经贸合作的"硬"支撑,也需要文化交流的"软"助力。政府既要积极支持与"一带一路"沿线国家或地区开展文化交流活动,如开展"中国—东盟教育交流周",深化双方人文交流,增进理解共识,为促进国家友好关系发展发挥重要作用;也要加大对华侨华人兴办华文学校的支持力度,推进"海丝书香工程""亲情中华·书库援建"建设,推动与"海丝"沿线城市在文艺、教育、旅游等各方面的友好交往,筑牢"一带一路"建设的民意基础,培养更多知华友华力量;还要在华侨华人聚集地区建设文化展示交易中心,举办华侨华人文化合作论坛,深化"丝绸之路文化之旅"活动,与有关城市联合举办"丝绸之路艺术节"。

挖掘海外侨胞文化优势,加强与"一带一路"沿线国家的人文互通。海外侨胞深度了解住在国的语言文字、宗教信仰、法律制度、社会习俗,与住在国当地民众存在"文化共识"。深度融入"一带一路"建设,需要借助侨胞的人文资源优势,以旅游、教育、科技、文化和社会事业等领域的交流为切入点,加强与沿线国家或地区的人文交流与合作。在教育领域,要继续增加向"一带一路"沿线国家和地区提供的政府奖学金名额,资助"一带一路"沿线国家和地区的有关人员来华研修培训;在文化领域,要积极推动与"一带一路"沿线国家和地区互办多种形式的文化年、艺术节等活动,引导、动员民间力量开展丰富多彩的文化交流;在旅游领域,要加强与"一带一路"沿线国家和地区的旅游宣传推广合作,扩大旅游投资合作,与"一带一路"沿线国家和地区联合打造具有丝绸之路特色的国际精品旅游线路和产品。

(六)深化自我革命,确保配套服务时刻"跟得上",再创体制机制新优势

抓紧制定融入"一带一路"建设经贸合作的时间表和路线图。以浙江为例,以"四张清单一张网"为主抓手,借助实施"四大国家战略举措"的叠加效应,大胆探索新时期区域合作的新途径、新机制,重点加强海关、检验检疫、认证认可等方面的国际合作和工作创新,进一步提升电商通关、数据交换、外贸协同、商务信息等方面的综合服务水平,努力实现与沿线国家或地区的政策沟通、道路联通、贸易畅通、货币流通和民心相通,形成融入"一带一路"的强大动力;优化华侨华人参与"一带一路"建设的环境,引导"侨商回归",既要以亲情、乡情、友情为纽带,为侨商报效祖国和家乡创造条件,也要深化展开"侨商回归"工作,设立专门服务平台,找准参与"一带一路"建设的切入点,为侨商提供政策指导、项目信息、产业推介、资金融通和法律咨询等服务,推动项目对接落地。

三、拓展海外统一战线的聚焦点:充分发挥侨团侨领的"关键少数"作用

重点做好侨团侨领工作,带动其背后联系的广大华侨投入"一带一路"建设,这既符合统一战线做代表人士工作的原则方法,也有利于在空间、维度和力量整合上进一步拓展海外统一战线。

(一)依托侨团画好"两张图",把资本要素和人才技术有序"引进来"

画好"一带一路"侨情资源分布明细图,发挥海外侨团主力军作用,实时掌握沿线国家的侨情动态。应进一步建立健全与海外主要侨团特别是"一带一路"沿线国家主要侨团的长效化联系机制,全面掌握海外侨团发展的具体情况,做到主要人物及其产业、需求等了然于胸,建立信息共享平台,有的放矢地开展工作;应加强和谐侨团建设,通过海外侨团精心组织开展"一带一路"倡议宣传和信息报送工作,让更多海外华侨华人和其住在国人民了解、认识"一带一路"倡议的理念和内涵,自觉支持、参与"一带一路"建设,为政府间合作创造条件、打下基础;应借助海外侨团力量,及时了解、掌握其住在国的社情民意信息和他们在参与"一带一路"建设中遇到的问题和困难,并将具有普遍性、突出性的问题,准确、高效地向政府有关部门反映,最大限度地避免因信息隔阂造成合作障碍。

画好国内高端产业分布明细图,引领侨胞和海外留学人员聚焦国内产业升级,加强对口联系。要充分依托侨团这个桥梁纽带,抓住侨领这个关键少数,加快制作"一带一路"侨情资源分布明细图,进一步摸清侨情底数,加强总体谋划和牵头协调,切实将华侨华人的资金优势、智力优势、人脉优势和人文优势转化为"一带一路"建设的工作优势。

(二)借助侨团的全球营销网络和人脉资源,助推企业安全"走出去"

海外侨团遍布全球的营销网络和政商资源,有利于强化企业"走出去"平台建设,提升中国产业在全球价值链分工中的地位。如:温州市借助温州侨团优势在"一带一路"沿线建立了4个境外经贸合作区,支持现有的18个境外商品专业市场做大做强,为中国企业集聚式"走出去",形成整体竞争力提供了支撑;义新欧铁路班列的开通既为众多在西班牙、葡萄牙经营小商品的华商带来了极大方便,也有力地促进了中国企业和产品走出去。同时,借助侨团的全球人脉资源,鼓励、支持侨团侨领创建中介机构,为中资企业安全"走出去"提供咨询服务,可以帮助中国企业防范、化解海外投资风险。

(三)支持海外侨团传播中华文化,加强与"一带一路"沿线国家的人文互通

抓载体建设。如:浙江省侨联近年来多次呼吁从国家层面实施"海外中餐馆行动计划"。《中国餐饮产业发展报告(2015)》显示,海外中餐馆超过40万家。仅以海外1万家中餐馆为基数,若按一天接待100人次计算,一年就有3.65亿的消费人次。①这些场馆分布广泛,人流密集,是传播中国文化、讲好中国故事的重要场所。但是近年来曾盛极一时的中餐业在海外特别是欧洲已风光不再,大多处境困难,有被日本料理、韩国美食替代之势。因此,建议国家从战略层面实施"海外中餐馆行动计划",努力将其打造成集中展示中国文化和价值观的"活色生香"之窗。

多转换视角。要多从住在国的角度考虑,从新的视角认识海外侨胞的定位和作用,调整相关政策和工作着力点,最大限度地凝聚海外侨胞的人心和力量。从促进海外侨胞更好地"融入和回馈当地社会"的视角,大力宣传海外侨胞为住在国发展做出的重要贡献,树立海外侨胞的新形象,使其发挥好连接中国梦与世界梦的桥梁、使者作用,促进"同中国交朋友有好处"的共识的形成,为中国发展营造更加友好的国际环境。

(四)提升队伍建设水平,培养一支侨团侨领代表人士队伍

逐步提升华侨综合竞争力。推动海外侨团形成规模效应,争创一定数量的省级海外重点侨团;特别要注重海外侨团的班子建设,优化完善侨团的组织架构和层级;着力培养一批讲大局、人品好、有才干、肯奉献的侨界领袖,深入挖掘他们在创业中的好做法、好经验和典型事迹,在服务"一带一路"建设中发挥其示范引领、典型激励的积极作用。

加强海外中青年侨领的培训工作。努力培育一批年富力强、知识丰富、热心侨社的中青年侨领,促进侨团的可持续发展;加强联络联谊工作,组织华裔新生代和新华侨华人回国参观考察、探亲访友、开展经贸合作和文化交流等,促进海外新生代与家乡的交流合作。

组建"一带一路"大学联盟,支持国内高等院校与"一带一路"沿线国家高校在人才培养、师生互换、合作科研等方面开展交流与合作。

(五)建立健全工作机制,进一步形成合力

探索建立协同工作机制。切实加强对统一战线支持华侨服务"一带一路"建设的领导,着力发挥统战部门的职能作用,牵头协调各民主党派、工商联、台联、侨联和政府有关部门,研究制定具体工作方案,明确目标任务、工作重点、步骤安排和具体要求,探索组建工作小组,负责具体协调、指导和督促,确保统战系统在支持华侨服务"一带一路"建设工作中目标一致、行动有序。

---

① 吴晶. "以食为媒"弘扬中华特色文化[N]. 团结报,2016-03-26(2).

提升新形势下海外华侨服务管理水平。加快外事网上审批系统建设,加强上下级外事审批系统联网对接,进一步规范办事流程、提高办事效率、健全档案资料;加强与海外侨团和重点人士的联络联谊,在侨胞较集中的重点国家和地区建立海外侨务工作联络处,充分发挥海外侨团作用,大力配合和拓展侨务公共外交工作;加强因公出访团组绩效考核,探索建立因公出访成果数据库和因公出国(境)团组绩效评估机制,切实提高团组出访实效。

不断提高招商引资工作水平。通过参加有关培训班、参与华侨商会活动、与华侨联系交友、推荐到招商引资一线岗位挂职等方式,加强政府干部在招商引资实务、客商接待礼仪等方面的教育培训,提高政府干部服务招商引资、支持华侨参与"一带一路"建设的能力和水平。

充分发挥社会组织和民间团体的作用。以浙江为例,由马云任会长的浙商总会联系着600万省外浙商和200万海外浙商,在引导侨商投身"一带一路"建设中具有特殊优势。要充分发挥类似浙商总会这样的社团在侨商参与"一带一路"建设中的独特作用,继续办好两年一届的世界浙商大会,联系、团结更多海外浙商;要让海外浙商感受到家乡的美丽、舒适和柔情,感受到祖国和家乡是他们的发展基础、强大靠山,促进海外浙商、侨商与祖国家乡的互动和回归,在空间、维系度和力量整合上进一步拓展海外统一战线。

第七章 协商民主与人民政协

党的十九大报告指出：协商民主是实现党的领导的重要方式，是我国社会主义民主政治的特有形式和独特优势；要推动协商民主广泛、多层、制度化发展，统筹推进政党协商、人大协商、政府协商、政协协商、人民团体协商、基层协商及社会组织协商；加强协商民主制度建设，形成完整的制度程序和参与实践，保证人民在日常政治生活中有广泛持续深入参与的权利。本章主要探讨统一战线与人民政协，以及两者与协商民主特别是基层协商民主之间的关系。

第一节 协商民主与新型政党制度话语权

在现代政治框架下，政党参与国家政治生活所形成的制度性政党关系、行为规则和运行形态，构成一个国家的政党制度。①中国特色政党制度是我国政党制度和政治制度的一大特点和优势，但中国特色更多的是强调不抄搬西方多党制议会制、走符合本国国情的政治发展道路。从中国特色政党制度到新型政党制度，充分体现了对中国特色社会主义的"四个自信"，彰显了中国智慧和中国方案，是对人类政治文明的重大贡献。新型政党制度概念和理论的提出，得到了各民主党派和统一战线各界人士的高度评价和坚决拥护，也引起了理论界的热议。笔者认为，我国新型政党制度的不断发展和完善，将大大推进我国社会主义协商民主广泛、多层、制度化发展；而新型政党制度能否成为国内全体人民的核心价值认同和在世界范围内赢得话语权，同样有赖于社会主义协商民主的广泛、多层、制度化发展。

---

① 林尚立.政党、政党制度与现代国家[J],中国延安干部学院学报,2009(9).

一、问题的提出

长期以来,关于我国政党制度的优越性的解读和宣传,局限在国内内部循环,而国内又往往局限在统一战线范围之内自说自话,基本上处于"有理说不出,说了传不开"的状态。新型政党制度概念的提出,对于如何向国内外卓有成效地宣传解读我国政党制度,既是个契机也是个挑战。而事实上,涉及一个国家的政党制度和政治制度特别是与往不同、与众不同的制度,光靠宣传和解读是难以奏效的,更多的是靠自身效能作用的展现。这其中,政党制度实践运行的状况,作用发挥程度,载体、机制、抓手建设以及良好的社会环境所提供的保障,都是不可或缺、至关重要的。而这些方面,很多因素跟协商民主息息相关。

1. 从国际上看,我国新型政党制度要打破西方对政党制度的话语垄断权,必须有赖于社会主义协商民主的长足发展。长期以来,西方国家掌控着对社会制度(特别是政党制度和政治制度)和价值观的话语垄断权,国内外一些别有用心的人经常鼓吹所谓的普世价值与宪政。"新型政党制度"的提出,表明中国有能力、有信心、有智慧对政党制度和政治制度发出中国声音、体现中国价值。正如有学者指出的,西方发展模式和政治制度、政党制度不应再是普世价值,而应降为区域理论和区域模式。[①]但是,因为中国的政党制度既不同于两党或多党竞争制也有别于有一党制,加上历史文化和国情方面的原因,因而国外不少人士不理解中国的政党制度。即使是对中国抱着友好态度的国际友人,对中国特色政党制度也是一知半解甚至产生诸多误解。如:世界银行前驻中国首席代表皮特·鲍泰利撰文《中国开启一党民主制先河》,文章一方面肯定中国政党制度,认为"目前中国不需要多党制,实行多党制将给中国带来不可承受的风险。多党制并非民主的精髓,民主的要义是能够对人民负责";另一方面又称"在一党制的体制下,中国可以做很多事情,经济和社会发展还存在巨大潜力"。[②]这在实际上还是把中国特色政党制度等同于有些国家实行的一党制了。

但是,协商民主就不同了。一方面,协商民主理论在西方学界已兴起数十年且在很多国家进行了"政治试验",欧盟和联合国等国际组织也引进协商理念处理国

---

① 苏长和. 民主政治研究的误区及转向[N]. 光明日报,2013-05-28(11).
② 鲍泰利.中国不需要多党制[N]. 环球时报,2013-12-30(7).

与国之间的事务,联合国相关组织还于2010年举办了协商民主论坛;另一方面,社会主义协商民主则是中国特色社会主义独特的、独有的、独到的一种民主形式,在我国具有深厚的文化基础、理论基础、实践基础、制度基础。①尽管中西方在政治协商和政党协商方面没有任何可比性,但在基层协商和社会协商领域却是可以相通和相互借鉴的。所以形成了这样一个值得思考的"悖论现象":一方面,一些西方政客和学者误解甚至歪曲、攻击我国政党制度;另一方面,一些西方学者和外交官在实地考察后对浙江温岭等地的民主恳谈给予充分认同和肯定,认为这是"泥土上长出来的民主"、是"最有话语权的村民"、是"中国21世纪民主的一道曙光"。②在传播中如何彰显新型政党制度中蕴含的协商理念和思维,可以大大增强我国政党制度在国际上的话语权。

2. 从国内看,我国新型政党制度要让人民群众有存在感、体验感、获得感,必须推进社会主义协商民主广泛多层制度化发展。正如习近平在中央统战工作会议上指出的,在政党制度模式上,国内有些人有一些模糊认识和错误看法,总觉得"自家的肉不香,人家的菜有味",一提到政党制度就"言必称希腊",把西方多党制、两党制奉为圭臬,觉得不搞多党竞选、轮流执政不能算民主制度。我们一些领导干部缺乏政治定力,一讲到政党制度往往"王顾左右而言他",而一些理论工作者缺乏理论底气,以己昏昏使人昭昭,把解释不清的问题全归为"中国特色"。这样,自然让老百姓难以满意和信服。这里,加强新型政党制度的理论研究和学术说服力是必须的;但另一方面,让普通大众从我国新型政党制度中感受到、体验到我国社会主义民主是实实在在的让人民当家作主,是十分关键的。相对于西方多党制"一人一票"呈现出的大民主形式,我国多党合作和政治协商在形式上呈现的是精英协商、上层协商,离普通群众比较远。破解这一个问题的关键,就是让政治协商(政党协商、政协协商)从形式到内容和结果都能贴近群众,尽可能地让群众知情、参与和满意,同时统筹开展七种渠道的协商,确保我国社会主义协商民主有序有效开展。

3. 从传播和宣传效果来看,我国新型政党制度要跳出内部循环、在更大范围内为更多受众所熟知和认同,必须把重点放在展现政治协商的成效和魅力上来。

---

① 习近平:在庆祝中国人民政治协商会议成立65周年大上的讲话[N]. 人民日报,2014-09-22(2).

② 详细可参考:杨卫敏.基层协商民主是我国协商民主建设的重中之重[J]. 中央社会主义学院学报,2014(5);杨卫敏.从温岭模式到浙江特色——浙江省各地探索基层协商民主的实践及启示[J]. 观察与思考,2016(7).

宣传新型政党制度的重点应放在哪里？毫无疑问,应放在大多数人共同聚焦的问题上来。类似纪念"五一"劳动节口号发布70周年的活动,当然是必要的;但不能光宣传了"五一口号",却淡化了合作、协商这一核心理念,淡化了现实成效。这样的结果还是内部循环,统一战线内部搞的轰轰烈烈,社会上的人仍然不知"五一口号"为何物。抓住跟群众切身利益相关的国计民生问题,展现政治协商的成果,讲好多党合作"中国故事",传播和宣传才能起到事半功倍的成效。

二、破解问题的依据

多党合作制度与社会主义协商民主密不可分。从理念来看,尽管协商民主是西方国家学者从上个世纪八九十年代提出并发展的,但我国对协商政治的实践探索要远远早于西方国家:"三三制"抗日民主政权中就蕴含着协商,"五一口号"标志着现代中国对协商民主政治制度的实践,新政协更是民主协商的论坛。人民政协是多党合作的重要机构,其成立之初就一个职能——政治协商,在协商建国中发挥了重要作用。政党协商是多党合作的优良传统,协商民主贯穿于人民政协履职全过程,也贯穿于民主党派、无党派人士履职的全过程。从价值理念来看,多党合作与协商民主在追求平等性、包容性、规范性、共识性等民主政治发展的要求方面高度契合。因此,增强我国新型政党制度的话语权,需要从以下几个方面进行研究、考量和谋划政治协商。

1. 增强我国新型政党制度自信,为人类政治文明提供中国方案和中国智慧,关键在于凸显和展现政治协商。中国新型政党制度即中国共产党领导的多党合作和政治协商制度,包含三个部分,即中国共产党领导制度、多党合作制度、政治协商制度。十九大报告指出,党的领导是中国特色社会主义最本质的特征。毫无疑问,在我国新型政党制度的三位一体中,中国共产党的领导是最根本的。但党的领导是我国新型政党制度的一个大前提,却不是最具中国辨识度的标签和元素,因为实行一党制的国家也强调党的领导,只不过没有民主。党的十九大报告中指出,协商民主是实现党的领导的重要方式,是我国社会主义民主政治的特有形式和独特优势。实际上,在我国新型政党制度框架中,党的领导是通过协商得以实现的。中国共产党对各民主党派的领导主要是政治领导,党的领导是政治协商特别是政党协商得以实现的重要保证;而通过政治协商,一方面使党的路线方针政策为各民主党派和各界人士所接受,另一方面使党能够广泛听取各党派和各界人士的意见建议,促进决策民主化、科学化。

与此同时,几个政党之间的合作现在也在世界各国中屡见不鲜。特别是在利益格局越来越多样、文化越来越多元的今天,党际合作(联合执政)在世界上很多国家也屡见不鲜。如:2010年后的英国两党联合执政;2013年7月21日,日本执政联盟参院选举获胜(自民党和公明党占据参院过半数议席),终结"扭曲国会"局面;其他如德国大联合政府,甚至第三世界国家的阿根廷和马来西亚都出现过多党联合执政的局面。尽管这些国家的多党联合执政,与我国新型政党制度下长期合作、执政参政有着本质的不同,其更多的是出于利益关系和被迫无奈的临时"苟合"①,但至少在概念上突破了多党竞争下传统的执政党与在野党、反对党的范畴。我国多党合作体现的是执政与参政,这当然与联合执政(更多体现的是分权)不是一个概念,这集中体现在政治协商上(包括政党协商和政协协商)。西方协商民主的理念是自由平等的公民通过公共决策进行协商,所以只能在社会层面进行协商;其多党竞争和议会制决定了在政党之间、议会之中不可能实现协商。②我国新型政党制度的框架,呈现出共产党领导、多党派合作,共产党执政、民主党派参政,呈现出平等不对等、参政不分权、监督不制衡、协商不表决、合作不对抗等鲜明特点;各民主党派作为参政党,参与协商关键在于说的对而不是说了算,可以说是献策不决策、立论不立法、议政不行政,这样就因位置超脱而不受各种利益关系羁绊,勇于建言善于建言。中国共产党和各民主党派以协商民主的方式达成发展目标的一致,避免了内耗和纷争,有利于社会的稳定发展和人民的幸福安康。

综上所述,新型政党制度的精髓在于协商,新型政党制度彰显的中国方案、中国智慧和对人类政治文明的重大贡献,集中体现在政治协商上。协商民主是中国特色社会主义民主政治中独特的、独有的、独到的民主形式,这在政党协商和政协协商中体现得尤为鲜明。中国特色政党制度创造的协商民主,为世界揭示了一种新的民主形式,它不是用纷争、内乱、竞争来强制推行少数服从多数,而是用与选举

---

① 如英国2010年大选后没有一个政党赢得国会过半数以上议席,从而不能独立组阁,于是卡梅伦领导的保守党主动找国会中的小党自民党联合组阁。但2015年大选中保卫党一举赢得国会过半数以上议席,就抛弃了与己合作5年的自民党,独立组阁。

② 奥巴马任期内推行的医改法案就是明证,反对党共和党在参众两院坚决反对,一度导致美国政府财政危机,特朗普上台后首先要废除的就是医改法案。这里有两件事很能说明问题:一是2010年3月23日奥巴马邀请众议院中的部分两党议员到白宫友好协商,结果吵了一天毫无结果,最好再付诸表决;二是2010年美国国会中期选举后,赢得多数议席的共和党操纵众议院将业已颁布实施的医改法案宣布为非法。

民主相辅相成的协商民主,通过互相协商、互相帮助、互相补台、共同协作,来实现人类的民主进步。这就大大提升了中国共产党所创立的新型政党制度、政党理论在世界上的话语权。现在一些国内学者热衷于研究西方的协商民主以及非执政党参与政策过程对中国多党合作制度的启示,而往往忽视了中国式协商民主对世界各国的影响。一些西方的思想家和政治家已经开始注意到协商民主这一特殊形态具有强大的生命力,不仅在中国的实践是卓有成效的,在其他国家乃至西方实行多党制和议会制的国家也是适用的。2010年,奈斯比特在他的新作《中国大趋势》中认为,选举民主与协商民主相结合的"中国式民主"是"纵向民主",即政府自上而下的指令与人民自下而上的参与所形成一种新的政治模式,这与西方的"横向民主"截然不同。"纵向民主的主要优点就在于能够使政治家们从为了选举的思维中解放出来,以便制定长期的战略计划。"奈斯比特认为,这一模式显然是中国30年成功的一个重要保障,"现在回想起来,似乎没有更好的办法领导一个如此庞大复杂的国家走出贫穷、实现现代化了"。①而在我们的邻国越南,则完全借鉴了我国选举民主与协商民主相结合的模式。越共在坚决地划出自己政治底线(不搞多党制和三权分立)的同时,在国会和越南祖国阵线(类似于中国的政协)这两个政治平台中,给予党外政治组织、基层民主政权、民间组织以及媒体较宽松的空间,在不断拿捏和调整的过程中,培育了一种可控的民主,一定程度上纾解了社会矛盾,加强了越共执政的合法地位。②

2. 彰显我国新型政党制度对健全人民当家作主制度体系、发展社会主义民主政治的贡献,关键在于完善和深化政治协商,促进有序有效开展。习近平强调:"中国共产党领导的多党合作和政治协商制度,既强调中国共产党的领导,也强调发扬社会主义民主。政治协商、参政议政、民主监督,就是这种民主最基本的体现。坚持中国共产党的领导,不是不要民主了,而是要形成更广泛、更有效的民主。"③中国政党制度的突出优势是与协商民主相伴行,最大程度地实现人民民主。西方多党制下的代议民主和选举民主尽管有其合理的成分和积极的作用,但公民的声音在实际的决策中消失,特别是到了利益格局多元多样的情况下,以票取胜的简单、

---

① 详细可参见:张弘."中国模式"是与非[J].博览群书,2011(4).

② 周宇,易文. 可控的民主——底线之上的越南党外民主实验[J]. 凤凰周刊,2011(11):10.

③ 立"新"除"弊"习近平纵论新型政党制度[EB/OL].(2018-03-06)[2018-05-06]. http://www.xinhuanet.com/2018-03/06/c_1122494961.htm.

粗放的弊病到了非解决不可的地步。习近平指出,古今中外的实践都表明,保证和支持人民当家作主,通过依法选举、让人民的代表来参与国家生活和社会生活的管理是十分重要的,通过选举以外的制度和方式让人民参与国家生活和社会生活的管理也是十分重要的。人民只有投票的权利而没有广泛参与的权利,人民只有在投票时被唤醒、投票后就进入休眠期,这样的民主是形式主义的。①我国新型政党制度反映了人民当家作主的社会主义民主政治的本质,多党合作制度与人民代表大会制度的相辅相成,促进和实现了人民的选举权与政治生活持续参与权的有机统一。新型政党制度如何能够确保实现决策的科学化民主化,最关键的就是通过制度化、程序化、规范化的政治协商,集中各种意见和建议,推动决策科学化民主化,从而有效避免了旧式政党制度囿于党派利益、阶级利益、区域和集团利益决策施政导致社会撕裂的弊端。中国共产党通过制度性的渠道与方式(主要是政党协商和政协协商两个渠道,如下图所示),在作出决策之前,充分听取各民主党派的意见,民主党派也充分发挥其建言献策、参政议政等政治功能,这样就能够凝聚各阶层智慧,保证国家政策的一贯性和高效率。在这个意义上看,中国特色社会主义民主能称之为最真实、最广泛、最管用的民主,离不开不断深化完善和有序有效的政治协商的支撑。

3. 推动构建我国新型政党制度理论体系,关键在于创新和发展政治协商理论。新型政党制度是中国人民的伟大政治创造,它创造了一种新的政党制度类型,创造了一种新的执政方式,创造了一种新的政党关系,创造了一种新的民主实现形式,创造了一种新的现代治理方式。因此,新型政党制度的提出,不仅开启了多党合作历史的新篇章,也开辟了我国政党制度理论的新境界。要准确把握新型政党制度的历史逻辑和根本原则,深入研究多党合作的理论基础、鲜明特征、实践价值和运行机制,不断推进多党合作理论创新、实践创新和制度创新。新型政党制度优势的实现,关键在于搞好政治协商,多党合作制度的五大功能(政治参与功能、利益表达功能、社会整合功能、民主监督功能、维护稳定功能)都离不开有序有效的政治协商。与此同时,当前我国多党合作制度作为保障国家政治社会发展的重要体制机制,与国家治理密切相关,两者之间有着深刻的内在联系。在国家治理体系和治理能力现代化过程中,我国政党制度可以聚合多方力量,推进合力治理;优化政策

---

① 习近平:在庆祝中国人民政治协商会议成立65周年大上的讲话[N]. 人民日报,2014-09-22(2).

决策,推进科学治理;拓宽政治参与,推进民主治理;坚持民主协商,推进共赢治理;健全制度机制,推进长久治理。在新时代,建设社会主义现代化强国、实现国家治理体系和治理能力现代化,必须发展好、完善好协商民主。协商政治是中国特色社会主义政治的重要组成部分,是我国政治制度和政党制度的一大特点和优点。中国的协商政治制度和实践要远远早于西方协商民主理论的提出,这是一种先发的、根植性的民主形式,对协商理念理解得最深、发展最为成熟、成效最为显著。这是中国政治制度的特点和优势,是中共、各民主党派和中国人民在长期的革命、建设和改革实践中共同智慧的结晶,深深融入执政和参政理念,是对人类民主追求和政治文明的重大贡献。政党协商和人民政协政治协商是中国特色协商民主中发育最为成熟的两种形式,民主党派理所当然成为中国特色协商民主的最重要主体之一。所以,政治协商不仅是我国社会主义协商民主理论研究的富矿,也是我国新型政党制度理论研究的重中之重。

三、途径和方法

政党协商和政协协商都是多党合作在社会主义协商民主制度体系中的重要体现,多党合作在推动社会主义协商民主建设和发展的进程中,起着实践协商、提供渠道、完善制度等方面的重要作用。从制度效能来看,中国共产党领导的多党合作和政治协商制度能够使中国共产党在领导、合作与协商有机统一的基础上开展广泛的政治协商,在决策之前整合广泛的利益诉求和科学建议,使决策拥有广泛的代表性和共识基础。在新时代,多党合作制度的发展与社会主义协商民主密不可分,两者应在更高的层次、更广的范围、更深的程度实现融合、协同发展。

1. 政党协商要在我国社会主义协商民主发展中树起标杆。在我国社会主义协商民主的渠道中,政党协商是位居首位的。但正如前文所言,由于各种原因,政党协商在实际运作中造成远离普通群众的感觉。[①]新型政党制度的提出,要求在统筹推进我国协商民主广泛多层制度化发展中,政党协商必须成为名副其实的的领跑者,进而影响和引领其他各种渠道的协商民主发展。习近平指出,完善政党协商

---

① 中国社会科学院《中国政治参与蓝皮书2011》公布的数据表明:中国普通群众接触过人大代表的不到4%,接触过政协委员的不2%,接触过民主党派的不到1%。

制度决不是搞花架子。①党的十八大以来,以习近平同志为核心的党中央,对加强政党协商作出一系列规范化制度化安排,为各民主党派、工商联和无党派人士履行职能提供了更加健全的制度保障。坚持和推进多党合作和政治协商的制度化、规范化、程序化,不仅需要有与基本制度配套的若干具体制度,还要求具体制度的运作要规范、符合程序。浙江省在上个世纪90年代初就着手建立多党合作的具体制度,主要包括协商通报、谈心交友、对口联系、特约人员、随同调研考察等五项制度。经过十多年的发展,这五项制度运作良好,成效显著,其中习近平在浙江任省委书记期间推行的"党委出题,党派调研,政协提案,政府采纳,部门落实"的制度,对推进政党协商和政协协商向纵深发展发挥了十分积极有效的作用。正如汪洋指出的,调研协商是政党协商的新探索,是中国共产党领导的多党合作和政治协商的重要形式。要在会协商、善议政上下更大功夫,不断完善调研协商的制度和程序,提高协商的针对性和有效性,彰显我国新型政党制度的优势。②

目前存在的主要问题有:政治协商随意性大,信息不对称,协商质量不高,发展不平衡,一些基层执行不到位,以通报代替协商,特别是一些监督式的协商较难,在一些地方一些场合不同程度地存在形式意义重于实际意义的问题,存在一头冷一头热现象。破解这些问题,需要执政党与参政党共同努力,对于执政党而言主要是增强协商意识,对于参政党而言主要是提升协商能力和水平,真正做到"有事多商量、有事好商量、有事会商量"。各民主党派要在吃透中共中央大政方针的基础上,发挥优势、扬长避短,深入基层、摸准情况,提出高质量、建设性的意见建议;党委政府和有关部门要高度重视调研协商,为相关党派团体调研提供更有力的支持,积极回应各党派团体和党外代表人士的呼声,采纳合理的意见建议。③

与此同时,要让政治协商(政党协商、政协协商)从形式到内容和结果都要贴近群众,尽可能地让群众知情、参与和满意。这方面政协协商已作出积极探索,如开门办提案协商、邀请市民旁听有关会议、电视问政,网络问政等等。政党协商如何破解精英协商、高层协商、小范围协商的影响局限,尚需积极探索。但是有一点是

① 立"新"除"弊"习近平纵论新型政党制度[EB/OL].(2018-03-06)[2018-05-06]. http://www.xinhuanet.com/2018-03/06/c_1122494961.htm.
② 汪洋主持召开调研协商座谈会 就推动实施乡村振兴战略进行座谈交流[EB/OL].(2018-07-23)[2018-08-06]. http://www.xinhuanet.com/politics/leaders/2018-07/23/c_1123166242.htm.
③ 汪洋主持召开调研协商座谈会 就推动实施乡村振兴战略进行座谈交流[EB/OL].(2018-07-23)[2018-08-06]. http://www.xinhuanet.com/politics/leaders/2018-07/23/c_1123166242.htm.

明确的,参政党作为协商民主的重要主体、重要渠道和积极建设者,不仅是社会主义协商民主的直接参与者,更是社会主义协商民主的推动者和完善者。[①]参政党除了参与政党协商外,参政党组织及其成员还可以参与其他几种渠道的协商,在统筹开展七种渠道、确保我国社会主义协商民主有序有效开展中发挥积极作用。从浙江探索实践看,杭州市萧山区和台州市黄岩区的政党专题协商都有效破解了基层政党协商的瓶颈;杭州市下城区的同心商议团和宁波市北仑区的民主党派组织与基层中共组织的共建协商活动,慈溪市统一战线商议会,兰溪市统一战线议事会,安吉县的民主党派政协委员工作室,临海市的党外人士"同心会客室",仙居县的党外人士参与乡镇决策顾问团,温岭市的党外人士民主恳谈评议团等,都在探索民主党派组织和成员参与其他各种协商渠道并取得了成效,在社会上产生了积极影响,参政党成员也在联系各界群众、反映诉求中"接地气"并得到了锻炼,提升了知名度。协商民主特别是基层协商民主的发展,为多党合作、政治协商、民主监督在基层的开展破解了瓶颈,并创造了一种全新的模式。

2. 充分发挥协商效能以提升政党制度话语权。如何彰显我国新型政党制度的独特优势,习近平指出,关键是要体现这项制度的效能,着力点在发挥民主党派和无党派人士的积极作用。[②]民主党派与无党派人士无论在多党合作还是在人民政协,发挥作用的主要渠道就是三大职责:参政议政、民主监督、政治协商。事实上,三大职责从本质上讲都离不开建言献策,都是民主协商。[③]关于这一点,在人民政协领域已取得共识,这就是习近平说的"人民政协要发挥作为专门协商机构的作用,把协商民主贯穿履行职能全过程"[④],政治协商、民主监督、参政议政都要体现协商。进一步提高多党合作制度效能,关键在于提升政治协商意识、能力和水平。民主党派和无党派人士的三大职能履行本质上都是协商,协商不仅贯穿于人民政协履职全过程,也贯穿于多党合作全过程。正如习近平指出,新时代多党合作舞台极为广阔,要用好政党协商这个民主形式和制度渠道,有事多商量、有事好商量、有

① 详细可参见:杨卫敏.参政党协商能力建设初探[J].湖北省社会主义学院学报,2016(2).

② 习近平在中央统战工作会议上强调巩固发展最广泛的爱国统一战线　为实现中国梦提供广泛力量支持[N].人民日报,2015-05-21(1).

③ 如果说参政议政是自选题目建言献策,那么政治协商命题作文——即党委出题、党派调研、政协提案、政府采纳、部门落实,而民主监督是协商式监督——即通过提出善意的建设性的批评性的意见建议进行研究的监督,从本质上讲也是建言协商。

④ 习近平:在庆祝中国人民政治协商会议成立65周年大上的讲话[N].人民日报,2014-09-22(2)

事会商量,通过协商凝聚共识、凝聚智慧、凝聚力量。要做到言之有据、言之有理、言之有度、言之有物,真诚协商、务实协商,要道实情、建良言,参政参到要点上,议政议到关键处,努力在会协商、善议政上取得实效。①

3. 不断加强自身建设,提升参政党的协商能力。要有更高的目标站位,切实加强参政党自身建设,为坚持和完善新型政党制度提供坚实的组织保障。一是要凝聚价值共识。中国特色社会主义进入新时代,习近平提出了"思想共识要有新提高"的新要求。"新提高"要提高到哪里?就是要提高到对中国特色社会主义认识的新水平上。要深刻认识中国特色社会主义参政党的深刻内涵和政治责任,始终成为中国特色社会主义亲历者、实践者、维护者、捍卫者。二是要有更高的履职站位。要放大格局,履职要管长远、贴中心、顾全局。面对新目标新要求新任务,参政党既不是"观望党"更不是"反对党",既不是"啦啦队"也不是"裁判员"。参政党存在的价值在于"参政",就是要自觉把自己置于新时代发展的历史方位中,紧紧围绕改革发展稳定的大局,从全局的高度,以战略的眼光,选择党委政府的重点工作,群众愿望强烈、需求迫切和社会普遍关注、事关经济社会长远发展的热点、难点问题,作为献计出力的主攻方向,努力做中国共产党的好参谋、好帮手、好同事。要突出优势,着力打造精品项目和特色品牌。各民主党派、无党派、工商联,有各自联系的群众,有各自特色优势,有各自职能特长。要紧紧围绕党和国家事业发展中的重点难点问题,参政议政、民主监督,参与政治协商,以实绩赢得党委政府的肯定和社会各界的好评。近年来在浙江省,各民主党派省委会、省工商联围绕"最多跑一次"改革扎实推进政党协商和专项民主监督工作,取得了明显的成效,得到了省委省政府的好评。要注重实效,努力在会协商、善议政、建真言上下功夫。从某种程度而言,建言献策是参政党履行职责的最主要、最直接、最有效的渠道和方式。会协商,说的是能力水平要不断提升。要坚持平等协商、真诚协商、民主协商、务实协商,善于培植协商理念,把协商作为开展工作、合作共事的重要风格去涵养、去发扬,通过协商达成凝心聚力、增进共识的工作目的。善议政,说的是方式方法要科学理性,就是善于在求深求精上下功夫,做到"人无我有,人有我新,人新我深,人深我独",努力提出针对性、前瞻性、可操作性强的意见建议;善于大处着眼小处着手,既要牵住"牛

---

① 立"新"除"弊" 习近平纵论新型政党制度[EB/OL].(2018-03-06)[2018-05-06]. http://www.xinhuanet.com/2018-03/06/c_1122494961.htm.

鼻子",抓住重点,同时又要小口切入,以小细节反映大问题;建真言,说的是方向目标要保持正确。不仅要能说、敢说、会说,而且要说得好、说得准、说得对,用事实和数据说话,不说空话套话。要有传递民意民声、汇聚真知灼见、立意为公、执言为民的胸襟,真诚倾听群众呼声,真实反映群众愿望,真情关心群众疾苦。三是要大兴调查研究之风。习近平指出,调查研究是谋事之基、成事之道,没有调查就没有发言权,没有调查也没有决策权。对民主党派和无党派人士来说,没有调查就没有参政权,没有协商权,没有建言献策权。民建中央一位领导人说得好,不调研不发言、不提案,把调研作为建言的前置手段。所谓"坐办公室里都是问题,走进基层就都是办法"。正确的决策离不开调查研究,正确的贯彻落实同样也离不开调查研究。习近平同志在浙江期间的《之江新语》文集开篇就对调研工作提出了"实、深、细、准、效"鲜明要求。调查研究要"求深",要拜人民为师,向人民学习,带着深情、深入基层去掌握第一手情况,做到身入、心入、深入。调查研究要听"实情",既要听群众的顺耳话,也要听群众的逆耳言,这样才能听到实话、察到实情、收到实效。民主党派组织就是要"一般性"的调研不做,不做"一般性"的调研。调查研究要解"真难",每年要围绕几个中心工作非常需要、党派优势非常突出的具体问题,视野要宽,切口要小,深钻细研,抽丝剥茧。四是加强队伍建设。2017年,各民主党派中央和地方组织都完成了换届工作,选举产生了新一届领导班子和领导机构,为多党合作事业长远发展注入了新的活力。但也要清醒地认识到,组织交接相对容易,实现政治交接尚需做出更大努力。党外代表人士队伍规模不小、人才不少,但总体上高层次人才储备不足,换届中发现仍存在旗帜性人物相对缺乏、培养锻炼力度不够大、安排使用落实困难等问题,"拿着帽子找人"、党外干部"备而不用"等现象不是完全没有。要着眼长远,加强党外代表人士队伍建设,特别是党外后备干部队伍建设。党外后备干部的培养需要锻炼成长的台阶,不可能一蹴而就,对此要有忧患意识,及早准备,物色培养一批政治坚定、业绩突出、群众认同、品德优秀、清正廉洁的代表人士。要结合党外代表人士队伍建设,抓紧实施党外代表人士梯队计划、培训计划、挂职计划等。要注重建立起一支参政议政的基本队伍,充分发挥民主党派的智力库优势,把专家学者、企业家,具有参政议政能力的成员组织起来,调动他们参政议政的积极性,形成一股强大的参政议政力量。要重视加强干部队伍建设,把提高政治把握能力、参政议政能力、组织协调能力、合作共事能力和解决自身问题的能力摆在更加突出位置;要切实加强领导班子建设,努力建设成为政治可靠、精干高效、作风务实、团结和谐的领导集体。五是加强机关建设。民主党派机关是民主党派组织的中枢,起着上情下达、下情上达和发动、沟通、感召、凝聚的作用。加强民主党派机关建设对建设一支高素质的参政党和提升民主党派履职能力水平十分必要和重要。各民主党派在作风建设上下功夫,不断自我净化、自我完善、自我革新、自我提高,通过改进工作方式和手段,提高工作效率和服务水平,推进机关整体精神风貌提升。在制度建设上下功夫,要通过优化机制,完善各项学习、考察、培训制度,抓好制度运行的规范化、程序化建设,提供切实有效的制度保障。在能力建设上下功夫,要加强学习型机关建设,牢固树立终身学习的理念,紧跟时代发展步伐,按照特色更加鲜明、优势更加突出、能力更加出众、素质更加优良、服务更加周到的要求,进一步打造民主党派机关铁军队伍。要在廉洁自律上下功夫,民主党派机关工作人员也是公职人员,完善各项规章制度,杜绝铺张浪费,杜绝大手大脚,确保廉洁参政。

四、制度和机制保障

当前我国政党制度和政治制度建设面临新的考验:一是西方敌对势力的"西化""分化"对我国政党制度建设提出新的挑战;二是国内经济发展和社会转型对政党制度建设提出新的内涵;三是发展社会主义民主政治对政党制度建设提出新的任务;四是提高党的领导水平和执政水平对政党制度建设提出新的要求。我国新型政党制度要在国内融入核心价值观、在国际上赢得话语权,都必须有长效制度和机制来作保障,而社会主义协商民主的制度化建设和发展是重中之重。

1. 推进协商民主广泛多层制度化发展,为参政党履提供制度保障和协商生态。党的十八大以来,中央颁布了《关于加强社会主义协商民主建设的意见》《中国共产党统一战线工作条例(试行)》,中办印发了《关于加强人民政协协商民主建设的实施意见》《关于加强政党协商的实施意见》《关于加强和改进人民政协民主监督工作的意见》,中央办公厅、国务院办公厅印发了《关于加强城乡社区协商的意见》等党内法规和政策文件。十九大提出要加强协商民主的制度化建设,"协商民主、广泛多层、制度化建设"还被写入修改后的党章。这些都有力推进了我国社会主义协商民主广泛、多层、制度化发展,为民主党派、无党派人士履职尽责提供了制度保障和协商生态。通过协商,可以广开言路、广集众智、广求良策,把社会各方面分散的意见、愿望和要求进行系统、综合的反映,使党和政府能听到各种真知灼见、各种真招实招,从而实现民主决策、科学决策、依法决策。当前,确保协商的有序有效至关重要,特别是决策前的协商和决策执行中的协商是中共治国理政的重要经验,是重大决策必须坚持的重要原则。重点是对政治协商的内容和程序进一步规范,按照中央要求,建立和完善民主党派和无党代表人士直接向同级党委提出建议制度,建立健全党外人士意见建议反馈机制,提高协商的成效。

2. 健全执政党与参政党互动机制,促进政党协商制度化、常态化、全域化。中国特色社会主义事业,离不开共产党的执政,也同样离不开民主党派的参政。坚持和完善新型政党制度,是坚持和发展中国特色社会主义的重要方面。对执政党而言,要进一步加强和改进党的领导,增强多党合作意识,提高合作共事能力,充分发扬社会主义民主,支持民主党派独立自主地开展工作,切实为民主党派履行职能、发挥作用创造条件。对于参政党而言,要进一步在推进协商民主、坚持和完善我国政党制度和基本政治制度中发挥积极作用,当前面临两大历史性课题:一是搞好政治交接,始终做中国特色社会主义的亲历者、实践者、维护者和捍卫者,不断把新型政党制度坚持好、发展好、完善好;二是提高履行职能和发挥作用的能力,包括政治把握能力、参政议政能力、组织领导能力、合作共事能力、解决自身问题的能力。在此过程中,执政党要善于听取参政党的意见,自觉接受参政党的民主监督;参政党要向执政党学习加强自身建设,特别是学习掌握如何加强和改进政治引领、如何提高调查研究能力、如何大力培养代表人士、如何把各种学习实践活动引向深入。要注重将成熟的经验规范化、短期的举措长期化、分散的制度系统化,探索形成思想建设长效机制。

3. 加强新型政党制度的探索创新,破解和深化若干制约这一制度进一步发展的理论和现实问题。中国特色政党制度运行近70年来在实践中呈现生机勃勃的生命力,新型政党制度的提出也为政党制度自身的完善和创新提出新的课题。这里有需要继续加强的,有需要释惑解疑的,有需要转型升级的,也有亟待破解和探索的。梳理一下,大体可分成四大类共10个问题。第一类是老问题,即长期以来存在的薄弱环节和瓶颈问题。(1)基层如何破解多党合作和政治协商制度不规范问题。(2)如何破解民主监督难题。第二类是困惑的问题,即尚未完全破解或尚未得到广泛认同的深层次理论问题。(3)共产党执政地位和民主党派参政地位合法性问题。(4)如何看待目前非中共人士在政府机关和司法部门担任职务不如建国初多的问题? 党外干部是"花瓶"还是真的有职有权?(5)如何看待民主党派的组织发展问题。第三类是需要转型升级的问题,即过去已积累成功经验却面对新挑战需要重新谋划、转变思路的问题。(6)民主党派如何在港澳台海外统战工作中发挥积极作用。(7)发挥民主党派在意识形态中的作用。第四类是新问题,即中央最新会议和文件要求必须研究和破解的新问题。(8)参政党如何提升协商能力和水平。"虚心公听,言无逆逊,唯是之从。"这是执政党应有的胸襟。"凡议国事,惟论是非,不徇好恶。"这是参政党应有的担当。参政党一个重要职责是让执政党听到各方面声音,特别是批评的意见。同志们要敢于讲真话、建诤言,客观反映情况。(9)参政党如何提升解决自身问题的能力。(10)民主党派如何参与新的社会阶层人士工作。要加强参政党党建理论建设,破解与执政党党建理论建设不平衡不匹配的问题。①这些问题的破解,既靠理论创新也靠实践探索。如:关于如何提升协商的有效性的问题,中共杭州市委统战部协助农工党召开对口协商议政建言会,畅通从问政—知政—议政的渠道,推动了对口协商的机制创新;湖州市委探索创新党派提案常委督办机制,都十分有效。理论上的顶层设计和实践上的基层探索相结合,才能使新型政党制度进一步焕发出新的优势和特色。

4. 构建大宣传机制,不断优化新型政党制度的传播途径和舆论氛围。现在,世界对新的制度方案充满期待。新型政党制度提出,使世界特别是发展中国家对新的政党制度方案充满期待,也使国内各民主党派和各界人士以及广大人民群众对这项制度的效能的发挥充满期待。关键是要讲好的新型政党制度的故事,彰显中国特色政党协商和政治协商的成效。一是以讲故事的话语和方式提升传播效果。习近平同志指出:"要善于提炼标识性概念,打造易于为国际社会所理解和接受的新概念、新范畴、新表述。"②新时代,要面向世界讲好中国多党合作和政治协商精彩故事,展现中国社会主义民主政治运行的优势和特点、经验和启示,特别注重从中西方政党制度和政治制度对比中彰显中国智慧和中国方案的闪光之处,促进国际社会认识中国特色社会主义政治发展道路,进而理解中国特色社会主义道路、理论体系、制度和文化。正如诺贝尔经济学奖得主迈克尔·斯彭斯所说,美国已从"有钱人一人一票,变为一男子一票,再到一人一票,现在趋向一美元一票"。因此西方当前与中国的竞争不是民主与专制的对峙,而是两种截然不同的政治观点的

---

① 详细可参见:杨卫敏. 参政党党建理论建设刍议[J]. 重庆社会主义学院学报,2016(2).
② 习近平:在哲学社会科学工作座谈会上的讲话[EB/OL].(2016-05-18)[2018-08-06]. http://www.xinhua-net.com/politics/2016-05/18/c_1118891128_4.htm.

碰撞。现代西方视民主和人权为人类发展的巅峰;而中国取道不同,中国领导人准备允许民众更多地参与政治,前提是这有助于经济发展和有利于国家利益。①二是充分挥参政党在宣传中的独特作用。由于我国新型政党制度中共产党处于领导和执政的地位,民主党派处于政治上被领导和参政的地位,所以对外对社会的宣传中,民主党派更有话话权和说服力。作为世界上独一无二的参政党,各民主党派要深入界别群众,反映诉求呼声,参与基层协商和社会治理,在服务群众中提升知名度和社会形象。同时,各民主党派具有人才荟萃、联系广泛、交往多样以及位置超脱的优势,可以充分挖掘其文化交流潜力,共同传播中国声音、讲述中国故事,发挥自身"在平衡左右国际国内舆论中的积极作用"。充分发挥互联网的优势,注重在政党制度宣传上党内党外、体制内外、网上网下都要形成同心圆。三是不断探索、创新和扩大传播渠道。要利于"两会"、"世界政党大会"等各种场合,充分展现我国新型政党制度的特点、优势和协商民主的特色、成就,向各国政要、政党组织和各类政治组织,以及各种智库、媒体、社会团体、非政府组织等讲述好中国多党合作故事。还可以请海外华侨现身说法,在国内各界和国际社会宣讲对"中国之治"与"西方之乱"的切身感悟,增强中国新型政党制度的话语权。

这里特别要关注的一个新视角是:从国际范围看,政党关系也包括中国政党(包括共产党和民主党派)与世界各国政党的关系。在2017年中国共产党与世界政党高层对话会上,习近平指出:"不同国家的政党应该增进互信、加强沟通、密切协作,探索在新型国际关系的基础上建立求同存异、相互尊重、互学互鉴的新型政党关系,搭建多种形式、多种层次的国际政党交流合作网络,汇聚构建人类命运共同体的强大力量。"②在阐明构建人类命运共同体政党责任的同时,提出了许多政党政治与政党外交新理念,特别是提出建立新型政党关系三条原则的倡议,标志着当代中国政党外交进入新时代、达到新境界。而《中国共产党统一战线工作条例(试行)》明确指出:民主党派通过参政议政,发挥反映社情民意、协调社会关系、维护社会稳定、开展对外交往中的作用;支持民主党派和无党派人士在港澳台海外统一战线工作中发挥作用。这就为今后以民主党派为主体开展政党外交提供了空间,而民主党派作为参政党参与我国政党外交将大大提升我国新型政党制度在国际上

① 摘自美国《纽约时报》网站2012年2月16日文章,见:为什么中国的政治模式更优而在当今美国,金钱是煽动的大推手[N].环球时报,2012-02-19.
② 建立新型政党关系:新时代政党外交新境界[N].光明日报,2018-01-01(6).

的影响力和话语权。

第二节　统一战线与基层协商民主

协商民主是当前我国政治生活中的热门话题。目前学界和社会上对我国协商民主与西方协商民主的关系,协商民主的主体、渠道、方式,以及如何发展协商民主等方面,还存在着各种不同的理解。笔者认为,抓住基层协商民主这个根基和末梢进行审视分析,我们对协商民主的认识或许会更加清晰。

一、基层协商民主:顶层设计的空白与自由探索的空间

2015年2月,中共中央颁发的《关于加强社会主义协商民主建设的意见》将我国的协商民主分为七类,即:政党协商、人大协商、政府协商、政协协商、人民团体协商、基层民主协商、社会组织协商。其中党际协商和人民政协的政治协商是中国特色协商民主中发育最为成熟的两种形式,而基层民主协商的实践则最为丰富、最为鲜活、最为生动。

基层协商民主最具创新和发展空间。党际协商、人民政协的政治协商,以及人大的立法协商和政府的决策协商,都有一整套完备的法律、法规或政策作为制度保证。而作为新生事物,十八大给基层协商民主只提供了一句话的理论政策依据——"积极开展基层民主协商",这既给了基层实践探索的尚方宝剑,又留下了无限想象和创新空间。

基层干部群众具有民主协商的原动力。风起于青萍之末。基层是问题、矛盾、诉求的集聚地、高发地、高涨地。财权上移,事权下移,加上基层是熟人社会,易发生群体性事件。习近平在庆祝人民政协成立65周年大会上的讲话中强调:"涉及人民群众利益的大量决策和工作,主要发生在基层。要按照协商于民、协商为民的要求,大力发展基层协商民主,重点在基层群众中开展协商。凡是涉及群众切身利益的决策都要充分听取群众意见,通过各种方式,在各个层级、各个方面同群众进行协商。"

发展基层协商民主可以激发社会活力,推进国家治理体系和治理能力现代化。发展基层协商民主,可以丰富自治民主,发育社会组织,开放公共政策,发展选举民主,吸纳群众广泛参与,疏通诉求渠道,化解社会矛盾,促进社会和谐,激发社会活

力,提升决策水平,符合十八届三中全会提出的推进国家治理体系和治理能力现代化的目标方向。例如:2014年8月19日,各大媒体纷纷报道,十八届三中全会提出的全面深化改革的60项任务已启动,39个热点领域率先改革。其中"发展基层民主"列举的唯一例子即为浙江省临海市白水洋镇启动基层协商民主试点工作。人大的立法协商和政府的决策协商的发展,都有赖于基层民主协商的发展。正如习近平同志在浙江工作时指出的:"民主选举是基层民主政治建设的一个核心内容,是实现村民自治的前提和基础。但是,民主选举仅仅是民主政治的第一步。我曾经多次强调,民主选举不是民主政治建设的全部,一选了之肯定会出乱子,'民主选举、民主决策、民主管理、民主监督'都要配套完善起来,同时基层党组织要发挥领导核心和战斗堡垒作用。"[①]2014年9月24日,习近平总书记在庆祝人民政协成立65周年大会上的讲话中指出:"人民是否享有民主权利,要看人民是否在选举时有投票的权利,也要看人民在日常政治生活中是否有持续参与的权利;要看人民有没有进行民主选举的权利,也要看人民有没有进行民主决策、民主管理、民主监督的权利。"这两段论述是一脉相承、升级发展的关系。

基层协商民主实践与西方协商民主试验接轨、互动,可以增强我国的国家软实力和国际话语权。长期以来,东西方关于协商民主的理论和实践是两条不同的运行和发展轨迹,如果有逼近之处,那就是在基层的社会对话和公共协商方面。"协商民主"作为舶来词,是20世纪80年代欧美国家的学者提出的。这是一种后发的、被动的、弥补性的民主理念,且至今尚停留在理论探讨和政治试验阶段。21世纪初,西方协商民主才作为一种政治学理论和尝试被介绍到中国,供研究借鉴。中国的政治协商制度和实践要远远早于西方协商民主理论的提出,这是一种先发的、根植性的民主形式,对协商理念理解最深、发展最为成熟、成效最为显著。这是中国政治制度的特点和优势,是中共、各民主党派和中国人民在长期的革命、建设和改革实践中共同智慧的结晶,深深融入执政和参政理念,是对人类民主追求和政治文明的重大贡献。因此,在党际协商和政治协商方面,东西方不可同日而语,更缺乏达成共识的基础。

西方协商民主与中国协商民主可以互为借鉴之处,集中在基层协商和社会对话领域。因为按照西方学者的定义,协商民主就是自由和平等的公民通过公共协

---

① 摘自习近平同志2005年6月17日在浙江省金华市调研时的讲话。

商进行决策。在罗尔斯(美)、哈贝马斯(德)等著名政治哲学家的推动下,协商民主成为当代西方民主理论研究的热点问题并形成了一种共识:在多元文化和利益格局分化步步紧逼下,协商民主是一种具有巨大潜能的民主类型,它能够有效地回应不同利益阶层和多元文化间的社会认知的某些核心问题。而当前我国正处于经济社会转型期,社会越是分化,利益格局越是多样,文化越是多元,越需要协商。通过协商—妥协—达成共识,达到追求最大公约数的目标,实现从让步到进步,这在东西方文化中应是相通的。事实上,西方一些学者和政客,一方面对我国政党制度和人民政协存有偏见,另一方面对我国近10多年来出现的对话和恳谈式的基层民主却给了高度关注和肯定。1999年始创于浙江省温岭市的"民主恳谈会",不仅被国内外专家学者称为"21世纪中国农村基层民主政治建设的一道新曙光",还吸引了外国外交官去实地考察,被誉为"最有话语权的村民""泥土上长出来的民主"。

二、基层协商民主建设的浙江样本:印证和启示

(一)基层协商民主发展方面浙江走在前列

现在谈起基层协商民主,一般都会提及始于1999年的浙江省温岭市的基层民主恳谈会。事实上,21世纪初,不光在温岭,浙江其他很多地方都在积极探索基层协商民主的实践形式,从武义县的村务监督,到义乌市的工会维权创新,以及乐清等地的工资协商制度,等等,形成了各具特色、百花争妍的良好格局,其中不少获得了中国地方政府创新奖或其他全国性的奖项,引起了中央领导的关注,一些全国性的相关现场会也相继在浙江各地召开。

究其原因,一方面,浙江是市场经济、民营经济、草根经济先发地区,基层公民意识觉醒较早。1988年浙江(温州苍南)就发生过中国第一起民告官案件,自1990年至2009年的20年间,民告官达5.546万件,年均增幅达40%。[1]从民告官到民与官坐下来对话、恳谈、协商,化对抗为对话,不能不说是民主发展和社会进步的一种表现。另一方面,这也是各级党委政府审时度势、因势利导的结果。面对基层群众诉求日益增强的趋势,时任浙江省委书记的习近平指出:"基层矛盾要用基层民主的办法来解决。""推进基层民主建设是实现政治稳定、社会和谐的重要保证,基层民主越健全,社会就越和谐。要不断创新领导方式和工作方式,综合采用政治、经

---

① 详见行政诉讼法实施20周年——20年,"民告官"十大经典案例[N].钱江晚报,2010-09-28(A5).

济、行政、法律和民主协商等多种手段,提高将矛盾化解在基层、消灭在萌芽状态、控制在局部的能力。"①这些话说到了基层干部群众的心坎上。在群众自发基础上,党政有关部门积极进行组织引导,并形成了各具特点的形式。如:温岭市的民主恳谈会最早是由宣传部牵头的(当时宣传部在农村开展形势教育时,应村民要求虚实结合,将党的路线方针的宣讲融入农村重大事项决策讨论过程);余姚的镇村民主协商会是统战部牵头的(余姚市委统战部在多年来培育和传播统战文化的基础上主导的);杭州市余杭区的街道民主协商会议,是由组织部主导的(在撤镇改街过程中,为了弥补因街道没有党代会、人代会造成的基层党员和群众民主权利缺失);海宁市斜桥镇的村级民主协商是政协牵头的;绍兴市柯桥区安昌镇的各界人士联谊协商组织是以党政为主导、社团为主体的;等等。

(二)浙江省基层协商民主的主要类型、做法和成效

浙江各地在实践探索中不断丰富和创新载体,努力构建群众自治协商平台,并取得了初步成效。

一是基层民主决策中的协商民主。包括:各类议事协商会、民主协商会、民间智囊团、恳谈会、听证会、"民情气象站"等。如余姚市的乡镇街道及村民民主协商会,确立了"三在前、三在先、三不得"协商原则:基层重大事务必须协商于党组织决策之前、法定会议表决之前、行政组织实施之前;重要政策决策必须先协商后制定、先协商后通过、先协商后实施;未经民主协商的不得决策、不得表决、不得实施。这项制度实施以来,全市连续两年实现信访总量、重复上访、网上信访、越级群访四下降,特别是利益权益类信访明显下降,实现了宁波市平安建设先进县市七连冠。除此之外,民主协商会在消解怨气矛盾、化解信任危机中发挥着独特作用。

二是基层民主管理中的协商民主。包括:"民情合议庭"、"和事佬"、调解队、动迁圆桌会议、新居民联谊会等。这项探索在当前县域成为群体性事件高发地带的情况下尤具意义,成为基层干部创新社会管理的重要途径和渠道。如:绍兴市柯桥区安昌镇党委政府在经历前几年群体性事件高发的阵痛后,先后成立了21个联谊性社会组织,镇财政每年划拨110万元作为经费补贴(与考核挂钩),有效化解了矛盾纠纷,融洽了干群关系。

三是基层民主监督中的协商民主。包括:市民观察室、村务监督委员会、宗教

---

① 2006年10月11日《浙江日报》"之江新语"专栏。

场所财务代理制度。武义县的村务监督委员会,是时任浙江省委书记的习近平在实地调研后积极倡导的,并荣获2007年中国地方政府创新奖。目前,村务监督委员会在浙江已实现全省全覆盖。而宗教场所财务(会计)委托宗教团体代理,给信众以明白,还管理者以清白,大大促进了农村宗教事务的社会化、民主化和法制化管理,促进了宗教与社会主义社会相适应,促进了社会的和谐稳定。

四是基层民主自治中的协商民主。包括:杭州市上城区的邻里值班室、慈溪村务协商民主、温州市鹿城区的社区协商议事会、杭州市西湖区德加社区的"网络协商民主"等。比如:温州市鹿城区松台街道成立了社区协商议事委员会,由街道统战委员和社区统战工作站出面,邀请交警、城管等部门共同参与,有效解决了"小区停车难"等问题。

(三)启示:发展基层协商民主的要件

从浙江各地的探索看,要发展基层协商民主,必须回答和解决好五个问题:一是关于"协商什么"的问题,需进一步明晰协商内容;二是关于"与谁协商"的问题,需进一步扩大协商参与范围;三是关于"怎样协商"的问题,需进一步规范协商基本程序;四是关于"协商形式如何丰富"的问题,需进一步发展和创新适合基层各种协商的各不相同、各具特色的平台和载体;五是关于"协商结果如何落实"的问题,需进一步强化协商保障。

当然,任何一种民主协商,都没有最好,只有更好。我们既要尊重和相信基层群众创新的勇气和智慧,又要加强顶层设计和指导。十八届三中全会强调要"开展基层民主协商,推进基层协商制度化"。为此,建议有关部门在广泛深入调研的基础上,研究出台全国性的指导意见,引导基层协商民主规范、有序、有效地开展,推进其广泛、多层、制度化发展。

三、统一战线:基层协商民主的催化剂和助推器

十八届三中全会指出,要发挥统一战线在协商民主中的重要作用。民主党派和人民政协中长期存在的突出问题是"协商有余、落实不够、监督不足"的问题,在共产党领导的多党合作和政治协商制度的框架内,要着重解决协商的有效性问题和民主监督难的瓶颈问题,而这主要有赖于作为执政党的中共各级党组织的重视和支持。统一战线、民主党派、人民政协推进协商民主建设的着力点,应放在参与基层协商民主建设方面,力争有所作为。

我国正处于经济社会转型期,呈现出阶层分化、利益调整、思想多元、矛盾凸显、诉求增强等鲜明特点。党的十八届三中全会揭开了全面深化改革的大幕,改革越深入,利益越调整,越需要凝聚共识。习近平总书记多次强调,要寻求推进改革开放的最大公约数,要寻找利益最大公约数,最广泛凝聚改革共识。①发展基层协商民主正当其时。统一战线作为社会的稳定器、平衡物、减压阀和黏合剂,在凝心聚力、整合日益分化的社会资源方面有着独特的作用。在参与和助推协商民主特别是基层协商民主建设方面,统一战线有着显著的资源优势、网络优势、制度优势和功能优势。

资源优势:基层协商民主同样需要民主党派、统一战线和人民政协广泛参与。调查显示,中国公民的政治参与度居中等偏下水平,其中接触过人大代表的比例仅为4%,接触过政协委员的仅为2%,呈现出参与意愿较高,但实践水平较低的情况。②统一战线线长面广,涵盖15个方面成员,特别是其中的代表人士,大都专业上有成就、社会上有影响,参政议政水平高,具有较强的代表性,是基层协商民主中不可多得的宝贵资源。而在参与基层协商民主实践中,各类人才特别是各类基层群众领袖脱颖而出,成为新的代表人士,又为发展壮大统一战线注入了新鲜血液。

网络优势:当前统战工作社会化方兴未艾,特别是随着体制外的新的社会阶层人士日益增多且新的群体不断产生,各地积极推进统战工作进社区、进农村、进社团、进企业、进学校。从浙江看,当前各级知识分子联谊会和商会组织遍布乡镇、街道甚至社区和村,为延伸党和政府的工作触角,巩固党的执政基础,扩大党的群众基础发挥了积极作用,也为助推基层协商民主提供了网络平台。如:温州市市区两级统战部门探索建立统战性的网络联谊会,积极引导在社会上有较大影响的民间网站传递正能量,让网络空间清朗起来。

制度优势:民主党派、无党派人士参政议政、民主监督,是我国政党制度和政治制度规定的,是一种制度安排,可以在基层协商民主中发挥独特的作用。如:温岭市组建统一战线评议团,由36名民主党派成员和无党派人士组成,下设4个专家顾问组,就各自领域议题开展民主评议,评议结果作为衡量民主恳谈成效的重要依据。类似的组织还有慈溪市、杭州市下城区的统一战线评议团、商议团,兰溪市的

---

① 2014年2月17日在省部级主要负责人专题研讨班上的讲话。
② 中国社会科学院《中国政治参与蓝皮书(2011)》数据,见《民众参与政治是中国新课题》一文,载于2011年7月1日《环球时报》。

统一战线议事会,等等。再如:台州市黄岩区的专题协商会,宁波市北仑区的民主党派基层组织与中共支部共建,仙居县的乡镇重大决策党外人士咨询顾问制度,安吉县的民主党派政协委员工作室,临海市的党外人士乡村"同心会客室",等等,不仅促进了基层协商民主的有序有效开展,而且破解了基层多党合作、政治协商和民主监督的瓶颈问题。

功能优势:求同存异、包容共赢,是统一战线与协商民主之间高度契合的理念,也是统一战线参与协商民主建设的天然优势和内在动力,在实践中形成了两者之间你中有我、我中有你、互为融合、互为促进的良性互动格局。乐清、温岭等地的工资集体协商制度,嘉善县的台企沙龙、民企沙龙,以及义乌市的人民调解进商会,温州等地的商会承接政府部分职能试点,都是协商民主理念在非公有制经济领域成功运用打造的亮点。参与基层协商民主建设,也为挖掘和传播统战文化培育了肥沃的土壤。比如:余姚市泗门镇谢家路村每年组织村"两委"和村民代表到省社会主义学院学习统战理论,村里还设有社会主义学校,运用统一战线协商、民主、包容、共赢的理念处理村务。

四、原则和路径:统一战线推进基层协商民主的落脚点

要坚持正确的政治方向。推进基层协商民主要符合国情。西方国家和我国的国情有很大不同,绝不能照搬照抄西方国家的经验。统一战线在推进基层协商民主时,必须坚定不移地走中国特色社会主义政治发展道路,要坚持在党的领导下,在法律规定的范围内,以合法、合理、合适的方式来进行,要讲政治、顾大局。

要争取各级党委政府的重视支持和有关部门的协同配合。比如:浙江余姚市委赋予统战部牵头主抓职能,把基层民主协商纳入重点督查和乡镇班子考核内容,这就很有力;而台州市黄岩区以区委名义发出《关于推进统一战线领域协商民主制度建设的实施意见》,通过推行"三制五环"法(即建立健全协商议题确定机制、协商讨论开展机制、协商成果落实机制等三项机制,做好调查研究环节、会议准备环节、沟通商讨环节、梳理汇总环节、研究部署环节五个环节),建立健全协商活动中的有关机制,有效实现了协商民主的具体化、规范化和程序化,真正使协商民主落到实处、取得实效。与此同时,必须下好"联动"这步棋,避免出现各部门之间"打架"的情况。统一战线参与基层协商民主的工作要主动融入基层、融入协商过程,防止出现"自拉自唱"、各单位各吹各调的情况。要牢固树立"一盘棋"的思想,注重工作的

全面性、系统性和协调性,既各司其职、各负其责,又密切协作、整体推进,形成各部门共同推进基层协商民主发展的强大合力。

要因地制宜,创出特色。不同地区的经济、文化、社情、民意不尽相同,发展基层民主协商不会全然相同。各地好的经验可以借鉴,但必须结合本地实际勇于探索和开拓。统战部门只有对国情、省情和各地的具体情况有一个清晰的了解,才能找准结合点,找到突破口,彰显优势,创出特色,赢得地位。近年来,浙江省各地统一战线紧扣当地实际,围绕着推进基层协商民主积极探索,大胆创新,做到了"八仙过海,各显神通"。

要对症下药,因"事"制宜。基层协商民主要根据不同类型的基层公共事务来设计、谋划和组织实施。如临海市统战部门在全市探索出四类基层民主协商:决策性协商、执行性协商、监管性协商、调处性协商。在推进基层民主决策方面,统战部门要着重加强基层协商民主制度设计,建立公众参与决策机制,搭建起民主决策制度化平台,及时向党委政府反映统战对象带有界别性、代表性的意见,提出具有前瞻性、全局性和可操作性的建议,真正变"为民做主"为"让民做主";在推进基层民主管理方面,统战部门要通过积极建立各种社团组织,努力将民众诉求由无序变为有序,使诉求渠道规范、畅通。要组织党外代表人士对地方重大事项进行评议,推荐优秀党外人士参与政务管理,使各界人士更有效地参与到基层政治生活中;在推进基层民主监督方面,统战部门要积极组建各类专家评议团,组织具备一定专业水平和社会影响力的民主党派、无党派人士积极参与,针对一些涉及面广、影响面较大的群众诉求案件,举行评议会,双方公开对话,评议团做好评理解释工作,引导当事人理性表达诉求,促成双方协商解决问题;在推进基层民主自治方面,统战部门要为扩大基层群众的有序政治参与搭建平台,将基层群众自我管理的积极性纳入制度化、规范化轨道,要拓宽思路、创新举措、健全机制、形成合力,积极推进基层群众在公共事务和公益事业中的民主参与度,引导统一战线广大成员坚持自觉、自主、自为的原则,达到自我教育、自我引导、自我提高、自我完善的目的,有效增强群众的"归属感"和参与意识。

要量力而行,稳步推进。推进基层协商民主发展的工作不是追潮流、赶时髦。协商民主也不是"包治百病"的万能药,必须促进选举民主、协商民主、监督民主、自治民主四类民主协调发展,才能让社会主义民主这辆马车平衡、有序前进。统一战线推进基层协商民主的发展要从自身实际入手,找准"切入点",先易后难、一步一个脚印地探索推进,切忌一哄而上。要把推进基层协商民主发展的落脚点放到党和政府关注的重大问题上,放到基层群众关心的紧迫问题上,放到统一战线力所能及的现实问题上,力求做一件成一件,传递统一战线的正能量,切忌摆"花架子"、做表面文章。

第三节　关于社会组织协商的探索研究

中共中央《关于加强社会主义协商民主建设的意见》(以下简称《意见》)明确了我国协商民主的7种渠道。相比其他6种渠道,《意见》对社会组织协商没有做出比较具体的规定,只有一小段表述:"探索开展社会组织协商。坚持党的领导和政府依法管理,健全与相关社会组织联系的工作机制和沟通渠道,引导社会组织有序开展协商,更好为社会服务。"这段表述没有单独成为一个部分,而是放在第八部分"稳步推进基层协商"中。《意见》指出:"要重点加强政党协商、政府协商和政协协商,积极开展人大协商、基层协商和人民团体协商,逐步探索社会组织协商。"这表明,社会组织协商理论研究和实践探索的空间都很大。笔者以中央有关文件精神为指导,参考现有为数不多的相关研究成果,重点剖析浙江省各地在社会组织协商方面的实践探索,勾勒社会组织协商的基本架构,梳理社会组织协商面临的难点问题,提出推进社会组织协商的对策,探讨通过社会组织统战工作促进社会组织协商的思路。

一、当前我国开展社会组织协商的背景和意义

改革开放以来特别是进入21世纪以来,我国社会组织迅猛发展。有关数据表明:我国的社会组织总数已经从1988年归口民政部登记管理之初的4446个增长到2013年的54.7万个,增长了超过100倍,平均每年增长21%。[1]如果把各类自组织计算在内,我国社会组织的规模就更加庞大,其总数超过300万个。社会组织植根于基层社会,会聚各界人士,联系基层各方面群众。它们除开展各自组织的内部活动外,还开展各类社会救助和社会服务,吸纳和反映利益诉求,协调化解社会矛盾,参

---

[1] 中央文件首次明确提出要逐步探索的一种协商民主形式——何谓社会组织协商[N]. 北京日报,2015-02-02(17).

与各类专业咨政。但是长期以来,社会组织的协商、沟通、对话、恳谈的功能还远远没有发挥出来。目前,我国的政治体制、机制和渠道尚不能完全有效满足各类利益群体、新社会阶层、新经济组织、新社会组织、社会团体日益增长的政治参与需求,民意表达的渠道还不够畅通,急需发展包括社会组织协商在内的民主渠道。在新形势下,积极探索、广泛开展社会组织协商具有重大意义。

(一)开展社会组织协商是拓宽有序诉求渠道、促进社会和谐稳定的必然要求

当前,我国正处于经济社会转型期,呈现出阶层分化、利益调整、思想多元、矛盾凸显和诉求增强等显著特点。民众的政治参与热情日益高涨。社会越是分化,利益格局越是多样,文化越是多元,越需要通过协商求得社会共同利益和核心价值的最大公约数。随着经济体制的深刻变革,我国社会的组织方式发生了巨大的变化,公民从"单位人"转变为"社会人"。在城市就业总人口中,"单位人"由过去的95%以上下降到现在的25%左右,这种状况迫切要求把越来越多的"社会人"重新组织起来。一方面要疏通和扩大他们反映诉求的渠道,另一方面要把他们的诉求和参与纳入有序规范的轨道。社会组织是党和政府沟通社会、联系社会的有效载体和重要渠道。社会组织协商可以让有怨气、怨言的民众拥有正式的渠道和机会,让想说话、提意见的民众拥有表达的空间;可以寻求价值共同点和利益最大公约数,达成广泛共识;可以更好地协调社会关系,规范社会行为,促进社会公正,防范社会风险,维护社会稳定。

(二)开展社会组织协商是激发社会活力、推进国家治理体系和治理能力现代化的重要内容

推进国家治理体系和治理能力现代化,是我们党继"四个现代化"之后提出的"第五个现代化"。与"管理"相比,"治理"更加强调主体多元化,更加强调激发社会活力,更加强调发挥社会组织的作用。从国际经验来看,一个成熟的现代社会,其政府、企业和社会组织这三种力量要实现基本均衡。20世纪60年代以来,欧美国家发生了一场范围广泛的"结社革命"。一些欧美国家的政府退出传统的微观经济干预领域,把大量的公共服务项目转由社会组织来提供,逐渐形成了"小政府、大社会"的管理格局,形成了"第三方治理"模式。比如:中欧、北欧一些国家的政府吸纳新社团主义、新协和主义,注重在社会各个阶层、各个方面培育社会组织,以有效吸纳和反映各方面的利益诉求;澳大利亚墨尔本市政府通过购买社会组织提供的服务,直接管理社区。党的十八届三中全会提出,全面深化改革的总目标是完善和发展中国特色社会主义制度,推进国家治理体系和治理能力现代化。社会组织涉及经济、政治、文化、社会、生态等领域,是国家治理的重要主体。推进我国治理体系和治理能力现代化,必须激发社会活力,大力培育社会组织,把政府部分职能转移给社会组织,积极开展社会组织协商。

(三)开展社会组织协商是拓展和深化党的群众工作,促进党和政府科学决策、民主决策、依法决策的重要途径

党的领导的一个显著特点就是寓领导于协商之中。协商的过程既是广泛听取各种不同声音、充分吸收有益意见建议的过程,也是让社会各方了解和接受党的政治主张和路线方针政策的过程。大力发展社会主义协商民主,体现了执政党对人民意愿和人民权利的尊重,有利于密切党与人民群众的联系,推动改进党的领导方式和执政方式,保证党领导人民有效治理国家。社会组织协商涵盖社会各界、各方面人士的主体,既反映多数人的普遍愿望,又吸纳少数人的合理主张,可以最大限度地实现最广大人民群众的民主权利。特别是由于社会组织具有行业、专业、职业、第三方、灵活、根植基层等独特优势,各级政府把听取社会组织意见建议纳入决策的必经程序,集思广益、求同存异,使社会组织所联系群众的意见和主张在体制内能够得到充分、顺畅的表达。这有利于增强决策的科学性,有利于减少或避免决策失误。建立在相关利益群体协商、妥协与共识基础上的公共政策更容易为各方所接受,更具有正当性和合法性,更能够得到顺畅的实施。

二、社会组织协商的概念、渠道和实现形式

(一)社会组织协商的概念

《意见》对社会组织协商是什么、包括哪些内容等都没有详细的表述。为数不多的相关文献主要有两种观点。第一种观点认为,一个成熟的现代文明社会,是政府、企业、社会组织三种力量通过博弈达到动态均衡的社会,三者共同构成稳定社会的"铁三角"关系。在这种三角关系当中,社会组织是最为根本和最为基础的一角。这种关系决定了社会组织协商的基本架构,即政府与社会组织的协商、企业与社会组织的协商、社会组织之间的协商。这种关系也决定了社会组织协商的基本内容,即政治重大决策的协商、企业发展的重大相关利益的协商和社会组织不同利

益诉求、利益冲突之间的协商。[①]第二种观点认为,社会组织协商民主指的是社会组织成员就内部事务问题,社会组织之间就利益相关问题,以及社会组织与国家政权机关等,就经济社会发展的重大问题和人民群众关心的直接现实利益问题,基于平等、理性、包容、公开等原则理性协商、充分讨论以达成一定共识。[②]这两种观点大同小异。综合这两种观点,我们可以把社会组织协商分为四个方面:社会组织与政府的协商、社会组织与企业的协商、社会组织与社会组织的协商、社会组织内部的协商(见图7-1)。

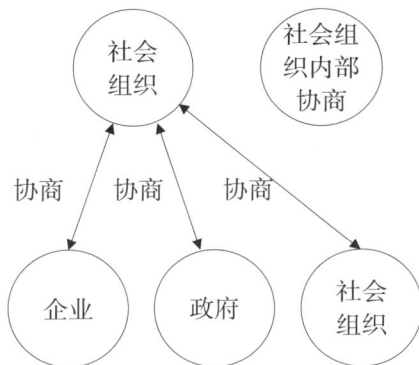

图7-1　社会组织协商渠道

在实践探索中,我们虽然很难完全区分社会组织协商与基层协商,但是必须在概念上厘清两者的边界。只有这样,社会组织协商才能找到自己的位置、彰显自己的特色、体现自己的价值,也才能真正开展起来。由于社会组织大都根植于基层,社会组织协商和基层协商都属于社会协商而不是政治协商,社会组织协商在广义上属于基层协商的范畴。这就是在较长一段时间内我们只提基层协商而不单独提社会组织协商的原因。然而,两者是存在显著不同的。一是协商发起者不同。基层协商的发起者主要是乡镇(街道)、村(社区)和企事业单位的党政组织,社会组织协商的发起者既可以是社会组织自身,也可以是其他主体。二是参与者的代表性不同。基层协商的参与者主要是本地区、本单位的各界代表人士(包括党代会代表、人代会代表和政协委员等),社会组织协商的参与者只是本社会组织代表和相

---

① 中央文件首次明确提出要逐步探索的一种协商民主形式——何谓社会组织协商[N]. 北京日报,2015-02-02(17).
② 康晓强. 社会组织协商民主建设的四个关系[N]. 学习时报,2015-04-13(4).

关方代表。三是协商的内容不同。基层协商的主要内容是本地区、本单位的重大决策或关系群众切身利益的问题,社会组织协商的主要内容是与本社会组织及所在阶层、界别相关的重大问题。四是协商的程序不同。基层协商发生于决策之前和决策之中,社会组织协商在事前、事中甚至事后都可以进行。五是协商的形式不同。基层协商的形式一般有议事会、恳谈会等,社会组织协商的形式则灵活多样、不拘一格。六是协商结果的效应不同。基层协商的结果具有一定的强制性和法律效力,社会组织协商的结果主要是达成共识,其落实主要靠参与协商各方的契约精神。

(二)从浙江各地的实践探索看社会组织协商的实现形式

浙江省拥有规模庞大的社会组织,是基层协商和社会组织协商开展得比较早的地区。从浙江省各地的实践探索来看,基层协商民主主要有以下一些类型:一是基层民主决策中的协商民主——各类议事协商会、民主协商会、民间智囊团、恳谈会、听证会、"民情气象站"等,二是基层民主管理中的协商民主——"民情合议庭"、"和事佬"、调解队、动迁圆桌会议、新居民联谊会等,三是基层民主监督中的协商民主——市民观察室、村务监督委员会、宗教场所财务代理制度等,四是基层民主自治中的协商民主——杭州市上城区的邻里值班室、慈溪村务协商民主等。① 在这些协商民主的具体形式中,基层协商与社会组织协商你中有我、我中有你,很难被截然分开。但从狭义角度来看,浙江各地基层开展得较有成效的社会组织协商主要有以下六种实现形式。

参与立法协商。近年来,一些社会组织积极参与法律、行政法规、部门规章、地方性法规和地方性规章的制定和修订。浙江省各地工商联提交的政协团体提案,大部分是由各类商会首先提出的。一些地方的党委、政府、人大、政协还通过工商联或直接与商会建立了沟通协商的工作机制。一些市县的工商联(商会)还成立了政协委员工作室。商会组织积极参政议政、反映诉求、维护权益,形成了有利于民营经济发展的法治环境。比如:浙江省工商联自行车电动车商会在参与省、市制定电动车管理办法的协商时发挥了积极作用。2008年,杭州市有人大代表提出议案,主张对本市电动自行车总量实施控制。省工商联自行车电动车商会积极与市人大和政府有关部门联络,发表意见和建议,反映行业诉求,对这一议案最终被否

---

① 杨卫敏. 基层协商民主应是我国协商民主建设的重中之重[J]. 中央社会主义学院学报,2014(5):20-24.

决起到了一定作用。在2011年国家四部委发布《加强电动自行车管理的通知》后，浙江省工商联自行车电动车商会在广泛听取电动车企业意见的基础上，参加由省经信委组织公安、质监、工商等部门在杭州召开的电动自行车生产、销售企业座谈会，协商制定了《浙江省电动自行车管理办法》，推动电动自行车产业健康、有序发展。

参与决策协商。浙江省一些地方通过建立智库、组织顾问团、举办沙龙等形式，吸纳社会组织参与决策协商。比如：台州市路桥区成立了社会组织促进会，建立社会组织智库；仙居县建立乡镇街道咨政顾问团，由32名各社会组织的代表组成；嘉善县通过台企沙龙、民企沙龙等形式听取商会及企业对政府有关决策的意见；温州市政府及有关部门在制定非公有制经济有关政策和在协调非公有制经济有关工作时，都吸收工商联和商会组织参加。在我国民主恳谈的发源地温岭市，温岭市委在《关于全面深化民主恳谈推进协商民主制度化发展的意见》中明确规定：对话型民主恳谈可在市级、镇（街道）、村（社区）的党组织、人大、政府、政协、社会团体、事业企业单位、群众自治组织以及其他各社会组织中开展，起收集民意、沟通信息、协商问题、协调矛盾的作用。

参与行业协商。行业商会通过开展行业协商，规范市场秩序，加强行业自律，维护公平竞争。在浙江省非公经济最为发达、行业商会最为健全的温州市，行业商会（协会）承接了一些政府做不到、做不好或不便去做的事情，包揽了"开展行业自律、规范同业竞争、协调内外关系、解决矛盾纠纷"等方面的事务。行业协商具有如下几个基本功能。一是加强质量建设，参与标准制定。不少行业协会是相关行业标准、规划和政策的实际起草者。二是组织同行议价，避免恶性竞争。三是维护知识产权，避免同行仿冒。四是直接参与政府部门组织的一些行业性的检查、验收、认证、资质审查及市场秩序整顿等工作。温州、宁海等地商会还承接了政府部分职能的转移。比如：宁海县商会企业服务中心会同一家中介机构推出劳动用工管理内审服务，并以诊断报告的形式给予反馈和预警。加强与中国人寿保险公司的合作，在正常工伤保险的基础上，共同推出"工伤补偿险"。原先职工出现工伤事故时，人社局和企业都要承担相应的赔偿份额；现在企业的部分赔偿份额由保险公司承担，大大节省了企业的成本。该险种还把因各种原因无法参保工伤险的职工纳入参保范围，有效助推了劳动关系和谐企业的创建。

参与社会协商。不少社会组织积极参与社会公共事务管理，在化解社会矛盾、解决社会问题方面优势明显、成效显著。比如：温岭市引导、鼓励社会组织参与协商，特别是发动行业商会（协会）、宗教团体、中介机构、社团组织及专业性机构广泛参与协商。这样既保证了参与的有效性，又保证了参与的广泛性和平等性，使社会各界、各利益群体都有机会和渠道参与协商、表达诉求、提出建议。其中，最有影响力、最具代表性的是工资集体协商。它已确立"行业协商谈标准、区域协商谈底线、企业协商谈增幅"的协商模式，覆盖16个行业的8972家企业，惠及职工近50万名。温岭市的工资集体协商发端于13年前。2005年，温岭市新河镇羊毛衫行业的1万多名职工推选代表组建行业工会，与由113家企业组成的行业协会代表进行集体谈判。实施这一机制后的一年间，该镇羊毛衫行业劳资纠纷上访量同比下降70%，2006年以来实现零上访。这有效改善了劳资双方关系，保障了职工和企业主的权益。此外，在处理温岭市松门镇新老教堂历史遗留问题的民主恳谈会上，温岭市基督教"两会"从宗教、规划、土地等方面的政策、法规入手进行评理、解释，使双方达成基本共识，促成了调解的成功，化解了20多年的历史遗留问题。

随着外来人口的大量涌入，新老居民如何融合是和谐社会建设的一大课题。浙江省的一些地方通过社会组织协商找到了解决问题的办法。比如：湖州市以吴兴区织里镇为试点，指导组建新居民和谐促进会，探索开展"书记面对面""民主恳谈会"等有效形式，进一步拓宽基层群众利益诉求的表达渠道，促进新老居民共建共融，成功协调解决各类纠纷20余起。再如：温州市鹿城区松台街道成立了由社区各种联谊组织代表参加的社区协商议事委员会。社区协商议事委员会由区委统战部指导，由街道统战委员和社区统战工作站出面组织，邀请交警、城管等部门共同参与，有效解决了"小区停车难""广场舞扰民"等"清官难断"的"家务事"。桐乡市安庆商会（异地商会）成功协助调解安庆籍在桐务工人员与当地学校的纠纷问题。

参与国际事务协商。在参与国际贸易争端谈判中，浙江省各地的商会发挥了重要作用。10多年来，面对越来越多的贸易壁垒，浙江省各地商会已经由消极抵制走向积极应对，由个案和偶然行为走向普遍的常规活动，并建成了包括信息收集、预警、协调、应诉和标准建设等在内的系统工程。首先，浙江省各地商会已经成为对外贸易预警和信息收集的行为主体。其次，浙江省各地商会推动行业标准体系建设，使行业标准体系与国际标准接轨。比如：浙江省皮革行业协会协同有关部门制定了《浙江省对德出口皮革及制品有关管理规定（草案）》，禁止使用含芳香胺基团的染料,成功突破了欧盟的"偶氮"禁令。再次,浙江省各地商会协调和组织应诉贸易壁垒。《浙江省应对出口反倾销暂行办法》规定,商会是"协助组织企业进行应诉"的主体之一。如果遭遇贸易壁垒的产业分布在全国若干地区,浙江只是其中一个地区,浙江省各地商会可联合其他地区的商会进行协调和应诉;如果浙江的某些产业集群缺乏实力强大、能够代表行业应诉的龙头企业或者龙头企业不愿意进行应诉,那么只能由商会组织企业进行协调和应诉。10多年来,浙江省各地的商会、协会组织,先后打赢了对美国和欧盟的鞋革、打火机、紧固件等"双反"国际官司。这也极大提升了浙江省各地商会、协会组织的影响力和向心力。

开展社会组织内部协商。浙江省一些地方的商会组织通过内部协商达到了善治。比如:舟山市定海区某专营海鲜大排档的商业街原是"脏乱差"的典型,2011年在当地商会的指导下成立了由几十户经营业主自行组织、自我管理的"东港海鲜排档联谊会"。在该联谊会的积极作为下,该商业街仅仅一年间就一跃成为全省首批、舟山市唯一的特色商业示范街。再如:从2010年开始,义乌市工商联与司法局、法院等部门积极配合,先后组建了37家异地商会调解委员会、3个镇(街道)商会调解室、2家行业协会调委会,商会调解组织的覆盖面达67.7%。仅在2012年,义乌市的商会调解组织就受理劳资纠纷、借贷、市场摊位租赁、合伙经营、外贸货款、产品质量等方面的各类纠纷近800起,调解所涉金额达2.5亿元,得到了纠纷各方的认可。全国工商联专门在义乌召开了法律工作座谈会暨商会调解工作现场会。余姚市裘皮商会确立了较高标准的人民调解目标:100%调解,成功95%,零民转刑,零死亡。

此外,在外来特殊群体的管理服务方面,浙江省的一些地方通过建立自治联谊组织进行协商,较好地解决了相关问题。比如:中外穆斯林集聚的义乌市建立了"教育、引导、管理、服务"四位一体的综合管理模式,引导支持伊斯兰教活动场所建立民主管理委员会,每年成功调解各类纠纷10余起,得到了中央领导的批示和肯定。再如:在杭州市西湖区有关方面的引导和支持下,兰州拉面馆协会(下设若干自治小组)成立并制订相关章程和规约,协商调处相关事务,解决了10多年来困扰城市管理的难题。

(三)社会组织协商可行性的个案分析:以临海市新居民组织"圆桌议事"为例

浙江省是全国外来人口第二多的省份(仅次于广东),有各类新居民1400万余人,其中有11个县(市、区)和126个乡镇(街道)的外来人口超过本地人口。新居民的成分较为复杂,如何引导他们融入当地社会是一个新课题。浙江省各地较为普遍的做法是成立新居民联谊会,开展社会组织协商,让他们有序反映诉求。临海市从2013年4月开始,先后在杜桥镇、古城街道、涌泉镇等建立新居民联谊会组织。新居民联谊会组织通过"以新联新、以新管新、以新稳新、以新融新"的方式,引导新居民融入当地、融汇文明、和谐共处,在促进当地社会稳定和经济发展方面发挥了积极作用。其主要做法可以概括为"一定、二提、三议、三理"。

一定,即"圆桌议事"的周期——新居民"圆桌议事日"。新居民联谊会引入协商民主理念,建立"圆桌议事"机制,并聘请能力好、具有一定威信的新居民联谊会理事为"新居民圆桌议事员"。新居民联谊会的会长、副会长为当然的议事员,另外再通过推选等方式确定若干名议事员。议事员任期为2年,可连选连任。明确规定每月1日为"圆桌议事日",定期在新居民服务中心举行圆桌会议,商讨涉及新居民各方面的民生问题。

二提,即"圆桌议事"议题提出的两种主要途径——党委政府提出、理事商议提出。一方面,党委政府加强与新居民联谊会的沟通协调,涉及新居民的重大问题都要先与新居民联谊会通气,对于一些涉及新居民稳定和民生问题的重要议题都要求"圆桌议事"先行商议。比如:临海市流动人口管理局在与新居民充分协商的基础上出台了流动人口服务积分制政策。另一方面,新居民联谊会的理事可提出其认为值得商讨的议题,在初步讨论后提交"圆桌议事"会商。比如:杜桥镇新居民联谊会从成立以来,已举行"圆桌议事"19次,提出并讨论议题56个,成效显著。

三议,即"圆桌议事"的三种议事方式——会议商议、网上互议和主动约议。会议商议,就是召集理事坐下来开会,商讨议题,协商沟通,交换意见,形成协商共识,提出处理办法。网上互议,就是利用QQ群、微博等网络平台来讨论议题,让理事提出建议和策略,讨论协商,达成共识。主动约议,就是理事针对议题,主动邀约相关人员开展座谈交流会,探讨解决问题的办法;会员、企业主动邀约理事,商议处理问题的办法。

三理,即"圆桌议事"建议的三种处理方式——理事分理、协商议理和直报请理。理事分理,是指根据理事职责分工,由各理事根据建议的实际情况分别予以处理。比如,有专门人员负责就医、就业、就学和维权等方面的事务。协商议理,是指对于一些涉及面广、相对困难的建议,积极邀请有关部门予以会商解决。直报请理,是指对于一些关系重大或者超出新居民联谊会能力范围的建议,及时报送当地党委政府,请求予以解决。

临海市的新居民"圆桌议事"制度建立两年来取得了显著的成效。一是有效促进了社会稳定。该制度成功化解了30多起涉及新居民的矛盾纠纷(其中不乏医疗事故、意外死亡等棘手案件),所在镇(街道)的刑事发案数同比下降12%,"两抢"案件同比下降28%,外来人口街头犯罪率同比下降65%,得到了社会各界的肯定。二是有效解决了新居民在就学、就医、就业等方面的问题。比如:杜桥镇划出30多万元专款给当地医院,以方便新居民就医;对于不符合相关就读条件的新居民子女,积极帮助联系介绍就读学校,并要求给予一定的学费优惠。三是有效促进了"内外融合"。"圆桌议事"把"为新居民做主"变为"让新居民做主",让新居民开始有了"家"的感觉。

三、当前我国社会组织协商存在的问题及对策

总体来说,我国社会组织协商尚处于起步阶段,顶层设计不系统,基层探索不成熟。近年来,虽然一些行业和商会的协商一枝独秀,但在其他领域和社会组织中,社会组织协商的潜力远未发掘出来。这集中表现为两个方面的问题。一是政府与社会组织开展协商的意识不强。有的政府部门把社会组织看作客体、被管理对象,往往存在"想协商就协商,不想协商就不协商"的问题。各级政府及其工作部门尚未普遍建立与社会组织的对口协商机制,往往出现"喜欢谁就找谁来协商,不喜欢谁就不找谁来协商"的现象。有的地方的社会组织协商平台稀缺,没有制度保障,征求意见往往流于形式;即使社会组织提出了意见建议,也没有得到反馈。二是社会组织自身存在一些不足。社会组织的协商能力和水平还不够,且面临信息不对称的困境。社会组织在注册、运行、资金、人才、技术等方面面临的困难,严重影响了社会组织协商的开展。因此要以制度化、法治化的方式来规范社会组织发展,解决社会组织协商所面临的困境。

(一)党委、政府和有关部门要积极推动社会组织协商的开展

把加强党的领导与发挥社会组织的主体作用有机结合起来。国外有些非政府组织是与政府相对抗的。中国的国情决定了我国的社会组织必须拥护党的领导,协助政府依法施政。我们既要防范西方敌对势力利用非政府组织对我国进行"西化""分化",也要克服把社会组织视为影响执政安全、行政安全、社会安全、政策安全的不良因素或不稳定因素的畏惧心理。要充分认识社会组织协商对政治稳定的

重要作用,利用社会组织化解社会风险。既要发挥社会组织的主体作用,又要重视党组织总揽全局、协调各方的领导核心作用。社会组织协商必须在各级党组织的精心组织和有效领导下分步骤、有秩序地进行;必须发挥社会组织的主体作用,不包办、不代替、不强制命令,尊重其社会性、民间性、志愿性、公益性,使其活力和创造性得到最大限度的激发和释放。

大力培育社会组织,激发社会组织活力。社会组织协商广泛有效开展的前提是拥有一定规模的有活力的社会组织。目前,民政部门已经放开对公益慈善、科技创新、社区服务和行业协商会商等4类社团的登记。要在调查研究和试点探索的基础上,进一步推进社会组织管理体制改革,进一步落实和完善有关社会组织税收优惠、人力资源建设、能力建设等方面的政策,不断加大社会组织的培育力度,有效激发社会组织的活力。要积极开展社会组织协商,鼓励和支持社会组织吸纳和反映各方面诉求、发挥协调关系和化解矛盾的作用,推进社会组织承接政府部分职能转移。

借鉴西方社会组织协商的有益经验和做法。社会主义协商民主是我国独特的、独有的、独到的民主形式。中西方协商民主虽然在理论体系和实践路径方面具有重大差异,但是在基层的社会对话和公共协商方面特别是社会组织协商方面具有相通之处。西方一些学者和政客一方面对我国的政党制度和人民政协存有偏见,另一方面对我国近10年来兴起的对话和恳谈式的基层协商民主给予了高度关注和肯定。国外的社会组织协商开展得较早,我们可以借鉴其先进的理念和做法。

以顶层设计和基层探索互动推进社会组织协商有序发展。要着重围绕以下5个问题对社会组织协商民主加强顶层设计。一是对"协商什么"的问题,需进一步明晰协商内容。二是对"与谁协商"的问题,需进一步扩大协商参与范围。三是对"怎样协商"的问题,需进一步规范协商基本程序。四是对"协商形式如何丰富"的问题,需进一步发展和创新基层协商民主的平台。五是对"协商结果如何落实"的问题,需进一步强化协商保障。要在实践探索中注重整体推进和重点突破相结合。社会组织协商建设不可能一蹴而就,要突出重点、稳步推进、循序渐进。当前,社会组织协商应围绕经济社会发展的重大问题和涉及群众切身利益的实际问题,重点做好如下工作。在协商主体上,以组织化程度较高、代表性较强、公益性较强的行业协会、联合型社会组织、学会、智库等社会组织为重点,同时重点培育公益慈善类、社会服务类和社会治理类社会组织,发挥它们在理性表达群众利益诉求、满足群众多样需要、引导群众有序参与社会事务治理等方面的积极作用。在协商内容上,要着眼服务全面依法治国,鼓励和支持社会组织积极参与立法协商。在协商形式上,要积极探索社会组织利用网络平台进行协商的方法。网络协商模式打破了行业界限、地区界限、党政界限、政社界限、企社界限,让各个方面都可以进行平等的对话协商。把网络协商发展好,有利于社会组织协商取得积极进展。如杭州市西湖区德加社区在议事协商委员会季度议事制度中融入网络平台协商,取得了较好效果。总之,要在局部试验、重点突破的基础上,选择恰当的方式和时机全面推进社会组织协商建设,做到既积极稳妥又有序有效。

(二)社会组织要努力提升参与协商的能力和水平

社会组织的能力大小、责任意识强弱决定着协商质量的高低和成效的大小。当前,社会组织在发展中存在结构不均衡、层次不齐全的情况。一些社会组织的发展滞后于协商民主建设的内在需要。要进一步加强社会组织自身建设,为推进社会组织协商建设创造条件、提供支撑。要完善社会组织的法人治理结构,在会员(代表)大会、理事会、监事会等层面就内部事务问题充分开展协商;完善议事规则和决策程序,促进内部成员之间的沟通交流,凝聚内部成员的意志、意见,提升内部协商的广泛性、代表性和有效性,保障社会组织的公信力,发挥社会组织提供服务、反映诉求、规范行为的作用。要发挥社会组织领军人物在协商中的积极作用,引导他们切实提高政治认知能力、宏观把握能力、调查研究能力、建言献策能力和整合团队能力;引导他们加强学习,增强政治敏锐性和前瞻意识;引导他们紧扣时代脉搏,始终围绕党委政府的大政方针及与人民群众切身利益相关的问题进行协商;引导他们超越小我,善于吸纳和反映阶层和界别人士的意见和诉求;引导他们多做释疑解惑、沟通思想、理顺情绪、化解矛盾和促进和谐的工作,确保社会组织协商有序、有效开展。

四、以社会组织统战工作促进社会组织协商建设

我国社会组织是在民政部门登记的,除了少数无主管部门外,大都有一个政府的业务指导部门。社会组织要更好地发挥协商作用,需要从政治上加以引领和培育。但是,民政部门和业务指导部门更侧重于对社会组织的管理。目前,组织部门有新经济组织和新社会组织工作委员会(简称"两新工委"),主要做党建工作。社会组织是具有非政府性、非营利性、自治性、志愿性、公益性等基本特征的组织。从

社团的基本职能和社会功能来看,社会组织是各级政府整合社会资源、管理社会公共事务的得力助手,是党的群众工作必须覆盖的新阵地,是开展新社会阶层人士统战工作的有效载体。协商民主追求最大公约数的理念与统一战线求同存异的理念高度契合。因此,由统战工作部门来做引导社会组织有序参与协商、培育其协商能力的工作是合适的。从浙江各地的实践探索来看,开展社会组织统战工作为社会组织参与协商指明了方向、注入了活力,而指导社会组织参与协商反过来也为统战工作开拓了新的领域。应把推进社会组织统战工作与推进社会组织协商建设有机结合起来,实现二者互动发展。

(一)抓队伍建设

开展社会组织统战工作要着重聚合视野之外的党外代表人物,并通过他们引领所集结群体的意志和意识。各种新社会组织的领军人物是当今社会最具影响力的群体。该群体中的很多人是游戏规则的制定者和规则执行过程的评判者,他们在社会治理中的影响越来越大,必须引起我们的高度关注。如:余姚市阳明税务师事务所承担全市75%民营企业的税务代理,其职业道德状况直接影响了全市7000余家企业的守法诚信水平。在社会组织统战工作中,我们必须转变传统观念,从重点做上层人士工作转向重点做基层群众领袖的工作。要树立分众统战理念,针对社会组织的独特个性,增强做好社会组织党外代表人士工作的主动性、针对性和协作性,重视在各种社会组织中发现和培养党外代表人士。

(二)抓平台建设

有平台才能把各种各样的代表人士、各种各样的力量整合和集聚到统一战线中来。从统一战线的主题和根本任务来看,那些已经存在的社会团体(不一定都是统一战线建立的)都可以整合为统一战线平台,成为统一战线平台的延伸。要积极探寻统战工作与社会组织活动的有效结合点。要抓好平台建设,创造更多的平台,整合更多的平台,把更多的平台纳入统一战线的体制中。要搭建各种网络、平台和活动载体,让包括统一战线成员在内的各界人士在联谊、自治中实现自我管理,让所有阶层都成为和谐社会体制内的建设者。比如:余姚市有800多个新社会组织,余姚市委统战部以新生代、新社团、新行业、新阶层等党外群体为重点,分城乡青年、知识分子、教师医生、宗教信众、司法从业、市场中介、信息行业、海归人员、演艺媒体等领域,分市、镇(街)、部门等层面,建立属人、属业、属地相统筹的社团统战工作机制;强化16个党外新群体集聚部门的统战枢纽职能,搭建新创会、知联会、新联会、网联会、海创会、中介行业协会等12个社团统战平台。在此基础上，余姚市根据不同特点分门别类地建好新社团、新阶层优秀骨干人士数据库，建立了一支350人的社团骨干队伍，分众化地开展联谊交友、综合评价、政治引导和教育培训工作，还组织了60余支社群公益志愿服务团队。这为开展社会组织协商夯实了组织基础。

(三)抓载体建设

活动是发挥作用的工作载体和工作抓手。浙江省台州市的新阶层人士社会服务团，湖州、嘉兴两市的知识分子知联会到农村建立的知联卫生室，等等，都是创新工作的载体和抓手。当前，要把参与社会组织协商作为各类社会组织不断创新工作载体和抓手的主攻方向。统一战线通过这一抓手和载体，能在服务党和政府大局工作中产生更大影响，能在为党和政府排忧解难中取得更大实效，能使社会充分体认统一战线的积极作用。

(四)抓机制建设

要探索建立健全党委统一领导，统战、民政部门牵头协调，各有关部门和有关人民团体各负其责的机制体制，以做好社会组织统战工作，促进社会组织协商建设发展。一是依托新社会组织中的党组织，发挥其在开展新社会组织统战工作中的政治核心作用，把各项统战工作任务落到实处。二是以统战工作部门为主要工作依托，延伸和拓宽统战团体的工作手臂和联系交友面，充分发挥各类统战团体对相同领域、相同性质、相同类别的新社会组织的工作辐射、指导和聚合作用。三是重视激活各人民团体在联系、宣传、服务、教育群众中的统战功能，发挥它们对界别性、行业性、专业性、学术性新社会组织及其成员的联系、沟通、团结、帮助、引导和维权作用。四是在一些暂无条件建立党的基层组织的新社会组织中，统战部门要协同组织部门和相关业务主管单位(或挂靠部门)的党组织，在新社会组织的秘书长、秘书处或专职人员中物色合适人选，聘任他们为党建联络员和统战联络员，要以制度或契约的形式明确其各自的职责、任务和联系方式，为他们开展工作创造必要条件。

第四节　如何发挥人民政协的统战团结功能

党的十九大站在承前启后、继往开来的历史交汇点上，既发出实现"第一个百年奋斗目标"的冲刺令，又吹响向"第二个百年奋斗目标"——实现民族复兴迈进的总号角。着眼"两个一百年",特别是"第二个一百年"奋斗目标,人民政协工作应有怎样的战略前瞻,无疑是当前人民政协理论特别是新时代中国特色社会主义人民政协理论研究的重大课题,具有很强的理论性、思想性、指导性。习近平总书记在庆祝人民政协成立65周年大会上指出,人民政协要发挥统一战线组织团结联谊功能,最大限度为党和国家事业凝聚共识、凝聚智慧、凝聚力量。①这是习近平对人民政协理论的重大创新和发展,但对这一问题的研究现在多集中在从人民政协的性质定位出发来论证其统战团结功能上,如:认为人民政协团结统战功能取决于其爱国统一战线组织的性质定位,并通过政治协商、民主监督、参政议政的履职活动来实现,进而分析其作为统一战线组织所具有的目标、理念、功能、职责。其实,人民政协成立近70年来,虽然对其性质定位的表述在各个历史时期有所不同,但其统一战线组织的性质定位却从未改变过,几代领导人也多有论述。因此,只有跳出人民政协看人民政协再回归人民政协,以更高的站位、更宽的视野、更深的层次、更广的思维去综合分析人民政协的统战团结功能,特别是要着眼于"最大限度为党和国家事业凝聚共识、凝聚智慧、凝聚力量",我们才能对习近平这一论述的重大意义有更加到位的认识、理解和把握,也才能以更加务实有效的对策来构建和拓展人民政协的统战团结功能。

一、从当今国际形势发展和国内社会变革角度审视人民政协统战团结功能提出的时代性

党的十九大深刻分析和预测了国际国内形势的变化发展。着眼"两个一百年",我们面临的是经济全球化时代国家利益竞争日趋激烈,全面建成小康社会处于决胜阶段并向基本实现现代化迈进,中国特色社会主义进入新时代,中国社会主要矛盾发生转变,中国共产党治国理政和党的建设取得重大历史性成就并向纵深发展的复杂国际国内形势。这些都将对统一战线和人民政协产生重大而深刻的影响,人民政协面临新的机遇和挑战。

首先,人民政协作为统一战线组织要为促进中国自信、增强话语权和提供中国方案做出贡献。关于这一点,习近平说得很明白:"人民政协植根于中国历史文化,产生于近代以后中国人民革命的伟大斗争,发展于中国特色社会主义光辉实践,具

---

① 习近平在庆祝中国人民政治协商会议成立65周年大会上的讲话[N]. 人民日报,2014-09-22(2).

有鲜明中国特色,是实现国家富强、民族振兴、人民幸福的重要力量。""中国特色社会主义制度的生命力,就在于这一制度是在中国的社会土壤中生长起来的,人民政协就是适合中国国情、具有鲜明中国特色的制度安排。"①十九大报告指出,中国特色社会主义政治发展道路,是近代以来中国人民长期奋斗的历史逻辑、理论逻辑、实践逻辑的必然结果,是坚持党的本质属性、践行党的根本宗旨的必然要求。世界上没有完全相同的政治制度模式,政治制度不能脱离特定社会政治条件和历史文化传统来抽象评判,不能定于一尊,不能生搬硬套外国的政治制度模式。事实上,人民政协作为多党合作和政治协商的重要平台,以及统一战线组织所具有的制度特点和政治优势,已为越来越多的西方有识之士和第三世界国家所认同和接纳。2010年,美国著名未来学家奈斯比特指出,选举民主与协商民主相结合的"中国式民主",其主要优点就在于能够使政治家从为了选举的思维中解放出来,以便制订长期的战略计划。这一模式显然是中国30年成功的一个重要保障。②

其次,人民政协作为统一战线组织,必须围绕国内社会主要矛盾转化和全面深化改革,积极推进社会主义协商民主发展和国家治理现代化。当前,国内正处于经济社会转型期,在根本方向和根本利益一致的前提下呈现出所有制多样、社会阶层分化和思想价值取向多元的情况。差异性在增多,社会差距在扩大,整个社会从封闭到流动、开放,利益深层调整,矛盾凸显,诉求增强,政府公信力受到挑战,党的执政面临考验。党的十八大后,习近平说过,西方有个政治学理论,当公权力失去公信力时,无论发表什么言论、无论做什么事,社会都会给以负面评价,这就是"塔西佗陷阱"。我们当然没有走到这一步,但存在的问题也不谓不严重,必须下大气力加以解决。如果真的到了那一天,就会危及党的执政基础和执政地位。③党的十九大报告提出,中国特色社会主义进入新时代,我国社会主要矛盾已经转化为人民日益增长的美好生活需要和不平衡不充分的发展之间的矛盾。必须认识到,我国社会主要矛盾的变化是关系全局的历史性变化,对党和国家工作提出了许多新要求,也为统一战线和人民政协协调关系、化解矛盾提出了新目标新要求。

---

① 习近平在庆祝中国人民政治协商会议成立65周年大会上的讲话[N]. 人民日报,2014-09-22(2).

② 从美国学者谈中国民主说起[EB/OL]. (2011-03-05)[2018-05-08]. http://www.china.com.cn/international/txt/2011-03/05/content_22061194.htm.

③ 习近平在兰考县委常委扩大会上的讲话[EB/OL]. (2015-09-08)[2018-05-08]. http://news.xinhuanet.com/politics/2015-09/08/c_128206459.htm.

十九大报告指出,要坚持全面深化改革,坚持和完善中国特色社会主义制度,不断推进国家治理体系和治理能力现代化;要加强和创新社会治理,打造共建共治共享的社会治理格局;要不断促进社会公平正义,形成有效的社会治理、良好的社会秩序,使人民获得感、幸福感、安全感更加充实、更有保障、更可持续。习近平在庆祝人民政协成立65周年大会上指出,人民政协是国家治理体系的重要组成部分,要适应全面深化改革的要求,以改革思维、创新理念、务实举措推进履职能力建设,努力在推进国家治理体系和治理能力现代化中发挥更大作用。协商民主的实质在于寻求各方最大公约数,是协调关系、化解矛盾,推进国家治理现代化的重要形式和途径。协商民主这一理念与统一战线核心理念和人民政协职能高度契合,正因为如此,习近平强调要发挥统一战线在协商民主中的重要作用,发挥人民政协作为协商民主的重要渠道和专门机构的作用。①人民政协要适应经济社会发展和统一战线内部结构变化,深入研究更好发挥政协界别作用的思路和办法,扩大团结面,增强包容性。参加人民政协的各党派、团体和各族各界人士要及时反映界别群众愿望诉求,引导所联系成员和群众,正确对待改革带来的利益格局调整;政协委员要讲真话、讲实话、讲心里话,尤其是要把群众呼声和诉求准确地反映上来,以发挥"中国社会主义协商民主的独特优势"②。要适应推进国家治理体系和治理能力现代化的要求,坚持改革创新精神,推进人民政协理论创新、制度创新、工作创新,丰富民主形式,畅通民主渠道,有效组织各党派、各团体、各民族、各阶层、各界人士共商国是,推动实现广泛有效的人民民主。③按照十九大报告的要求,人民政协工作要聚焦党和国家中心任务,围绕团结和民主两大主题,把协商民主贯穿政治协商、民主监督、参政议政全过程,完善协商议政内容和形式,着力增进共识、促进团结。

再次,人民政协作为统一战线组织要为维护国家安全、促进祖国统一、实现民族复兴、促进各国关系和平友好发展服务。当今世界,正处于大发展大变革大调整时期,和平与发展仍然是时代主题。世界多极化、经济全球化、社会信息化、文化多样化深入发展,全球治理体系和国际秩序变革加速推进,各国的相互联系和依存日益加深,国际力量对比更趋平衡,和平发展大势不可逆转。同时,世界面临的不稳

---

① 中共十八届三中全会在京举行　中央政治局主持会议　中央委员会总书记习近平作重要讲话[N]. 人民日报,2013-11-13(1).

② 习近平在庆祝中国人民政治协商会议成立65周年大会上的讲话[N]. 人民日报,2014-09-22(2).

③ 习近平在庆祝中国人民政治协商会议成立65周年大会上的讲话[N]. 人民日报,2014-09-22(2).

定性、不确定性突出，世界经济增长动能不足，贫富分化日益严重，地区热点问题此起彼伏，恐怖主义、网络安全、重大传染性疾病、气候变化等非传统安全威胁持续蔓延，人类面临着许多共同挑战。不愿看到我国强大的西方敌对势力利用民主人权、政党制度、民族宗教和港澳台问题对我国进行西化、分化的图谋不会改变，"台独""港独""藏独""疆独""民运"分子勾联聚合，境内外"三种势力"活动猖獗。当前统一战线处于反渗透、反分裂、反颠覆斗争的前沿，人民政协作为统一战线组织必须牢固树立"两个大局"意识，整合国内国外两种资源，服务两个大局，以中国梦引领海内外中华儿女团结奋斗，为维护国家核心利益、实现"两个一百年"奋斗目标做出贡献。

习近平指出，中国要参与全球治理，建立人类命运共同体，不允许某一个国家从自己的利益出发来操纵整个世界；中华民族从来没有像今天这样接近世界舞台的中心。①随着中国崛起，"中国威胁论"甚嚣尘上。习近平提出要破解"修昔底德陷阱"，打造命运共同体及新型大国关系。党的十九大报告进一步提出要相互尊重、平等协商，坚决摒弃冷战思维和强权政治，走对话而不对抗、结伴而不结盟的国与国交往新路。坚持以对话解决争端、以协商化解分歧，统筹应对传统和非传统安全威胁，反对一切形式的恐怖主义，同各国人民一道构建人类命运共同体，建设持久和平、普遍安全、共同繁荣、开放包容、清洁美丽的世界。这里的"协商""对话"与人民政协和统一战线理念高度契合，既有国际统一战线的问题，也有涉外统一战线的问题。人民政协作为统一战线组织，必须直面和研究这些问题。正如习近平在庆祝人民政协成立65周年大会上指出的，人民政协要高举和平、发展、合作、共赢旗帜，按照国家对外工作总体部署，加强同各国人民、政治组织、媒体智库等的友好往来，为促进人类和平与发展的崇高事业做出积极贡献。

特别是"一带一路"倡议的提出，赢得了广泛的国际共鸣。"一带一路"建设的推进，为国内民营企业走出去和海外华侨华人助力中外经济合作共赢明确了发展方向，并为港澳台与内地（大陆）经济融合发展，边疆少数民族地区的大开发大发展提供了广阔的政策空间和巨大的发展机遇。另外，"一带一路"沿途有26个国家的人口以穆斯林为主，做好伊斯兰教工作，对促进交流合作具有积极意义。人民政协作为统一战线组织，必须以全球视野、包容理念和战略思维为基础，切实增强统战团

---

① 习近平在庆祝中国共产党成立95周年大会上的讲话[EB/OL]. (2016-07-01)[2018-05-08]. http://news. xinhuanet.com/politics/2016-07/01/c_1119150660.htm.

结功能,打造国际化、开放式、大气派的海纳百川的大统战组织。

二、从党的治国理政方略和党的建设新的伟大工程角度审视构建人民政协统战团结功能的重要性

十九大提出了习近平新时代中国特色社会主义思想,并指出了新时代坚持和发展中国特色社会主义的8个"明确"、14条基本方略及9个方面的理论分析和政策指导。这些新理论、新目标、新任务、新方略,为我们谋划和做好面向"两个一百年"的统一战线工作和人民政协工作明确了总目标、总方向和总要求。

习近平从战略和全局高度重视统一战线和人民政协工作。习近平统一战线和人民政协工作思想的一个显著特点,就是把两者纳入党的治国理政总体战略中进行谋篇布局、策划部署。早在地方工作期间习近平就强调,对于一个地方的党委领导来说,如果不重视抓统一战线和人民政协工作,就是一个手拿法宝而不会用的不称职的领导。统一战线和人民政协工作是一项事关中国建设全局的长远的战略方针。①这与他在2015年中央统战工作会议上批评少数党的领导干部不重视统战工作,不会做统战工作,"如同拿着海龙王的法宝不会用"如出一辙。党的十八大后,习近平指出:我们的目标越伟大,我们的愿景越光明,我们的使命越艰巨,我们的责任越重大,就越需要汇聚全民族的智慧和力量,就越需要广泛凝聚共识,不断增进团结。希望人民政协继承光荣传统,提高履职能力的现代化水平,为实现"两个一百年"奋斗目标,实现中华民族伟大复兴的中国梦做出新的更大贡献。新时期党中央归纳了人民政协的作用,即协调关系、汇聚力量、建言献策、服务大局。这些作用的发挥,与人民政协的统战团结功能密不可分。

处于"两个一百年"交汇的关键点上,处于跨入现代化门槛向基本实现现代化迈进的时期,如何应对国际环境的深刻复杂变化,在激烈的国际竞争中赢得主动?如何更好地把握发展机遇,破解发展难题,厚植发展优势?如何经受"四大考验"、克服"四种危险"、推进"四个伟大",使我们党始终成为中国特色社会主义事业的坚强领导核心?不断回答好时代提出的这些重大课题,是我们党的责任所在,也是统一战线和人民政协围绕中心、服务大局和实现自身科学发展的战略课题。人民政协要不断构建、完善和强化团结统战功能,凝心聚力谱写实现"两个一百年"奋斗目

---

① 在福州全市政协工作会议上的讲话[N]. 福州日报,1990-10-11(1).

标的政协篇章。

一是要求人民政协高举大团结大联合的旗帜,发挥统一战线法宝作用,致力于广泛凝聚实现中华民族伟大复兴的正能量。十九大报告指出,全党一定要自觉维护党的团结统一,保持党同人民群众的血肉联系,巩固全国各族人民大团结,加强海内外中华儿女大团结,团结一切可以团结的力量,齐心协力走向中华民族伟大复兴的光明前景。大团结大联合是统一战线的主题和本质要求,也是人民政协组织的重要特征。统一战线是中国共产党夺取革命、建设、改革事业胜利的重要法宝,也是党执政兴国、实现中华民族伟大复兴的重要法宝。人民政协作为最广泛的爱国统一战线组织,要充分发挥统一战线的法宝作用。早在地方工作期间,习近平就指出,统一战线是我们党的优良传统,是我们克敌制胜的法宝之一,人民政协是这个法宝在社会主义革命和建设时期的具体运用。[1]

党的十八大后,习近平强调,人民政协要最大限度地调动一切积极因素,团结一切可以团结的人,汇聚起共襄伟业的强大力量。[2]习近平对人民政协做统战工作提出了明确要求,包括:要坚持和完善中国共产党领导的多党合作和政治协商制度,完善工作机制,搭建更多平台,为民主党派和无党派人士在政协更好地发挥作用创造条件;要全面贯彻党的民族政策和宗教政策,积极引导各族群众增强对伟大祖国的认同、对中华民族的认同、对中华文化的认同、对中国特色社会主义道路的认同,充分发挥宗教界人士和信教群众在推动经济社会发展中的积极作用,促进民族团结、宗教和睦;要坚定不移地贯彻"一国两制"、"港人治港"、"澳人治澳"、高度自治的方针,推动全面准确落实基本法,推动内地同香港、澳门的交流合作,维护香港、澳门长期繁荣稳定;要坚持"两岸一家亲",拓展同台湾岛内有关党派团体、社会组织、各界人士的联系和沟通,推动两岸关系和平发展。要加强同海外侨胞、归侨侨眷的联系,维护他们的合法权益,支持他们积极参与和支持祖(籍)国现代化建设与和平统一大业,促进中国同世界各国的文化交流。[3]这些论述涵盖了统一战线各个领域各个方面,既是统一战线理论的创新发展,与习近平在中央统战工作会议上的论述一脉相承,又是对人民政协作为统战组织做统战工作的具体部署和明确要求。

二是要求人民政协坚持中国特色社会主义政党制度和政治制度优势,促进我

① 在福州全市政协工作会议上的讲话[N]. 福州日报,1990-10-11(1).
② 习近平在庆祝中国人民政治协商会议成立65周年大会上的讲话[N]. 人民日报,2014-09-22(2).
③ 习近平在庆祝中国人民政治协商会议成立65周年大会上的讲话[N]. 人民日报,2014-09-22(2).

国社会主义民主政治发展。十九大报告指出,人民政协是具有中国特色的制度安排,是社会主义协商民主的重要渠道和专门协商机构。早在福州工作时,习近平就指出,人民政协具有最广泛的代表性,它包括了统一战线中所有的党派、人民团体、无党派人士及各界人物,是发扬社会主义民主的重要渠道。①福州市政协成立40年的历史实践充分证明,统一战线始终是我们克敌制胜的法宝,无论在我们的事业发展顺利的时候,还是在遇到困难和曲折的时候,必须毫不动摇地坚持和完善中国共产党领导的多党合作和政治协商制度,充分发挥这一基本政治制度的特点和优势。②党的十八大后,习近平指出,要坚持团结和民主两大主题,巩固和发展最广泛的爱国统一战线,坚持和完善中国共产党领导的多党合作和政治协商制度,不断为事业发展凝聚人心、增添力量。③要加强协商民主制度建设,为各党派团体和各族各界人士搭建协商平台、丰富协商形式、创造民主氛围,为我国社会主义民主政治发展注入新的活力。④2014年2月,全国政协时隔48年恢复双周协商座谈会。2014年9月,习近平在庆祝人民政协成立65周年大会上,对人民政协协商民主的目的、内容、对象、形式、制度进行了全面阐述。2015年初,中共中央印发《关于加强社会主义协商民主建设的意见》,提出人民政协应着眼于党和国家工作大局,充分发挥协商民主重要渠道和专门协商机构的作用;要加强政协协商与党委和政府工作的有效衔接。⑤此后,中共中央办公厅又专门印发了《关于加强人民政协协商民主建设的实施意见》。

值得关注的是,在中央文件提出的我国社会主义协商民主的七种渠道中,政党协商和人民政协协商是中国特色协商民主中发育得最为成熟最为规范的两种形式,也是我国政治协商的两种形式,民主党派理所当然成为中国特色协商民主最重要的主体之一。由此可见,人民政协协商的统战功能体现并渗透于多党合作和政治协商的各项事业中(如图7-2所示)。

① 在福州全市政协工作会议上的讲话[N]. 福州日报,1990-10-11(1).
② 在福州市政协成立四十周年纪念大会上的讲话[N]. 福州日报,1995-07-12(1).
③ 习近平在全国政协新年茶话会上的讲话[EB/OL]. (2015-12-31)[2018-05-08]. http://news.xinhuanet.com/politics/2015-12/31/c_1117643035.htm.
④ 习近平. 在全国政协新年茶话会上的讲话[EB/OL]. (2014-12-31)[2018-05-08]. http://news.xinhuanet.com/politics/2014-12/31/c_1113843806.htm.
⑤ 中共中央印发《关于加强社会主义协商民主建设的意见》[EB/OL]. (2015-02-09)[2018-05-08]. http://news.xinhuanet.com/politics/2015-02/09/c_1114310670.htm.

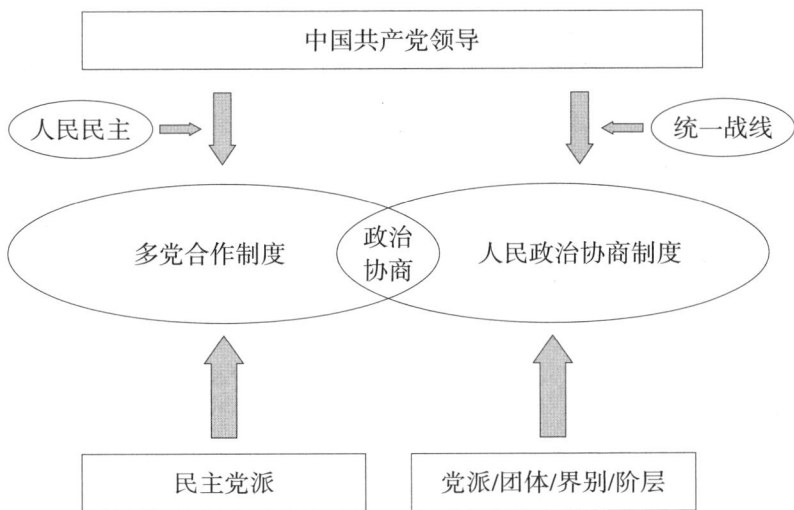

图7-2　中国政治协商内在结构

习近平指出："人民政协以宪法、政协章程和相关政策为依据,以中国共产党领导的多党合作和政治协商制度为保障,集协商、监督、参与、合作于一体。"①我们要加深对这一重要论述的理解,从而更加自觉地把协商民主贯穿人民政协履行职能的全过程,推进政治协商、民主监督、参政议政制度建设,不断提高人民政协协商民主制度化、规范化、程序化水平。

三是要求人民政协紧扣改革发展献计出力,坚持寻求最大公约数、汇聚正能量,致力于营造稳定和谐的社会环境。党的十九大提出,中国特色社会主义进入新时代,我国社会主要矛盾已经转化为人民日益增长的美好生活需要和不平衡不充分的发展之间的矛盾。在新的历史方位下,解决社会主要矛盾,全面深化改革仍是发展的必由之路。站在新的更高起点上,党的十九大报告对全面深化改革做出明确谋划——必须坚持和完善中国特色社会主义制度,不断推进国家治理体系和治理能力现代化,坚决破除一切不合时宜的思想观念和体制机制弊端,突破利益固化的藩篱,吸收人类文明有益成果,构建系统完备、科学规范、运行有效的制度体系,充分发挥我国社会主义制度的优越性。全面深化改革需要稳定和谐的社会环境,需要汇集各方智慧和力量,需要通过寻求最大公约数达成共识和合力,统一战线和人民政协从中大有可为。

---

① 习近平在庆祝中国人民政治协商会议成立65周年大会上的讲话[N]. 人民日报,2014-09-22(2).

早在地方工作期间,习近平就指出,充分发挥人民政协的作用,巩固和发展爱国统一战线,维护社会团结稳定,显得特别重要。①人民政协具有疏通各方面关系的功能,能够在协调关系、化解矛盾、维护稳定、增进团结等方面发挥不可替代的作用。②要进一步发挥人民政协在维护团结稳定中的作用。③要求人民政协树立统战意识,为建设和谐的社会主义政党关系、民族关系、宗教关系、阶层关系、海内外同胞关系多做贡献。④党的十八大后,习近平强调:"人民政协作为党联系群众、团结各界的重要组织,在协调关系、化解矛盾方面要进一步发挥独特作用。"⑤

值得关注的是,党的十八大后,习近平多次强调要寻求最大公约数。特别是面对全面深化改革的艰巨任务,习近平指出,我们的执政环境已发生了深刻变化。决策的酝酿、出台与实施,尤须统筹各方利益诉求、汇聚各家真知灼见,寻求最大公约数。面对不同的想法,就要考虑哪些是可以"求同"的,哪些是可以经过做工作形成或转化为共识的,哪些是可以继续"存异"的。能否把最大公约数找出来,这考验着各级领导干部的政治勇气和智慧。⑥这实际上是大统战理念的集中体现,是破解复杂棘手问题、渡过改革难关的一个重大方法论和一把金钥匙。习近平指出,近几年来人民政协在继承中发展、在发展中创新,紧紧围绕中心、服务大局,聚焦全面深化改革凝聚共识、汇集力量、建言献策,做出了新的积极贡献。⑦习近平要求人民政协充分发挥代表性强、联系面广、包容性大的优势,聚焦推动科学发展、全面深化改革中的重大问题和群众最为关切的问题,深入进行调查研究,努力为改革发展出实招、谋良策。要积极宣传改革发展的大政方针,引导所联系群众支持和参与改革发展,正确对待新形势下改革发展带来的利益格局调整,为改革发展添助力、增合力。强调要为聚焦全面深化改革出实招、谋良策,引导所联系成员和群众理解改革、支持改革、参与改革,寻求最大公约数,凝聚改革共识,汇聚改革正能量。我们要巩固和发展最广泛的爱国统一战线,坚持和完善中国共产党领导的多党合作和政治协

---

① 在福州全市政协工作会议上的讲话[N]. 福州日报,1990-10-11(1).

② 在福州市政协七届四次会议上的讲话(1991年2月28日)[N]. 福州日报,1991-03-01(1).

③ 在福州市政协成立四十周年纪念大会上的讲话[N]. 福州日报,1995-07-12(1).

④ 浙江省政协九届五次会议胜利闭幕　习近平讲话[N]. 浙江日报,2007-02-02(1).

⑤ 习近平在庆祝中国人民政治协商会议成立65周年大会上的讲话[N]. 人民日报,2014-09-22(2).

⑥ 2014年2月17日习近平在省部级主要领导干部学习贯彻十八届三中全会精神全面深化改革专题研讨班开班式上发表重要讲话[EB/OL]. (2014-02-18)[2018-05-08]. http://www.gov.cn/jrzg/2014-02/18/content_2610940.htm.

⑦ 习近平在庆祝中国人民政治协商会议成立65周年大会上的讲话[N]. 人民日报,2014-09-22(2).

商制度。①

四是要求人民政协着眼"四个伟大",为推动党的建设新的伟大工程做出贡献。十九大报告着眼"四个伟大"提出了新时代党的建设总要求,强调要坚持全面从严治党,不断提高党的执政能力和领导水平;强调要以加强党的长期执政能力建设、先进性和纯洁性建设为主线。这表明,党中央已把从严治党伟大工程纳入推进现代化国家建设的重要内容和根本保证。如何推动全面从严治党向纵深发展,是党的建设面临的重大课题,也是统一战线和人民政协面向"两个一百年"提升履职能力和水平,特别是加强和改进民主监督、服务从严治党的努力目标和方向。无论是多党合作的"互相监督",还是人民政协的"协商式监督",都要围绕全面从严治党新的伟大工程做出新的部署和探索。十九大报告强调,要加强人民政协民主监督,重点监督党和国家重大方针政策和重要决策部署的贯彻落实。要深入贯彻落实好2017年初中共中央办公厅印发的《关于加强和改进人民政协民主监督工作的意见》,努力推进人民政协民主监督制度化、规范化、程序化,更好地发挥人民政协民主监督的独特优势和作用。

三、从统一战线发展和统战理论创新角度审视强化人民政协统战团结功能的紧迫性

强化政协统战团结功能,说到底就是要与时俱进,不断挖掘和拓展人民政协的统战功能。党的十一届三中全会后,1982年邓小平亲自主持政协章程修改,把政协是"革命统一战线组织"修改发展为为社会主义现代化建设、统一祖国和振兴中华服务的"爱国统一战线组织"。1989年底,中共中央颁布了《关于坚持和完善中国共产党领导的多党合作和政治协商制度的意见》(中发〔1989〕14号),1993年全国人大八届一次会议将这一政党制度写入宪法序言,成为国家的一项基本政治制度。1994年政协章程修改时增加了人民政协"是中国共产党领导的多党合作和政治协商的重要机构"的内容。由此可见,新时期人民政协的性质定位与统一战线理论创新息息相关,强化政协统战团结功能的前提是必须搞清楚当下统一战线有哪些功能,以寻求人民政协与统一战线功能的最大契合点。

---

① 习近平在全国政协新年茶话会上的讲话[EB/OL]. (2013-12-31)[2018-05-08]. http://news.xinhuanet.com/politics/2013-12/31/c_118787458.htm.

对此,早在地方工作期间,习近平就指出,在中国共产党的老一辈无产阶级革命家的大力倡导和各民主党派、无党派民主人士的共同努力下,统一战线和人民政协形成了一整套优良的传统和作风。这主要是:民主协商,尊重多数,照顾少数;互相监督,坦诚相见,广开言路;合作共事,求同存异,发挥所长;广交朋友,广泛团结,和衷共济;自愿学习,自我教育,增进共识。①党的十八大以来,党中央先后就统战工作召开了一系列重要会议,下发了一系列重要文件,内容涉及统一战线各个领域各个方面,特别是习近平总书记就统一战线发表的一系列重要讲话,成为习近平新时代中国特色社会主义思想的重要组成部分,形成了"习近平总书记统一战线重要思想"。人民政协作为统一战线组织,其理论特别是人民政协统战团结功能理论应是这一重要思想的题中应有之义,要以习近平总书记统一战线重要思想指导人民政协构建和强化其统战团结功能,做到与时俱进、继承创新。

一是以统一战线的目标要求和评判标准谋划政协工作。大团结大联合是统一战线的主题,人民政协坚持团结和民主两大主题,两者的本质是一致的。习近平强调要画出统一战线最大同心圆,指出衡量统战工作做得好不好的标准,就是要看交的朋友多不多、合不合格、够不够铁,多不多是数量问题,合不合格、够不够铁是质量问题。②值得关注的是,《中国共产党统一战线工作条例(试行)》关于统一战线"四者联盟"的性质表述中的"第二个爱国者",已由原来的"拥护祖国统一的爱国者"发展成"拥护祖国统一和致力于中华民族伟大复兴的爱国者"。另外,包括"两新"组织中的从业人员、网络新媒体人员等自由择业知识分子在内的新的社会阶层人士队伍越来越壮大,已成为统一战线新的着力点,引起了党中央的高度关注。这些都应是人民政协构建和强化统战团结功能需要研究和探索的重点领域。早在习近平任浙江省委书记期间,浙江省委在相关文件中就指出,要适应我国经济社会发展和社会结构的深刻变化,结合本地实际,研究并合理设置政协界别,扩大团结面,增强包容性,最大限度地把社会各界代表人士吸纳到政协组织中来。③十八大后习近平指出,人民政协要充分发挥代表性强、联系面广、包容性大的优势,要适应经济社会发展和统一战线内部结构变化,深入研究更好地发挥政协界别作用的思路和

---

① 在福州市政协成立四十周年纪念大会上的讲话[N]. 福州日报,1995-07-12(1).

② 习大大的统战"新语"[Z]. 统战新语,2015-05-21.

③ 浙江统战年鉴[M]. 杭州:杭州出版社,2008:498-502.

办法,扩大团结面、增强包容性,拓展有序政治参与空间。①

二是以统一战线理念和方法开展政协工作。正确处理一致性与多样性关系是习近平总书记统一战线重要思想的重大创新,这要求我们一方面要夯实共同思想政治基础,另一方面要充分发扬民主、尊重包容差异;要在坚守政治底线的前提下,通过耐心细致的工作寻求最大公约数。要坚持以统战思维凝聚共识,夯实共同思想基础,发挥人民政协作为专门协商机构的作用,把协商民主贯穿履行职能全过程,推进政治协商、民主监督、参政议政制度建设,更好地协调关系、汇聚力量、建言献策、服务大局。

习近平还强调,做统战工作不能急功近利,必须要像做"佛跳墙"这样的功夫菜,绵绵用力、久久为功。②做好政协团结联谊工作,要善于春风化雨、润物无声,切实增强工作的感染力、感召力、凝聚力。③要切实提高政协委员的协商能力,包括政治把握能力、调查研究能力、联系群众能力、合作共事能力。④这些能力与统战工作条例中提出的党外代表人士五个能力在很多方面是相通的。

三是创新和丰富统一战线五大关系和谐在政协的实现形式。五大关系(政党关系、民族关系、宗教关系、阶层关系、海内外同胞关系)是统一战线的重大关系,也是事关党和国家工作全局的重大政治社会关系。因此,如何以五大关系和谐促进整个社会和谐,是新时期统战工作的核心内容和主要任务。人民政协作为统一战线组织,其界别和专委会的设置就体现了统一战线协调五大关系的要求。值得关注的是,党的十八大后,以习近平总书记为核心的党中央对统一战线各领域工作方针政策都有了新的发展,如:提出了提升政党制度的效能,各民主党派是中国特色社会主义参政党,参政党的三大职责(在参政议政、民主监督两个职责之外增加了参加共产党领导的政治协商);提出了分类施策做党外知识分子工作的方法论和新的社会阶层人士列名制度;提出了构建"亲""清"新型政商关系;提出了中国特色解决民族问题正确道路的"八个坚持";提出了宗教中国化和宗教工作法治化;提出了港澳台海外统战重在争取人心特别是"赢得青年才能赢得未来";等等。党的十九

---

① 习近平在庆祝中国人民政治协商会议成立65周年大会上的讲话[N]. 人民日报,2014-09-22(2).

② 习大大的统战"新语"[Z]. 统战新语,2015-05-21.

③ 习近平在庆祝中国人民政治协商会议成立65周年大会上的讲话[N]. 人民日报,2014-09-22(2).

④ 中共中央办公厅印发《关于加强人民政协协商民主建设的实施意见》[EB/OL]. (2015-06-25)[2018-05-08]. http://www.gov.cn/zhengce/2015-06/25/content_2884439.htm.

大报告在论及港澳台工作时,提出了"必须把维护中央对香港、澳门特别行政区全面管治权和保障特别行政区高度自治权有机结合起来,确保'一国两制'方针不会变、不动摇,确保'一国两制'实践不变形、不走样""要支持香港、澳门融入国家发展大局""体现一个中国原则的'九二共识'明确界定了两岸关系的根本性质,是确保两岸关系和平发展的关键""我们秉持'两岸一家亲'理念,尊重台湾现有的社会制度和台湾同胞生活方式,愿意率先同台湾同胞分享大陆发展的机遇""我们将推动两岸同胞共同弘扬中华文化,促进心灵契合"等等。这些重要思想论述是各领域统战工作创新发展的基本遵循,也为人民政协进一步发挥统战团结功能指明了方向。人民政协在履行职责时,特别是政协各界别和各专委会在开展工作时,都必须按照新的目标要求和方法论确定指导思想、部署重点任务、探索方式方法。如:政协的经济界、工商界及政协经济委员会,必须把促进"亲""清"政商关系的构建作为重要目标和工作内容,激发和保护企业家精神,努力助推非公有制经济健康发展和非公有制经济人士健康成长。再如:政协的宗教界和政协民族宗教委员会,必须全面贯彻党的宗教政策,围绕宗教中国化和宗教工作法治化献计献策,积极引导宗教与社会主义社会相适应。

四是党对统一战线的领导权在政协工作中如何体现。领导权问题历来是统一战线的根本问题,习近平在中央统战工作会议上把这个问题作为统战工作的首要原则提出,并强调了政治领导、党委领导、组织领导三大原则。除了自觉接受同级党委领导外,人民政协实现党的领导很重要的一个形式就是切实增强政治引导力。习近平曾强调,统战工作具有很强的政治性,越是做党外工作越要心中有党。[①]习近平同时强调"人民政协要始终把坚持和发展中国特色社会主义作为巩固共同思想政治基础的主轴"[②]。由此可见,政协作为统一战线性质的政治机构,发挥统一战线组织团结联谊功能,必须把提高思想政治引领能力放在首要位置。

党对统一战线的领导权在人民政协的一个很重要的抓手,就是注重发挥政协党组和政协委员中党员的作用。主政福州时习近平就指出,政协中的共产党员要在思想建设方面起表率作用,主动与党外人士交知心朋友,在政治上、思想上互相了解和帮助。[③]习近平主政浙江期间,浙江省委有关文件特别指出,要充分发挥政

---

① 习大大的统战"新语"[Z]. 统战新语,2015-05-21.
② 习近平在庆祝中国人民政治协商会议成立65周年大会上的讲话[N]. 人民日报,2014-09-22(2).
③ 在福州市政协七届四次会议上的讲话(1991年2月28日)[N]. 福州日报,1991-03-01(1).

协组织中共产党员的先锋模范作用,强调政协委员中的共产党员和政协机关中的共产党员,是受党组织委派从事人民政协工作的,要牢固树立党的观念和大局意识,增强政治责任感,努力提高自身修养和能力,认真做好履行职责的各项工作,努力成为合作共事的模范、发扬民主的模范、廉洁奉公的模范。①十八大后党中央强调,政协委员中的共产党员和政协机关中的共产党员应广交、深交党外朋友;在工作中既增进对党的路线方针政策的共识,又包容不同意见的存在和表达,提高合作共事的质量和水平。②

四、从人民政协组织和政协委员自身建设角度审视提升统战团结功能的可行性

十九大报告指出,要增强人民政协界别的代表性,加强委员队伍建设。着眼"两个一百年"奋斗目标,人民政协要有大目标、大视野、大战略、大思维,以更加务实有效的对策来构建和拓展人民政协的统战团结功能,努力实现大团结大联合。党的十八大后习近平强调,要使顶层设计与基层探索互动推动改革创新发展。③人民政协建设和强化团结功能,一要靠用足用好现有政策文件,二要靠各级政协组织和政协委员适应形势、与时俱进、积极探索。

要注重发挥政协委员主体作用,增强政协委员团结联谊的意识和能力。政协委员是人民政协的主体,要尊重和保障委员民主权利,完善委员联络制度,健全委员联络机构,为委员履职尽责创造良好条件。特别是要认真贯彻习近平关于提高"政治把握能力、调查研究能力、联系群众能力、合作共事能力"④和"懂政协、会协商、善议政,守纪律、讲规矩、重品行"⑤的重要指示,引导政协委员自觉把社会荣誉和社会责任结合起来,把委员权利和委员义务统一起来,努力切实提升做好团结联

① 浙江统战年鉴[M]. 杭州:杭州出版社,2008:498-502.
② 中共中央办公厅印发《关于加强人民政协协商民主建设的实施意见》[EB/OL]. (2015-06-25)[2018-05-08]. http://www.gov.cn/zhengce/2015-06/25/content_2884439.htm.
③ 习近平主持召开中央全面深化改革领导小组第七次会议强调 鼓励基层群众解放思想积极探索 推动改革顶层设计和基层探索互动[EB/OL]. (2014-12-02)[2018-05-08]. http://news.xinhuanet.com/politics/2014-12/02/c_1113492626.htm.
④ 习近平的两会时间:从总书记讲话读懂人大政协[EB/OL]. (2015-03-14)[2018-05-08]. http://news.china.com.cn/2015lianghui/2015-03/14/content_35050992.htm.
⑤ 习近平的两会时间:从总书记讲话读懂人大政协[EB/OL]. (2015-03-14)[2018-05-08]. http://news.china.com.cn/2015lianghui/2015-03/14/content_35050992.htm.

谊工作的能力和水平。与此同时,人民政协和政协委员必须加强统一战线理论政策学习,要把学习习近平关于统一战线与关于人民政协的重要论述思想有机结合起来,学深悟透,融会贯通,并切实运用到实际工作中,切实提升发挥人民政协统战团结功能的意识和水平。

要积极搭建各种履职平台,疏通联系渠道,提升政协团结统战的有效性和影响力。要适应形势发展需要,与时俱进,不断创新方式方法,在宪法、法律和政协章程规定的范围内最大限度地发挥聪明才智,丰富发展政治协商、民主监督、参政议政的平台和网络议政、远程协商、网络民意调查、微信微博等形式,寓政协团结统战功能于各项履职活动之中。人民政协有各种社团组织,这是政协团结各方人才、联系各界人士、反映社情民意的重要载体,要充分发挥其积极作用,拓宽团结联谊的渠道和途径。政协委员是政协的主体,也是联络各界群众的桥梁纽带,要不断坚持和完善"委员联系界别群众"制度,支持委员在基层建立委员工作室、委员信箱等,广泛团结和服务群众。

要加强人民政协制度和机制建设,为增强人民政协统战团结功能提供保障。要按照中央文件的要求,深入开展调查研究工作,在条件成熟时对政协界别进行适当调整。要高度重视政协领导班子建设,改进委员产生机制,真正把代表性强、议政水平高、群众认可、德才兼备的优秀人士吸收到委员队伍中。要研究制定政协委员管理的指导性意见,规范委员履职服务管理,制定委员违反政协章程的处理办法。[①]要加强政协组织与党委统战部门的沟通协调,强化政协开展统战工作的职责要求。要为民主党派委员和无党派人士委员在政协履行职能、协商议政中发挥作用创造条件。[②]

第五节 人民政协在社会治理中的优势和作用

习近平指出:人民政协是国家治理体系的重要组成部分,要适应全面深化改革的要求,以改革思维、创新理念、务实举措大力推进履职能力建设,努力在推进国家

---

① 中共中央办公厅印发《关于加强人民政协协商民主建设的实施意见》[EB/OL]. (2015-06-25)[2018-05-08]. http://www.gov.cn/zhengce/2015-06/25/content_2884439.htm.

② 中共中央办公厅印发《关于加强人民政协协商民主建设的实施意见》[EB/OL]. (2015-06-25)[2018-05-08]. http://www.gov.cn/zhengce/2015-06/25/content_2884439.htm.

治理体系和治理能力现代化中发挥更大作用。①这从某种意义上赋予了人民政协新的职能。国家治理体系在内容上包括政府治理、市场治理和社会治理三个主要方面,其现代化程度与协商民主的广泛、多层、制度化发展紧密相关。2015年2月,中共中央颁布《关于加强社会主义协商民主建设的意见》,指出:加强协商民主建设,有利于促进科学民主决策、推进国家治理体系和治理能力现代化。②该意见明确了我国社会主义协商民主的七种形式,但基本上可划分为两大类:一是执政党与各民主党派、各界人士就国计民生问题进行的政治协商,二是党和政府与人民群众直接的社会协商。毫无疑问,人民政协协商从总体上说属于政治协商。近几年来,关于人民政协在如何促进国家治理体系和治理能力现代化方面的研究十分活跃,也多有成果,但大都集中在如何发挥人民政协的职责作用(政治协商、民主监督、参政议政),特别是如何贯彻"发挥作为专门协商机构的作用,把协商民主贯穿履行职能的全过程"③的要求,推进依法治国、国家治理体系和治理能力现代化,而对人民政协特别是基层政协和政协委员参与社会协商、促进社会治理方面的探索研究,目前还不多见。这里以浙江省基层政协参与社会治理的实践探索为基础,做一些探讨(本节所引案例,除标明出处外,均引自历年《浙江政协工作创新案例》,浙江出版联合集团、浙江人民出版社2012年至2016年陆续出版)。

一、社会治理迫切需要引入统战理念和协商机制

当前我国正处于经济社会转型期,社会越是分化,利益格局就越是多样,文化越是多元,就越需要沟通、对话、协商。习近平要求,在党的领导下,以经济社会发展重大问题和涉及群众切身利益的实际问题为内容,在全社会开展广泛协商,坚持协商于决策之前和决策实施之中。④基层协商与社会治理在本质上是一致的,迫切需要引入统战理念和协商机制,人民政协可以在平台、载体、渠道、方式等方面提供支持。

① 习近平:在庆祝中国人民政治协商会议成立65周年大会上的讲话[EB/OL]. (2014-09-21)[2018-05-08]. http://news.xinhuanet.com/politics/2014-09/21/c_1112564804.htm.
② 中共中央印发《关于加强社会主义协商民主建设的意见》[OL/EB]. (2014-05-09)[2018-05-08]. http://news.xinhuanet.com/2015-02/09/c_1114310670.htm.
③ 习近平:在庆祝中国人民政治协商会议成立65周年大会上的讲话[EB/OL]. (2014-09-21)[2018-05-08]. http://news.xinhuanet.com/politics/2014-09/21/c_1112564804.htm.
④ 中共十八届三中全会在京举行　习近平作重要讲话[N]. 人民日报,2013-11-13(1).

（一）用民主协商的理念方式搭建平台渠道，畅通各方利益诉求

社会转型期也是矛盾凸显期，而基层首当其冲，民众反映诉求和政治参与的愿望高涨，迫切需要畅通民意表达渠道。在浙江工作期间，习近平就指出，基层矛盾要用基层民主的办法来解决。①近十年来由PX项目（即对二甲苯化工项目）和垃圾焚烧场引发的群体性事件在全国各地相继发生，一个重要原因是缺少有效的沟通对话。通过有效沟通达成共识，以协商的方式解决问题，才可能实现社会利益最大化。正如习近平所言，要防止出现"把我们党和人民群众隔开"的无形之墙，让权力与权利平等对话、政府与公众良性互动，才能打掉这堵无形之墙。②比如，1999年浙江温岭市探索创建的"民主恳谈会"制度，从最初主要是农村思想工作载体，逐步转向以民主参与、民主决策、民主监督为核心的乡镇基层政府治理模式。特别值得关注的是，杭州市富阳政协于2010年底在各乡镇（街道）设立政协工委；2013年，选择10个基层工委开展基层协商民主试点工作；2014年，在试点基础上，基层协商民主全面推行，24个乡镇（街道）共实施26个协商议题。富阳已初步形成一套比较规范完整的政协协商制度体系，实现了群众知情权、参与权、表达权、监督权的有机结合，在协调关系、化解矛盾、维护稳定方面发挥了积极作用，为区委加强协商民主体制机制建设提供了重要支撑。③难弄的事，头疼的事，可以通过协商来解决。在龙门山旅游开发和农居点建设中，龙门镇政协工委组织政协委员、镇村干部等成立专题协商小组，将"办公室"搬到小山村，设立"民情驿站"，将村民提出的每条意见建议都作为"小提案"来处理，先后召开民主协商会20多次，协商产生决策20多项，有效推进了项目进展。针对大源村望仙区块"杭派民居"建设，大源镇政协工委牵头组建协商班子，包干"认领"走访任务，做到协商入村、入户，努力让参与协商的人意见充分表达、矛盾充分暴露，让尽量多的人合心、合拍、合谋。

（二）用民主协商的机制弥补"一选了之"的缺陷，促进基层民主善治

基层群众自治制度是我国一项基本政治制度，但在一些地方出现了宗族、家族，乃至宗教、资本干预甚至左右村民自治的现象。浙江省2013年10月至2014年

① 哲欣. 基层矛盾要用基层民主的办法来解决[N]. 浙江日报,2006-10-11(1).
② 曹鹏程. 人民日报评论员:打掉隔党和人民的无形之墙[EB/OL]. (2013-01-29)[2018-05-08]. http://opinion.people.com.cn/n/2013/0129/c1003-20353480.html.
③ 富阳区政协召开基层协商民主工作会议[EB/OL]. (2015-01-13)[2018-05-08]. http://www.hzzx.gov.cn/content/2015-08/31/content_5903878.htm.

3月的村级组织换届选举,至11月底已查处各类违法违纪案件258起,其中贿选129起,占50%。①老板村干部的现象在东部地区比较普遍,在10年前这一比例是30%,现在已上升到71%。②富人当村干部有利有弊,但正如媒体所指出的,遏制村干部腐败任重道远,要防止"土皇帝"当政。③前有广东乌坎,后有山东平度,都发生了此类社会事件,村庄自治组织的缺位、失责、腐败,成为各界反思重点。④早在浙江工作期间,习近平就完善村民自治制度,提出民主选举不是民主政治建设的全部,一选了之肯定会出乱子,"民主选举、民主决策、民主管理、民主监督"都要配套完善起来,同时基层党组织要发挥领导核心和战斗堡垒作用。⑤从浙江温岭、余姚、武义等县市的做法看,地方可以先试行参与式和协商式民主,在这方面民主具有更为广泛的内容。在此过程中,人民政协和统一战线可以帮助提升城乡居民参与协商的能力,落实中央文件强调的倡导协商精神、培育协商文化,引导群众依法表达意见,积极参与协商;帮助城乡居民掌握并有效运用协商的方法和程序,营造全社会关心、支持、参与城乡社区协商的良好氛围;同时,发挥各级党代表、人大代表、政协委员密切联系群众的积极作用,引导基层群众开展协商活动。⑥实践表明,民主选举是村民自治的基本内容,也是乡村社会治理易出现矛盾的地方,政协机构可充分发挥协商民主的功能优势,推动民主选举有效开展。如2011年杭州建德市村级组织换届选举中,在坚持村委组织法及上级组织部门关于换届选举相关政策的前提下,按照村民自愿的原则,市政协共组织120名政协委员担任选举的"民主观察员",开展协商民主与票决民主相结合的试点工作。为顺利实现村级换届选举,选出群众满意的村两委,政协发挥了重要作用。

(三)用民主协商的方式寻求最大公约数,促进科学决策和社会和谐

选举民主的办法是投票表决,一旦决定了就一刀切,这在利益格局日趋多元的

---

① 我省村级组织换届——这一票,选好村里当家人[N].浙江日报,2013-12-19(17).

② 浙江"老板村官"越来越常见:能人有优势,精力廉政亦有隐忧[EB/OL].(2017-05-11)[2018-05-08]. http://www.sohu.com/a/139836008_260616.

③ 中国部分乡村自治沦为独裁:"掠富"与外逃[EB/OL].(2014-02-14)[2018-05-08]. http://news.xinmin. cn/domestic/2014/02/15/23521359.html.

④ 杜吹剑.与传统断裂,村民自治难成功[N].环球时报,2014-04-14(14).

⑤ 习近平谈民主:光换上选举的"马蹄"还不如不换[EB/OL].(2014-09-10)[2018-05-08]. http://opinion. haiwainet.cn/n/2014/0910/c456318-21060882.html.

⑥ 中办、国办印发《关于加强城乡社区协商的意见》[EB/OL].(2015-07-22)[2019-12-13]. http://www.xin- huanet.com/politics/2015-07/22/c_1116010168.htm.

转型期,与科学决策相去甚远。专家决策也不等于科学决策,更不等于民主决策。协商民主是党和政府科学决策、民主决策、依法决策的重要途径。如:按传统理念,地方政府在征地拆迁的问题上,只要有80%以上的人赞成就可以拆迁,可以完全不管少数反对者的意见,导致群体性事件和突发性事件高发。但协商民主却让这些反对者事先充分发表意见,这样就营造了一种良好的政治生态环境,让所有利益相关者都坐到一起来,平等协商,求同存异,既能妥善解决问题,又能促进社会和谐。从2010年开始,浙江省嘉兴市就将赞成人数提升到90%,即便如此,仍强调要事先协商。①协商民主的主体涵盖社会各界、各方面人士,既反映多数人的普遍愿望,又吸纳少数人的合理主张,可以最大限度地实现最广大人民的民主权利。党的十八大后,习近平多次指出,我们的执政环境已发生了深刻变化,决策的酝酿、出台与实施,尤其需要统筹各方利益诉求、汇聚各家真知灼见,寻求最大公约数,广泛凝聚共识。能否把最大公约数找出来,考验各级领导干部的政治勇气和智慧。②习近平在2014年9月庆祝人民政协成立65周年的讲话中指出:在中国社会主义制度下,有事好商量,众人的事情由众人商量,找到全社会意愿和要求的最大公约数,是人民民主的真谛。这充分表明,坚持协商于决策之前和决策执行过程中,是中共治国理政的重要经验,也是重大决策必须坚持的重要原则。通过协商,能够广开言路、广集众智、广求良策,把社会各方面分散的意见、愿望和要求进行系统、综合的反映,能听到各种真知灼见、各种真招实招,使党和政府的决策更加符合实际、顺应民意,推动党的领导方式和执政方式的改进,保证党领导人民有效地治理国家。如:2014年9月,嘉兴市秀洲区新塍镇政协联络室邀请区政协联系领导、政协委员、政府分管领导和相关部门负责人等参与开展了"农民建房问题专题民主协商活动",与会人员就农民建房和农村新社区建设相关政策和问题进行热烈讨论,并提出了许多中肯的意见和建议。会后,政协联络室对委员提出的意见建议进行整理,并将书面材料提交党委、政府供决策参考。在政协联络室的助推下,新塍镇率先在全区开展农民建房试点工作,调整了原有的农民建房相关政策,逐步解决了农民建房问题。

当代地方社会治理,就是依托政府组织、民营组织、社会组织和民间公民组织

① 90%以上住户同意才能拆 嘉兴试水城市拆迁新模式[EB/OL]. (2014-09-10)[2018-05-08]. http://zjnews.zjol.com.cn/05zjnews/system/2010/07/14/016760236.shtml

② 习近平:寻求推进改革开放的最大公约数[EB/OL]. (2013-01-12)[2019-12-13]. http://opinion.people.com.cn/n/2013/0112/c1003-20178029.html.

等各种组织化的网络体系,应对地方的公共问题,共同实现公共服务和社会事务管理的过程。20世纪60年代以来,欧美国家发生了一场范围广泛的"结社革命",一些欧美国家的政府退出传统的微观经济干预领域,把大量的公共服务项目转由社会组织来提供,逐渐形成了"小政府、大社会"的管理格局,形成了"第三方治理",如中北欧一些国家的新社团主义、新协和主义等。西方协商民主与中国协商民主可以互相借鉴的领域,主要集中在基层协商和社会对话上,其共同的理论就在于求同存异,寻求利益共同点和核心价值观。习近平指出:"人民政协以宪法、政协章程和相关政策为依据,以中国共产党领导的多党合作和政治协商制度为保障,集协商、监督、参与、合作于一体,是社会主义协商民主的重要渠道。"①人民政协作为统一战线组织为社会治理发展提供了很好的制度平台,同时,其人才荟萃、联系广泛、位置超脱,能有效拓宽诉求渠道,发扬社会主义民主,促进社会和谐。由此,中共中央办公厅文件明确指出,人民政协作为统一战线组织,集统战理念、组织、机制于一身,在服务社会治理方面责无旁贷。充分发挥人民政协作为协商民主重要渠道和专门协商机构的作用,有利于广纳群言、广谋良策、广聚共识,有利于促进党和政府决策科学化、民主化,有利于更好实现人民当家做主,有利于化解矛盾、促进社会和谐稳定,有利于推进国家治理体系和治理能力现代化。②

二、基层政协参与基层协商、社会治理的探索实践及启示

习近平强调,人民政协要把协商民主贯穿履行职能全过程,推进政治协商、民主监督、参政议政制度建设,不断提高人民政协协商民主制度化、规范化、程序化水平,更好地协调关系、汇聚力量、建言献策、服务大局。③人民政协的三项职能都集协商、监督、参与、合作于一体,寓于提案、视察、专题调研、反映社情民意信息等经常性工作之中,可以说,人民政协的每一项工作都体现了协商民主。因此,人民政协不但在开展政协协商中成效显著,而且在参与基层协商、社会治理方面大有可为。从浙江省各地政协的实践探索看,人民政协特别是基层政协在参与基层协商

① 习近平:在庆祝中国人民政治协商会议成立65周年大会上的讲话[EB/OL]. (2014-09-21)[2018-05-08]. http://news.xinhuanet.com/politics/2014-09/21/c_1112564804.htm.
② 中共中央办公厅印发《关于加强人民政协协商民主建设的实施意见》[EB/OL]. (2015-06-25)[2018-05-08]. http://www.gov.cn/zhengce/2015-06/25/content_2884439.htm.
③ 习近平:在庆祝中国人民政治协商会议成立65周年大会上的讲话[EB/OL]. (2014-09-21)[2018-05-08]. http://news.xinhuanet.com/politics/2014-09/21/c_1112564804.htm.

民主和社会治理时主要有着以下载体、渠道，以及制度、机制。

一是通过邀请群众旁听政协大会，达到开门办政协的成效。绍兴市政协邀请对象已扩大至网民、外来建设者代表，一些原汁原味、实话实说的草根建议真正走进了政协大会。普通群众不仅旁听了开幕式、政府工作报告，参加了界别协商会，市政协还专门组织了市民网民外来建设者座谈会，让群众真正"走进来""融进去"。一张板凳，一条信息，背后是政协影响力的日益增强，内核是人民政协对民主政治建设的不断推进。

二是通过设立乡镇（街道）政协委员联络室、委员工作室等平台，实现政协委员与民众之间面对面的交流沟通。如：杭州市萧山区各镇（街道）的政协委员工作室，按照轮值表，政协委员定期定时接待群众来访，与民众之间就小到一盏路灯，大到拆迁补贴标准、经济适用房政策等进行交流。与此同时，建立动态机制，加强与有关部门和各界群众的联系沟通。如：杭州市富阳区政协通过在各镇（街道）建立委员联系群众制度、委员公开接待日制度、领导干部联系政协委员制度、乡村政协机构联系界别小组与有关部门制度，组织委员开展"三进"活动，参加本地政情通报会等动态方式，与群众实现交流互动。

三是运用好新媒体扩大影响，通过建立网络论坛、开通委员"网上工作室""委员微博"等实现政协委员与群众的及时互动。如：绍兴市政协围绕市委市政府决策，事先发布信息，发出通知征求网上书面意见，同时进行网上互动。然后邀请网友列席发言，网民问政成为绍兴市政协常委会的亮点。此举被媒体誉为"古城网友议政一小步，民主政治建设一大步"。再如：杭州市富阳区政协近年来重点开展的"民生系列民主议政"协商，通过广泛征集民意，每年确定1到2个专题，搭建专门班子，深入开展调研，由政协委员与区政府及相关部门面对面协商探讨，并与网友互动交流，搭建了政府、政协委员与市民之间的沟通平台，汇集各方智慧，推进了交通治堵、医药卫生体制改革、养老事业发展等工作。①

四是积极向最基层拓展政协工作，参与乡村协商民主的制度化建设。如：淳安县试行委员列席乡镇和部门领导班子工作会议制度，使委员能够真正了解并参与一些重大政策和工作举措决策。再如：嘉兴市秀洲区政协深化"三方沟通协商机制"，即在政协组织、提案承办单位及提案者（政协委员）三者之间建立沟通协商机

---

① 邵良. 强化五种意识 提升基层政协协商民主实效[N]. 人民政协报，2016-07-13（4）.

制。从2013年开始,秀洲区政协提案委员会各成员奔赴各镇开展基层民主协商,以此推动各镇提案办理,确保提案按时保质完成。2015年2月份,绍兴市越城区政协出台《关于推进镇街政协工作委员会民主协商工作的意见(试行)》,并以中共越城区委的名义向各镇街党(工)委及区部委办局等部门转发,涵盖主体、内容、形式、程序等协商民主的基本制度,组织多元主体共同参与,通过对话、沟通、磋商等方式,进行民主、平等、充分的协商讨论,以化解矛盾和增进共识,促进科学民主决策的协商理念的完善与发展。在平湖市政协2015年协商计划中,社会治理的内容占有很大分量,主题更加贴近基层群众反映强烈的热点民生问题,包括加快美丽乡村精品线(金虹公路)建设、科学推进农村生活污水收集处理、探索市镇两级城管中队联合执法新途径、提升农村中小学学生接送车途经路段公路等级、推进土地综合整治试点工作、加强镇区道路交通管理、推进农村土地流转等。

五是发挥政协委员的主体作用,积极参与基层民主协商和社会治理。如:杭州西湖区政协开展"三全五员十服务活动",即"全员额参与、全方位服务、全区域覆盖",积极当好"政策法规的宣传员、文明建设的示范员、公益事业的促进员、困难群体的帮扶员和民意反映的信息员",广泛开展"社情民意反映、咨询顾问、法律援助、文体服务、健康服务、扶贫帮困、环境保护、为老服务、文明引导、生活服务"等十大类服务。西湖区的委员企业已向10多个村的集体经济投入资金3亿多元,组织开展培训,为村级经济的结构调整和转型升级做"谋士"。政协委员视察社区后专报的"关于社区因牌子多、考核多、盖章多、台账多而影响社区自治功能发挥的建议"社情民意信息,使原有61项社区工作任务精简为29项,537项社区工作台账精简压缩至77项。另外,西湖区的215名委员在全区184个村社领办为民办实事服务项目400多项。再如:海宁市斜桥镇将民主协商会开到了村头,由政协委员、村干部、农业大户、村民代表和海宁市斜桥镇有关部门负责人一起,恳谈协商包括农村新社区社会化管理、96345社区服务进驻镇村等涉及群众切身利益的一些热点、难点问题,使群众有机会畅言自己的想法并且现场得到反馈,在基层引起了很大反响。同时,斜桥镇党委出台了《重大事项民主协商制度》等规定,明确政协委员对镇级及村级重大决策、重要干部任免、重大项目安排、大额度资金使用等,可以用书面、恳谈、专题协商等3种形式协商,协商结果适时公开,接受各方监督。

以上探索只是浙江一省部分地方政协特别是基层政协在参与基层协商民主和社会治理方面的有效探索,为我们提供了以下一些有益启示:一是人民政协特别是基层政协参与基层民主协商和社会治理方面大有可为;二是人民政协特别是基层政协在参与基层民主协商和社会治理,必须积极搭建平台、疏通渠道、健全机制;三是人民政协特别是基层政协参与基层民主协商和社会治理,着眼点要放在善于把各方智慧和诉求通过政治协商转化为党委政府的决策智慧和主张,善于把党委政府决策通过政治协商转化为各界群众的共识,善于将协商成果妥善转化为推动党委政府科学决策、民主决策、依法决策和工作部署的重要依据;四是人民政协特别是基层政协参与基层民主协商和社会治理,关键是要形成党委重视、政府支持、政协主动、各方配合、社会关注的大格局。在此过程中,人民政协要注重发挥自身的价值引领、导向功能,利益表达、协调功能,决策协商、咨询功能,社会疏导、稳定功能,以及凝聚共识、整合功能,充分发挥自身在社会治理中的积极作用。

三、人民政协与统一战线在基层协商和社会治理中发挥作用的异同分析及整合取向

基层协商和社会治理需要民主党派、统一战线和人民政协广泛参与。习近平指出,人民政协要发挥统一战线组织团结联谊功能,最大限度为党和国家事业凝聚共识、凝聚智慧、凝聚力量。[1]从近几年浙江省各地的探索看,统一战线和人民政协都积极参与到基层协商民主和社会治理之中。人民政协与统一战线都具有资源优势、网络优势、制度优势、功能优势,在推进基层协商和社会治理中各具特点和作用,可以说是各显神通、殊途同归。

(一)相似、相同和相通之处

一是发挥作用的理念相同。统一战线的主题是大团结大联合,人民政协的主题是团结与民主,两者共同的核心理念是求同存异,这与基层协商和社会治理中寻求最大公约数的目标理念高度契合。如:因垃圾焚烧场引起的群体性事件近几年来高发,老百姓对此普遍存在"邻避"现象——说到底就是如何进行利益协调和寻求最大公约数的问题。杭州市余杭区2014年5月因发生此类事件,不得不暂时中断建设项目;但不到一年就在原址开工,并得到了当地市民的拥护,说到底就是用"求大同存小异"的理念摸索出了一套"民主促民生"的协商办法。当地先后组织群

---

① 习近平:在庆祝中国人民政治协商会议成立65周年大会上的讲话[EB/OL]. (2014-09-21)[2018-05-08]. http://news.xinhuanet.com/politics/2014-09/21/c_1112564804.htm.

众82批次共4000余人外出考察同类项目,同时火车西站、智慧产业园、休闲慢城相继落户当地,并在当地提前实施道路、公交、饮水、文体等一大批民生实事工程,使群众有了明显获得感。在此过程中建立的"参与—协商—共识—利益—执行"模式,值得借鉴。

另如,杭州市上城区统一战线在社区成立的"邻里值班室",职责就是通过协商民主解决民生问题,构建和谐邻里关系,帮助需要帮助的人,成为统一战线推进基层民主管理的一个重要平台。目前仅紫阳街道就组建了89个值班室,共有值班人员365人,工作范围覆盖整个社区3800户居民1万多人。只要一个电话,值班室的"老娘舅"就出发了。目前由"老娘舅"出面化解邻里矛盾纠纷963起,解决率达96%。①在杭州,越来越多的党外人士、政协委员开始投身基层协商民主工作。身处基层的统一战线成员、政协委员,运用统战理念和方式,进行着基层协商民主的实践探索。②

二是在发挥功能作用上相通。通过协调关系、化解矛盾、沟通思想、理顺情绪来凝心聚力,是统一战线与人民政协通用的方法,也适用于基层协商和社会治理。例如,临海市委统战部指导该市白水洋镇召开拆迁协商会,闻讯前来参会的群众络绎不绝,协商会从小会议室开到大会议室再开到操场,最后达成共识,1个月内搞定拆迁。镇党委主要领导认为,这是用统一战线"柔"的手段做"和"的文章,达到"刚"的效果。

再如:杭州市富阳区望仙"杭派民居"建设是列入杭州市农村住房改造试点规划的项目,为更好地体现协商于民、协商为民,让百姓的事由百姓商量着办,在富阳区政协的指导和大源镇党委的支持下,望仙村全体村民成立了专门的协商民主工作小组,全面负责项目推进中民主协商事项的组织实施和项目建设的推进落实。在自愿报名的基础上,236户农户每户一票,从中推选出7名代表,加上2名村干部,组成了9人的协商民主工作小组。因为事先做了大量的民意征集和协商沟通工作,在村民大会上,90%的村民对小组提交的土地流转建议方案投了赞成票。协商民主还贯穿于对建房过程的全程监督中。工作小组总会根据村民意见,及时对设计方案提出修改要求。在杭州市13个"杭派民居"试点村改造项目中,望仙"杭

---

① 基层协商民主火起来[N].人民日报,2014-09-24(20).
② 基层协商民主火起来[N].人民日报,2014-09-24(20).

派民居"动工最晚,但进度却最快。协商民主工作小组成员和一些镇、村干部都说,这是协商民主的做法起了大作用。①

再如:温州市鹿城区松台街道成立了社区协商议事委员会,在区委统战部的指导下,由社区政协委员、街道统战委员和社区统战工作站出面,邀请交警、城管等部门共同参与,有效解决了"小区停车难"问题。

三是在关注点和着力点上有着共同的要件。两者都不是原本意义上的参政议政,而是协调利益关系,寻求最大公约数。无论统战部门还是人民政协参与基层民主协商,有一点都必须明确:基层协商民主属于利益协调、社会治理,而不是统战人士和政协委员等少数精英的参政议政、建言献策。因此,两者参与基层协商都必须关注和着力于以下几个要件:一是关于"协商什么"的问题,需进一步明晰,就是当地发展大局和民生问题;二是关于"与谁协商"的问题,需进一步扩大协商参与范围,要最大限度地考虑民意代表性、疏通诉求渠道,而不是仅仅局限于少数党外人士和政协委员,或党外人士占比过高;三是关于"怎样协商"的问题,需进一步规范协商基本程序,必须将协商置于决策之前或决策执行之中,切实提升协商的有效性;四是关于"协商形式如何丰富"的问题,需进一步发展和创新基层协商民主的平台,这一方面基层统战部门和人民政协都创出了一些好的做法,值得总结推广;五是关于"协商结果如何落实"的问题,需进一步强化协商保障,这方面除了依靠当地党政支持外,还要发挥党外人士、人民政协自身所具有的民主监督的职能作用。

(二)各有侧重、各有特点、各有长短

一是组织框架各具优势。人民政协和统一战线都是协商民主的重要渠道,但统战部门主要承担的是政党协商,人民政协主要承担的是政协协商。从延伸的眼光看,随着统一战线社团的快速发展和社会组织统战工作的蓬勃开展,统一战线参与社会组织协商已势在必行。桐乡、义乌、临海等地统战部门指导成立的新居民群体和谐促进会、圆桌会议等组织,在促进新老居民融合、和谐方面发挥了重要作用;湖州市吴兴区织里镇本地人口10万,外来人口20万,前几年劳动关系比较紧张,当地统战部门指导组建新居民和谐促进会,探索开展"书记面对面""民主恳谈会"等基层协商民主形式,进一步拓宽了基层群众利益诉求表达渠道,促进了新老居民共

---

① 杭州市富阳区政协助力基层协商民主破解建房难题[EB/OL]. (2016-06-13)[2018-05-08]. http://www.rmzxb.com.cn/c/2016-06-13/864355.shtml.

建共融,成功协调解决各类纠纷20余起。

而人民政协作为专门协商机构,从基层网络框架建设看,政协向乡镇延伸,协助乡镇党委开展基层协商已是责无旁贷。2011年以来,针对撤镇建街以后街道没有党代会、人代会的实际,为了有效实现群众的知情权、参与权、表达权和监督权,杭州市余杭区由组织部牵头,以街道民主协商议事会议形式来弥补制度"断层"。议事代表的产生有明确的条件和程序,平均每个街道70人左右,要求有30%的党外人士、"两代表一委员",以及普通群众、外来务工人员,其构成具有广泛性和代表性。区政协与主导这项工作的组织部沟通,在代表构成、作用发挥等方面加以完善,进一步体现协商民主的制度特点和功能特色。

二是成员构成各有长短。统一战线线长面广,但短板是其成员局限于党外人士,而基层协商和社会治理的主体是各界群众。在这方面,人民政协的主体政协委员来源相对较广,且联系和代表各界人士,可以反映各界诉求,沟通上下联系。如:前文提到的杭州市富阳区在探索以基层协商民主推进"杭派民居"建设中,基层政协组织和政协委员成为调动发挥好基层群众在破解民生问题中的积极性、主动性和创造性的生力军。区政协委员工委也全程参与,与镇、村干部和协商民主工作小组共同为化解矛盾、推进项目建设献计出力。近几年,富阳区政协已围绕征地拆迁、农居点安置等开展了近60项专题协商。正如富阳区政协委员工委负责人说的:"通过这几年的探索,我们感到开展基层协商民主,有事多商量、遇事多商量、做事多商量,对于化解基层矛盾、促进基层和谐、破解基层难题,确实起到了很好的'润滑剂''调节器'作用,老百姓通过参与协商有了更多的获得感。"[46]

而统战部在指导基层开展民主协商时,要注意不能把协商委员会和协商小组搞成以党外人士为主的统一战线组织(其比例一般不宜超过三分之一),一定要兼顾广泛性和代表性。如:某区统战部门前几年指导成立的各界人士协商会,实际上就是统一战线各党派、团体和代表人士的组织,因不能广泛代表相关利益诉求方,实际上是无法发挥基层民主协商和社会治理的作用的;另一区统战部门指导辖区内乡镇街道成立的各界人士联谊会中,党外人士占70%,在实际操作中其协商变成了参政议政,难以达到协调各方利益的效果,协商结果也缺乏合法性和权威性。这是统战部门要引以为戒的。

三是履行职能作用各有侧重。民主党派、无党派人士与人民政协、政协委员的三大职责是相通的,即,参政议政、民主监督、政治协商。但其也是各有侧重的,比如在政治协商中，前者是党际协商，后者是在政协平台中的协商；而在民主监督方面，人民政协的民主监督比起民主党派的党际监督，从法理和组织上更易开展，更能制度化、规范化和常态化。

设立政协委员工作室是一个好的做法，如杭州市下城区委员工作室，致力于杭州著名的历史街区"思鑫坊"保护工程的民主协商和民主监督工作，取得了较好成效。再如浙江省政协委员、省伊斯兰教协会副秘书长、杭州市上城区少数民族联谊会名誉会长沈少春说："作为市民观察团的成员，我们的手机号码都是在报纸上公布的。""有一次，水澄桥社区的群众打电话来反映，房产开发商卖完房子后，对后续的事情不管了。社区绿化养护不到位，土壤不好树木存活率低，监控保安系统形同虚设。我们立即启动协商程序，在协调七个月后，终于让开发商出资重新培土绿化，更新监控保安系统，现在居民们比较满意了，说我们的民主监督真管用。"①

实际上，在履行职责中助推基层协商民主发展，很多地方，很多时候，民主党派和无党派人士等统一战线成员与政协委员的身份是你中有我、我中有你的。比如：台州温岭市组建的统一战线评议团，由36名民主党派成员和无党派人士（大部分为人大代表和政协委员）组成，下设4个专家顾问组，对各地各部门开展的协商恳谈对话按领域议题开展民主评议、监督。

四是平台、载体、渠道、方式各具特点。作为专门的协商机构，政协组织主要通过各种会议开展协商，其特有的专题协商、对口协商、界别协商、提案办理协商等形式完全可以借鉴运用到基层协商和社会治理之中。而统一战线作为党的领导方式和执政资源，其平台、载体、渠道、方式应是多种多样的。如：台州市黄岩区民主党派组织、统战团体顾问团（设责任区），仙居的乡镇重大决策党外人士咨询顾问制度，临海乡村同心会客室，等等，既破解了基层多党合作、政治协商和民主监督的瓶颈问题，又推进了基层协商和社会治理；而武义县首创的村务监督委员会（统一战线成员参与其中），温岭、慈溪、杭州市下城区的统一战线评议团、商议团，兰溪市的统一战线议事会，台州市黄岩区和路桥区的宗教场所财务代理制度等形式，融协商、监督、治理于一体。再如：杭州市西湖区委统战部、民宗局针对有关部门对辖区内数百家拉面馆不敢管、不愿管、不会管的问题，成立了兰州拉面馆自治小组等组织，促进拉面馆与社会、拉面馆与拉面馆之间关系的和谐，解决了10多年来困扰城

---

① 基层民主协商火起来[N]. 人民日报，2014-09-24(20).

市管理的难题。义乌市伊斯兰教活动场所民主管理委员会实行自我服务、自我管理、自我引导、自我教育,年均成功调解各类纠纷,10余起。

五是反哺作用各不相同。参与基层协商民主建设和社会治理,延伸人民政协协商的触角,拓展了人民政协的协商渠道和范围,也提升了人民政协的履职能力和水平。与此同时,参与基层协商和社会治理,也为开展基层统战工作注入了活力。如:基层协商民主理念的灵活运用使非公有制经济领域统战工作亮点纷呈,包括乐清、温岭等地的工资集体协商制度,嘉善的民企沙龙,以及义乌的人民调解制度进商会等形式,温州等地的商会承接政府部分职能,宁海工商联商会企业服务中心,等等。参与基层协商和社会治理实践探索,也为发现、培养党外代表人士提供了崭新的平台。如:杭州市下城区的民主党派组织、街道工委合作共建机制、党外后备干部导师制度,宁波市北仑区的党派基层组织与中共支部共建,等等。在台州市路桥区打工的江西人卢金生当选全国人大代表,贵州人墙兴贵在慈溪市办起为农民工服务的"小墙热线",两人均已被作为代表人士进行培养,被推选为省人大代表。

(三)整合资源,实现优势互补、形成合力

统一战线与人民政协在成员构成、理念、功能和方式、方法上都有相似相通之处,参与基层协商和社会治理必须结束各自为政、不相往来的局面,积极整合资源,努力实现优势补充、形成合力。

一是要建立党委统一领导、各方密切配合的协商机制。基层协商的主体单位是各级党委,因此,无论是人民政协还是统战部门,都必须经同级党委授权后才能指导和组织这项工作,其中统战部门作为专做党外人士工作的部门,理论上不宜冲到基层民主协商的前线。宁波余姚市的做法是,所有文件均由市委或市委办及乡镇街道党(工)委颁发,统战部只在幕后操作。(详见中国统一战线新闻网及《中国统一战线》2014年第6期)台州天台县委对协商民主的组织做了如下分工:县级由政协牵头,乡镇街道级由统战部牵头,村级由组织部牵头,总牵头是县委办。经党委授权后,人民政协和统战部门牵头基层协商变得师出有名,但在两者资源整合、功能对接、优势互补方面仍需要进一步探索。

二是要把人民政协的制度框架优势和统一战线的组织网络作用结合起来。人民政协有基层工委、专委会、界别,以及分布在各行各业的政协委员,这是由人民政协的制度框架所决定的,使其在参与基层协商和社会治理中具有先天优势。但是,社会组织协商在社会治理中具有特殊的重要性,这是统一战线的优势,而非人民政

协。如：绍兴市柯桥区安昌镇经历过群体性事件高发的阵痛后，痛定思"统"，成立了21个统战社团和联谊性社会组织，镇财政每年划拨110万元作为经费补贴（与考核挂钩），积极开展社团统战工作，有效化解了矛盾纠纷，融洽了干群关系。两者结合点上的一个有效探索，在于发挥统战系统委员工作室的作用，如浙江省工商联先后成立了10个届别政协委员工作室，明确委员工作室的职能为：紧紧围绕"促进非公有制经济健康发展和非公有制经济人士健康成长"工作主题，联系群众、收集民意、汇聚民智、反映诉求，在力所能及的前提下，帮助解决民生问题，参与社会治理，促进社会和谐稳定。[①]另如，杭州市下城区的民革政协委员工作室，安吉县前民进主委徐佰成政协委员工作室，都在助推基层协商和社会治理中发挥了积极作用。参与基层协商民主建设，为统一战线和人民政协参与社会治理创新，推进国家治理体系和治理能力现代化提供了新途径和渠道。

三是借助新媒体技术扩大人民政协和统一战线在助推基层协商、社会治理中的影响。基层特别是社区一级的协商，由于成员都是有各自工作单位的，定期的协商会不可能太频繁，因而必须以网络协商与之相配套。如：运行了近十年的杭州德加社区议事协商委员会制度，建立了季度例会制度、讨论表决制度、审议修改制度、学习培训制度、民主评议制度，同时配以日常的"网络协商民主"平台，供议事会成员随时发表意见。[②]在这方面，统一战线和人民政协都可以发挥助推作用。近几年我省各地统战部门牵头成立了网络界人士联谊会（全省市县两级网联会70家左右），网联会积极建设"网上建言献策直通车"，通过网站、微博、微信等各种形式广泛征集社情民意。而各地政协也通过App、QQ群、微信群，广泛联谊各界群众，开展网络问政。在此过程中，统战部应与人大、政协机关加强配合，加快完善"代表委员网上工作站"，要求担任人大代表、政协委员的成员在网上实名开通"网上工作室"，向全体网民征求议案提案的意见建议，以求扩大民意基础，疏通诉求渠道，促进民主协商和社会治理。

四是加大统一战线和人民政协理论的宣传、教育、传播。协商的理论需要宣传、引导，更需要培育，只有协商理念深入人心才能在基层建立民主协商的长效机制。这需要统战部门和政协组织共同努力。比如：余姚市泗门镇谢家路村每年组

---

① 黄正强. 省政协工商联界别委员工作室的探索与实践[N]. 联谊报, 2017-03-30（理论）.
② 张雅丽, 劳洁. 网络论坛中的协商民主——来自德加社区的实践[J]. 中共浙江省委党校学报, 2005(5)：44-49.

织村"两委"和村民代表到浙江省社会主义学院学习统战理论,村里还设有社会主义学校,运用统一战线协商、民主、包容、共赢的理念处理村务。①杭州市富阳区一些乡镇民主协商小组由政协委员担任组长,虽然他们对各级政协在党委领导下努力探索的"基层协商民主"这个词并不陌生,但具体实践中如何开展,他们也心中没底。为此,富阳区政协对协商民主工作小组进行了有针对性的培训,一方面从理论上向小组成员讲解基层协商民主的背景、意义、要求和工作方法等基础性内容,另一方面在实践上介绍了近年来其他乡镇(街道)开展基层协商民主的成功案例和经验,进一步增强了工作小组开展协商民主工作的自信心和业务能力。②

四、人民政协和政协委员如何提升服务基层协商和社会治理的能力和水平

习近平强调,人民政协要适应推进国家治理体系和治理能力现代化的要求,坚持改革创新精神,推进人民政协理论创新、制度创新、工作创新,丰富民主形式,畅通民主渠道,有效组织各党派、各团体、各民族、各阶层、各界人士共商国是,推动实现广泛有效的人民民主。习近平同时指出,政协委员是政协工作的主体。③所以人民政协要更好地服务基层协商和社会治理,关键是看政协委员如何提升参与协商特别是基层协商和社会治理的能力和水平。

(一)政协委员在协商民主和社会治理中的角色定位和作用

政协是组织、平台和渠道,政协委员是主体。党的十八大以来,习近平多次在讲话中提到更好地发挥政协委员的履职作用,指出:"希望广大政协委员珍惜自身荣誉,恪守宪法法律,自觉践行社会主义核心价值观,锤炼道德品行,改进工作作风,切实发挥在本职工作中的带头作用、界别群众中的代表作用,不负重托,不辱使命。"④人民政协和政协委员要牢固树立参与协商的关键在于"说得对"而不是"说了算"的理念,建言献策既要超脱又要切实。所谓超脱,就是人民政协和政协委员献

① 杨卫敏. 我给村民讲统战[J]. 中国统一战线,2010(11):59-60.
② 杭州市富阳区政协助力基层协商民主破解建房难题[EB/OL]. (2016-06-13)[2018-05-08]. http://www.rmzxb.com.cn/c/2016-06-13/864355.shtml.
③ 习近平:在庆祝中国人民政治协商会议成立65周年大会上的讲话[EB/OL]. (2014-09-21)[2018-05-08]. http://news.xinhuanet.com/politics/2014/09/21/c_1112564804.htm.
④ 习近平:在庆祝中国人民政治协商会议成立65周年大会上的讲话[EB/OL]. (2014-09-21)[2018-05-08]. http://news.xinhuanet.com/politics/2014/09/21/c_1112564804.htm.

策不决策、议政不行政、立论不立法,位置超脱、利益超脱、思维超脱,可以少受或不受各种利益关系的羁绊和惯性思维的束缚,这是优势也是特色,需要充分发挥。所谓切实:参到点子上,议到关键处;做深入调研,建睿智之言,献务实之策。归纳起来,就是既要勤于履职,又要善于履职。各级政协组织要切实贯彻好"老三不"与"新三不"方针,即"在政协的各种会议和活动中,要始终坚持'不打棍子、不扣帽子、不抓辫子'的方针,提倡热烈而不对立的讨论,开展真诚而不敷衍的交流,鼓励尖锐而不极端的批评,努力营造畅所欲言、各抒己见的民主氛围"①。

(二)政协委员如何拓展自身提升协商能力的途径

提高政协协商能力,包括提高政治把握能力、提高调查研究能力、提高联系群众能力、提高合作共事能力。人民政协和政协委员要努力践行、积极探索,不断提高这些能力水平。②一是切实提高政治认知把握能力。要清醒地认识我国人民政协的性质定位,自觉接受中国共产党的领导,走中国特色政治发展道路,始终做政治上的明白人。要认真学习贯彻习近平总书记关于政协委员履职尽责的重要指示,努力在懂政协、会协商、善议政上下真功夫、深功夫,真正做到身为政协人、明了政协事、会说政协话、履好政协责,建言建在需要时、议政议到点子上、监督监在关键处。二是切实提高宏观把握能力。始终围绕党和政府的中心大局工作,与涉及人民群众利益的相关问题进行协商。要加强和改进学习,不断拓展知识面,力求学以致用,充实履职所需的知识能力储备,善于紧扣时代脉搏,提升学识、胆识和才识,增强政治敏锐性、前瞻性和超前性。三是切实提高调查研究能力。习近平指出:没有调查研究,不仅没有发言权,而且没有决策权。作为政协委员,要牢固树立没有调查研究不仅没有发言权,而且没有参政权、议政权。落实好习近平提出的调研工作务求"深、实、细、准、效"③。四是积极了解、吸纳和反映社情民意。新加坡前总理李光耀先生说过,如果你对政治感兴趣,没有任何书可以读。你必须从实际经验中学习。深入实际深入群众,既是政协委员的短板,也是政协委员了解、吸纳和反映社情民意的必经之路。人民政协要通过设立委员工作室、社区信息员、委员特

---

① 全国政协十二届二次会议开幕 俞正声作报告[EB/OL]. (2014-03-03)[2018-05-08]. http://news.china. com.cn/2014lianghui/2014-03/03/content_31654636.htm.

② 中共中央办公厅印发《关于加强人民政协协商民主建设的实施意见》[EB/OL]. (2015-06-25)[2018-05-08]. http://www.gov.cn/zhengce/2015-06/25/content_2884439.htm.

③ 习近平. 之江新语[M]. 杭州:浙江人民出版社,2007:3.

聘邮政员、委员信箱,建立网络议政平台、委员网上履职平台、委员QQ群、委员手机App等,拓展和建立委员与各界群众参与政治协商的渠道。五是切实提高建言献策的能力。要按照言之有据不道听途说,言之有理不主观臆断,言之有度不偏激偏执,言之有物不大而化之的要求,不断提升建言质量和水平。六是提高合作共事能力。要贯彻民主协商、平等议事的工作原则,尊重和包容不同意见的存在和表达,以民主的作风团结人民,加强合作共事,发扬团队精神,发挥整体作用。

(三)政协组织如何帮助委员提升协商能力

人民政协要进一步提高委员素质,优化委员结构。一是完善委员推荐提名工作机制,优化委员构成,适时对政协界别设置提出顶层设计方案。二是研究制定委员管理的指导性意见,规范委员履职服务工作。建立健全考评制度、委员在界别群众中述职和诫勉谈话制度、辞职退出制度,同时对"双好委员"、优秀提案进行表彰。三是加强履职培训,特别是适应全面推进依法治国的要求,切实增强委员法治意识和依法履职、依法参与助推基层协商、基层治理的能力和水平。四是健全委员联络机构,进一步加强联络制度、机制建设,探索创新联络平台、载体和渠道、方式。比如:探索推广台州市椒江区创建的政协委员助理制等(由统战部与政协党组协商,为企业家委员配新阶层人士助理,实现优势互补)。五是提高联系群众能力,积极探索拓宽政协委员联系群众的平台、渠道,完善相关制度机制。

与此同时,人民政协要创新组织方式,探索实践联动协商。如:根据协商议题,可以推行常委会、主席会议与驻区省、市政协委员组团联动,省市县三级政协联动,镇街政协工委与人大代表工委以及民主协商会联动,政协专委会、界别活动小组、基层政协组织联动,等等。拓展知政明情渠道,尝试委员点单式参与,由政协"排菜"供委员"点单",把政协总体作用与委员个体特色特长有机整合起来,充分激发活力,调动积极性。

第八章　统一战线领导权与党外代表人士培养引领

第一节　统一战线与党的领导和执政

习近平总书记在中央统战工作会议上强调,做好新形势下统战工作必须掌握规律、坚持原则、讲究方法,最根本的是要坚持党的领导。领导权问题历来是统一战线的根本问题,在党的历史上曾有过许多经验和教训。当前之所以要研究这一大问题和老问题,是因为当前保证党对统一战线的领导权面临着新的问题和新的挑战。一是在长期执政的情况下,党的先进性面临考验,政府的公信力受到挑战。民主革命时期,党依靠正确的主张得到了同盟者的认同。作为执政党,如何通过执政之外的渠道实现对同盟者的影响和引领,值得探索。二是经济社会转型期,我国社会呈现出显著的多样性、差异性和复杂性,加上国外敌对势力渗透,统一战线成为思想交锋最为激烈的领域,党对统一战线的政治引领受到挑战。三是统一战线自身发展的需要。当前统一战线空前广泛,不仅沟通党内外,而且联系体制内外,联络海内外。如何在体制外的各种社会组织、非公有制企业开展党建和统战工作,如何在线上线下、地上地下、境内境外争取中间势力,掌握话语权和主动权,都是统一战线面临的新课题。四是党员领导干部存在不重视统一战线、不会做统战工作的问题。总之,党对统一战线的领导这一大原则在各个时期都是要坚持的,但在不同历史阶段有着不同的实现方式。在全面建成小康社会、全面深化改革、全面推进依法治国和全面从严治党的战略布局中,党对统一战线的领导有着丰富的时代内涵和深刻的科学要求。

一、共产党领导和执政的有机统一与统一战线领导权的集中体现

中国共产党在现阶段究竟是一个扮演什么角色的政党，这是近几年来党建理论界比较关注的问题。毫无疑义，现阶段，中国共产党是一个执政党，而且是一个长期执政的党。但从深层次分析，中国共产党的角色应是领导与执政两个角色的有机统一。搞清楚这一问题，不仅对于改进党的领导方式和执政方式有着重要意义，而且有利于加强和改进党对统一战线的领导，进一步弄清为什么中国不能搞多党制和轮流执政，从而坚定走中国特色政治发展道路的自觉性。

中国共产党作为执政党的特殊地位是由领导包括统一战线各界人士在内的人们取得人民战争的胜利奠定的，显然不需要经过选举来确定。中国共产党是中国工人阶级的先锋队，同时是中国人民和中华民族的先锋队，是中国特色社会主义事业的领导核心。中国共产党作为领导党的地位决定了"党必须领导一切"，包括立法机关、行政机关和司法机关，乃至其他党派都必须接受中国共产党的全面领导。但是，中国共产党作为执政党只能根据宪法来执政，这是法治国家的基本原则。《中国共产党章程》也规定："党必须在宪法和法律的范围内活动。"

按照马克思主义的观点，领导就是率领、引导，执政就是执掌政权。对于执政党来说，领导是执政的前提条件，执政是领导的集中体现。但必须明确的是，这两种角色的地位和作用并不是完全相同的。为了切实做到依法治国和依法执政，有必要明确领导与执政在法治国家中的不同地位和不同作用，并给予这两种角色以准确的定位。在当代中国的政治生活中，共产党承担着既是领导又是执政的双重政治角色。从国体来看，共产党是中国社会主义事业的领导核心，是整个国家的领导力量；从政体上看，即从国家制度来看，共产党是国家的执政力量，是执政党。因此，从理论上讲，党的领导既可以通过党的领导本身来实现，也可以通过党的执政来实现。

那么，统一战线究竟是一种领导方式还是一种执政方式呢？一方面，从本质上说，统一战线是党的重要领导方式。在没有取得执政地位的民主革命年代，党就是统一战线的发起者、倡导者、创立者、组织者、推动者，处于主导地位。而党领导的统一战线也正是党夺取政权、取得执政地位的重要法宝。党以新民主主义的旗帜感召各界人士团结在自己周围，为了共同的目标而团结奋斗。取得执政地位后，党对统一战线的领导有了双重的意义，即不光是政治上的引导——统一战线成员发

自内心的拥护,更有了法律上的授权和组织上的保证。也就是说,可以继续以新社会主义、中国特色社会主义和爱国主义感召人、团结人,更能凭借自身法定的领导地位和制度安排不断巩固和壮大统一战线。另一方面,从现实来看,统一战线是党执政的战略资源和政治优势。作为党执政兴国的重要法宝,统一战线可以丰富执政资源、优化执政环境、改进执政方式、增强执政能力、提高执政水平。通过发挥统一战线的团结合作功能、社会整合功能、政治参与功能、民主协商功能、教育引导功能、协调关系功能,正确把握和处理政党、民族、宗教、阶层和海内外同胞这五大关系,不断扩大党的群众基础,巩固党的执政基础。

由于当下共产党领导和执政是有机统一的,因此无论作为领导方式还是作为执政资源,都是党对统一战线领导权的集中体现。党对统一战线的领导有着丰富的内涵和严密的系统。具体如表8-1所示。

表8-1　党对统一战线的领导系统

领域	领导方式	执政方式
多党合作	政治引领、参政议政、民主监督、政治协商	执政参政、合作共事
党外知识分子	政治引领、充分信任、关心照顾	"社会人"变成"组织人"
新阶层人士	加强政治引导	组建各种社团使其从"社会人"变成"组织人"
非公经济人士	引导非公经济人士健康成长	促进非公经济健康发展
少数民族	增进"五个共同"	加强民族地区发展、创新服务管理
宗教界人士	引导宗教与社会主义社会相适应	依法管理宗教事务
港澳台海外人士	中国梦是海内外中华儿女团结奋斗的最大公约数	经济文化交流合作
党外代表人士	加强物色、培养、使用、管理	注重发挥党外干部的作用

二、统一战线对于促进党实现领导和执政的重要作用

统一战线有着资源优势、网络优势、功能优势和制度优势,在巩固党的领导地

位和执政地位,改进党的领导方式和执政方式,提高党领导和执政的科学化水平方面,起着十分重要的促进作用。

(一)统一战线为巩固党的领导地位和执政地位提供了广泛力量支持

长期以来,所谓共产党领导和执政的合法性问题,是境内外敌对势力对我党进行攻击的一个焦点。政权的合法性关系民心向背。中国共产党领导的合法性来自老百姓的爱戴和拥护。抗战胜利后,一个美军顾问团到华北考察后得出结论:国民党取得大片国土,共产党赢得广泛人心,将来得天下者必定是共产党。2010年6月,世界著名民意调查机构皮尤研究中心公布的中国社会民意调查报告显示,中国民众虽然对腐败问题和社会不公等问题意见较大,但对自己国家发展方向的满意程度高达88%,高居各主要国家首位(如图8-1)。而2016年1月27日法国益普索的莫里分部开展的全球国家发展方向调查表明:中国发展方向最受民众认可,89%的中国受访者认为中国发展方向正确,位居第一位。第二至第十位的分别是沙特阿拉伯78%、印度72%、阿根廷68%、俄罗斯60%、加拿大57%、澳大利亚48%、日本43%、英国41%、土耳其39%,美国34%列第13位。而根据美国皮尤研究中心2015年1月2日的调查,71%的美国人不满意美国现在的发展方向。共产党之所以能取得广泛拥护,靠的是党的先进性。而十八大后习近平强调要从严治党,多次提到我们党面临的最大的危险是脱离群众的危险,面临的最大的考验是长期执政的考验。习近平在中央统战工作会议上强调,人心向背、力量对比是决定党和人民事业成败的关键,是最大的政治。统战工作的本质要求是大团结大联合,解决的就是人心和力量问题。这是我们党治国理政必须多花心思、下大气力解决好的重大战略问题。

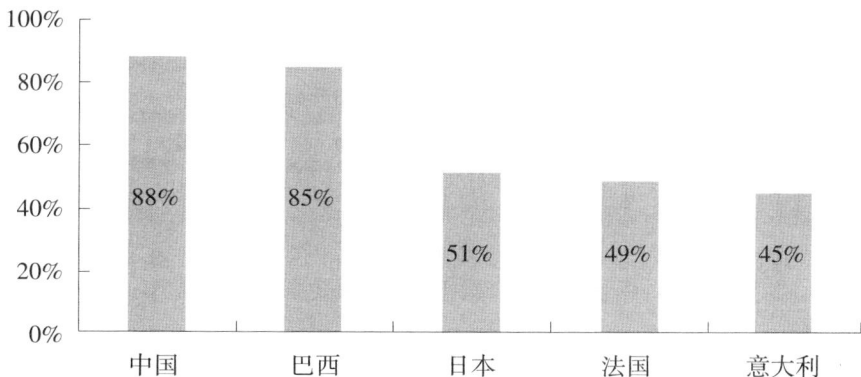

图8-1　社会民意调查统计图

(二)统一战线为改进党的领导方式和执政方式提供了独特理念创新

当前我国正处于经济社会转型期,呈现出阶层分化、利益调整、思想多元、矛盾凸显、诉求增强等显著特点。作为执政党,如何在执政过程中更好地实现对统一战线的领导,包括凝心聚力、社会整合、政治领导、执政参政等,是一个需要深入研究的重大课题。习近平指出,党对统一战线的领导主要是政治领导。这一理念在实际上为改进党的领导方式探出了一条路子。所谓政治领导,实际上就是把握社会发展的全局,着眼于社会发展的全局,在科学把握社会历史发展要求的基础上为社会政治生活确定价值、方向、目标和重大政策。这样,党的主张的形成过程和变成国家意志的过程,也是发扬党内民主和人民民主的过程。统一战线有着沟通党内外、联系体制内外、联络海内外的独特优势。习近平强调,要正确处理一致性与多样性的关系,要牢牢把握党的领导和中国特色社会主义道路这一政治底线,在此基础上包容的多样性的半径越大,画出的同心圆就越大。特别是面对利益多元、价值多样的复杂局面,要通过耐心细致的工作找到最大公约数。这一重大理念为我们破解当前复杂问题、渡过改革难关找到了一把金钥匙。比如,绍兴市柯桥区安昌镇党委政府在前几年群体性事件多发的情况下痛定思"统",成立21个统战性社会组织,用统一战线民主、协商、沟通的理念和方法处理涉及群众利益的事件,不仅化解了社会矛盾,还融洽了干群关系。

(三)统一战线为提升党的领导能力和执政水平提供了系列制度保证

在党已经是执政党的前提下,党的领导不再是脱离国家体制和国家法律的领导力量,而是在国家体制内受宪法和法律约束的领导力量。党的十八届四中全会做出全面推进依法治国的决定,党的领导不再是简单地从政治上来实现,而是主要从制度上来实现,从而使党的领导成为一种制度化和法律化的领导。为中国共产党的领导和执政提供法律保证的政治制度框架与统一战线紧密相关。无论是在根本政治制度(人民代表大会制度),还是在基本政治制度(共产党领导的多党合作和政治协商制度,民族区域自治制度),以及基层群众自治制度和民主协商制度中,统一战线都既有优势又有责任参与建设,促进选举民主、协商民主、自治民主和监督民主的发展,促进党科学执政、民主执政、依法执政。而民主决策、科学决策、依法决策,是党实现领导方式和执政方式转变的重要标志。

三、不断丰富和发展统一战线领导权的实现方式

坚持领导和执政有机统一的理念,要求我们党在统一战线工作中既要坚持正确的政治方向,又要深入研究统一战线的规律并严格按规律办事,努力提升统战工作的科学化水平,切实加强和改进党对统一战线的领导,不断巩固和壮大爱国统一战线。

(一)把改进党对统一战线的领导与引导统一战线成员坚定地接受共产党领导的自觉性有机结合起来

毛泽东说过,"所谓领导权,不是要一天到晚当作口号去高喊,也不是盛气凌人地要人家服从我们,而是以党的正确政策和自己的模范工作,说服和教育党外人士,使他们愿意接受我们的建议",并使人们"心悦诚服地执行"。邓小平说:"领导不是自封的,要看群众承认不承认,批准不批准。"习近平指出,党对统一战线的领导是政治领导不是包办代办民主党派内部事务,是党委领导不是部门领导,是集体领导不是个人领导。实践表明,光靠组织措施来加强对统一战线的领导,不仅资源有限而且其成效受到许多其他因素制约,必须双管齐下。一方面,要改进党对统一战线的领导尤其是要切实提高政治领导的水平和能力;另一方面,要引导广大统一战线成员坚定接受共产党领导的自觉性。这也契合现代管理学的理念,现代管理学之父彼得·杜拉克说过:"领导者的唯一定义是其后面有追随者,一些人是思想家,一些人是预言家,这些人都很重要,而且也很急需,但是没有追随者,就不会有领导者。"当前要向统一战线成员宣传这样一些道理:执政党未必是领导党(抗战期间,国民党是执政党但不是领导党,共产党中的参政员和部分民主党派中的参政员曾多次拒绝出席国民党操纵的国民参政会),领导党也不一定是执政党(抗战时,延安是领导抗战的中心,是统一战线的领导者和组织者,"党指挥枪"的原则较早就确立了;在解放战争时期,共产党则是领导党和革命党的统一),共产党集领导党和执政党于一身,是历史形成的、法律赋予的、实践检验的;与共产党的领导和执政地位一样,民主党派的参政党、建设党地位也是历史形成的、法律确认的、实践证明的(在民主革命时期特别是抗战胜利后,民主党派从建设党向革命党转变;中华人民共和国成立后,从革命党向建设党、参政党转变,积极参与革命、建设和改革事业并发挥了重大作用,得到了全国人民的认同,也得到了国家根本大法和中共党内法规的确认)。在共产党内要加强多党合作和统一战线理论政策的学习宣传;在统一战

线和社会各界则多宣传"西方多党制、议会制不适合中国国情",从而自觉抵制轮流执政、政治试验区等观念的侵袭,做中国特色社会主义的亲历者、实践者、维护者、捍卫者,自觉维护我国的多党合作框架:共产党领导,多党派合作;共产党执政,民主党派参政。这既是对共产党领导地位和执政地位的尊重和拥护,也是对民主党派参政党、建设党性质和职责的深刻认识。

(二)把加强共产党的执政能力建设与加强民主党派、无党派,以及其他统战组织和成员的参政能力建设有机结合起来

我国的政治制度和政党制度决定了执政党建设与参政党建设是相互促进、共同提高的。以政党协商为例,需要执政党与参政党共同努力。对共产党而言,关键是要增强协商的意识,按照习近平提出的"协商就要诚心诚意、认认真真、满腔热情听取意见和建议,有事要商量、多商量,不能想起了、有空了、拖不过去了才协商"。对于民主党派来讲,关键是要提升协商的能力和水平,关键在于"说得对"而不是"说了算",真正参到点子上、议到关键处。总结我国多党合作和政治协商的实践经验,实现政党关系和谐的根本在于坚持走中国特色社会主义政治发展道路,关键在于坚持和完善中国共产党领导的多党合作和政治协商制度,具体要把握好四个方面的辩证关系:既要坚持中国共产党的领导,又要促进多党派团结合作;既要提高中国共产党的执政能力,又要发挥民主党派参政议政的作用;既要重视做好民主党派的思想引导工作,又要真诚接受民主党派的民主监督;既要全面推进党的建设新的伟大工程,又要积极支持民主党派加强自身建设。这就对参政党和执政党加强自身建设提出了新的任务和要求。我们要认真领会这一要求,一方面着力提高参政党建设的科学化水平,另一方面在加强执政党建设科学化水平的工作中着力提高统战工作的科学化水平。提高参政党建设的科学化水平,关键就是加强参政党参政能力建设,包括政治把握能力、参政议政能力、组织协调能力、合作共事能力和解决自身问题的能力。提高统战工作科学化水平,是提高执政党建设科学化水平的重要组成部分。各级领导干部要充分认识统一战线是党执政兴国的重要法宝,牢固树立统战意识就是执政意识的理念,从加强党的执政能力建设的高度,不断提高领导统一战线工作的能力。要牢固树立"执政离不开参政"的政治意识和民主意识,高度重视做好民主党派、工商联和无党派人士工作,进一步加强同他们的联系和沟通,主动帮助他们改善工作条件、解决实际问题,积极支持他们更好地发挥作用。要广交、深交党外朋友,认真听取和吸纳党外人士的意见、建议,主动接受民主

党派和无党派人士的民主监督,以不断改进我们的工作。要牢固树立制度建设是根本性建设的理念,认真落实一系列制度性规定,建立健全统战工作领导体制和工作体制,努力形成"党委统一领导,统战部门牵头负责,有关部门密切配合、社会各界广泛参与"的大统战工作格局。要抓好统战部门领导班子建设,关心统战干部成长进步,为统战工作的开展创造条件。各级统战部门要切实加强自身建设,建立健全平台、抓手和考核激励机制,在不断研究新情况、解决新问题的过程中深化对统一战线发展规律的认识并自觉按照规律开展工作,不断提高统战工作的科学化水平。

(三)把党对统一战线的政治领导与全面推进依法治国有机结合起来

党对统一战线的政治领导主要体现在两方面:一是政治引领,引领党外人士接受党的路线方针主张并为之共同奋斗;二是落脚到党管人才和干部上来,党外干部也是党的干部,党外人才也是国家的人才,是我们党执政兴国的重要资源。因此,既要帮助党外人士加强政治引导和理论学习,切实提高其政治把握能力,又要善于发现和培养党外人才,使用和管理好党外干部。作为执政党,党在全面推进依法治国中责任重大,加强党对统一战线的领导,发展壮大统一战线,都必须在依法治国的大背景之下。要把照顾同盟者利益落脚到切实维护同盟者的合法权益上来,真正体现统战政策有照顾、法律面前无特权。要坚持和完善共产党领导的多党合作和政治协商制度,支持党外干部履职,确保在其位、主其事、负其责,尊重其分工范围内行政管理的指挥权、处理问题的决定权和人事任免的建议权。在民族宗教领域,既要巩固党同民族宗教界的爱国统一战线,又要坚持和完善民族区域自治制度,依法管理宗教事务。工商联是党联系非公有制经济人士的桥梁纽带,也是政府管理非公有制经济的重要助手。对体制外的新阶层人士,我们不但要把他们重新组织起来从"社会人"变成"组织人",还要信任使用,容人之异、容人之短、容人之失。对非公有制经济人士特别是年轻一代,要引导他们爱国、敬业、创新、守法、诚信、贡献。总之,要在坚持求同存异,坚持民主协商,坚持联谊交友,坚持引导培养,坚持照顾利益中实现党的领导;要在坚持基本制度和基本法,坚持依法管理和服务,坚持社会公平正义中彰显党对统一战线领导的时代特色。

(四)在全面建成小康社会和实现中华民族伟大复兴中国梦的共同事业和共同目标中不断巩固和壮大统一战线

当前,全面建成小康社会进入决胜阶段,全面深化改革涉及深度利益调整。随着经济社会的转型,社会阶层和成员的异质性不断扩大,越来越需要通过统一战线工作求同存异;而体制外社会成员的不断增长,也越来越需要发挥统一战线联系、沟通、协调、整合的功能优势,延伸党和政府的工作触角,统一战线正面临一个前所未有的发展机遇。但与此同时也要充分认识到,在这样一个历史阶段,共产党在整个国家和社会层面的领导地位和执政地位更为巩固,而在一些特殊区域、特殊组织中有可能会出现"缺位"现象,以何种方式实现特殊情况下党的领导和执政,值得研究和探索。如:在非公有制企业等新经济组织和新社会组织中,中国共产党的组织的执政党角色,以及其领导地位虽然不是完全的(没有对企业组织领导的职责和权力),但其仍承担着引导和帮助非公有制企业健康发展和非公有制经济人士健康成长的政治责任。因此,要加强体制机制创新,实现党对非公企业的政治领导。在开展非公有制企业党建工作中,要努力克服党建和企业发展"两张皮"的现象,要积极探索建立健全"互融互促、同心共赢"的政治引领机制、双向融合机制、权益维护机制、文化认同机制、聚人育人机制和激励引导机制。习近平总书记在中央统战工作会议上讲:非公经济健康发展和非公人士健康成长是重大经济问题,也是重大政治问题。要坚持团结、服务、引导、教育的方针,一手抓鼓励支持,一手抓教育引导。在互联网空间,长期以来党和政府缺位失声,现在要占领这一空间,关键是要发声。发挥党外人士在意识形态中的作用,关键是让其在网上舆论中发声,因为他们不但位置超脱,可以从党和政府之外的第三方发表意见,同时他们是各方面的专家学者、文化界名人甚至其本身就是网络意见人士,具有较强的权威性和影响力,在弘扬主旋律、传递正能量方面可以发挥十分积极的作用。在港澳特区的中国共产党组织,在"一国两制"的前提下不能简单地提领导和执政,但可以通过支持特区政府依法施政,通过发挥统一战线争取人心的作用,使港澳保证以爱国者为主体,引导团结港澳各界人士为实现港人治港、澳人治澳和港澳长期繁荣稳定做贡献,实现党的"一国两制"方针。总之,作为领导中国革命的中国共产党,在民主革命时期与民主党派及各界人士用鲜血凝成了肝胆相照、风雨同舟的统一战线;作为领导中国特色社会主义建设的执政党,中国共产党要在全面建成小康社会、实现中华民族伟大复兴中国梦的共同事业和共同目标中不断巩固和壮大统一战线。当前,要牢固树立最大公约数理念,在坚守坚持共产党的领导这一政治底线的前提下,最大限度地包容多样性,画出最大同心圆。要引导广大统一战线成员树立和践行社会主义核心价值体系,在统一战线这个最广泛的政治联盟中形成四个认同(价值认同,国家认同,民族认同,中华文化认同),在潜移默化、润物无声中实现对共产党领导的认同、对共产党执政的支持,自觉、积极地投身中国特色社会主义事业建设。要积极培育中华民族共同体意识,增进各族群众对伟大祖国的认同、对中华民族的认同、对中华文化的认同、对中国共产党的认同、对中国特色社会主义的认同。

第二节　统战工作与群众工作

统一战线、武装斗争和党的建设曾被合称为中国共产党夺取革命胜利的"三大法宝"。新形势下,统一战线是党执政兴国的重要法宝,群众路线是党的生命线和根本工作路线。党的十八大以来,习近平着手全面从严治党的第一件事就是开展党的群众路线教育实践活动。统战工作是党的特殊的群众工作。做好统战工作有利于深入贯彻党的群众路线、推进全面从严治党新的伟大工程。习近平在中央统战工作会议上的重要讲话,通篇贯穿了群众路线思想。学习把握统一战线的群众观,正确处理统战工作与群众工作的关系,具有重大现实意义。

一、统战工作与群众工作在本质上是一致的

(一)从对象看,统战工作是特殊的群众工作

统战工作作为特殊的群众工作,具有两方面的含义。一方面,统战工作的对象属于群众的范畴,属于依靠力量和团结力量。另一方面,统战工作主要做特定群体中代表人士的工作,通过代表人士做所联系群众的工作。习近平在论述各领域统战工作方针政策时都贯彻着群众观。习近平强调,维护民族团结、反对民族分裂,必须依靠包括少数民族群众在内的各族人民;宗教工作本质上就是群众工作;敌对势力越是想借民族、宗教问题做文章,我们就越要让各族群众像石榴籽一样紧紧抱在一起,把信教群众紧紧团结在党的周围;在港澳台侨工作中发挥统一战线争取人心的作用,港澳要保证以爱国者为主体,台湾要不断推动形成有利统一的民众心理、民意基础、民心走向;赢得青年才能赢得未来,统一战线在这方面要多做绵绵用力、潜移默化的工作,善于发现其中有潜质的优秀人才,加强联系、及早培养,用青年人影响青年人。习近平指出:"民主党派、无党派、民族、宗教、新的社会阶层、港澳台海外等各方面统一战线成员达数亿之多。可以肯定地说,只要把这么多人团结起来,我们就能为实现'两个一百年'奋斗目标、实现中华民族伟大复兴的中国梦

增添强大力量。"当然,统一战线线长面广、包罗万象,统战工作不能一杆到底、包打天下。要重点做好党外代表人士工作,处理好"一根头发与一把头发的关系",通过代表人士影响和带领所联系群众。正如习近平所指出的:"从某种意义上讲,统一战线工作做得好不好,要看交到的朋友多不多、合格不合格、够不够铁。多不多是数量问题,合格不合格、够不够铁是质量问题。"相对于革命年代和计划经济年代统战工作主要做上层人士的工作而言,经济社会转型期统战工作主要做各界各类群众领袖的工作。做群众领袖的工作,既说明统一战线的范围在不断扩大,更说明统一战线的群众工作特征更加明显。

(二)从目标看,统战工作是做巩固党的执政基础、扩大党的群众基础的工作

党的十八大以来,习近平在多个场合强调,我们党面临的最大危险是脱离群众的危险,面临的最大考验是长期执政的考验。在中央统战工作会议上,习近平指出:"人心向背、力量对比是决定党和人民事业成败的关键,是最大的政治。统战工作的本质要求是大团结大联合,解决的就是人心和力量的问题。这是我们党治国理政必须花大心思下大气力解决好的重大战略问题。"《中国共产党统一战线工作条例(试行)》(以下简称《条例》)明确指出:"统一战线是夺取革命、建设、改革事业胜利的重要法宝,是增强党的阶级基础、扩大党的群众基础、巩固党的执政地位的重要法宝,是全面建成小康社会、加快推进社会主义现代化、实现中华民族伟大复兴中国梦的重要法宝。"

(三)从方式看,统战工作是做民主协商、沟通引导的工作

党的群众路线的本质要求是:一切为了群众,一切依靠群众,从群众中来,到群众中去。统一战线的主题是大团结大联合,核心理念是求同存异、体谅包容,根本职能是凝聚人心、汇聚力量。无论是做群众工作还是做统战工作,都会面临同和异的问题。包容异、化解异、利用异,引导群众、团结群众、凝聚群众,既是贯彻群众路线的重要体现,也是统一战线的基本理念。习近平强调:"必须正确处理一致性和多样性关系。一方面,要不断巩固共同思想政治基础,另一方面,要充分发扬民主、尊重包容差异。对危害中国共产党领导、危害我国社会主义政权、危害国家制度和法治、损害最广大人民根本利益的问题,必须旗帜鲜明地反对,不能让其以多样性的名义大行其道,这是政治底线,不能动摇。除此之外,对其他各种多样性,要尽可能通过耐心细致的工作找到最大公约数。只要我们把政治底线这个圆心固守住,包容的多样性半径越长,画出的同心圆就越大。"做好统战工作,就要把积极因素调动起来,把消极因素转化过来。统一战线化解的"消极因素"越多,为党和政府分忧解难的贡献就越大,统一战线也就越壮大。当前,我国正处于经济社会转型期,呈现出阶层分化、利益调整、思想多元、矛盾凸显、诉求增强等特征。运用统一战线理念沟通思想、理顺情绪、化解矛盾,是做群众工作的最高境界。早在浙江工作期间,习近平就指出:"不断创新领导方式和工作方式,综合采用政治、经济、行政、法律和民主协商等多种手段,提高将矛盾化解在基层、消灭在萌芽状态、控制在局部的能力。"①

(四)从手段看,协调和处理利益关系是统一战线和群众路线的根本问题

统一战线的"五大关系"在本质上是利益关系,是特殊群众与其他群众的利益关系。当前,经济社会转型带来各方面各阶层利益的深刻调整,全面深化改革必然触及各方面利益。党的十八大以来,习近平多次强调要寻找利益共同点和最大公约数。他指出改革越是深入,利益格局越要调整,越要凝聚共识。共识与合力成正比,共识越多,合力越强,公约数就越大。没有广泛共识,改革难以推进,推进了也难以取得全面成功。在这个过程中,不同地方、不同阶层、不同领域、不同方面的人都会有不同的想法。这关键在于如何凝聚共识,团结一切可以团结的力量、调动一切可以调动的积极因素,把它们汇合成继续推进改革开放的强大动力。把最大公约数找出来,在改革开放上形成聚焦,就能事半功倍。改革决策的酝酿、出台与实施,尤需统筹各方利益诉求,汇聚各家真知灼见。面对不同的想法,要考虑哪些是可以求同的,哪些是可以经过做工作形成或转化为共识的,哪些是可以继续存异的。只有这样,我们的改革在冲破思想观念的障碍、突破利益固化的藩篱时,才能减少阻力、增强合力、形成推力。要正确处理好照顾同盟者利益与追求社会公平正义之间的关系。要致力于扩大利益认同,在巩固共同利益的基础上,包容具体利益、照顾特殊利益,以利益共赢共享推动统一战线蓬勃发展。要把照顾同盟者利益政策落脚到依法维护统一战线成员的合法权益上来,在实践中处理好政策与法律、维护统战成员权益与维护社会公平正义、开展社会管理与开展统战工作的关系。

(五)从载体看,培育和弘扬社会主义核心价值观是统战工作和群众工作的共同任务

相信群众、依靠群众是群众路线的重要原则。依靠各界人士实现自我教育、自

---

① 哲欣.基层矛盾要用基层民主的办法来解决[N].浙江日报,2006-10-11(1).

我引导、自我提高、自我完善,是统战工作的基本手段。习近平指出:核心价值观像空气一样无所不在无时不有。社会主义核心价值观始终弘扬主旋律、传递正能量,是包括统一战线各界人士在内的全体人民群众的共同遵循。当前,以社会主义核心价值观引领广大人民群众和统一战线各界人士,已经成为党的群众工作和统战工作的共同有效抓手。习近平在中央统战工作会议上的重要讲话中指出:"要深化中国特色社会主义理想信念教育实践活动,大力弘扬和践行社会主义核心价值观,继续用好光彩事业等载体,引导非公有制经济人士特别是年轻一代致富思源、富而思进,做到爱国、敬业、创新、守法、诚信、贡献。"《条例》提出积极培育中华民族共同体意识,增进各族群众对伟大祖国、中华民族、中华文化、中国共产党、中国特色社会主义的认同。实现中华民族伟大复兴的中国梦更成为海内外中华儿女共同团结奋斗的最大公约数。

二、统一战线与群众路线优势互补、相辅相成

(一)统一战线在贯彻群众路线中具有显著优势和作用

一是资源优势。统一战线线长面广,涵盖社会各个方面。随着经济社会转型,统一战线逐渐向基层、经济社会领域和体制外、海外延伸,各种新的群体、成员不断涌现。党外代表人士往往是群众领袖。做他们的工作往往可以起到做他们所联系群众工作的成效。二是网络优势。随着统战工作社会化的不断推进,统一战线组织和统战工作机构呈现出纵向到底、横向到边的趋势。知联会、商会、侨联等统战团体逐步延伸到乡镇、街道甚至村、社区。统战工作逐步进入乡村、社区、机关、企业、学校。三是渠道优势。统一战线具有制度优势、政治优势。这源于中国共产党领导的多党合作和政治协商制度,源于民主党派参政议政、民主监督和参加中国共产党领导的政治协商职能,源于党外人士反映社情民意、参与基层协商民主和协调社会关系的作用。四是功能优势。统一战线的核心理念是求同存异、体谅包容,具有沟通思想、协调关系、化解矛盾的独特功能。用统一战线的理念和方法做群众工作,是近年来一些地方党委政府的重大工作创新。

(二)做好统战工作必须贯彻群众路线

首先,这是围绕中心、服务大局、彰显法宝作用的必然要求。习近平在中央统战工作会议上强调,要把推进"四个全面"战略布局作为当前统一战线的主要任务。《条例》把服务"四个全面"战略布局作为统战工作指导思想和主要任务。全面建设

小康社会和全面深化改革需要广泛凝聚各方面共识。利益格局越是调整,改革越是深化,凝聚共识的任务就越艰巨,就越需要把工作做细做深。这就要求统战工作牢固树立群众观点、切实贯彻群众路线,积极引导统一战线成员理解改革、支持改革、参与改革。全面依法治国必须发挥统一战线成员的作用,引导他们成为法治的忠实崇尚者、坚定捍卫者和自觉遵守者。全面从严治党需要广泛听取民主党派、无党派人士的意见建议,自觉接受党外人士的民主监督,提高决策科学化、民主化水平,加强党的先进性建设和反腐拒变能力建设,实现执政党建设和参政党建设相互促进。

其次,这是适应新形势新要求、巩固和发展统一战线的必然要求。随着经济社会转型,基层统一战线成员越来越多,统战工作重心下移。基层是矛盾集聚地、诉求高涨地、群体性事件突发地和党外代表人士发源地。面对新情况新问题,统战工作必须牢固树立群众观点,勇于在领域、方式、机制上开拓创新,努力扩大团结面,不断巩固党的执政基础、扩大党的群众基础。

再次,这是转变工作作风、加强统战部门自身建设的必然要求。统战部门的"四风"问题集中反映在官僚主义方面。一方面,党外人士工作存在行政化问题。统战工作中存在官僚主义、冷漠生硬的情况,不能与统战成员坦诚相见、谈心交心。习近平在中央统战工作会议上指出:"统战工作是党的特殊的群众工作,要有特殊的方式方法。有的同志不会跟党外人士谈心交心,说话官腔十足,发言照本宣科,说完就走人,人情味少,程式化多,让党外人士觉得自己像外人。"统战干部提升素养、转变作风,做到人缘好、人格好、形象好至关重要。另一方面,统战干部存在本领恐慌、能力不够问题。面对社会转型、阶层分化和思想多元等问题,统战干部在做党外人士工作时不同程度地存在"老办法不管用、新办法不会用、硬办法不能用、软办法不顶用"的本领恐慌。具体表现有三。一是与部分统一战线成员说不到一起去。当前社会上出现了许多新群体,不少还没有被纳入工作视野。特别是没有把年轻一代的党外人士、海归人员及职业经纪人、自由撰稿人、独立演员、新媒体从业人员、网络意见人士等的思想和需求了解清楚,没有完全树立针对不同社会群体的"分众统战"意识。习近平在中央统战工作会议上指出:"我国党外知识分子已经达到8900万,占知识分子总数的75%。现在,党外知识分子队伍构成更加多样,需要针对不同特点分类施策。"二是不善于争取"中间地带"。对于如何找到文化的公约数和利益的共同点,把中间地带争取过来,让主流思想得到更多认同,让核心价值成为共同选择,形成社会转型期最广泛的统一战线,还没有形成系统的认识。三是手段单一陈旧。对新手段缺乏掌握,特别是不能充分利用微博、贴吧、BBS、QQ群、微信群等社会化媒体传播手段,为不同群体特别是新的社会阶层人士量身定制小切口沟通渠道,与他们开展互动,让主流价值观真正入耳入心。

最后,这是党外人士和参政党组织践行群众路线、提升履职能力的必然要求。贯彻群众路线不是中国共产党的专利,而是中国各党派的共同职责。党外代表人士联系着一大批群众,践行群众路线是题中应有之义。从经历来看,党外代表人士往往缺少基层实践经历。按照缺什么补什么的原则,党外代表人士必须深入基层接触群众。习近平在中央统战工作会议上指出:"要选拔和推荐更多优秀党外人士担任各级国家机关领导职务,但领导能力是要经过不同层级、不同岗位、不同职务历练而成的。这是干部成长的规律,党内党外概莫能外。"从性质和职能来看,参政党是各自所联系的一部分社会主义劳动者、社会主义事业建设者和拥护社会主义的爱国者的联盟。参政议政、民主监督、参加中国共产党领导的政治协商,以及反映社情民意都要求践行群众路线。从扩大社会影响来看,参政党要践行群众路线,该要求早已写在各参政党的章程中。《中国国民党革命委员会章程》第三十五条明确规定"反映群众的意见和要求,反映社情民意";《中国民主同盟章程》第九条规定"贯彻群众路线,充分发扬民主,实行集体领导和个人分工负责相结合的制度";《中国民主建国会章程》第五条规定"密切联系群众,积极反映社情民意,在所联系的群众中发挥带头和桥梁作用";《中国民主促进会章程》第三条规定"经常了解、及时反映社情民意,为化解矛盾,协调关系,促进社会稳定和谐发挥积极作用";《中国农工民主党章程》第四条规定"密切联系群众,了解社情民意,反映所联系的知识分子的意见、要求,发挥桥梁和纽带作用";《中国致公党章程》第四条规定"密切联系群众,反映群众的意见、要求和建议,发挥桥梁和纽带作用";《九三学社章程》规定"反映社员的意见和建议,维护社员的合法权益";《台湾民主自治同盟章程》第四条规定"密切联系群众,接受盟组织和群众监督"。

三、统战工作要全面贯彻群众路线

(一)广交深交党外朋友

习近平在中央统战工作会议上指出,做好新形势下统战工作,必须善于联谊交友。联谊交友既是统战工作的重要内容,也是统战工作的重要方式。党政领导干部、统战干部都要掌握这个工作方式。统战工作做得好不好,要看交到的朋友多不多、合格不合格、够不够铁。多不多是数量问题,合格不合格、够不够铁是质量问题。特别是要交一些能说心里话的挚友诤友,想交到这样的朋友,不能靠做快餐,而是要做"佛跳墙"这样的功夫菜。广交要解决多不多的问题,深交要解决合格不合格、够不够铁的问题。社会群体越分化,越要学会建立统一战线,越要最大限度地把他们团结凝聚起来。在意识形态领域,价值多元、观点多样的现象非常普遍:既有舆论的正面力量,也有负面言论,还有介于两者之间的"中间地带"。要让主流思想得到更多认同,让核心价值成为共同选择,需要我们多交不同群体的朋友,说得上话、交得了心,把"中间地带"争取过来,形成社会转型期最广泛的统一战线。要积极开展新经济组织、新社会组织中的自由择业知识分子(律师、会计师、评估师、税务师等)、留学归国人员、新媒体从业人员和网络意见领袖及年轻一代非公有制经济人士的工作,把他们团结在党的周围。习近平指出,和他们打交道,应当多尊重和包容,多看他们的主要方面,多看他们对国家和社会的贡献,做到容人之异、容人之短、容人之失。要针对不同特点分类施策,切实提高工作的针对性和有效性。党外代表人士队伍建设是一项基础性工程和战略性任务,是统一战线可持续发展的组织保障。要紧扣发现、培养、使用、管理四个环节,进一步加强党外代表人士队伍建设,充分发挥他们在所联系群众中的引领作用。要把提高素质、发挥作用作为党外代表人士队伍建设的目标,努力实现总量适度增长、结构逐步优化、素质不断增强、作用更加突出的目标。

(二)贴近基层、贴近群众、贴近成员、贴近矛盾开展统战工作

当前,基层统一战线新情况新问题层出不穷,基层统战工作的地位和作用比过去任何一个时候都突出。现在一些地方的基层统战工作出现了"空心化""边缘化"的现象。统战工作贯彻群众路线,要下移工作重心、夯实基层基础,使其更加贴近基层、贴近群众、贴近成员、贴近矛盾。统一战线要多做凝聚民心、反映民意、集中民智、整合民力的工作,为促进经济升级、服务民生改善、引导有序参与、疏通社会诉求、化解矛盾纠纷、维护社会稳定做出积极贡献。要在统战工作方式和手段上努力实现"三个转变":一是从单纯依靠政策手段转向政策、法律、经济、文化手段并举,二是从单纯依靠行政力量(各级统战部门和统战干部)做统战转向行政、社会化手段(社区、社团、互联网)并举,三是从管理转向管理和服务并举。

(三)着眼社会治理创新统战工作

习近平指出:完善和发展中国特色社会主义制度,推进国家治理体系和治理能

力现代化,需要改进社会治理方式,鼓励和支持社会各方面参与,调节利益关系,协调社会关系,最大限度地增加和谐因素,激发社会活力。社会治理的目的是激发全社会活力、发动公众共同参与社会管理。这与群众路线的大目标是一致的,对统一战线团结大多数、调动积极力量和协调关系、化解矛盾、整合力量提出了新要求。要研究统一战线为社会治理服务的有效途径,包括探索社会组织统战工作,参与基层协商民主建设,强化民主监督,创新民族工作和宗教事务管理的理念和机制,规范化管理民间信仰,探索商会承接部分政府职能转移新渠道,开展新居民统战工作,开展网络统战,拓展两岸民间交流,加强新侨和海外统战功能区建设等。

统一战线要积极参与基层协商民主建设。党的十八届三中全会指出:协商民主是我国社会主义民主政治的特有形式和独特优势,是党的群众路线在政治领域的重要体现。协商民主与现代国家治理、群众路线之间具有高度契合的关系。协商民主在本质上体现了人民群众当家做主的地位,是做好群众工作的重要理念与有效抓手,是制度化、规范化、程序化的群众路线。开展协商民主对领导干部的群众工作水平提出了更高要求。习近平强调,要发挥统一战线在协商民主中的重要作用。统一战线参与基层协商民主,是统战工作贯彻群众路线的重要举措,是统战思维、统战理念和统战方式在群众工作中的集中体现和灵活运用。

要推进商会承接政府部分职能转移工作。习近平指出:政社分离、行业协会商会与行政机关脱钩是深化改革的一项任务。工商联作为人民团体和商会组织,同基层商会不能切断工作渠道。统战工作要向商会组织有效覆盖,发挥工商联对商会组织的指导、引导、服务职能,确保商会发展的正确方向。统战部门和工商联要加强对行业协会、商会承接政府职能转移工作的指导和帮助,加大对行业协会商会的基础条件、内部治理、工作绩效、社会评价等方面的综合评估,健全考核奖惩机制,确保商会组织真正演好"政府助手"这一新角色。工商联作为党领导的面向工商界、以非公有制企业和非公有制经济人士为主体的人民团体和商会组织,具有推动商会承接政府职能转移工作的独特优势。一方面,工商联与政府职能部门联系紧密,具有一定的政治资源和政策资源。另一方面,工商联是商会组织,在推动商会承接政府职能中具有合法性和认可度。工商联能够通过与政府相关职能部门的联系沟通,协助政府部门开展相关职能转移工作,按规定程序和期限办理有关职能转移的各类手续和文件;督促所联系商会协会对所承接的政府职能转移事项签订合约,依规定要求规范运行和实施,指导和帮助商会协会提高自身素质,增强服务能力、自律能力和社会公信度,增强承接政府有关职能的运作能力和效率。

第三节　加强党外代表人士队伍建设

党外代表人士是统一战线的重点,党外代表人士队伍建设在统一战线工作中具有基础性、战略性地位。党中央历来高度重视党外代表人士队伍建设。早在中华人民共和国成立初,毛泽东就针对民主党派的作用提出了"一根头发与一把头发"的关系。改革开放以后,邓小平就充分发挥党外代表人士的智力和资本优势,提出了"钱要用起来,人要用起来"。1990年,江泽民在第十九次全国统战工作会议上第一次使用了"党外代表人士"的称谓。新世纪新阶段,以胡锦涛为总书记的党中央第一次颁发了《关于加强新形势下党外代表人士队伍建设的意见》。党的十八大以来,以习近平为核心的党中央以党内法规《条例》的形式对加强党外代表人士六支队伍(即统一战线六个领域)建设和党外代表人士发现、培养、使用、管理等工作做出明确规定,这里姑且称为"六域四环工作法"。

一、党外代表人士队伍建设思想发展探析

习近平同志长期在地方工作,从20世纪80年代初开始先后在县、市和省党委政府工作,担任过党政主要领导也担任过分管统战工作的副书记,对统战工作高度重视,对党外代表人士队伍建设也多有论述。到中央工作后,作为分管组织工作的中央政治局常委,习近平对党外干部的培养和安排也十分关注和支持。党的十八大以后,习近平总书记对党外代表人士队伍建设提出了战略性的思想论述。

(一)特别强调党外干部培养使用既不降格以求又不求全责备

一是举荐党外人士担任政府部门正职。习近平在河北正定县任职期间,与党外知识分子贾大山的交往故事传为佳话。贾大山属于有个性的党外知识分子。"淡泊名利,无心仕途。他上学时未入团,上班后未入党。省作家协会多次调他去省城工作,他坚决不去,专门为他举办了一次作品研讨会,他居然没有出席。"[①]习近平在思想交流、沟通、引导中与贾大山结成挚友、诤友,就文物保护问题拜贾大山为师,

---

① 习近平.忆大山[J].中国统一战线,2014(1):5-7.

并举荐贾大山为县文化局局长。安排一个党外人士担任政府部门正职,这在20世纪80年代初是具有相当魄力和胆识的。贾大山在任期间,为正定文化事业的发展和古文物的研究、保护、维修、发掘、抢救,竭尽了自己的全力。①

二是强调对党外干部要一视同仁。在担任福建省委常委、福州市委书记期间,习近平要求各级党委要重视做好党外人士的安排使用工作,把发现、培养、选拔、考核、使用党外干部作为干部工作的重要内容,认真抓好。②这里的"发现、培养、选拔、考核、使用"与今天的"发现、培养、使用、管理"相比,其中"考核"在一定意义上讲已有了"管理"的内容。其中还特别强调"要积极举荐符合干部'四化'条件、德才兼备的党外干部担任适当的领导职务。首先是欢迎他们来,不能有偏见。'四化'方针中革命化这一条,很多党外人士同样是具备的,不能认为不是共产党员就不具备革命化"③。但与此同时,我们选党外人士担任政府实职,也不能降格以求,要符合"四化"方针,一视同仁,不能由于是党外人士而放宽标准。④如果基本素质和条件具备,可以在选拔上破格使用,适应形势要求。选拔党外人士担任领导职务,要保证他们有职、有权、有责。⑤

三是强调加大党外人士实职安排的力度。在担任分管统战工作的福建省委副书记时,习近平强调党外人士实职安排工作时,不仅不能"滑坡",还要切实推进一步。要抓好党外后备干部队伍特别是厅、处两级党外后备干部队伍建设。要选派党派机关干部和其他统一战线成员到不同层次的领导岗位上实践锻炼,提高自身素质,增强同党密切合作的意识。⑥习近平指出,对那些政治表现好、德才兼备、成绩突出、勇于开拓的中青年党外知识分子干部,应大胆提拔到各级领导岗位上来。⑦值得关注的是,这里已明确提出了通过不同层次不同岗位实践锻炼党外干部的思想。

四是强调加强后备干部队伍建设。指出要把党外后备干部队伍建设纳入党的后备干部队伍建设总体规划中去,统一规划,统一培养、选拔、安排,把党外后备干

① 李春雷. 朋友:习近平与贾大山交往纪事[N]. 光明日报,2014-04-21(1).
② 习近平在全市统战工作会议上讲话[N]. 福州日报,1990-07-26(1).
③ 习近平在全市统战工作会议上讲话[N]. 福州日报,1990-07-26(1).
④ 习近平在全市统战工作会议上讲话[N]. 福州日报,1990-07-26(1).
⑤ 习近平在全市统战工作会议上讲话[N]. 福州日报,1990-07-26(1).
⑥ 习近平在全省统战工作会议上讲话[N]. 福建日报,1998-04-02(1).
⑦ 习近平在全省统战部长会议上的讲话[N]. 福建日报,1999-02-03(1).

部的跟踪考察、培养锻炼、选拔安排等各项工作制度化、规范化。特别是要抓好党外科处级干部这一层，为下次换届打下牢固的基础。基础牢靠，才能循序渐进，避免短期过快提拔、越级提拔等问题。①强调要解放思想，积极培养。要坚持干部的"四化"标准和德才兼备的原则，既不降格以求，又不求全责备，开阔视野，广识人才，发现人选。对已确定的培养对象，平时要注意做好培养工作，创造锻炼机会，树立党外人士良好的形象，提高他们的知名度。强调要提高党外后备干部的素质。特别指出，对已经担任领导职务，包括实职和党派职务的党外干部，要加强联系，这是统战部门职能范围内的工作。对他们工作中遇到的困难和问题，要积极反映、帮助协调解决，对他们存在的缺点与不足之处，也要加强教育和引导，帮助他们克服、纠正。②实际上，这里已把党外干部建设的"四环"贯穿其中了，特别是"管理"环节，虽然没有直接提出，但意思表达得非常清楚，要求也十分明确和具体。

(二)强调要注重党外人士实践能力提升和后备干部队伍建设

习近平在浙江任省委书记期间，适逢全国第二十次统战工作会议召开，《中共中央关于加强中国共产党领导的多党合作和政治协商制度建设的意见》(中发〔2005〕5号)和《中共中央关于巩固和壮大新世纪新阶段统一战线的意见》(中发〔2006〕15号)先后颁布，浙江省委在贯彻中央相关会议和文件精神中对党外代表人士队伍建设，提出了一系列新的认识和要求。提出要将培养选拔党外干部纳入干部队伍建设和人才工作的总体规划统筹考虑，改进和完善选拔任用方式，实行组织推荐和公开竞聘、竞争上岗相结合的方法，逐步形成有利于优秀党外干部脱颖而出的机制。③

一是进一步拓宽党外代表人士的选拔渠道。既要抓住知识分子比较集中的高等院校、科研院所等源头领域，又要注意从新的社会阶层和留学归国人员等群体中选拔人才，不断改善党外代表人士队伍的素质和结构。④这与习近平在2015年中央统战工作会议上的讲话中关于党外代表人士识才、储才的论述是一脉相承的。

二是强调党外代表人士队伍建设要坚持"缺什么补什么"。习近平要求：在党

① 习近平在全省贯彻落实中央和省委三个文件检查情况汇报会上的讲话[N].福建日报,1999-06-09(1).
② 习近平在全省贯彻落实中央和省委三个文件检查情况汇报会上的讲话[N].福建日报,1999-06-09(1).
③ 中共浙江省委关于进一步加强中国共产党领导的多党合作和政治协商制度建设的实施意见[M]//中共浙江省委统战部.浙江统一战线年鉴:2007.杭州:杭州出版社,2007:461-462.
④ 中共浙江省委贯彻落实《中共中央关于巩固和壮大新世纪新阶段统一战线的意见》的实施意见[M]//中共浙江省委统战部.浙江统一战线年鉴:2007.杭州:杭州出版社,2007:484-485.

外干部的培养选拔安排过程中要坚持"缺什么补什么"。他要求把能力建设作为加强党外代表人士队伍建设的关键,切实提高党外代表人士的政治把握能力、组织协调能力、参政议政能力和合作共事能力。①在与党外年轻干部谈心时,习近平鼓励他们到基层接受锻炼。习近平多次强调"使用是最好的培养",要求各有关部门要有计划地选拔和选派优秀党外干部到上级机关、基层,到国有企业、重点工程建设单位,到环境复杂、条件艰苦的地区或者经济相对欠发达的地区,通过任职、挂职锻炼或多岗位交流,增强其组织协调能力;要组织党外代表人士深入基层,深入实际,深入群众,了解社情民意,积极建言献策,提高其参政议政的能力。②习近平指出:事实证明,党外人士担任过实职以后再到党派机关工作,各方面的能力会有很大提高。③

三是要求做好党外代表人士的实职安排工作并保证其有职有权有责。要结合换届,切实加大党外干部选配力度,强调特别司法机关中党外人士的安排要争取全部达标。④要保证已担任领导职务的党外干部有职有权有责,对他们分管工作范围内的重要事项包括人事问题,应事先听取并尊重他们的意见和建议,除有特殊规定外,党委(党组)会议要请领导班子中的党外干部列席,使他们真正享有行政管理的指挥权、处理问题的决定权和人事任免的建议权,切实履行岗位职责,提高其合作共事的能力。要继续贯彻执行把一部分优秀人士留在党外的政策规定,发展优秀党外人士入党事先征求统战部门的意见。⑤

四是实施党外后备干部"十百千工程"。习近平明确要求把党外干部后备队伍建设纳入浙江后备干部工作总体规划之中,建立一支素质优良、数量充足、结构合理的党外后备干部队伍。⑥。2005年6月《中共浙江省委关于进一步加强中国共产

① 中共浙江省委关于进一步加强中国共产党领导的多党合作和政治协商制度建设的实施意见[M]//中共浙江省委统战部. 浙江统一战线年鉴:2007. 杭州:杭州出版社,2007:461–462.
② 中共浙江省委贯彻落实《中共中央关于巩固和壮大新世纪新阶段统一战线的意见》的实施意见[M]//中共浙江省委统战部. 浙江统一战线年鉴:2007. 杭州:杭州出版社,2007:484–485.
③ 习近平强调:浙江要为第二十次全国统战工作会议的召开和学习贯彻早作准备[M]//中共浙江省委统战部. 浙江统一战线年鉴:2007. 杭州:杭州出版社,2007:419.
④ 习近平指出:要以贯彻全国统战工作会议精神为契机,把我省统战工作推上一个新水平[M]//中共浙江省委统战部. 浙江统一战线年鉴:2007. 杭州:杭州出版社,2007:424.
⑤ 中共浙江省委贯彻落实《中共中央关于巩固和壮大新世纪新阶段统一战线的意见》的实施意见[M]//中共浙江省委统战部. 浙江统一战线年鉴:2007. 杭州:杭州出版社,2007:484–485.
⑥ 习近平同志在全省统战工作会议上的讲话(摘要)[M]//中共浙江省委统战部. 浙江统一战线年鉴:2007. 杭州:杭州出版社,2007:424.

党领导的多党合作和政治协商制度建设的实施意见》和2006年12月《中共浙江省委贯彻落实〈中共中央关于巩固和壮大新世纪新阶段统一战线的意见〉的实施意见》，都明确提出组织实施"十百千党外后备干部工作工程"，即党外后备干部队伍的常数，保持在省级十名以上、市厅级百名以上、县处级千名以上。党外后备干部数量应不低于本级整个后备干部总数的10%。同时指出，要加强党外后备干部的培养锻炼，通过交流任职、上挂下派等方式，为党外干部的成长铺台阶、搭舞台。① 担任上海市委书记期间，习近平特别强调，要建立健全后备干部培养选拔的工作制度，努力造就一支在海内外有较高知名度和影响力的代表人士队伍，共同开创上海统一战线工作的新局面。②由此可见，加强党外后备干部队伍建设，是习近平一以贯之的思想。

(三)从战略高度对党外代表人士的发现、培养、使用、管理提出明确要求

2010年6月，国家制定中长期人才发展规划，核心竞争力从人口转向人才。从2010年以来，中央政治局常委会连续3年将党外代表人士队伍建设写入工作要点。2012年2月，中共中央颁发了《关于加强新形势下党外代表人士队伍建设的意见》（中发〔2012〕4号）。此间，习近平作为分管组织人事工作的中央政治局常委，重视党外干部的培养选拔，坚持把配备党外干部作为硬任务，纳入总体规划，搞好换届安排，有力推动了文件精神的落地。

2015年5月，《条例》颁发，以党内法规的形式对包括党外人士发现、培养、使用和管理在内的具体政策做出明确规定。值得关注的是，中发〔2012〕4号文件完善和创新的7项政策，在《条例》中都能找到，而且与习近平在地方工作期间的相关思想论述一脉相承。例如：针对党外干部存在的"三少一多"现象（即基层经验少、交流少、担任正职少，越职提拔多），4号文件和《条例》都贯彻"使用是最好的培养"的理念，提出将党外干部纳入党政领导干部交流总体安排，在开展试点基础上积极稳妥推动党外代表人士实践锻炼基地建设。

习近平在2015年中央统战工作会议上强调，要从战略高度加强党外代表人士队伍建设。特别是他对党外代表人士队伍建设的发现、培养、使用、安排四个环节都提出了明确要求，指出：党外代表人士工作的重点是科学使用、发挥作用，关键是

---

① 中共浙江省委关于进一步加强中国共产党领导的多党合作和政治协商制度建设的实施意见[M]//中共浙江省委统战部. 浙江统一战线年鉴:2007. 杭州:杭州出版社,2007:461—462.
② 习近平在本市民主党派、工商联调研时指出 汇聚各方智慧破解难题[N]. 青年报,2007-04-03(1).

加强培养、提高素质;要有意识地把一部分优秀人才留在党外,同时,要开阔选人视野,如把新的社会阶层人士、归国留学人员纳入视野,有针对性地物色培养一批优秀党外代表人士。①习近平特别强调对党外代表人士多层级多岗位历练,特别是注重从基层干起,指出:"人才成长既靠个人努力,更靠组织培养。要选拔和推荐更多优秀党外人士担任各级国家机关领导职务,但领导能力是要经过不同层级、不同岗位、不同职务历练而成的。这是干部成长的规律,党内党外概莫能外。对重点人选,要安排到必要岗位进行锻炼培养。特别优秀的也可以放到正职岗位、重要岗位上去历练,帮助他们砥砺品格、增长才干。"②

综观习近平关于党外代表人士队伍建设跨越时空的论述,有着如下几点一脉相承、一以贯之、接续发展的基本原则:

(1)党外代表人士队伍建设具有长期性战略性的意义;

(2)要拓宽视野,发现和储备人才;

(3)要按照"缺什么补什么"的原则,加强党外人士的实践锻炼;

(4)使用是最好的培养,坚持组织培养与自我提升相统一,要把优秀党外人士放到重要岗位上重点培养,特别强调从基层干起,经过不同层级、不同职务、不同岗位历练;

(5)特别优秀的党外干部可以担任正职;

(6)要从长谋划,加强后备干部建设,并纳入干部人才总体规划之中;

(7)要紧扣"四个环节"(发现、培养、使用、管理)加强党外代表人士"五个能力"(政治把握、参政议政、组织领导、合作共事、解决自身问题)建设。

二、党外代表人士六支队伍建设要求的个性与共性分析

习近平在论及统一战线各领域工作时,都谈及了要加强该领域的代表人士队伍建设,涵盖六个领域六支队伍,即:民主党派骨干、无党派代表人士、非公有制经济代表人士、少数民族代表人士、宗教界代表人士、港澳台和海外代表人士。这六支队伍各具特点,所以在目标要求和方式方法上也各有侧重。

---

① 同言. 习大大的统战"新语"[Z]. 统战新语,2015-05-21.
② 同言. 习大大的统战"新语"[Z]. 统战新语,2015-05-21.

（一）民主党派代表人士队伍建设重在提高"五个能力"

民主党派代表人士队伍政治素质高，参政党意识增强。目前，一支数量较充足、结构较合理、影响力较大的民主党派代表人士队伍基本形成，但社会影响大、参政议政能力强、团结带领成员发挥作用好的高层次人才相对较少。

党的十八大后，习近平多次指出，民主党派是中国特色社会主义参政党，必须坚定中国特色社会主义政治发展道路，推进新老交替、政治交接，确保多党合作事业可持续发展。强调要支持民主党派加强思想、组织、制度特别是领导班子建设，提高政治把握能力、参政议政能力、组织领导能力、合作共事能力、解决自身问题能力。[1]特别强调要拿出一些岗位甚至是重要岗位培养党外干部，先从基层岗位干起，从中选拔一批优秀人员逐步到地厅级，再在这些人中选省级民主党派主委就容易了。这个递进的过程必不可少，要防止拔苗助长、半路掐尖。[2]针对2016年民主党派中央和省级组织换届，以及各级人大、政府、政协换届，习近平提出要积极支持各民主党派加强思想、组织、制度特别是领导班子建设，并重申提高五种能力。[3]强调换届中，各民主党派要搞好政治交接，努力换出新干劲、换出新气象。[4]

学习习近平这些思想要求，各民主党派要以"人才兴党、人才强党"的根本意识抓好队伍建设，要着眼2022年下一届民主党派换届工作，提前谋划、提前部署、环环紧扣，切实夯实队伍建设基础。要拓宽选人视野，各民主党派要积极承担发现举荐的职责，既要积极从传统的领域中发现人才，也要注重从新兴领域、从基层组织、从新的社会阶层人士中发现人才。要加强管理创新，一方面，民主党派组织要全面加强对各自成员的教育引导，积极承担好自我管理责任；另一方面，中共统战部门、组织部门也要关心爱护民主党派干部的成长，全力承担好共同管理责任。以浙江为例，作为全国监察体制试点省份之一，民主党派机关和公职人员要自觉接受监督。

（二）无党派人士队伍建设重在建立高层"列名制度"

进入21世纪以来的很长一段时间内，无党派代表人士处于青黄不接的状况，

---

① 同言. 习大大的统战"新语"[Z]. 统战新语，2015-05-21.

② 同言. 习大大的统战"新语"[Z]. 统战新语，2015-05-21.

③ 习近平：毫不动摇坚持我国基本经济制度　推动各种所有制经济健康发展[EB/OL]. (2016-03-04)[2018-05-07]. http://news.xinhuanet.com/politics/2016/03/09/c_1118271629.htm.

④ 习近平在看望参加政协会议的民进农工党九三学社委员时强调　我国广大知识分子要主动担当积极作为　为国家富强民族振兴人民幸福多作贡献[N]. 人民日报，2017-03-05(1).

缺乏旗帜性人物,而且越到高层越缺乏。特别是在全国有较高知名度和较大社会影响的代表人士匮乏,国家级领导人多年空缺。早在浙江工作期间,习近平就重视无党派人士队伍建设,省委文件明确要求"着手积极稳妥地培养、选拔和安排新一代无党派代表人士,推进新老交替"①。

党外知识分子是民主党派和无党派人士的源头。党的十八大后,习近平强调,办好中国的事情,关键在党,关键在人,关键在人才。要坚持党管人才原则,最大限度地把知识分子团结凝聚在党的周围。②当前,无党派人士的来源已从传统的体制内党外知识分子扩展到体制外和海外。习近平在2015年中央统战工作会议上指出,要关注新经济组织和新社会组织中的自由择业者(包括律师、注册会计师、税务师、评估师等)、留学和归国留学人员、新媒体从业人员和意见人士这三类群体。特别是随着体制外的新的社会阶层人士队伍不断发展壮大,社会影响、政治诉求、独立意识不断增强,习近平指出,要关注那些具有特殊性的知识分子,探索有效途径和方法,下功夫做好网络意见领袖、网络作家、签约作家、自由撰稿人、独立演员歌手等群体的工作,引导他们发挥好建设性作用。③2015年5月,习近平在中央统战工作会议上首次提到"新媒体中的代表性人士"一词,并专门强调:"要加强和改善对新媒体中代表性人士的工作,建立经常性联系渠道,加强线上互动、线下沟通,让他们在净化网络空间、弘扬主旋律等方面展现正能量。"④线上线下要形成同心圆。

2017年2月,全国新阶层人士统战工作会议专门提出,建立新阶层代表人士"列名制度"。"列名",实际上就是确立代表人士,使这些专门人士中的优秀代表能脱颖而出,成为无党派代表人士。从某种意义上讲,这项工作可以借鉴推广到整个党外知识分子工作中去。

(三)非公经济代表人士建设重在引导做合格的建设者

非公经济代表人士队伍社会责任意识不断提高,政治参与热情高涨,但存在良莠不齐的现象,少数人有违法违规行为。另外,中国一些民企"富二代"接班成问题。

---

① 中共浙江省委关于进一步加强中国共产党领导的多党合作和政治协商制度建设的实施意见[M]//中共浙江省委统战部. 浙江统一战线年鉴:2007. 杭州:杭州出版社,2007:461-462.

② 习近平在看望参加政协会议的民进农工党九三学社委员时强调 我国广大知识分子要主动担当积极作为 为国家富强民族振兴人民幸福多作贡献[N]. 人民日报,2017-03-05(1).

③ 同言. 习大大的统战"新语"[Z]. 统战新语,2015-05-21.

④ 习近平:要加强和改善对新媒体中的代表性人士的工作[EB/OL]. (2015-05-20)[2019-10-15]. http://www.xinhuanet.com/politics/2015-05/20/c_1115351239.htm.

习近平总书记在中央统战工作会议和2016年全国两会"3·4重要讲话"中都一再强调,非公有制经济健康发展和非公有制经济人士健康成长是重大经济问题,也是重大政治问题。要坚持团结、服务、引导、教育的方针,一手抓鼓励支持,一手抓教育引导。关注他们的思想,关注他们的困难,切实增强工作的针对性和实效性。这里习近平提出了"三个一"的要求:着眼一个目标,就是引导非公有制经济人士爱国敬业、守法经营、创业创新、回报社会,做合格的中国特色社会主义事业建设者;致力于一对关系,就是构建"亲""清"的新型政商关系,既营造"亲商、安商、富商"的氛围,又打造政治生态的"绿水青山";打造一个载体,就是不断完善非公有制经济人士综合评价体系,为促进"两个健康"提供制度和机制保障。习近平指出,对有贡献的非公有制经济人士做适当政治安排是一项重要工作,但要坚持标准、严格程序、认真考察,做好综合评价,真正把那些思想政治强、行业代表性强、参政议政能力强、社会信誉好的非公有制经济代表人士推荐出来。[14,15]2016年6月,经中央统一战线工作领导小组会议审议通过,由中央统战部、中央组织部、全国工商联等14家单位联合印发的《关于加强和改进非公有制经济代表人士综合评价工作的意见》正式下发,把综合评价作为上述各类安排的前置程序,真正体现"凡进必评"。

新生代非公有制经济人士是习近平关注的一个新兴群体,在中央统战工作会议讲话中有专门论及。当前新生代企业家引导培养工作不仅是民营企业的"家事""私事",更是关系到国民经济社会发展的"大事""要事",意义重大,刻不容缓。与老一代企业家相比,新生代企业家总体上具有自身的特点。一是学历高、起点高,创业创新意识强。二是实践经验少,特别是对国情了解不全不深。三是创业环境更复杂,社会责任感弱,社会关注度高,公众认可度低。浙江一直高度重视做好新生代企业家教育培养引领,通过省市县三级联动组建各级"新生代企业家联谊会",努力打造一支"政治上有方向、经营上有本事、文化上有内涵、责任上有担当"的新一代非公有制经济代表人士队伍。省级新生代企业家联谊会于2013年年初成立,首届企业家会员192名,目前扩充至204名。截至2016年,全省共有9个市和62个县(市、区)成立了新生代企业家联谊会组织,成员8000多人,形成了基本覆盖全省的新生代企业家组织网络。同时浙江省也做了一些有效探索,如:湖州、绍兴等市通过开展导师帮带制度,由市领导每人联系一名或多名新生代企业家,为新生代企业家做好政府层面的导师,推进师生见面会、导师实地走访、提出意见建议、举办辅导讲座、开展创新调研等顺利进行,在对新生代企业家的调研中了解到,一半以上的新生代企业家对接受政府推荐的导师指导工作有一定意向,而明确表示不愿意的仅为2.76%。浙江省市县三级建立的新生代企业家联谊会,慈溪开辟的"国际家族企业论坛""家业长青"学院等一系列鼓励支持新生代企业家教育的工作载体,在社会上和新老企业家中产生了强烈的影响。湖州市实施新生代企业家"311"领航计划,即力争到2017年,培养领航新生代企业家30名左右,骨干新生代企业家100名左右,辐射1000名左右新生代企业家,为湖州市场经济发展注入了新的生机和活力。其主要培养对象为年龄在45周岁以下具有较大发展潜力的"民企创二代"和自主创业的青年企业家。

(四)少数民族代表人士队伍建设重在培养少数民族知识分子和少数民族干部

进入21世纪以来,少数民族代表人士队伍文化素质普遍提高、政治参与能力逐渐增强。但少数民族代表人士总体偏少,同老一辈相比,在政治信念、个人威望和政治影响力、社会号召力等方面还存在一定差距。

习近平指出,做好民族工作关键在党、关键在人。[1]他还强调:对少数民族代表人士,一定要团结在我们身边,做到政治上尊重、工作上关心、生活上关照,发挥好他们咨政建言、协调关系、引导群众、化解矛盾的作用。习近平特别指出,少数民族知识分子是一个较大的群体,包括学术、文化、艺术、技术、宗教等各个领域,他们思想活跃、能量不小,要纳入工作视野、加强引导,发挥他们的作用。要培养一支政治上跟党走、自觉认同中华民族精神、学识上有造诣、工作上有实绩的少数民族知识分子队伍。[2]

习近平强调要加强少数民族干部队伍建设。指出做好民族工作关键在培养高素质的少数民族干部,并首次提出了民族地区好干部"三个特别"的标准,即明辨大是大非的立场特别清醒、维护民族团结的行动特别坚定、热爱各族群众的感情特别真诚。少数民族干部是党联系少数民族工作的重要桥梁和纽带,目前数量上来了,但结构不尽合理,政工干部偏多,业务干部偏少,具有适应市场经济和复杂环境能力的干部少,梯队不完备、急用再找现象突出。要坚持德才兼备原则,大力培养选拔。对政治过硬、敢于担当的优秀少数民族干部要大胆使用,放到重要领导岗位上

---

[1] 中央民族工作会议暨国务院第六次全国民族团结进步表彰大会在北京举行　习近平作重要讲话[EB/OL].（2014-09-09）[2019-12-13]. http://www.xinhuanet.com/politics/2014-09/29/c_1112683008.htm.

[2] 中央民族工作会议暨国务院第六次全国民族团结进步表彰大会在北京举行　习近平作重要讲话[EB/OL].（2014-09-09）[2019-12-13]. http://www.xinhuanet.com/politics/2014-09/29/c_1112683008.htm.

来,让他们当主官、挑大梁,还可以交流到内地、中央和国家机关任职。2017年3月,中央有关部门共选派523名少数民族干部到中央国家机关上挂,到东部发达地区横挂,到企业挂职学习。

(五)宗教界代表人士队伍建设重在提升宗教造诣和影响力

目前,宗教界代表人士队伍新老交替已基本完成,中青年代表人士逐步走上各级宗教团体领导岗位。但经过正规宗教院校教育的教职人员占比偏低,特别是有影响、能服众的代表人士还不够多。

早在福建工作期间,习近平就指出,做好宗教界接班人的培养工作,这是整个宗教事业发展的头等重要的事情,关系到老一代宗教界爱国人士开创的爱国爱教事业是否后继有人的大问题。要有计划、有组织地培养一支热爱祖国,接受党的领导,坚持走社会主义道路,维护祖国统一和民族团结,有宗教学识,有组织和管理能力并能善于联系信教群众的接班人队伍,保证正常宗教活动的开展和管理,保证宗教事业后继有人。①他希望各宗教团体要有长远眼光和现实紧迫感,继续抓紧培养一支政治上热爱祖国,拥护中国共产党的领导和社会主义制度,又有相当宗教学识,能联系信教群众的年轻宗教教职队伍。他特别强调,目前已进入各级爱国宗教组织领导班子的年轻人,要在进一步提高自身素质上狠下功夫。老一辈宗教界领导人,不是一两天的功夫成长起来的,所以年轻人一定要加强培养,无论是在政治素质方面,还是在学养方面都要进行培养。②

主政浙江后,习近平指出,要大力支持爱国宗教团体加强自身建设,帮助宗教团体建立健全规章制度,切实帮助他们解决一些实际问题,使之真正成为党和政府联系信教群众的桥梁和纽带。③要坚持独立自主自办的原则,指导、帮助和支持我省爱国宗教团体切实加强自身建设,培养一支政治上靠得住、学识上有造诣、品德上能服众的爱国爱教教职队伍,保证宗教组织的领导权牢牢掌握在爱国爱教人士手中。④

2016年4月,习近平在全国宗教工作会议上强调,把党的宗教工作基本方针坚

① 习近平在福州市宗教界人士代表中秋节座谈会上的讲话[N]. 福州日报,1993-09-28(1).
② 习近平在省领导与省宗教团体负责人座谈会上的讲话[N]. 福建日报,1997-09-05(1).
③ 马跃. 全省宗教工作座谈会在杭举行　习近平作重要讲话[J]. 浙江统战,2004(3):1.
④ 习近平同志在全省统战工作会议上的讲话(摘要)[M]//中共浙江省委统战部. 浙江统一战线年鉴:2007. 杭州:杭州出版社,2007:426.

持好,关键是要在"导"上想得深、看得透、把得准,做到"导"之有方、"导"之有力、"导"之有效,牢牢掌握宗教工作主动权。要求各级党政领导要同宗教人士交朋友,在思想上关心、在政治上帮助、在生活上照顾,提出了宗教界代表人士的标准,即:政治上靠得住、宗教上有造诣、品德上能服众、关键时刻起作用。强调要支持爱国宗教团体加强自身建设,努力建设政治上可信、作风上民主、工作上高效的高素质领导班子。①

(六)港澳台及海外代表人士工作重在争取人心、赢得青年

港澳台及海外代表人士队伍数量不断增多,但结构不平衡,工商界人士占绝对主体,港澳中产专业人士的比例明显过低,岛内中下阶层、中间势力、中小企业、中南部等"四中"群体的代表人士相对不足,特别是港台青年工作面临着重大挑战。

习近平总书记在中央统战工作会议上指出,港澳台统战工作主要是争取人心的工作,而赢得青年才能赢得未来。②近十年来,港台地区部分"80后"和"90后"青年制造或参与了一系列社会事件,引起了人们的广泛关注。当前,对港澳台青年的工作面临着机遇和挑战,成为一项集战略性、基础性、长期性和紧迫性于一体的重大战略任务。

赢得青年,必须以创业为平台给予他们发挥才能的舞台。习近平指出:"青年是民族的未来,也是两岸的未来。我们要更多关注两岸青年成长,为他们提供更多机会和舞台,让他们多交流多交心,成为共同打拼的好朋友好伙伴。"③同时,要贴近港澳台青年,培养其中优秀的积极人物。要探索建立与港澳台及海外青年社团的定期联系和交往机制,从中物色和培养代表人士。

尽管各领域党外代表人士队伍建设各有针对性、各有侧重、各具特色,但习近平对各领域党外代表人士队伍建设的论述分析仍有其共性,特别是具有普遍性和规律性的几条原则需要把握:

一是充分体现社会主义政治制度的特点和优点,这是加强党外代表人士队伍建设的出发点。社会主义政治制度的鲜明特点和优势,就在于通过制度安排,支持

---

① 习近平在全国宗教工作会议上强调 发展中国特色社会主义宗教理论 全面提高新形势下宗教工作水平 [N]. 人民日报,2016-04-24(1).
② 同言. 习大大的统战"新语"[Z]. 统战新语,2015-05-21.
③ 习近平总书记会见中国国民党主席朱立伦[EB/OL]. (2015-05-04)[2019-12-13]. http://www.xinhuanet.com/politics/2015-05/04/c_1115169416.htm.

各党派、各阶层、各团体和社会各界人士广泛参与管理国家事务和社会事务,管理经济和文化事业。习近平在中央统战工作会议上强调,要进一步提升我国政党制度的效能,重点在发挥民主党派和无党派人士的作用。[①]制度安排不同于一般的人事安排。党外人才也是国家的人才,党外干部也是党的干部。民主党派和无党派人士是当今中国政治制度框架下的"稀有政治资源"。

二是着重正确处理一致性与多样性的关系,这是加强代表人士队伍建设的根本点。习近平在中央统战工作会议上的讲话和《条例》都把正确处理一致性和多样性的关系作为统战工作的一项重大原则。习近平特别强调,正确把握和贯彻这一方针十分重要,一方面要着力巩固共同思想政治基础,不断增进一致性;另一方面要充分发扬民主,尊重、包容和引导多样性。特别是对党外知识分子,只要政治方向上没有问题,应当多尊重和包容,多看他们的主要方面,多看他们对国家和社会的贡献,做到容人之异、容人之短、容人之失。[②]这一原则,始终作为党外代表人士的根本属性和基本标准,贯彻于党外代表人士推荐选拔、教育培训、作用发挥、监督管理等各个环节。如:在基本标准上,强调政治坚定、业绩突出、群众认同;在工作原则上,强调坚持政治教育与实践锻炼相统一;在发现储备上,强调严把政治关,真正把拥护党的领导、拥护中国特色社会主义、拥护改革开放的党外代表人士选拔出来;在教育培养上,强调坚持政治培训为主。

三是始终坚持联谊交友这一重要工作方法,是加强党外代表人士队伍建设的鲜明特点。联谊交友是我们党的优良传统,是加强党外代表人士队伍建设的基本方法,对引导党外代表人士健康成长具有独特作用。党外代表人士队伍建设的各个环节都与联谊交友密切相关,发现储备是确定对象、建立友谊的过程,教育培养是增进共识、深化友谊的过程,选拔使用是发挥作用、检验效果的过程,监督管理是确保质量、健康发展的过程。习近平在中央统战工作会议上指出,做好新形势下的统战工作,必须善于联谊交友。他强调,我们搞统一战线,从来不是为了好看、为了好听,而是因为有用、有大用、有不可或缺的作用。统一战线工作做得好不好,要看交到的朋友多不多、合格不合格、够不够铁。多不多是数量问题,合格不合格、够不够铁是质量问题。特别是要交一些能说心里话的挚友净友,想交到这样的朋友,不

---

① 同言. 习大大的统战"新语"[Z]. 统战新语,2015-05-21.

② 同言. 习大大的统战"新语"[Z]. 统战新语,2015-05-21.

能靠做快餐,而是要做"佛跳墙"这样的功夫菜。[①]要通过联谊交友,宣传党的方针政策,了解思想动态,加强教育引导,增进沟通信任,提升五种能力,不断巩固党与党外人士的团结合作。

四是既要统筹兼顾又要分类施策。习近平在中央统战工作会议上指出,今天统一战线成员加起来有几亿人之多,是全面建成小康社会和实现中华民族伟大复兴中国梦的重量力量。统一战线的重点是党外代表人士,仅从促进五大关系和谐角度看,党外代表人士六支队伍建设必须统筹兼顾,不能顾此失彼。但是,统战人士涉及党内外、体制内外和海内外,具有很强的层次性、差异性和复杂性,其代表人士队伍建设不能搞一刀切、一个模板。正如习近平所指出的,现在党外知识分子队伍构成更加多样,需要针对不同特点分类施策。[②]这里的"分类施策"指的就是针对这种层次性、差异性和复杂性,设计小切口的渠道,采用个性化方法,量体裁衣,因材施教,一把钥匙开一把锁,以增强工作的针对性和有效性。虽然习近平关于"分类施策"的方法论是针对党外知识分子群体提出的,但对党外六支队伍建设都具有指导意义。

三、"六域四环"思维方法的若干启示

目前,新时期成长起来的党外代表人士已成为党外代表人士队伍中的主体。与老一辈代表人士相比,他们身上具有一些鲜明的时代特征:思想观念时代特征强,但价值取向趋向多元;文化程度和专业水平较高,但行政管理和组织协调能力有待提高;政治参与意识强,但作用有效发挥不够;在本专业本领域有一定成就,但社会知名度相对不高;一般性代表人士多,但旗帜性人物相对缺乏。

把握规律,加强规划,优化党外干部成长路径。一般而言,党外代表人士成长既要符合人才成长的一般规律,同时也有其特殊性,要受到本人的政治素质、党派身份、专业成就、能力结构、人格魅力、奉献精神,以及所处的政治环境、组织培养取向等多种因素的共同影响。总体上讲,党外代表人士的成长过程可分为角色积累期、角色完成期和角色升华期三个阶段,呈现出一定的成长规律。一是从根本属性来看,大多已从单一身份向多重身份转变;二是从成长路径来看,一般都是从自然

---

① 同言. 习大大的统战"新语"[Z]. 统战新语,2015-05-21.
② 同言. 习大大的统战"新语"[Z]. 统战新语,2015-05-21.

发展到组织培养成长;三是从影响力来看,大多有从专业领域扩大到社会领域的过程;四是从政治作用的发挥来看,大多经历由一般参与到主动参与的过程。因此,党外代表人士队伍建设必须从战略高度进行总体谋划、从长规划。比如:针对民主党派换届过程中反映出来的代表人士队伍方面的情况,要未雨绸缪、及早准备,着眼2021年至2022年各级党派组织换届,抓好代表人士队伍建设。针对无党派代表人士稀缺的紧迫性,着重抓源头和基础,浙江提出实施高校无党派人士"青苗计划",着眼为下一轮换届储备人才、蓄养水源,到2020年,实现全省培养1000名左右无党派青年骨干的目标。要坚持拓宽视野、关口前移,把更多优秀的无党派青年骨干纳入统战工作视野,纳入团结联系对象,纳入教育培训范围,建立健全无党派青年骨干培养和使用机制,深化校地合作机制,拓宽无党派人士的培养路径,形成工作合力。要重点推进党外后备干部"十百千工程"的实施,在此基础上,遵循规律、统筹推进:原则上既坚持党管人才又充分发扬民主,理念上既以培养为重又以使用为本,标准上既不降格以求又不求全责备,方法上既严格要求又关心体贴,机制上既统筹兼顾又分工负责。要把培养选拔党外代表人士工作纳入党的人才建设总体规划当中,强化其在全局中的地位。

突出重点,夯实基础,推进基层党外代表人士队伍建设工作科学化。注重在实际工作中发现和储备党外干部,注重实行动态管理,建立党外干部资料库,注意拓宽眼界,积极探索从新阶层、留学归国人员队伍中发现特色代表人士;推行在基层一线中培养和锻炼,建立党外干部"几上几下"历练机制;坚持在创业创新中选拔和任用党外干部,注重搭建展示平台,开展"晒实绩、比担当"党外干部年度工作述职。争取在发现上有硬要求、培养上有硬举措、使用上有硬指标、管理上有硬招数。特别是要抓住实践锻炼这个重点,补齐党外干部短板。浙江省着眼提升党外干部实际工作能力,探索交流任职、下挂锻炼、上挂锻炼、横向挂职、基地锻炼,以及专题性挂职锻炼等党外干部"实践锻炼六法",共有200余人得到了相应锻炼。杭州市下城区还建立了"党外后备干部导师制度",由党内处级领导干部与党外处级后备干部结对指导,效果良好。在此基础上,按照"缺什么补什么"和"人岗相适"的原则,做出因材施用、人尽其才的安排:对参政议政能力强的党外人士拟做政治安排,对组织协调能力强的党外人士拟做实职安排,对专业性强的党外人士拟做司法安排和社会安排。

讲求方法、统分结合,既探索建立各领域党外代表人士综合评价体系又坚持分级分类施策。统筹推进六支队伍建设,根据各领域代表人士特点,处理好当前与长远、数量与比例、培养与使用等关系,明确责任主体,规范工作程序,确定各个环节的任务,提出落实措施,形成一整套系统完备、规范有序的目标要求和政策措施。总结借鉴非公有制经济代表人士综合评价工作的经验,探索建立党外代表人士综合评价体系和分领域评价指标。从横向上分析个性特征,突出领域代表性标准;从纵向上分析个性特征,突出层次代表性标准。

关注特殊群体代表人士队伍的培养选拔工作。如:要建立健全新阶层人士列名制度,加强新一代企业家传承培养,关注网络新媒体从业人员和意见人士中的代表人士。针对这些群体和工作的特殊性,要积极探索有针对性和讲求实效的特殊方法。例如,浙江省委省政府提出,要引导新生代企业家成为"政治上有方向、经营上有本事、文化上有内涵、责任上有担当"的现代企业家。浙江目前省市县三级成立了新生代企业家联谊会组织72个,成员8000多人。与此同时,一些老企业家中的有识之士也在积极开展家族企业接班的培训工作。比如:方太集团董事长茅理翔10多年来创办家族长青学院,为培养"创二代"做出了积极贡献。茅理翔认为,"创二代"成功传承的过程就是转型升级的过程。20年间,他先后分3次把管理权、营销权、研发权、决策权交给儿子茅忠群,有意识地把传承与转型结合起来,实现了企业产品的转型升级和决策层的新老交替。与此相似的还有余姚市的健风企管集团等。两种培训渠道中,官方有较大影响力,但培养对象针对的是少数代表人士,覆盖面比较窄,同时培训内容上偏重于政治引导。而民间渠道的培训从理论上讲是全覆盖的,面向广大新生代企业家。其优点是市场化运作,机制更灵活,效率更高,更了解和紧贴新生代企业家的需求,能够较好地加强新老企业家对话沟通,实现言传身教、薪火相传。但因为目前民间传承培训机构的数量少之又少,技术和师资力量上也很薄弱,在实际上难以适应大规模的新生代企业家培育的需要。因此,要坚持两条腿走路,重视两种培训渠道相结合,努力实现优势互补。另外,浙江全省市县两级已成立网联会49家,理事有2158人,实现了网联会在市级的全覆盖。浙江省启动实施网络界代表人士"十百千工程",争取通过三年的时间,实现省市县三级分别重点培养十名、百名和千名网络界代表人士的目标。

加强和改进管理,探索解决自身问题的能力。党外代表人士队伍建设重在能力提高,党外代表人士五个能力建设中,解决自身问题的能力是中央统战工作会议和《条例》新增的内容,与管理环节紧密相关。党外干部的教育、监督和管理,重在发挥各种制度机制的长效作用。以浙江为例,当前要重点围绕监察体制改革试点,加强和改进对党外代表人士管理这一新生和薄弱环节。要坚持分级分类管理,加强制度管理,着力建立健全定期考评制度,及时了解掌握党外代表人士的政治表现、思想状况、履行职责和廉洁自律情况,强化考评结果的运用,切实把好队伍的"入口"和"出口"关,保证党外代表人士队伍的纯洁性。要在丰富管理形式方面下功夫,积极落实"建立人大、政协党外常委履职情况考核、约谈和不称职委员退出制度。要不断完善管理机制,组织部门要及时将考核结果反馈给统战部门,同时建立统战部门与人大党组、政协党组的定期联系制度,建立与党外代表人士所在单位党组织日常联系制度"。

完善制度,健全机制,促进党外代表人士队伍建设规范化发展。制度管根本,机制管长效,在完善制度、健全机制中谋划和推进,是确保党外干部队伍建设规范有序见成效的重要保证。要建立健全齐抓共管的工作制度和机制,建立健全发现吸纳制度和机制,建立健全培养使用制度和机制,建立健全管理服务制度和机制,建立健全作用发挥制度和机制,建立健全联谊交友制度和机制,建立健全合作共事制度和机制。以合作共事制度和机制为例,在一批优秀党外干部担任政府部门正职后,这一制度和机制显得十分紧迫和重要。如:浙江省江山市为规范中共党组织与党外正职的合作共事,出台四条原则,即党政分工协作原则、党管干部原则、行政首长负责制原则和党政主要领导协商一致原则。杭州市委组织部和统战部下发《关于加强党外干部担任行政正职的单位党政主要负责人内部合作共事制度的意见(试行)》,分别从"充分发挥党外正职作用""明确党政主要负责人的职责""规范议事规则和决策程序""营造合作共事的良好氛围"四方面对党政主要负责人内部合作共事制度进行规范,在党内外都产生了良好反响。无党派人士、杭州市环保局局长说:"我和书记都不约而同地把《意见》藏在包里,作为心中的'小宪法'。""以前工作是靠个人关系,但主观的东西不可靠。有了'小宪法',就有利于大家开展工作。"而该局党组书记说:"书记局长要相互尊重、相互沟通、相互理解。'一荣俱荣,一损俱损',最重要的是以大局为重。"[1]

---

[1] 杭州"小宪法"搭建大舞台[N].人民日报,2013-12-18(20).

第四节　新形势下的统一战线宣传思想工作：
机遇、挑战和对策

2013年8月19日,习近平总书记在全国宣传思想工作会议上发表重要讲话,深刻阐述了事关宣传思想工作长远发展的一系列重大理论和现实问题。2016年2月19日,习近平总书记先后到人民日报社、新华社、中央电视台调研,主持召开党的新闻舆论工作座谈会并发表重要讲话,深刻阐明了党的新闻舆论工作的职责使命、目标任务和原则要求,为做好新形势下党的新闻舆论工作提供了重要遵循。党的十八大后,习近平总书记高度重视互联网工作,亲自担任中央网络安全和信息化领导小组组长。2016年4月19日,习近平总书记又在网络安全和信息化工作座谈会上发表重要讲话,第一次提出"没有网络安全就没有国家安全,没有信息化就没有现代化""建设网络强国的战略部署要与'两个一百年'奋斗目标同步推进"等重要论断,深刻阐释了党中央关于加强网络安全和信息化工作的指导思想和方针路线。"8·19讲话""2·19讲话"到"4·19讲话"三个讲话,时隔近三年,既一脉相承、接续发展,又各有侧重、各有针对,彰显着强烈的创新意识、时代精神和实践指向。

习近平总书记的三个重要讲话深刻回答了党的宣传思想工作面临的一系列重大问题,丰富和发展了党的新闻舆论工作理论,是指导新形势下党的宣传思想和新闻舆论工作的纲领性文件,具有重要的指导意义。统一战线工作与新闻舆论和意识形态工作及网络新媒体密切相关。我们要深刻理解和准确把握习近平总书记关于宣传思想、新闻舆论和网络信息工作的新思想、新观点、新要求、新部署,增强政治意识、大局意识、核心意识、看齐意识,切实把思想和行动统一到中央的决策部署上来,引导广大统一战线为全面建成小康社会、实现中华民族伟大复兴团结奋斗。

一、统一战线要切实担负起做好宣传思想工作的共同责任

毛泽东同志曾说过,掌握思想领导是掌握一切领导的第一位。[①]党的十八大以来,中央高度重视宣传思想工作。习近平总书记在2013年全国宣传思想工作会议上强调:要充分认识宣传思想工作的极端重要性。历史和现实反复证明,能否做好

---

① 中共中央宣传部. 毛泽东邓小平江泽民论思想政治工作[M]. 北京:学习出版社,2000:2.

意识形态工作,事关党的前途命运,事关国家长治久安,事关民族凝聚力和向心力。意识形态工作中的领导权、管理权、话语权任何时候都不能旁落,否则就要犯无可挽回的历史性错误。要切实做到守土有责、守土负责、守土尽责。①在2016年2月19日的新闻舆论工作座谈会上,习近平总书记进一步提出了党的新闻舆论工作的"四个牢牢坚持",即:坚持正确政治方向是第一位的,要求我们牢牢坚持党性原则,牢牢坚持马克思主义新闻观,牢牢坚持正确舆论导向,牢牢坚持正面宣传为主。②这"四个牢牢坚持"之中,党性原则是做好新闻舆论工作的根本原则,马克思主义新闻观是灵魂,正确舆论导向是生命,以正面宣传为主是基本方针。四个方面缺一不可,构成新闻舆论工作贯彻政治性要求的工作理念和行为准则,具有很强的政治性、思想性、针对性、指导性。

从目标、对象、手段和理念看,统战工作与宣传思想工作在本质上是一致的。统一战线涉及政党、民族、宗教、阶层、海内外同胞五大关系,是新闻舆论的敏感区域,是宣传思想工作的重要阵地。

统一战线的根本任务就是凝聚人心、凝聚力量,秉承求同存异、体谅包容和大团结大联合的理念,正确处理一致性与多样性的关系,牢牢坚守政治底线,努力寻求最大公约数,画出最大同心圆,通过团结、民主、协商、自我教育等手段,引导特殊群体为中国特色社会主义事业、为实现中华民族伟大复兴的中国梦团结奋斗。统一战线的思想政治和新闻舆论工作是党的意识形态和新闻舆论工作的重要组成部分,是统战工作的重要内容,加强和改进统一战线的思想政治和新闻舆论工作是推动统战工作发展的重要途径。

因此,统一战线工作从本质上说就是特殊的思想政治和舆论引导工作,统战宣传思想和舆论引导工作面临的机遇与挑战并存。

首先,统一战线宣传思想和新闻舆论工作要跟得上国际形势的变化。美国大搞网络战(13台根服务器中有10台在美国),一方面叫嚣"中国网络水军"对美国国家核心利益的侵入,宣布从2014年起投入140亿美元作为网络战费用,另一方面抓紧了对我国的网络控制和侵入。中国国家互联网应急中心(CNCERT)2013年3月

---

① 习近平:意识形态工作是党的一项极端重要的工作[EB/OL].(2013-08-20)[2019-01-04].www.xinhuanet.com//politics/2013-08/20/c_117021464.htm.

② 习近平总书记在党的新闻舆论工作座谈会上强调了什么?[EB/OL].(2016-02-22)[2019-01-04]. http://www.xinhuanet.com/video/sjxw/2016-02/22/c_128739655.htm.

19日发布报告,经抽样监测,2012年境外约有7.3万个木马或僵尸网络控制服务器参与控制我国境内1419.7万余台主机。从控制服务器数量、控制境内主机数量、钓鱼网站托管地来看,美国均居首位。斯诺登"棱镜门事件",更是彻底暴露了美国企图监控全世界的野心。

其次,统战宣传思想和新闻舆论工作要跟得上国内经济社会转型与全面深化改革的要求。统一战线作为党的特殊群众工作,是党的群众工作的重要组成部分,是党的群众工作的特殊形式体现,两者在价值取向、理念思维和方式方法等方面都存在着内在、统一、必然的联系。改革越是深化,利益越是调整,思想越是多元,就越需要广泛凝聚共识,寻求最大公约数,教育和引导广大统一战线成员理解改革、支持改革、参与改革。寻求最大公约数,本质上就是求大同存小异,是统战理念的集中体现和灵活运用。

再次,统一战线宣传思想和新闻舆论工作要跟得上对象的变化。宣传思想工作的对象是"人"。一方面,当前统一战线成员呈现结构性变化:换代性、换位性、流动性、交叉性、重组性(分化性)、涉外性。另一方面,当前统一战线成员思想呈现出新的特征。当前统一战线成员文化程度普遍较高,年富力强,思维敏捷,思想活跃,但与此同时在思想观念、价值取向、行为方式上呈现出显著的多样性、差异性、复杂性。统一战线思想引领、广交深交朋友的工作难度较大。面对西方敌对势力的西化、分化,我们要做细思想工作,深交党外朋友。统战工作是做特殊群众的思想政治工作,在社会转型期,能否真正交到党外朋友是衡量统战工作能力和水平的重要标准。

最后,统一战线宣传思想和新闻舆论工作要跟得上技术的进步。近年来发生的一系列社会热点事件表明,新媒体正在深刻改变我国的政治环境、社会生态环境和舆论环境,主要表现为信息来源多元化、权力结构多中心化、意识形态多样化,核心挑战是对传播主导权的争夺。

互联网已经成为意识形态斗争的前沿阵地。有西方媒体叫嚣"要用互联网崩塌中国的长城"。有个美国专家这样说:没有网络,搞垮中国需要50年;有了网络,搞垮中国可能只需10年至20年。2012年,美军欲借"X计划"控制网络战场。该计划将历时5年耗资11亿美元,其目标是建立健全一份先进的全球计算机分布图,囊括全球几十亿台电脑和其他设施的网络分布。①面临信息时代、网络社会,做统战工作要有现代意识,统战部门要争取精英、争取群众,不能光停留在传统的工作手段和方法上,不但要做看得见摸得着的面对面的工作,也要关注躲在屏幕后面的人。突发事件的影响往往最先在网上反映出来。虚拟空间不但不虚而且非常实,我们不去占领人家就要占领。总之,当前统战宣传思想工作面临着新的挑战,而有挑战也就有机遇,统战宣传思想工作重任在肩、大有可为,我们必须切实承担起统一战线舆论宣传和思想引领工作的主体责任。

习近平总书记强调,新闻舆论工作处在意识形态斗争的最前沿,我们千万不能天真、不能大意、不能退缩。②统一战线是意识形态交锋最为活跃的领域,统战工作包括统一战线的新闻舆论工作,是政治性、政策性、纪律性很强的工作,要做好我省统一战线新闻舆论宣传工作,同样必须深刻领会和准确把握"四个牢牢坚持",自觉担负起职责和使命。

面对世情、国情、党情、社情的新变化,统一战线作为思想最为活跃、交锋最为激烈的领域之一,其舆论宣传和思想引领工作的重要性尤为突出。

统一战线的宣传思想工作要主动适应国内国外两个大局的影响,适应工作对象的新变化,适应现代社会开放多元、观念活跃和新媒体时代的特点和发展趋势,紧扣广大成员的所盼所惑,及时发声、准确发声,把党的政策讲透彻,把存在的问题说清楚,把利益安排讲明白,使统一战线真正成为社会的"稳定器"和"润滑剂",成为反渗透、反分裂、反颠覆的稳固长城。

统一战线宣传思想工作必须切实提高政治引导、思想引导、文化引导和利益引导四种能力。

要切实管好统战系统新闻舆论阵地。统战系统各类报刊、出版物,以及网站、微信、微博、移动客户端等,是开展统一战线宣传,巩固和壮大统一战线主流思想舆论的重要阵地,必须严格宣传工作纪律,严格落实新闻出版工作各项规章制度。一方面,我们要把好政治关。增强政治家办报、政治家办刊、政治家办网意识,做到守土有责、守土负责、守土尽责,积极弘扬主旋律,传递正能量,决不给错误思想观点提供传播渠道。要把体现党的主张与反映统一战线成员和各界群众心声统一起

① 美军欲借"X计划"控制网络战场[N]. 环球时报,2012-06-01(8)
② 从政治上把握正确舆论导向[N]. 解放军报,2018-09-14(7).

来,把宣传党委政府决策部署与通达社情民意统一起来,把正面宣传为主与加强和改进民主监督统一起来。另一方面,我们要把好质量关。努力传递好党的声音,展示好统战成就,宣传好统战理论,报道好统战人物。

二、当前统一战线和多党合作领域宣传思想和新闻舆论工作的创新点

习近平总书记在新闻舆论座谈会上指出:"随着形势发展,党的新闻舆论工作必须创新理念、内容、体裁、形式、方法、手段、业态、体制、机制,增强针对性和实效性。"[1]联系统一战线和多党合作实际,统战舆论宣传和思想引导工作必须与时俱进,把握以下几个创新点。

(一)要突出针对性和实效性

习近平总书记指出,要抓住时机、把握节奏、讲究策略,从时度效着力,体现时度效要求。要加强国际传播能力建设,增强国际话语权,集中讲好中国故事。[2]我们在统一战线开展的中国特色社会主义思想教育引导,必须要让广大成员特别是年轻成员充分认识中国特色社会主义是符合中国国情的唯一正确的道路,中国绝不搞议会政治、三权分立,教育和引导他们及时澄清模糊认识,进一步增强对中国特色社会主义的道路自信、理论自信、制度自信,自觉抵制错误思想的侵蚀。

我们的思想引导既要说明是什么,也要说明为什么,既要说明我们的主张,也要说明我们为什么要这样主张,让广大统一战线成员对我们宣传的这个"理",既知其然,也知其所以然,真正做到对症下药,释惑解疑,"把理说透、把话讲到、把疑解开",更好地覆盖工作对象,最大限度地达成共识。要进一步增强政治定力和理论自信,切实提升我国政党制度和政治制度的国际话语权和影响力。

要通过宣传教育,把中国特色社会主义和"四个全面"真正内化于心、外化于形、固化于制。所谓内化于心,就是要把理论、文件学习好、领会好、理解好,入脑入心,转化为内在的理念、观点、价值,从而形成自己的世界观、方法论。所谓外化于行,就是把旗帜、道路、思想贯彻落实到具体实践中,在工作中建功立业。内化于心与外化于行是统一的,内化于心是前提,外化于行是归宿,必须将内化于心、外化于

---

① 习近平总书记在党的新闻舆论工作座谈会上强调了什么?[EB/OL]. (2016-03-04)[2019-12-13]. http://www.cac.gov.cn/2016-03/04/c_1118229526.htm.

② 习近平总书记在党的新闻舆论工作座谈会上强调了什么?[EB/OL]. (2016-03-04)[2019-12-13]. http://www.cac.gov.cn/2016-03/04/c_1118229526.htm.

行结合起来，做到知与行的统一，坚定理论自信，增强实践自觉。所谓固化于制，就是通过建章立制，把好的理念、好的方法转化为固定的制度，建立起思想教育和政治引领的长效机制。

(二)要牢固树立"分众统战"的理念

习近平总书记指出："要适应分众化、差异化传播趋势，加快构建舆论引导新格局。要推动融合发展，主动借助新媒体传播优势。"①"分众化"是个传播学术语，意思是针对不同对象"量体裁衣"。这应该也是宣传思想工作的基本方法。习近平总书记多次强调，领导干部要多跟不同群体交朋友。就思想政治工作而言，只有把各种群体都了解了、摸透了，才有可能针对不同的利益关系和价值取向，做出形式、风格各有针对性的宣传。"一把钥匙开一把锁"，了解了不同的需求，才能有的放矢地开展工作。目前百度贴吧有20多万个，还在不断发展，QQ群仍很活跃，微信群更是方兴未艾。这些都是开展"分众统战"的重要渠道和载体，必须努力掌握和运用。

(三)要牢固树立"争取中间地带"的理念

当前，意识形态领域既有昂扬向上的主旋律和和谐的伴音、和声，也有喧嚣刺耳的杂音、噪音，红色、黑色、灰色三个地带相互交织，互相影响，宣传思想工作一刻也不能放松和削弱。②

统一战线的本质就是大团结大联合，毛主席不但说过"所谓政治，就是把拥护我们的人搞得多多的，把反对我们的人搞得少少的"，还说过"所谓团结，就是团结跟自己意见分歧的，看不起自己的，不尊重自己的，跟自己闹过别扭的，跟自己作过斗争的，自己在他面前吃过亏的那一部分人，至于那个意见相同的已经团结了的，就不发生团结的问题了"。[33]要团结一切可以团结的力量，尽量不要让"消极因素"游离在社会上，游离在社会上实际上就是把包袱和压力留给党和政府。

善于争取"中间地带"，就是要找到文化的公约数和利益的共同点，把中间地带争取过来，让主流思想得到更多认同，让核心价值成为共同选择，形成社会转型期最广泛的统一战线。

---

① 习近平总书记在党的新闻舆论工作座谈会上强调了什么?[EB/OL]. (2016-03-04)[2019-12-13]. http://www.cac.gov.cn/2016-03/04/c_1118229526.htm.

② 新华网:当前意识形态领域红色黑色灰色三个地带交织[EB/OL]. (2013-09-07)[2019-12-13]. http://news.cntv.cn/2013/09/07/ARTI1378549535599959.shtml.

(四)要牢固树立"善用新媒体"的理念

党的十八大以来,习近平总书记在多个场合指出,互联网已成为舆论斗争的主阵地主战场,在"8·19讲话"中明确指出网上存在的"红色""灰色""黑色"三个地带;在"2·19讲话"中强调"过不了互联网这一关,就过不了长期执政这一关";在"4·19讲话"中更是提出"为了实现我们的目标,网上网下要形成同心圆"。

"同心圆"的理念即统一战线理念。2015年5月,习近平总书记在中央统战工作会议上指出,"人心向背、力量对比决定事业成败",强调"形成最大公约数,画出最大的同心圆"。同时指出:"互联网是当前宣传思想工作的主阵地。这个阵地我们不去占领,人家就会去占领;这部分人我们不去团结,人家就会去拉拢。"进而提出要加强和改善对新媒体中的代表性人士和网络意见领袖的工作,为我们做好新媒体领域的统战工作指明了前进方向,提供了基本遵循。当前,我国有7亿多网民,网民数量占我国总人口的一半以上。其中,网络意见人士大约5万人,拥有100万粉丝以上的"网络大V"约3000人。正因如此,习近平总书记明确指出:"要加强和改善对新媒体中的代表性人士的工作,建立经常性联系渠道,加强线上互动、线下沟通,让他们在净化网络空间、弘扬主旋律等方面展现正能量。"让互联网成为我们同群众交流沟通的新平台,成为了解群众、贴近群众、为群众排忧解难的新途径,成为发扬人民民主、接受人民监督的新渠道。

在着力引导和支持网络界人士发挥正能量作用方面,统一战线有优势有责任有探索。2012年,浙江省开始建立网联会。截至2016年,浙江省全省市县两级已成立网联会49家,理事有2158人,实现了网联会在市级的全覆盖。浙江省启动实施网络界代表人士"十百千工程",争取通过三年的时间,实现省市县三级分别重点培养十名、百名和千名网络界代表人士的目标。

下一步,要积极探索发挥互联网在统一战线宣传思想和舆论引导工作中的作用。前两年海峡两岸网络热议"淘宝统一中国":不选台湾省不发货。有网友爆料称,由于选择中国台湾省可以省运费,且送货速度比较快,一些商家标榜"全国包邮"也包括台湾,因此"填地址都不争气地选了台湾省"[34]。当前,互联网在内地(大陆)与港澳台青年交流思想、增进共识中发挥着重要的作用。由于历史和现实的原因,内地(大陆)与港澳台青年在价值观特别是国家民族观等很多方面存在不同的认识,道理不辩不明,以往相互间的观点交流、交锋、碰撞的机会很少。

2016年1月,大陆年轻网友发起的"帝吧出征"颠覆交流模式,数百万两岸"90

后"网民参与大讨论。"帝吧出征"刚刚结束,由"两岸青年观点论坛"主办的一场两岸青年研讨会于1月23日在台北举行,近40名两岸青年针对选后的两岸局势发表观点。据2016年1月25日《环球时报》报道,连台湾媒体都认为,两岸年轻一代通过网络交流有其必要,"帝吧出征"事件并未引起太多冲突,反而是各取所需,大陆网友认为他们取得了成功,台湾网友也觉得有趣,原本担心这将再度造成一个两岸冲突事件,结果却成了两岸增进了解的契机。

2016年2月,香港旺角事件发生后,内地青年通过微信公众号连发三封公开信致香港同龄人:教训和经验我们同样都有。2月11日至2月13日,长安剑(微信ID:changanjwj)刊载了三封内地年轻人的公开信《旺角暴乱后致香港"回归一代":请回望这片被你无视的土地》《再致香港"回归一代":"放开彼此心中矛盾,理想一起去追!"》《这是我们的最后一封信》,署名均为"四位内地年轻人"。香港青年回信内地改革一代:"港独"很没脑。

要研究如何引导像"帝吧出征"一类的两岸青年大规模的网络互动往有序、深度、广度方面发展,同时促进内地与香港青年间的网络互动,实现内地(大陆)与港澳台青年间的网络交流常态化、分众化、专业化。

三、牢牢把握统一战线宣传思想工作的领导权、主动权和话语权

(一)建立完善统一战线舆情响应机制

互联网已成为宣传舆论的主阵地、主战场,网络媒体已经担当起社会舆论领袖的角色,各种声音交汇、媒体事件多发。面对纷繁复杂的网络舆情,统一战线不仅不能缺位,而且要切实承担责任、发挥作用、体现优势,努力加强舆情宣传。一是加强网络舆情监察,对涉及统一战线领域的敏感问题,如政党制度、民族宗教、涉藏涉疆、非公有制经济、港澳台等领域的一些热点问题的舆情,统战部门必须加强动态监察,发现苗头性问题要及时向党委政府和有关部门反映。二是利用好新闻发布平台,要积极主动地加强与宣传、外宣部门的联系,将涉及统一战线的重大问题和突发性事件的新闻发布有效纳入当地党委政府新闻发布平台,及时向社会各界和海内外发布事实真相。三是主动开辟网络阵地,充分利用互联网、微网络、微信公众号、QQ群、贴吧等,及时准确传递统战信息,宣传统战理论政策。

(二)要建立和完善党外人士发声机制

做好意识形态工作要充分发挥党外代表人士的独特优势和作用,具有很强的

思想性、针对性和指导性。党外人士位置超脱、利益超脱，他们中很多人作为某一领域代表人物和知名人士，具有较大影响力，其思想观点对引导和平衡国内国际舆情可起到独特的作用。要创造条件，充分展示他们对中国特色社会主义道路、理论体系、制度的自信和支持，这有利于我们在意识形态领域打好主动仗，促进主流思想舆论占领意识形态阵地，也能体现中国共产党同民主党派和无党派人士团结合作、肝胆相照、荣辱与共的大好局势。要鼓励和支持各民主党派、工商联和知联会、留学人士联谊会等统一战线组织，发动各自成员中的专家学者积极发声，弘扬主旋律、传递正能量，努力培养自己的红色大 V。统战部门要会同宣传、网信等部门为他们正面发声创造条件。

(三)要建立网络界人士统战工作机制

站在"互联网+"的风口，网络界人士统战工作成了新的时代课题。以浙江省为例，目前正通过搭建网络界人士联谊会等主要载体，与网络界人士开展理性的对话互动，最大限度地扩大共识，寻求网络空间最大公约数，线上线下形成同心圆。对内要把网络上有影响、有代表性的统战人士整合起来，及时了解其思想动态，加强教育引导，确保不出问题，同时有计划、有组织地引导他们在意识形态工作中主动发声，以身说法，力求形成规模和声势，从而团结和凝聚起所联系群众；对外要把工作范围之外的网络意见领袖纳入统战工作视野，认真研究联系和团结的方式途径，更加积极主动地接触，更加开诚布公地交流，通过协调利益、刚柔并济的方式，发挥他们在引导网络舆论、引领网络风尚方面的作用。

开展网络界人士统战工作是各级党委的一项重要工作，要建立健全党委统一领导，统战部门牵头负责，宣传、外宣、网信等部门共同参与的工作机制。要牢牢把握宽严适度的原则，提升政治引导效果，把广大网络界人士更加紧密地团结在党的周围；要牢牢把握堵疏结合的原则，进一步做好舆情引导，共同创造良好的网络舆论环境；要牢牢把握分类施策的原则，进一步培养壮大网络界代表人士队伍；要牢牢把握虚实互补的原则，搭建立体化工作平台，为网络界人士发挥积极作用提供更加广阔的舞台。

(四)建立完善有效的组织保障机制

一是要强化和完善统一战线宣传工作协调机制。要主动加强与宣传、外宣部门和新闻单位的沟通联系，发动统战系统各单位积极提供宣传题材和线索，努力将统战宣传纳入党委政府宣传、外宣的主渠道。二是要建立健全统战系统横向联系和统战部门纵向联系机制,及时整合信息宣传资源,进一步造出声势、扩大影响。如对一些跨地区的突发事件,必须上下左右一盘棋,共同做好正本清源、答疑解惑、澄清真相、宣传引导工作。三是要切实抓好统战系统宣传思想队伍建设,重点是加强自身素质,提高统一战线宣传干部能力。要深刻领会和贯彻习近平总书记提出的"高举旗帜、引领导向;围绕中心、服务大局;团结人民、鼓舞士气;成风化人、凝心聚力;澄清谬误、明辨是非;连接中外、沟通世界"48个字的要求,牢记新闻舆论工作的职责和使命,切实承担起这个职责和使命,做"战士"不做"绅士",为在统一战线中弘扬主旋律、传递正能量做出自己的贡献。

第九章 "两个一百年"视阈下统一战线
发展战略前瞻

  党的十九大站在承前启后、继往开来的历史交汇点上,既发出实现第一个一百年奋斗目标的冲刺令,又吹响向第二个一百年奋斗目标迈进的总号角。党的十九大报告明确要求"凝聚起同心共筑中国梦的磅礴力量"①。新时代、新理论、新目标、新任务将给统一战线两个范围联盟、五大关系领域,以及各方面工作带来深远的影响。着眼"两个一百年"奋斗目标特别是第二个一百年奋斗目标,我们应分析统一战线面临的国际国内形势,预测新时代统一战线的发展前景,谋划新时代统一战线工作,以更高的站位、更宽的视野、更广的范畴、更多的渠道、更新的理念、更活的方式凝心聚力,画出为中华民族伟大复兴凝聚磅礴力量的最大同心圆。为此,"两个一百年"视阈下统一战线发展战略是新时代中国特色社会主义统一战线理论研究的重大课题。

第一节 "两个一百年"进程中统一战线面临的
机遇和挑战

  中国特色社会主义进入新时代,中国社会主要矛盾发生了重大转变,中国共产党治国理政和党的建设取得重大历史性成就并向纵深发展,全面建成小康社会处于决胜阶段并向基本实现现代化进军。在新时代,国际国内形势对统一战线产生

---

① 习近平:决胜全面建成小康社会 夺取新时代中国特色社会主义伟大胜利——在中国共产党第十九次全国代表大会上的报告[EB/OL].(2017-10-27)[2019-12-13]. http://news.cnr.cn/native/gd/20171027/t20171027_524003098.shtml.

了重大而深刻的影响。

一、统一战线将空前发展壮大

习近平总书记在"7·26重要讲话"中指出:"中国特色社会主义进入了新的发展阶段。"党的十九大庄严宣布:经过长期努力,中国特色社会主义进入了新时代,这是中国发展新的历史方位。1978年以来,我国掀起了三次改革开放浪潮,开辟了中国特色社会主义道路,即将全面建成小康社会。在这一历史进程中,中国共产党领导的多党合作和政治协商制度不断完善,各民族共同繁荣发展,非公有制经济快速发展,新的社会阶层人士大量增加,港澳回归祖国,两岸关系实现和平发展。统一战线既在围绕中心、服务大局中做出了突出贡献,也以五大关系的和谐实现了自身的科学发展。从2020年至2050年的30年间,我们要建设现代化强国,其本质是实现中华民族伟大复兴的中国梦。在这一历史进程中,"富强、民主、文明、和谐、美丽"成为海内外全体中华儿女共同的价值追求;中华民族多元一体、各民族共同繁荣发展,内地与港澳融合发展、实现祖国完全统一,中华民族将逐步实现伟大复兴的中国梦。统一战线两个范围的联盟将达到空前的大团结大联合。以香港为例,回归祖国20多年来,香港本地生产总值年均实际增长率超过3.2%。由于香港与内地经济进一步融合,香港发挥亚太金融中心作用的条件更加充实,新的机会也将更多。[1]正如党的十九大报告指出的,让香港、澳门同胞同祖国人民共担民族复兴的历史责任、共享祖国繁荣富强的伟大荣光。

二、统一战线面临的斗争形势更加严峻

当今世界处于大发展大变革大调整时期,世界多极化、经济全球化、社会信息化、文化多样化深入发展,各国相互联系和相互依存的程度日益加深,国际力量对比更趋平衡,和平发展大势不可逆转。但与此同时,全球经济深度调整,地缘博弈激烈复杂,逆全球化思潮上扬,"黑天鹅事件"迭出,全球性挑战更加突出,全球治理体系和国际秩序正在经历着数百年来最为深刻的变化。

在21世纪头10年,中国的GDP先后超越西欧主要国家和日本,中国成为世界第二大经济体,创造了令世界刮目相看的中国奇迹。2016年,我国经济对世界经

---

[1] 社评:回归20年,香港在纷扰中渐筑定力[N]. 环球时报,2017-07-03(15).

济增长的平均贡献率超过30%,超过美国、欧元区和日本平均贡献率的总和。国际舆论普遍认为,中国是世界经济增长的动力之源、稳定之锚。我国科技创新能力和核心竞争力也实现历史性提升。2016年,全国研究与试验发展(R&D)经费支出1.55万亿元,超过欧盟和日本,比2012年增长50.5%。中国科技的进步最快,中国科技的增量最大,中国正加快成为全球创新高地。与此同时,我国国际地位和国际影响力实现历史性提升。中国特色大国外交坚定不移推进,APEC北京峰会、G20杭州峰会、"一带一路"国际合作高峰论坛等成功举办,中国方案、中国道路在国际上越来越得到认可,中国在国际事务中越来越有话语权,中国正前所未有地走近世界舞台中央,成为世界关注的中心。

中国在日益走近世界舞台中心的同时,也面临着更为严峻的挑战。中国的崛起引起了一些西方国家的担忧。早在2010年就有西方学者预测10到20年内中国的GDP总量有可能超越美国,这引起了美国政要的惊叹。2016年,中、美两国的GDP分别为18.57万亿美元和11.20万亿美元。2017年9月26日,美国参谋长联席会议主席邓福德在接受议会质询时称,中国到2025年将成为"美国最大威胁"①。"中国威胁论"和"中国崩溃论"同时出现,且有愈演愈烈的趋势。美国《外交》杂志刊登的《中美如何管控下一个文明冲突》一文指出:中国如今正在许多领域匹敌美国。美中在价值观、传统和理念方面的竞争将加剧一个新兴大国(如中国)将取代一个守成大国(如美国)时会发生的根本性紧张。此类转变常会导致冲突的原因在于"修昔底德陷阱"。美国决策者开始意识到,必须提高对中国——尤其是中国战略思想的理解。②

面对各种挑战,以习近平同志为核心的党中央力主以合作共赢、人类命运共同体来破解修昔底德陷阱,构筑新型大国外交。习近平指出:"全球治理体系是由全球共建共享的,不可能由哪一个国家独自掌握。中国没有这种想法,也不会这样做。中国是现行国际体系的参与者、建设者、贡献者,一直维护以联合国为核心、以联合国宪章宗旨和原则为基础的国际秩序和国际体系。"③但是,正所谓"树欲静而

① 美参联会主席:中国八年内或成美国最大威胁[EB/OL].(2017-09-29)[2018-05-08]. http://www.zaobao.com/special/report/politic/sino-us/story20170929-798957.

② 美媒:中美如何管控下一个文明冲突?[N].环球时报,2017-08-06(6).

③ 赵胜玉.习近平:历史和现实表明　中美合则两利斗则俱伤[EB/OL].(2015-09-22)[2017-09-14]. http://news.sohu.com/20150922/n421822631.shtml.

风不止",中国进入全面推进现代化进程后,西方敌对势力利用民主人权、意识形态、政党制度、民族宗教,以及西藏、新疆和港澳台等问题,对我国进行西化、分化,这种图谋短期内不但不会改变,反而会愈演愈烈,并不断出现新的形式。这些方面与统一战线紧密相关。统一战线将在反渗透、反分裂、反颠覆斗争中面临前所未有的挑战和考验。

一是对人才尤其是高端人才的争夺战将更为激烈。国力的竞争说到底就是人才的竞争。在新一轮科技革命中,谁能培养和吸引更多优秀人才,谁就能抢占先机、赢得优势。党的十八大以来,我国正形成最大规模的留学人才"归国潮",这是世界史上罕见的人才回流潮。截至2016年底,中国留学回国人员总数达到265.11万人,仅2016年就有43.25万留学人员回国,较2012年增长15.96万人,增幅达58.48%。习近平在党的十九大报告中要求"把党内和党外、国内和国外各方面优秀人才集聚到党和人民的伟大奋斗中来"。统一战线在中国特色社会主义新时代吸引和凝聚海内外英才的任务愈加紧要。

二是社会组织已经成为各种社会力量和政治势力关注、争夺的重要阵地。印度前总理辛格指出,美国政府将1.5万个非政府组织布置在全世界,并利用这些组织干预别国内政。中国现在已经有7000多家境外非政府组织。每年通过这些组织流入我国的活动资金达数亿美元,其活动涉及扶贫、助残、环保、卫生、教育等20多个领域。这些境外非政府组织在一定程度上带来了国际资金、先进技术和管理经验,发挥了一定的积极作用,但我们也要警惕不少境外非政府组织正在加紧进行渗透,特别是通过境内外"民运分子""维权律师""异见人士"等开展破坏甚至颠覆活动。2016年1月1日,《中华人民共和国境外非政府组织境内活动管理法》开始实施,为依法管理境外非政府组织提供了法律依据,也对统战工作提出了新的要求。在政社分离、脱钩改制的背景下,国内社会组织不断增长,且越来越强调志愿性、民间性、非政府性,对其行政管理趋于弱化。如何有效引导和整合这支力量,巩固党的执政基础、扩大党的群众基础,是我们党面临的一项艰巨任务,也是统一战线迫切需要解决的课题。

三是民族宗教问题与国际政治斗争的关系更加密切。民族宗教问题在世界政治和国际关系中的影响持续上升,在全球一些地区和事件中甚至成为核心因素。在西方势力的操纵下,境内外民族分裂势力、宗教极端势力、暴力恐怖势力勾连聚合,恐怖活动呈现组织化、常态化和向内地蔓延的趋势,严重影响和危害国家安全和人民群众生命财产安全。

四是反分裂斗争依然任重道远。中国是当代世界反分裂形势最严峻和任务最重的国家,反分裂将是今后几十年中国的重要任务。分裂与反分裂是国家崛起和民族复兴的伴随现象。随着我国现代化进程加快、国力强大和海峡两岸暨香港、澳门经济融合的加速发展,"台独""港独""藏独""疆独"逆潮流而行、勾联聚合,以"自由""民主"的名义加紧进行分裂活动,需要引起我们高度关注。①分裂与统一相对应,反分裂与统一战线是一体两面的关系。但是,反分裂还没有完全纳入统一战线理论研究和实践工作的范畴。统一战线有效服务反分裂斗争,需要进行政策和工作创新,需要重点发挥其争取人心的作用。

三、统战工作面临新挑战、新任务和新要求

中国特色社会主义进入了新时代,统一战线发展也开启了新阶段。党的十九大报告指出:"从十九大到二十大,是'两个一百年'奋斗目标的历史交汇期。我们既要全面建成小康社会、实现第一个百年奋斗目标,又要乘势而上开启全面建设社会主义现代化国家新征程,向第二个百年奋斗目标进军。"这要求统战工作既要立足当前又要着眼长远,及早谋划和部署,围绕新目标做出新贡献。中国特色社会主义进入新时代,我国社会主要矛盾已经转化为人民日益增长的美好生活需要和不平衡不充分的发展之间的矛盾。我国社会主要矛盾的变化是关系全局的历史性变化,对党和国家工作提出了许多新要求。"新矛盾"确立改革新目标,统一战线在其中大有可为。对此,嗅觉最为敏锐、最具活力的民营企业家群体已将自己置身其中。比如,阿里巴巴董事局原主席马云认为:"企业和企业家应当在解决这一关键制约因素上充分发挥自己的积极作用,'当仁不让',成为解决社会发展不平衡不充分的生力军。这既是企业和企业家的基本责任,也是企业和企业家的机遇""我理解的平衡发展不是为了求大锅饭式的平衡,而是要激励和倡导有担当、有责任感的企业家走共同富裕之路"。②

习近平新时代中国特色社会主义思想是谋划和做好面向"两个一百年"奋斗目

---

① 时代力量发起成立"台港联机"将串联"港独"分子黄之锋等人参加 并希望建立双方议员交流渠道[EB/OL]. (2017-06-09)[2017-09-17]. http://www.lagxw.com/index.php?a=shows&catid=5&id=2226.

② 祝梅. 马云:解决好发展不平衡不充分问题 企业家是生力军[EB/OL]. (2017-10-19)[2017-11-10]. http://biz.zjol.com.cn/txzs/zsxw/201710/t20171019_5402761.shtml.

标统战工作的总指针。在"两个一百年"的历史交汇期,在从跨入现代化门槛到基本实现现代化的迈进时期,如何应对国际环境的深刻复杂变化,在激烈的国际竞争中赢得主动,如何更好地把握发展机遇,破解发展难题,厚植发展优势,如何经受"四大考验"、克服"四种危险"、推进"四个伟大",是新时代中国共产党需要回答好的重大课题,也是统一战线服务新时代中国特色社会主义事业发展和实现自身科学发展的战略课题。统一战线要对标党的十九大提出的发展目标、总体布局和任务要求,及早做出战略谋划,更好地发挥其执政兴国和实现中华民族伟大复兴中国梦的重要法宝作用。

第二节 "两个一百年"奋斗目标下统一战线的发展愿景和逻辑思维

"两个一百年"特别是在第二个一百年视阈下,统一战线面临的国际国内形势发生了重大变化,统一战线面临着重大机遇和严峻挑战。这对统一战线的大团结大联合提出了新的战略目标和使命要求。统战工作要提高站位、着眼长远,主动对标"两个一百年"奋斗目标,及早做出战略谋划。

一、构建新时代中国特色社会主义统一战线理论

党的十九大提出,习近平新时代中国特色社会主义思想是全党全国人民为实现中华民族伟大复兴而奋斗的行动指南。习近平强调,要在坚持马克思主义基本原理的基础上,以更宽广的视野、更长远的眼光来思考和把握国家未来发展面临的一系列重大战略问题,在理论上不断拓展新视野、做出新概括。[①]基于"两个一百年"奋斗目标,我们必须全面贯彻党的基本理论、基本路线、基本方略,着力推进顶层设计与基层探索相结合、理论创新与实践探索相促进、统战理念与执政理念相完善,不断丰富和发展新时代中国特色社会主义统一战线理论。

一是在统一战线地位方面,进一步强化"统战意识就是执政意识"的认识;明确在全面建成小康社会、推进社会主义现代化建设中,统一战线不仅是党的执政资

---

① 习近平在省部级主要领导干部"学习习近平总书记重要讲话精神,迎接党的十九大"专题研讨班开班式上发表重要讲话强调 高举中国特色社会主义伟大旗帜 为决胜全面小康社会实现中国梦而奋斗[N]. 人民日报,2017-07-28(1).

源,也是党的领导方式、政治优势,不仅是党执政兴国的重要法宝,也是实现中华民族伟大复兴的重要法宝,自觉将统战理念融入治国理政方略。

二是在统一战线性质方面,建议把"拥护和平发展的爱国者"纳入团结范围,以画出更大的同心圆。21世纪以来,爱国统一战线的性质表述为由一个"劳动者"、一个"建设者"和两个"爱国者"组成的"四者联盟"。《条例》将最外围的第二个"爱国者"从"拥护祖国统一的爱国者"扩展为"拥护祖国统一和致力于中华民族伟大复兴的爱国者",从而画出了更大的同心圆。随着我国现代化进程的推进,我们要寻求更大范围的大团结大联合。而和平发展不仅是当今世界的主题,也是两岸同胞的共同愿景。包容多样性的半径更大,可以画出更大的同心圆。在坚持和平发展的前提下,只要不从事分裂祖国、暴力恐怖活动和其他影响我国经济、政治安全和国家领土主权完整的活动,不威胁社会稳定、人民生命财产安全,无论其过去说过什么、做过什么,我们都要将其包容和吸纳并汇入中国特色社会主义现代化建设和中华民族伟大复兴进程之中。

三是在统一战线范围方面,要关注新的发展趋势。首先,新的社会阶层人士大量增加是未来几十年我国经济社会发展的必然趋势。当前中国新的社会阶层人士的总体规模约为7200万人,其中党外人士占95.5%,约6900万人。[①]有的专家预测,中国正在兴起大量自由职业者,社会的基本结构从"公司+员工"变成了"平台+个人";未来每一个人都是一个独立的经济体,中国一大批具有"匠心"的人(工匠、程序员、设计师、编剧、作家、艺术家等)的社会地位将获得提升。[②]这就意味着各类新的社会阶层人士群体将大量涌现。对此,我们必须在理论上进行超前研究,实践上进行深入探索,工作上进行积极布局。未来,统一战线新的范围和对象将集中在新的社会阶层中,新的社会阶层人士将不断在新的职业、群体、组织、网络、平台中涌现出来,我们要善于在工作渠道和代表人士方面进行关注。其次,党的十九大报告提出实施乡村振兴战略。这不仅勾画了未来几十年我国农村发展的宏伟蓝图,也给农村统一战线的发展带来了重要机遇。从浙江省一些地方的探索来看,农村建设和治理中不断出现的新群体和人士中,不乏统战成员。最后,在内地(大陆)就

---

① 全国新的社会阶层人士约7200万人[EB/OL]. (2017-01-06)[2017-11-10]. http://news.xinhuanet.com/politics/2017/01/06/c_129434180.htm.

② 中国未来的60个商业模式,每一个都是大机会[EB/OL]. (2017-04-05)[2017-09-14]. http://www.sohu.com/a/131118140_698856.

业的港澳台同胞和海外侨胞特别是高层次人才将不断增多。台湾报纸2017年10月31日有报道称,大陆从早些年吸引台商赴陆经商,到近年来招揽台湾"流浪博士生"赴大陆教学,再到锁定台湾年轻律师,这种趋势越来越明显,并将拓及会计师、建筑师、医师乃至台湾的根基——半导体及IC设计产业。该报道同时预言,党的十九大后,大陆将加快两岸经济融合进程,台湾人才西进大陆的"磁吸效应"将进一步显现,两岸的对立和僵持已然进入全新的"制度和人才"之争。①

四是在统一战线理念方面,要进一步促进治国理政与统一战线理论的互动,发掘和运用好大统战理念。要坚持求同存异,坚持一致性和多样性统一,通过耐心细致的工作寻求最大公约数。在推进现代化进程中,面对复杂纠葛的利益格局、多元多样的文化价值,尤其需要运用好统一战线理念,努力寻求最大利益共同点和最大价值公约数。最大价值公约数涵盖中国梦、核心价值观、全面深化改革、协商民主、依法治国、群众路线、合作共赢等七个方面,这是习近平大统战理念的集中体现和灵活运用。②推进国家治理体系和治理能力现代化,一方面迫切需要创新统战理论、强化寻求最大公约数的工作,另一方面迫切需要运用统一战线理念开展群众工作,化解社会矛盾,促进社会和谐。

五是在统一战线政策方面,各项方针政策都要适应新时代中国特色社会主义事业建设的需要。我国现阶段境内外分裂势力勾联聚合,中国的反分裂具有特殊性,更具有共性,需要谋划中国反分裂主义战略,制定中国反分裂主义方针政策。③中国反分裂斗争的很大特殊性,就在于统一战线要积极参与其中。反分裂斗争要坚持政治底线和法律底线,关键是争取人心。要加强对《反分裂国家法》法理和实施的研究,以利于进一步完善和施行。要加强对香港基本法理论的研究。习近平指出,香港从回归之日起,重新纳入国家治理体系;"一国两制"实践中一切都要从"一国"出发,重点是解决好"一国"和"两制",以及中央与地方的关系;没有正确的法治理论引领,就不可能有正确的法治实践。④

六是在统战工作方式手段方面,要形成线上线下同心圆。习近平总书记指出,

① 绿营忧岛内人才流入大陆[N].环球时报,2017-11-01(10).
② 杨卫敏.最大公约数是习近平大统战理念的集中体现和灵活运用[J].重庆社会主义学院学报,2015(3):3-7.
③ 杨恕,李捷.论中国反分裂主义战略[J].统一战线学研究,2017(3):60-73.
④ 习近平.在庆祝香港回归祖国二十周年大会暨香港特别行政区第五届政府就职典礼上的讲话[N].人民日报,2017-07-02(2).

互联网意识形态这块阵地，我们不去占领，别人就会去占领。着力引导和支持网络界人士发挥正能量作用，统一战线有优势有责任。在"互联网+"时代，网络统战工作将不断走向常态化。

二、统一战线将使中国道路、中国方案和中国智慧的价值更为彰显

习近平在党的十九大报告中指出："中国特色社会主义进入新时代，意味着近代以来久经磨难的中华民族迎来了从站起来、富起来到强起来的伟大飞跃，迎来了实现中华民族伟大复兴的光明前景；意味着科学社会主义在二十一世纪的中国焕发出强大生机活力，在世界上高高举起了中国特色社会主义伟大旗帜；意味着中国特色社会主义道路、理论、制度、文化不断发展，拓展了发展中国家走向现代化的途径，给世界上那些既希望加快发展又希望保持自身独立性的国家和民族提供了全新选择，为解决人类问题贡献了中国智慧和中国方案。"①统一战线与中国道路、中国智慧、中国方案具有内生关联性。中国方案的本质是制度方案，统一战线与中国方案具有内生契合性。着眼全面推进社会主义现代化国家建设，统一战线应为提供中国方案做出独特贡献（如图9-1所示）。

第一，有效运用统一战线核心理念，提供治国理政"寻求最大公约数"的方案。最大公约数是习近平总书记"大统战"理念的集中体现和灵活运用。这一"大统战"理念涉及内政外交和党的建设各个领域，要求善于寻找利益共同点和核心价值观，达成共识、凝聚力量，是当前化解矛盾、处理复杂问题、渡过改革难关、"啃硬骨头"的一把金钥匙。寻求最大公约数的方法与统一战线的理念高度契合，均旨在最大限度地求同存异、求同缩异、求同化异。要更好运用寻求最大公约数的理念，谋求一致性，尊重多样性，实现合作共赢。应将统一战线核心理念上升为治国理政重要方法论，并加以总结、运用、推广。

第二，正确处理政党关系，提供民主政治方案。中国共产党领导的多党合作和政治协商制度是世界上独一无二的政党制度，是对人类政治文明的重大贡献，既最具中国特色、中国智慧，又最能体现中国特色社会主义内涵。要看到，我国政党制

---

① 习近平. 决胜全面建成小康社会夺取新时代中国特色社会主义伟大胜利——在中国共产党第十九次全国代表大会上的报告(2017年10月18日)[N]. 人民日报,2017-10-19(2).

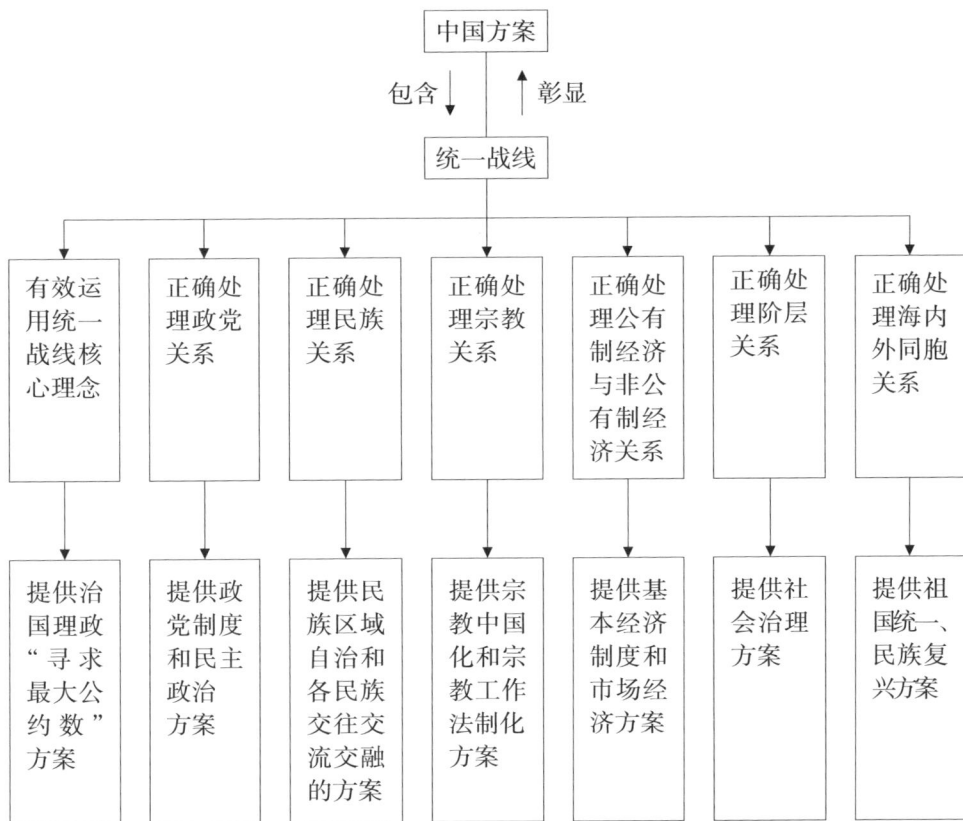

图9-1 统一战线的中国方案、中国道路和中国智慧价值

度建设和话语传播面临新的挑战。正确处理政党关系,发挥多党合作制度效能,着力点在发挥民主党派的作用上,要支持民主党派切实履职尽责。要在不断推进多党合作制度化、规范化、程序化的同时,进一步加大对外宣传力度。比如,把多党合作纳入与其他政党的对话内容,邀请民主党派现身说法,讲好中国参政党故事,进一步增强中国政党制度、政党理论在世界上的话语权。

第三,正确处理民族关系,提供民族区域自治和各民族交往交流交融的方案。民族问题是当今世界最为敏感和棘手的问题。与部分国家和地区不同民族之间相互对立、常年冲突不同的是,我国各族人民密切交往、相互依存、交流融合、休戚与共,形成了中华民族多元一体格局。中国特色解决民族问题的正确道路,确保我国成为全世界解决民族问题最为成功的国家之一,为世界各国解决古老而复杂的民族问题贡献了中国方案和中国智慧。

第四,正确处理宗教关系,提供宗教中国化和宗教工作法治化方案。习近平在全国宗教工作会议上首次提出中国特色社会主义宗教理论,这是马克思主义宗教理论与中国特色社会主义实践相结合的最新成果。特别是他提出坚持宗教中国化和宗教工作法治化,积极引导宗教与社会主义社会相适应,做到"导"之有方、"导"之有力、"导"之有效。宗教具有长期性、群众性和国际性,中国解决宗教问题的总体成功,不仅奠定了中国特色社会主义宗教理论的实践基础,也为世界各国提供了有益借鉴。

第五,正确处理公有制经济与非公有制经济关系,提供市场经济方案。党的十九大报告指出,要毫不动摇巩固和发展公有制经济,毫不动摇鼓励、支持、引导非公有制经济发展;要激发和保护企业家精神,鼓励更多社会主体投身创新创业;要构建"亲""清"新型政商关系,促进非公有制经济健康发展和非公有制经济人士健康成长。从某种意义上说,中国特色社会主义经济发展道路是中国共产党领导的社会主义市场经济道路,它有机结合了中国共产党的领导、社会主义制度的优越性和市场对资源配置的决定性,在世界发展史上是没有先例的,开拓了人类社会发展的新道路。非公有制经济人士既是中国特色社会主义事业建设的主力军,也是我们党的一支重要同盟军。对于非公有制经济人士,要在思想引领上对症下药,在政策上促进健康发展,在法律上既加强保护又规范管理,完善和强化综合评价体系,加强代表人士队伍建设。在新常态下,要引导和支持广大非公有制经济贯彻新发展理念,积极参与现代化经济体系建设。

第六,正确处理阶层关系,提供社会治理方案。阶层分化、利益冲突、社会矛盾加剧是当今世界各国普遍面临的棘手问题。习近平总书记在中央统战工作会议上强调,要分类施策做好新的社会阶层人士工作,促进阶层关系和谐。新的社会阶层人士涵盖体制外各类群体,其思想活跃、思维敏捷、联系广泛、影响力大,在参与社会治理方面优势明显、大有可为。处理好阶层关系,对于实现党的十九大提出的"使人民获得感、幸福感、安全感更加充实、更有保障、更可持续"的社会治理目标意义重大。

第七,正确处理海内外同胞关系,提供解决内部纷争和统一问题的方案。"一国两制"是中国实现国家统一、解决历史遗留问题的伟大创举,展现了中国特色社会主义的制度自信,彰显了中国文化和中国智慧,为世界各国解决内部纷争和统一问题提供了中国方案。习近平指出,"一国两制"是中国的一个伟大创举,是中国为国际社会解决类似问题提供的一个新思路新方案,是中华民族为世界和平与发展做出的新贡献,凝结了海纳百川、有容乃大的中国智慧。①这一伟大创举得到了国外学者的高度评价。印尼智库亚洲创新研究中心主席班邦·苏尔约诺认为:"一国两制"史无前例,是中华民族卓越智慧的体现。巴西里约热内卢州立大学国际关系系主任马里西奥·桑托罗表示:"一国两制"的成功不但为中国解决了历史难题,也成为世界上其他国家可借鉴的范例。意大利地缘政治学者法布里齐奥·弗兰乔西认为:"一国两制"保证了香港特别行政区的高度自治,是解决历史遗留问题的典范。②

三、统一战线在"五位一体"建设和中华民族伟大复兴中的作用更加突出

习近平指出:"今天,我们比历史上任何时期都更接近中华民族伟大复兴的目标,比历史上任何时期都更有信心、有能力实现这个目标。"无论民族复兴还是现代化国家建设,都是"五位一体"的建设和"五位一体"的复兴,都对统一战线提出了新的更高的要求。

第一,经济上的复兴要求实现共享均衡发展,实现各民族全面建成小康和基本现代化,促进两岸融合发展腾飞。以"共有世界、共享发展"为理念的"一带一路"建设,极大地推进了内地(大陆)各地区各民族的均衡发展、共同发展和港澳台与内地(大陆)的整合发展,统一战线在其中将扮演重要角色、发挥积极作用。比如,2016年,民营经济大省浙江对"一带一路"沿线国家出口金额达867.15亿美元,占全国的15.6%。"一带一路"串起了新疆地区的口岸经济,也使其辐射至更广阔的国际市场。在中国传统对外开放格局中作为"末梢"的新疆成为"前沿"。③香港作为"一带一路"建设的桥头堡,发挥着独特的区域优势和功能作用。香港参与"一带一路"建设,有利于香港发挥独特优势,培育新的经济增长点,实现长期繁荣稳定发展。由此可见,以"一带一路"建设为代表的共享均衡发展理念,将极大地推进各民族各地

---

① 习近平. 在庆祝香港回归祖国二十周年大会暨香港特别行政区第五届政府就职典礼上的讲话[N]. 人民日报,2017-07-02(2).

② 刘彤. 行稳致远 华彩新篇——海外专家学者媒体积极评价习近平在庆祝香港回归祖国二十周年大会上的讲话[N]. 光明日报,2017-07-02(3).

③ 杜刚,吴丹妮,曹槟. "一带一路"核心区明确:新疆成"前沿"[EB/OL]. (2015-04-01)[2017-09-14]. http://news.xinhuanet.com/world/2015-04/01/c_1114842365.htm.

区共同繁荣发展和两岸融合发展,实现国家现代化、祖国统一和中华民族伟大复兴的中国梦。统一战线在其中责任重大,大有可为。

第二,民主政治有序发展是现代化建设的题中应有之义,也是统一战线的政治优势所在。中国特色社会主义民主在我国现代化进程中发挥着举足轻重的作用。早在1979年,邓小平就指出:"没有民主,就没有社会主义,就没有社会主义现代化。"①习近平也指出:"人民民主是社会主义的生命。没有民主就没有社会主义,就没有社会主义的现代化,就没有中华民族伟大复兴。"②中国特色社会主义政治制度框架由一项根本政治制度和三项基本政治制度共同构成。统一战线与这些制度紧密相关,能够为坚持和完善这些制度,推动我国选举民主、协商民主、监督民主和自治民主进一步制度化、规范化和程序化,促进中国式民主的有序发展,在资源、职能、网络、功能上发挥积极作用。特别是社会主义协商民主丰富了民主的形式、拓展了民主的渠道、深化了民主的内涵,在现代化国家建设进程中大有可为。党的十九大报告明确指出,要推动社会主义协商民主广泛、多层、制度化发展,统筹推进政党协商、人大协商、政府协商、政协协商、人民团体协商、基层协商,以及社会组织协商发展。要加强协商民主制度建设,形成完整的制度程序和参与实践,保证人民在日常政治生活中有广泛持续深入参与的权利。要按照顶层设计和基层探索互动推动实践创新发展的要求,充分发挥统一战线在基层协商和社会治理中的作用。

第三,核心价值观的广泛认同是现代化国家建设目标的一个重要标志,统一战线要通过思想引领为增进中华文化认同和中华民族凝聚力做出贡献。富强、民主、文明、和谐、美丽,既是我国基本实现现代化的目标,也与国家层面的核心价值观基本一致,是海内外中华儿女团结奋斗的最大公约数。核心价值观对于一个国家、一个民族、一个地区来说至关重要。如果没有共同的核心价值观,就会缺乏共同的思想基础,就会导致意识形态领域的混乱甚至社会纷争和动荡。我国个别地区出现极端事件,其中一个重要原因是少数人缺乏对中华民族和伟大祖国的认同感、归属感。这迫切要求培育中华民族共同体意识,让各族人民增强对伟大祖国的认同、对中华民族的认同、对中华文化的认同、对中国共产党的认同、对中国特色社会主义

① 邓小平. 坚持四项基本原则[EB/OL]. (2009-06-30)[2017-09-14]. http://www.qstheory.cn/zl/llzz/dxp-wjd2j/200906/t20090630_4659.htm.

② 习近平. 在庆祝全国人民代表大会成立60周年大会上的讲话(2014年9月5日)[N]. 人民日报,2014-09-06(2).

道路的认同。我国是一个有13亿多人口的多民族大国,如果意识形态五花八门、纷繁杂乱,就不可能实现国家强盛和民族复兴。习近平指出:人民有信仰,民族有希望,国家有力量。①当前,以社会主义核心价值观引领统一战线,是增强中华民族凝聚力、实现伟大复兴中国梦的迫切需要。在这方面,统一战线有优势也已展开积极有效的探索。

第四,以阶层和谐为着力点,努力促进人与人、人与社会、人与自然的和谐。人与人、人与社会、人与自然的和谐,是现代化国家建设的重要目标之一,需要全社会广泛发动、广泛参与。其中,广大非公有制经济人士和新的社会阶层人士等统一战线成员,在这方面有着人才优势和重大责任。要引导广大非公有制经济人士牢固树立"绿水青山就是金山银山"的理念,积极投身供给侧改革,努力实现企业转型升级,共建资源节约型、环境保护型社会和美丽中国。要引导非公有制经济人士和新的社会阶层人士勇于承担社会责任,积极构建和谐劳动关系,推进深化改革和依法治国,参与国家治理和社会治理。

第五,着眼全面深化改革,统一战线积极助推国家治理体系和治理能力现代化。简政放权,形成"小政府、大服务"的行政治理,是全面深化改革的重要内容之一,也是现代化国家建设的重要目标之一。政府将部分社会事务、公共服务、行业协调等职能剥离,交由商(协)会承接、管理、服务,变"领导"为"指导",变"干预"为"支持",是当今发达国家的普遍做法。商(协)会承接政府职能转移,事关全面深化改革,事关推进国家治理体系和治理能力现代化,事关非公有制经济的健康发展。承接职能后,商(协)会便不再是一个单纯的民间经济组织,还承担起社会事务、行业管理、技术服务、协调矛盾等职责。这拓展了商(协)会的服务领域和内容,提高了公信力和向心力。社会组织不断涌现,使社会组织统战工作面临新的课题。要抓住对象、平台、队伍、方式四个关键环节,推动社会组织统战工作实现新突破。

四、全面从严治党向纵深发展赋予统一战线新的使命和要求

党的十九大报告把党的历史使命和国家的未来紧密结合在"四个伟大"所展现的奋斗图景中。这不仅使中国共产党在全世界树起了新形象,还使中国特色政党

---

① 习近平:人民有信仰民族有希望国家有力量[EB/OL]. (2015-02-28)[2017-09-14]. http://news.xinhua-net.com/politics/2015-02/28/c_1114474084.htm.

制度赢得了新的国际话语权。新加坡《联合早报》称，与西方俨然已经成为互相否决制的多党制相比，"中共不仅仅是一个执政党，更是一个使命党"，中共强调"中国梦""民族复兴"，这些都是执政党在新时代赋予自己的新使命。党的十九大报告提出了新时代党的建设的总要求，要求全面推进党的政治建设、思想建设、组织建设、作风建设、纪律建设；提出要坚定不移全面从严治党，不断提高党的执政能力和领导水平。这表明，党中央已经把从严治党伟大工程作为推进现代化国家建设的重要内容和根本保证。如何推动全面从严治党向纵深发展，是党的建设面临的重大课题，也是统一战线服务从严治党的目标和方向。

统一战线作为党的执政资源和领导方式，沟通党内外、联系体制内外、联络海内外，在促进执政党广泛听取各界人士意见，自觉接受民主监督，推进科学决策、民主决策，提高领导水平和执政水平，确保先进性和纯洁性方面，有着独特优势和重要作用。要抓住从严治党和国家监察体制改革契机，着力破解民主监督难题，开拓统一战线服务全面从严治党的新路径。一是支持和鼓励党外人士围绕国家监察体制改革建言献策。将国家监察体制改革有关问题纳入中央和省市县政党协商计划，及时向民主党派和无党派人士通报试点开展情况，并听取意见建议；通过委托调研、委托开展专项监督等方式，支持和鼓励党外人士就试点工作中的重点难点问题进行调查研究和建言献策。二是探索党外人士通过监察委员会平台发挥民主监督作用的制度安排。建议改革特约人员聘任制度，由监察委员会统一聘任，从而使特约人员的授权来源更权威、更超脱；建立监察委员会与民主党派对口联系制度；建立监察委员会定期向民主党派和无党派人士通报情况、听取意见建议制度。三是探索党外人士对监察委员会工作开展民主监督的制度和形式。要对监察委员会的监督制度进行顶层设计，将监察委员会工作纳入民主监督的范围，建立健全监督机制，探索创新监督形式。四是引导党外人士树立自觉接受监督的意识。民主党派和党外人士掌握和使用公共资源，也应同步接受监督。五是建立国家监察委员会与民主党派内部监督委员会之间的沟通衔接机制，在违纪违法线索转交、担任公职的党外代表人士案件调处与通报等方面建立制度性安排。

五、统一战线将在助推中国参与全球治理中发挥更大作用

参与全球治理既是现代化国家建设和民族复兴的重要标志，也是一个国家实力和赢得国际话语权的重要体现。习近平指出："随着国际力量对比消长变化和全

球性挑战日益增多,加强全球治理、推动全球治理体系变革是大势所趋。我们要抓住机遇、顺势而为,推动国际秩序朝着更加公正合理的方向发展,更好维护我国和广大发展中国家共同利益,为实现'两个一百年'奋斗目标、实现中华民族伟大复兴的中国梦营造更加有利的外部条件,为促进人类和平与发展的崇高事业做出更大贡献。"①党的十八大以来,我国提出推动构建以合作共赢为核心的新型国际关系,打造人类命运共同体,打造遍布全球的伙伴关系网络,倡导共同、综合、合作、可持续的安全观,这些理念得到了世界各国的广泛响应。统一战线资源丰富、联系广泛,在助推中国参与全球治理中优势明显、大有可为。比如,统一战线参与网络治理和"一带一路"建设并发挥积极作用。习近平在给首届世界互联网大会的贺信中提出,要建立多边、民主、透明的国际互联网治理体系。中国将鼓励民间、非官方色彩的互联网公司、基金会、协会在全球互联网相关论坛上更加主动。②而这些机构、组织和实体,大多属于非公有制经济人士和新的社会阶层人士。在"一带一路"建设中,全世界几千万侨胞的力量也不可或缺。

第三节 新时代统战工作方法论

党的十九大报告提出"我们党既要政治过硬,也要本领高强",特别强调增强政治领导本领,坚持战略思维、创新思维、辩证思维、法治思维、底线思维,科学制定和坚决执行党的路线方针政策,把党总揽全局、协调各方落到实处。长期以来,统战工作形成了一些独特的原则和方法,如坚持党的领导,照顾同盟者利益,联谊交友,教育引导,沟通协调,民主协商,体谅包容,培养代表人士,等等。这些都是统一战线的政治优势和优良传统,必须在实践中继承和发扬。着眼"两个一百年"奋斗目标,统一战线面临的形势、任务和自身发展要求都发生了变化,对统战工作的方式方法提出了新的要求。新时代,统战工作方法应坚持理、利、文、法、情五位一体(如图9-2所示)。

---

① 习近平主持中央政治局集体学习 强调推动全球治理体系变革[N]. 人民日报(海外版),2016-09-29(1).
② 吴楚,李正. 首届世界互联网大会开幕 习近平发来贺信[EB/OL]. (2014-11-19)[2017-09-14]. http://news.youth.cn/gn/201411/t20141119_6079149.htm.

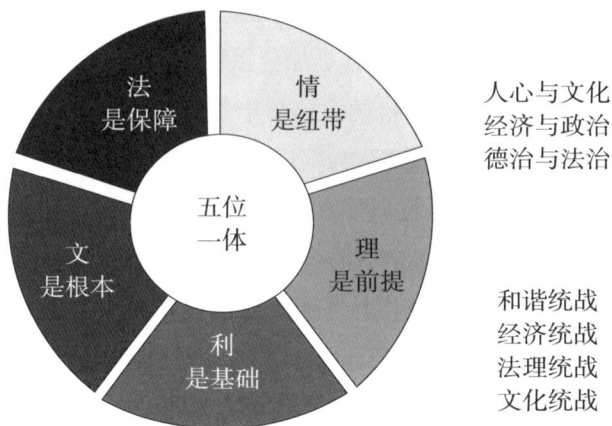

图9-2　五位一体统战工作方法

一、理：以理服人、理直气壮，把道理讲清楚、说明白，增强"四个自信"和话语权

说理、沟通、协商是统战工作的基本方式和优良传统。着眼"两个一百年"奋斗目标，统一战线作为意识形态多元多样和交锋激烈的领域，思想引领和沟通工作十分重要。统一战线开展思想引领沟通工作，必须增强政治定力和理论底气，增强话语权和说服力、感染力，讲好中国故事和统战故事，凸显中国方案和中国智慧，引领广大统一战线成员增强"四个自信"和政治定力。这里以"一国两制"在香港的实践为例说明以"理"服人的重要性。习近平在庆祝香港回归祖国20周年大会暨香港特别行政区第五届政府就职典礼的讲话中强调："我们既要把实行社会主义制度的内地建设好，也要把实行资本主义制度的香港建设好。我们要有这个信心！"[①]类似讲话对于回应国际舆论、明晰中央政策、稳定香港人心、增强发展信心，都起到了令人信服的作用，有利于香港社会凝聚共识。要发挥互联网在促进内地（大陆）与港澳台青年沟通交流中的作用，如近几年"帝吧出征"、两岸青年的"相互道歉"、内地青年给香港青年的网上公开信等，都是以理性的辩论交锋为开端，最终发挥增进交流和相互了解的作用。

---

① 习近平．在庆祝香港回归祖国二十周年大会暨香港特别行政区第五届政府就职典礼上的讲话[N]．人民日报，2017-07-02(2)．

二、利：从照顾利益到共享发展、融合发展、共同繁荣

共同利益是统一战线赖以存在和巩固的基础。照顾同盟者利益，是统一战线的光荣传统和政策优势。在当前利益格局多样和利益深度调整的深化改革期，仍需"尊重、维护、照顾同盟者利益"。党的十八大以来，习近平多次强调共享发展理念，强调共建才能共享，共建的过程也是共享的过程；我们的责任，就是要团结带领全党全国各族人民，继续解放思想，坚持改革开放，不断解放和发展社会生产力，努力解决群众的生产生活困难，坚定不移走共同富裕的道路。①要把着眼点、着力点从照顾同盟者利益转向巩固和发展各民族共同利益，促进各民族共同繁荣发展、共同团结进步，这是当前和今后较长一个时期内我国民族工作的主题。港澳台与内地（大陆）的融合发展，将走向发展共赢、祖国统一和民族复兴。"一带一路"建设和粤港澳大湾区建设，为香港化解内部问题、再造功能定位提供了新契机。用"融合"代替"让利"，实现两岸经济双赢发展，促进中华民族伟大复兴，也是大势所趋。台湾报纸回顾30多年来的大陆惠台政策时说：1.0版可追溯至20世纪80年代末的"招商引资式"。2.0版为"交流让利式"，但是2014年的"反服贸运动"使大陆对台的善意被扭曲，单纯让利难以解决台湾经济结构问题，更重要的是，中国大陆已跃升为世界第二大经济体，与其让利在岛内做小文章，不如吸引台湾人才赴大陆发展做大文章。因此，近期的3.0版具有"普惠融合式"的特征，目标是直接惠及台湾民众个体，吸引其登陆发展，使其扎根融合。②党的十九大报告指出："我们将扩大两岸经济文化交流合作，实现互利互惠，逐步为台湾同胞在大陆学习、创业、就业、生活提供与大陆同胞同等的待遇，增进台湾同胞福祉。我们将推动两岸同胞共同弘扬中华文化，促进心灵契合。"

三、文：以文化人，以社会主义核心价值观和中国梦引领和感召统一战线成员，增强"五个认同"

社会主义核心价值观是内化于心的最大公约数，对核心价值观的认同可以转化为人们的自觉行动，它在统一战线的凝心聚力工作中可以发挥独特的作用。习

---

① 习近平：落实共享发展是一门大学问［EB/OL］．（2016-05-14）［2017-09-15］．http://politics.people.com.cn/n1/2016/0514/c1001-28350873.html.

② 李名．台媒称大陆用"融合"代替"让利"［N］．环球时报，2017-05-25（10）．

近平指出,团结好信教群众,不能都是一团和气,不能搞无原则的团结,必须加强社会主义核心价值观的思想引领,使他们自觉团结凝聚在党和政府周围。①对非公经济人士而言,要提炼和培育爱国、敬业、创新、守法、诚信、贡献的价值观,培育和弘扬企业家精神,构建新型政商关系。习近平关于构建"亲""清"新型政商关系的要求,不仅明确了守法的底线,也树立起了道德和责任的高线。落实理想信念教育、构建新型政商关系,难点不在底线的"清"而在高线的"亲",必须依托有效的载体和渠道进行倡导和培育。对两岸同胞来说,推动两岸同胞共同弘扬中华文化,促进心灵契合,这不仅对文化"台独"有极强的针对性,而且对香港的国民教育也极具指导意义。要进一步加强对港澳台青少年的宣传教育和思想引领,植入历史、文化、爱国主义、社会主义核心价值观,打通争取人心的"最后一公里"。香港公务员作为国家公务人员的一部分,维护"一国两制"是刚性要求。在香港公务员录用中增加国家历史、"一国两制"及基本法知识测试比重,建立香港青年言行负面清单,在香港社会树立正确价值导向和社会共识,不断树立和强化核心价值观和家国情怀。要做好"送上门来"的思想引领工作,对在内地(大陆)就读的港澳台学生加强正面引领工作,避免单纯说教,讲求方式方法,就基本法、"一国两制"和香港问题、台湾问题,以及国情与学生开展交流互动,寻求最大公约数。

四、法:树立底线思维,以不断完善的宪法和法律为武器,依法保障民族团结、社会稳定、国家安全、人民幸福和祖国统一

现代化国家建设呼唤全面依法治国,统一战线要积极参与。党的十九大报告指出:"全面依法治国是国家治理的一场深刻革命,必须坚持厉行法治,推进科学立法、严格执法、公正司法、全民守法。""全民守法"当然要求港澳地区遵守宪法和基本法及港澳地区的法律法规。党的十九大报告指出,必须把维护中央对香港、澳门特别行政区全面管治权和保障特别行政区高度自治权有机结合起来,确保"一国两制"方针不会变、不动摇,确保"一国两制"实践不变形、不走样;要支持特别行政区政府和行政长官依法施政、积极作为,团结带领香港、澳门各界人士齐心协力谋发展、促和谐,保障和改善民生,有序推进民主,维护社会稳定,履行维护国家主权、安

---

① 习近平在全国宗教工作会议上强调 发展中国特色社会主义宗教理论 全面提高新形势下宗教工作水平[N]. 人民日报,2016-04-24(1).

全、发展利益的宪制责任。在当前两岸关系复杂严峻的形势下,应在《反分裂国家法》基础上制定《维护国家统一法》,加强释法,更多运用法治方式和手段捍卫国家领土完整,遏制各种分裂活动。要以法治手段对触犯底线的言行加以约束,对维护国家统一、反对国家分裂提出明确行为准则;在法律层面锁定"独"素严重的偏激和极端言行,压缩"台独""港独""藏独""疆独"等各种分裂言行的空间;惩治违法行为,进一步增强法治威慑力。要关注港澳台青年工作的新形势、新动态、新特点,运用法治手段防患于未然。早在 2009 年,澳门特别行政区就制定《维护国家安全法》,对危害国家安全的犯罪行为做出明确的禁止性规定,对青少年起到了很好的警示教育作用。而今,澳门根据全国人大常委会释法精神主动修法,完善议员选举制度,防止了破坏"一国两制"现象在澳门发生。澳门全社会对"一国两制"内涵的准确理解和忠实贯彻,使"一国两制"的制度优势得以最大限度的发挥,使青年群体成长与法治精神、爱国主义相适应。对待澳门经验,应总结并举一反三,为依法做好港台青年工作提供借鉴。

五、情:创新联谊交友方式,务求实效,以代表人士培育效果作为衡量工作成效的标准

习近平总书记指出,联谊交友是统战工作的基本方式,衡量统战工作做得好不好,要看交到的朋友多不多、合不合格、够不够铁。着眼"两个一百年"奋斗目标,统战工作必须创新联谊交友方式,拓展发现培养渠道,切实提升各领域代表人士队伍建设的力度和成效。随着新的社会阶层人士不断增多,要结合不同群体的情况和特点精准施策,建立列名制度,抓住重点人群,突破一点,带动一片。探索开展"嵌入式"思想教育引领,建设"高端智库",组织党外知识分子"专家服务团",组织实施无党派人士培养"青苗计划",打造新的社会阶层人士统战工作实践创新基地。在港澳台青年工作领域,以创新联谊方式重塑与港澳台的沟通桥梁,开展体验式交流,善用网络实现内地(大陆)与港澳台青年间交流的常态化、分众化和专业化;对港澳台和海外青年中,对中国政治、经济、社会、法律兴趣浓厚,有意深入了解与参与的积极分子有意识地进行培养和选拔,安排其担任政协委员、政府顾问甚至党外领导干部等职务,以鼓励他们的爱国情怀,调动其回报家乡的积极性,使他们真正成为港澳台长期繁荣稳定的维护者、祖国完全统一的支持者、民族伟大复兴的参与者。

"五位一体"统战工作方法中,理是前提,利是基础,文是根本,法是保障,情是纽带。五者既是相对单列又是互为作用的,各有针对、各有侧重,统分结合、讲求成效。要对症下药、辩证施策,既要精准点穴又要打好组合拳,以达到绵绵用力、久久为功和春风化雨、润物无声的成效。"五位一体"统战工作方法论体现了人心与文化、经济与政治、德治与法治相结合的辩证思维,融和谐统战、经济统战、法理统战、文化统战于一体,彰显出中国特色、中国气派和中国智慧。

第四节 结语

在"两个一百年"特别是第二个一百年视阈下,统一战线面临的国际国内形势发生了重大变化,大机遇、大挑战、大目标、大使命、大要求、大发展呼唤大统战。与此相适应,需要确立"理、利、文、法、情"五位一体的统战工作方法。只有这样,统战工作才能真正奏效,发挥作为执政兴国和实现中华民族伟大复兴的重要法宝的作用,为实现第二个一百年目标做出贡献。有效的工作方法需要科学的工作机制来保障。要打造"大统战"的升级版,全面构建五位一体统战工作格局和机制,建立和完善职能明确、优势互补、科学合理、切实可行的谋划发展机制、分工协作机制、沟通协调机制、共享交流机制。

附录:作者已公开发表的部分相关成果篇目
（截至2020年6月）

一、总论部分

1.《习近平总书记统一战线重要思想论纲》,刊于《重庆社会主义学院学报》2016年第5期。

2.《"最大公约数"是习近平"大统战"理念的集中体现和灵活运用》,刊于《重庆社会主义学院学报》2015年第3期。

3.《以最大公约数画出最大同心圆——学习习近平关于正确处理一致性与多样性关系的重要论述》,刊于《重庆社会主义学院学报》2015年第4期。

4.《四个全面战略布局与统一战线》,刊于《福建省社会主义学院学报》2015年第4期。

5.《统一战线与全面推进依法治国》,刊于《江苏省社会主义学院学报》2015年第1期。

6.《"两个一百年"视阈下统一战线发展战略前瞻》,刊于《统一战线学研究》2018年第1期。

7.《新时代统一战线新型五大关系论》,刊于《统一战线学研究》2018年第5期。

8.《论习近平新时代大统战战略思维》,刊于《江苏省社会主义学院学报》2019年第1期。

二、分论部分

(一)政党制度和民主党派

1.《中国特色政党制度的优势及对世界的贡献》,刊于《统一战线学研究》2017年第1期。

2.《参政党协商能力建设初探》,刊于《湖北省社会主义学院学报》2016年第2期。

3.《参政党党建理论建设刍议》,刊于《重庆社会主义学院学报》2016年第2期。

4.《协商民主与新型政党制度话语权》,刊于《上海市社会主义学院学报》2018年第6期。中国人民大学复印报刊资料中国政治专题全文转载。

(二)党外知识分子和新阶层人士工作

1.《论习近平关于知识分子问题的战略思维》,刊于《统一战线学研究》2017年第3期。

2.《新的社会阶层人士分众统战研究——学习习近平"分类施策"做知识分子工作的方法论》(作者:杨卫敏、许军),刊于《江苏省社会主义学院学报》2015年第3期,中国人民大学复印报刊资料中国政治专题全文转载。

3.《新时代·新阶层·新趋势·新思维》,刊于《统一战线学研究》2018年第3期。

4.《试论新阶层在新时代的责任担当与价值引领》,刊于《湖南省社会主义学院学报》2018年第4期。

5.《新的社会阶层人士工作中的"分"与"统"》,刊于《广西社会主义学院学报》2018年第2期。

6.《新的社会阶层人士组织化:新时代党的建设全新课题》,刊于《广西社会主义学院学报》2019年第6期。

7.《新的社会阶层人士组织化与国家治理效能提升——以浙江省为例》,刊于《山东省社会主义学院学报》2019年第6期。

8.《新的社会阶层人士组织化与新时代统一战线创新拓展》,刊于《上海市社会主义学院学报》2020年第2期。

9.《新时代党外知识分子工作的理论创新和实践拓展——学习习近平总书记关于加强和改进党外知识分子统战工作的重要思想论述》,刊于《江苏省社会主义学院学报》2020年第3期。

（三）非公有制经济领域和工商联商会

1.《习近平关于非公经济领域"两个健康"思想研究》，刊于《江苏省社会主义学院学报》2017年第1期。

2.《习近平"发扬企业家精神"思想探析》，刊于《统一战线学研究》2017年第2期。

3.《构建"亲""清"政商关系探析——学习习近平关于构建新型政商关系的重要论述》，刊于《江苏省社会主义学院学报》2015年第3期。

4.《德治与法治：非公有制企业和谐劳动关系典型性研究——以浙江省为例》（作者：杨卫敏、方笔权），刊于《广西社会主义学院学报》2015年第3期。

5.《关于商会承接政府部分职能转移的探索与思考》，刊于《湖南省社会主义学院学报》2015年第4期。

6.《非公经济人士理想信念教育创新研究》，刊于《江苏省社会主义学院学报》2017年第5期。

7.《简析政商关系的层次构建及保障》，刊于《广西社会主义学院学报》2018年第4期。

8.《论新时代政商关系中的若干领域关系》，刊于《江苏省社会主义学院学报》2018年第5期。

9.《"两个健康"引领机制的战略考评与延伸研究——非公经济人士综合评析的实践意义及时代价值》，刊于《宁波大学学报（社会科学版）》2019年第1期。

10.《构建新型政商关系的方法论考察——基于浙江省的实践探索分析》，刊于《中央社会主义学院学报》2019年第2期。

（四）民族、宗教

1.《统战思维与解决民族问题的中国智慧——习近平民族思想研究》，刊于《统一战线学研究》2017年第5期。

2.《以统战思维构建中国特色社会主义宗教理论——习近平关于宗教问题和宗教工作思想研究》，刊于《江苏省社会主义学院学报》2018年第1期。

（五）港澳台和海外统战工作

1.《关于加强和改进港台青年工作的研究与思考——学习习近平关于"赢得青年才能赢得未来"的重要论述》，刊于《湖南省社会主义学院学报》2016年第4期。

2.《"一带一路"战略与海外统一战线的拓展——以浙江籍华侨华人为例》,刊于《重庆社会主义学院学报》2016年第4期。

(六)协商民主与人民政协

1.《基层协商民主应是我国协商民主建设的重中之重》,刊于《中央社会主义学院学报》2014年第5期,中国人民大学复印报刊资料中国政治专题全文转载。

2.《关于社会组织协商的探索研究》,刊于《重庆社会主义学院学报》2015年第4期。

3.《从"温岭模式"到浙江特色——浙江省各地探索基层协商民主的实践及启示》,刊于《观察与思考》2016年第7期。

4.《人民政协统战团结功能新论——简析习近平关于人民政协理论的重大创新》,刊于《上海市社会主义学院学报》2017年第6期。

5.《简析人民政协在社会治理中的优势和作用——从实践探索看政协章程修订的必要性和重要性》,刊于《江苏省社会主义学院学报》2018年第3期。

6.《乡村振兴视阈下基层协商的嬗变与提升——基于浙江省村级治理集成创新的考察》,刊于《江苏省社会主义学院学报》2019年第3期。

7.《治理共同体视阈下政协协商与基层协商的有效衔接——基于浙江省实践探索的研究》,刊于《江苏省社会主义学院学报》2019年第6期。

三、拓展部分

(一)统一战线领导权与党外代表人士培养引领

1.《试论新形势下党对统一战线领导的实现问题——学习习近平关于统一战线领导权的论述》,刊于《江苏省社会主义学院学报》2016年第1期。

2.《习近平中央统战工作会议讲话中的群众观》,刊于《重庆社会主义学院学报》2015年第6期。

3.《习近平关于党外代表人士队伍建设思想研究》,刊于《观察与思考》2017年第9期。

4.《新形势下的统一战线宣传思想工作:机遇、挑战和对策》,刊于《云南社会主义学院学报》2016年第3期。

(二)统战工作方法论

1.《从"冷""热"两条线谋划统战工作——习近平同志在浙江工作期间有关统

战工作重要论述和思想研究》(作者：杨卫敏、许军、姚晓江、方笔权)，刊于《重庆社会主义学院学报》2015年第4期。

2.《统战工作中的"分众统战"》，刊于《学习时报》2015年12月10日第A3版。

3.《新时代统一战线方法论》，刊于《中国统一战线》2018年第10期。

4.《全域统战：新时代大统战的总驱动》，刊于《统一战线学研究》2019年第3期。中国人民大学复印报刊资料中国政治专题全文转载。

四、其他文章

1.《照顾同盟者利益辨析——对社会管理创新视阈下统战工作的思考》，刊于《中央社会主义学院学报》2012年第4期。

2.《对新常态下统战工作的若干思考》，刊于《重庆社会主义学院学报》2015年第2期。

3.《关于统战工作破解"短板效应"的思考》，刊于《重庆社会主义学院学报》2016年第3期。

4.《关于新居民统战工作的实践探索和理论思考》(作者：杨卫敏、许军)，刊于《广东省社会主义学院学报》2015年第2期。

5.《主力军还是同盟军——非公有制经济人士双重属性辨析》(作者：杨卫敏、许军)，刊于《江苏省社会主义学院学报》2015年第2期。

6.《全面贯彻落实"两个健康"重要思想》，刊于《浙江日报》2017年3月3日第8版。

7.《把握知识分子工作的战略思维》，刊于《浙江日报》2017年4月24日第10版。

8.《发挥海外侨胞优势 服务"一带一路"建设》，刊于《宁波日报》2016年9月1日第A9版。

9.《关于大力推进基层协商民主建设的调查与建议》，刊于《党政视野》2016年第2期。

10.《用基层民主解决基层矛盾》，刊于《今日浙江》2017年第22期。

11.《习近平基层民主建设思想的浙江发微》，刊于《观察与思考》2018年第5期。

12.《浙商文化与新时代企业家精神》，刊于《宁波日报》2018年3月29日第A7版。